Johann-Günther König
Die Lobbyisten

Johann-Günther König

Die Lobbyisten
Wer regiert wirklich?

Patmos

Bibliografische Information der Deutschen Nationalbibliothek

Die Deutsche Nationalbibliothek verzeichnet diese Publikation in der
Deutschen Nationalbibliografie; detaillierte bibliografische Daten
sind im Internet über http://dnb.d-nb.de abrufbar.

© 2007 Patmos Verlag GmbH & Co. KG, Düsseldorf
Alle Rechte vorbehalten.
Printed in Germany
ISBN 978-3-491-36005-1
www.patmos.de

Inhalt

Für Dozy –
ohne sie wäre
vieles nichts

Vorsatz

Zeichnung von Tomi Ungerer.

»[Ich bin] nur gekommen, um das Amt von Ihrem Benehmen und Ihren Absichten gebührend zu verständigen […], und wenn ich daher jetzt meine Meinung sage, so tue ich es nicht etwa, um Ihnen zu helfen, sondern um dem Herrn Sekretär die schwere Aufgabe, die es bedeutet, mit einem Mann wie Ihnen zu verhandeln, ein wenig zu erleichtern. Trotzdem aber können Sie eben wegen meiner vollständigen Offenheit – anders als offen kann ich mit Ihnen nicht verkehren, und selbst so geschieht es widerwillig – aus meinen Worten auch für sich Nutzen ziehen, wenn Sie nur wollen. Für diesen Fall mache ich Sie nun also darauf aufmerksam, daß der einzige Weg, der für Sie zu Klamm führt, hier durch die Protokolle des Herrn Sekretärs geht. Aber ich will nicht übertreiben, vielleicht führt der Weg nicht bis zu Klamm, vielleicht hört er weit vor ihm auf, darüber entscheidet das Gutdünken des Herrn Sekretärs. Jedenfalls aber ist es der einzige Weg, der für Sie wenigstens in der Richtung zu Klamm führt.« […]

»Ganz scheint mir der Widerspruch nicht aufgeklärt zu sein«, sagte K., »doch ich gebe mich damit zufrieden, auf ihn aufmerksam gemacht zu haben. Nun bitte ich aber Sie, Herr Sekretär, mir zu sagen, ob die Meinung der Frau Wirtin richtig ist, daß nämlich das Protokoll, das Sie mit mir aufnehmen wollen, in seinen Folgen dazu führen könnte, daß ich vor Klamm erscheinen darf. Ist dies der Fall, bin ich sofort bereit, alle Fragen zu beantworten. In dieser Hinsicht bin ich überhaupt zu allem bereit.«

Franz Kafka. *Das Schloß*[1]

I. Heimliche Herrscher?

Arndt von Bohlen und Halbach und Berthold Beitz
auf der Industriemesse in Hannover.

Es gibt Worte, die freundlich und einladend klingen – Wohlstand zum Beispiel. Es gibt Worte, die düster und bedrohlich klingen – Terror, Unterdrückung, Krieg. Es gibt Worte, die für Aktionäre verheißend und für Lohnabhängige beängstigend klingen – Stellenabbau, Lohn- und Gehaltskürzung, Outsourcing. Und es gibt Worte, denen zwielichtige Bedeutungen zugewiesen werden – Lobby, Lobbying und Lobbyisten.

Lobbyisten genießen keinen Ruf. Sie gelten Martin Sebaldt zufolge als »öffentlichkeitsscheue Gnome«, die von Politiker zu Politiker huschen, eifrig die Klinken putzen und viel Geld einstreichen. Sie tun scheinbar alles, »um im Dunste der Bierseligkeit auch noch den renitentesten Parteifunktionär eines Besseren zu belehren und zum gefügigen Werkzeug einer Interessengruppe zu machen.«[2]

Lobbys und Lobbyisten, so darf man Martin Sebaldt verstehen, verfolgen im Zweifelsfall keine guten, gesellschaftlich wünschenswerten Ziele. Diesen Eindruck muss auch gewinnen, wer gut recherchierte Sachbücher mit so bezeichnenden Titeln wie *Die Strippenzieher* oder *Die Selbstbediener* heranzieht: »Lobbyisten sind zu einer Macht herangewachsen, an der keiner vorbeikommt,« befindet das eine; Lobbyisten seien »eine ganze Rasse von politischen Schattengewächsen«, raunt das andere.[3] Wenn in Leitmedien wie dem *Spiegel* vom »Regieren im Hinterzimmer« die Rede ist, verbindet sich damit zweifellos auch keine positive Bewertung.

Alles Lobby?

Das aus dem Englischen kommende Grundwort Lobby eignet sich im deutschen Sprachgebrauch offenbar hervorragend für die beliebige Verbindung mit Ableitungssuffixen. In den Schlagzeilen der Presse allemal, und täglich kommen neue Varianten hinzu.

Autolobby
Arbeitslosenlobby – Altenlobby
Armenlobby – Kinderlobby – Helferlobby
Bürgerlobby – Familienlobby – Migrantenlobby
Menschenrechtslobby – Schullobby – Frauenlobby
Reichenlobby – Tabaklobby – Gesundheitslobby – Ärztelobby
Pharmalobby – Umweltlobby – Krankenhauslobby
Bauernlobby – Tierschutzlobby – Investorenlobby
Rüstungslobby – Agrarlobby – Eurolobby
Bankenlobby – Stromlobby – Energielobby
Beraterlobby – Beamtenlobby
Staatslobby

Dies sind nur einige Beispiele. Sie lassen sich fortsetzen mit Wirtschaftslobby, Arbeitnehmerlobby, Süßwarenlobby, Elektrolobby, Sparkassenlobby, Straßenbaulobby, Vertriebenenlobby und so weiter und so fort. Es scheint so, als sei jede Wirtschaftsbranche und Berufsgruppe eine Lobby; als wären bei allen gesellschaftlichen Aushandlungsprozessen immer auch Lobbys beteiligt; als gäbe es keine gesellschaftliche Gruppe, ja keine Person des öffentlichen Lebens, die ohne lobbyistisches Handeln auskäme.

In einer Tageszeitung heißt es unter der Überschrift »Der Lobbyist aus London«: »Seinen Job interpretiert Lehmann offensiv; spitzfindige Sticheleien zählen dazu. Etwa als er unlängst über die Beschwerlichkeiten schwadronierte, die ihm durch die vielen Kahn-Befürworter jahrelang entstanden seien. ›Ich habe nicht nur in den letzten beiden Jahren gesehen, was für eine große Lobby mehr oder weniger gegen mich gearbeitet hat.‹«[4]

Jens Lehmann wurde bei der Fußball-Weltmeisterschaft 2006 dem langjährigen Stammtorhüter Oliver Kahn vorgezogen. Was aber macht ihn zu einem »Lobbyisten aus London«? Die von ihm erwähnte »große Lobby«? Die Tatsache, dass er für einen Londoner Fußballverein spielt? Oder der im Artikel mitgelieferte Hinweis, »der intelligente Tormann« wüsste »immer genau einzuschätzen, wann er die Öffentlichkeit für sich gebrauchen kann«?

Nun wird ein bekannter Sportler wie Jens Lehmann häufig von Medienvertretern gebeten, freimütig ein Geschehen aus seiner Sicht zu kom-

11

mentieren. Zumal, wenn es Trainer und andere Entscheider gibt, die seine Leistung kritisch bewerten. Ist es aber sinnvoll, einen am Stammplatz im Tor der deutschen Mannschaft interessierten Spitzensportler als Lobbyisten zu bezeichnen?

In Goethes *Faust* rät Mephistopheles dem Schüler:
Am besten ist's auch hier, wenn ihr nur einen hört
Und auf des Meisters Worte schwört.
Im Ganzen – haltet euch an Worte!
Dann geht ihr durch die sichre Pforte
Zum Tempel der Gewißheit ein.
Schüler: Doch ein Begriff muß, bei dem Worte sein.
Mephistopheles: Schon gut! Nur muß, man sich nicht allzu
ängstlich quälen;
Denn eben wo Begriffe fehlen,
Da stellt ein Wort zur rechten Zeit sich ein.
Mit Worten läßt sich trefflich streiten,
Mit Worten ein System bereiten,
An Worte läßt sich trefflich glauben,
Von einem Wort läßt sich kein Jota rauben.[5]

Das Wort Lobby geht zurück auf das mittellateinische »lobia« (Galerie).[6] Es kommt aus dem Englischen und bezeichnet seit 1640 im architektonischen Sinne spezielle Räume und Gänge im (englischen) Parlamentsgebäude, in denen Mitglieder des Unterhauses mit Außenstehenden Gespräche führen können. Seit dem Aufkommen größerer Hotels werden auch deren Vorhallen Lobby genannt.

Seit gut 150 Jahren bezeichnet das Wort Lobby zusätzlich einen Zusammenschluss von Personen und Organisationen zur Vertretung gemeinsamer Interessen gegenüber Gesetzgeber und Verwaltung. Die *Brockhaus Enzyklopädie* definiert Lobbyismus als »die nicht über die Verfassung geregelte Mitwirkung an der politischen Gestaltung eines Staates – und zwar durch die Beeinflussung jener, die laut Verfassung mit der politischen Willensbildung und der Durchführung der getroffenen Entscheidungen betraut sind«.[7]

Verwirrspiele

Nicht alle Lobbyisten, von denen in den Medien heutzutage fabuliert wird, sind im eigentlichen Sinne welche. Der erwähnte Torhüter Jens Lehmann verfolgt offensichtlich nicht das Ziel, zum eigenen Vorteil oder für die Interessen Dritter gezielt auf politische Entscheidungen einwirken zu wollen. Welche Welten sich zwischen ihm und einem gestandenen Lobbyisten der Industrie auftun, möchte ich kurz demonstrieren.

Lehmann erhielt nach der Fußball-Weltmeisterschaft 2006 (wie alle anderen Spieler der deutschen Nationalmannschaft), vom Bundespräsidenten die höchste Auszeichnung für Sportler, das Silberne Lorbeerblatt. Der ehemalige Lobbyist bzw. Hauptgeschäftsführer der »Bundesvereinigung der Pharmazeutischen Industrie«, Hans Rüdiger Vogel, erhielt 1995 vom Staatssekretär des damaligen Gesundheitsministers Horst Seehofer als Geburtstagsgeschenk ein in tausend Teile geschreddertes Exemplar der Positivliste. Vorausgegangen war dieser Ehrung ein Spitzengespräch bei Kanzler Helmut Kohl.

Die professionellen, sprich hauptberuflichen Lobbyisten der Pharmaindustrie und ihrer Verbände machen seit mehr als zwanzig Jahren erfolgreich Druck gegen die in anderen Ländern längst eingeführte Positivliste. Sie eröffnet die Möglichkeit, medizinisch nutzlose, risikoreiche und überteuerte Medikamente aus dem Leistungskatalog der Krankenkassen zu streichen. Dadurch könnten Einsparungen von bis zu einer Milliarde Euro erzielt werden. Von den zur Zeit auf dem deutschen Markt gehandelten mehr als 40 000 zum Teil intensiv beworbenen Präparaten würden dann, wie etwa in Frankreich oder Schweden, nur mehr einige Tausend von den Krankenkassen anerkannt werden. (Für das Marketing geben die Pharmakonzerne in Deutschland deutlich mehr Geld aus als für Forschungsaufwendungen.)

Die Hans Rüdiger Vogel zum Geburtstag überreichte geschredderte Positivliste symbolisierte zweierlei: zum einen die demonstrative Demut der Gesundheitspolitik vor den Profitinteressen der Pharmaindustrie, zum anderen die Schwäche öffentlicher Interessen bei der Durchsetzung sinnvoller und am Menschen orientierter Reformen des Gesundheitssystems.

Der Kampf gegen die Einführung einer Positivliste wird inzwischen vor allem vom »Verband der Forschenden Arzneihersteller« (VFA) geführt. Er wurde 1994 auf Initiative u. a. der Pharmakonzerne Bayer und BASF gegründet. Ich komme später darauf zurück.

Macht und Ohnmacht

In diesem Buch geht es um die im politischen Wortsinne als Lobbyisten wirkenden Interessenvertreter. Wie am Beispiel der Positivliste deutlich wurde, vermögen sie spezifische Sonderinteressen gegenüber Politik und Verwaltung unter bestimmten Bedingungen durchzusetzen – und sei es zu Lasten des allgemeinen Wohls.

»Der Einfluß der Lobbyisten in der Berliner Republik wächst massiv«, konstatieren Thomas Leif und Rudolf Speth. »Die Akteure in den Lobby-Organisationen und Hauptstadtrepräsentanzen haben sich von einer ›Stillen Macht‹ längst zur Fünften Gewalt entwickelt. Noch nie in der Geschichte der Bundesrepublik hatten Lobbyisten so viel Einfluß, noch nie haben sie ihre Interessen so offensiv in den politischen Prozeß eingebracht.«[8]

Wenn dieser Befund zutrifft, und einiges spricht dafür, so ist damit allerdings noch nicht hinreichend deutlich, wessen Lobbyisten heute so viel und offensiv Einfluss nehmen. Ein noch so vielstimmiges Interessenkonzert sollte jedenfalls nicht darüber hinweg täuschen, dass es immer Interessen gibt und gegeben hat, die den Ton angeben.

Lobbyisten sind Dienstleister. Sie vertreten ganz unterschiedliche Interessen – die einer Wirtschaftsbranche, eines Großunternehmens, der Arbeitgeber, der Arbeitnehmer, des Umweltschutzes etc. Mit welchen Methoden sie das tun, also wie sie das Lobbying gestalten, ist abhängig vom technischen und wissenschaftlichen Fortschritt, von der Finanzkraft ihrer Auftraggeber sowie von den Zugangsregeln zum politischen System und seinen Institutionen.

Der Lobbyismus entwickelte und verfestigte sich im Rahmen der Ideologie und des Wertesystems des Liberalismus. Dazu gehören nicht zufällig die Rede-, Versammlungs-, Demonstrations- und Vereinigungsfreiheit sowie die wirtschaftlichen Freiheiten, die auf dem Privateigentum (vor allem an Produktionsmitteln) und dem Erbrecht fußen. Der Lobbyismus spiegelt heute getreuer als politische Parteien den grundlegenden Antagonismus in den modernen Gesellschaften: den zwischen Herrschenden und Beherrschten.

14

Lobbyisten sind eine systemimmanente Begleiterscheinung des wachs-tums- und profitgetriebenen kapitalistischen Wirtschaftssystems, das mittlerweile in fast allen Gesellschaften der Welt vorherrscht. Sie agieren im Sinne der von ihnen repräsentierten Partikularinteressen gegen oder für die ökonomische Ausbeutung und kulturelle Entfremdung, gegen oder für die soziale, ethnische und geschlechtsbezogene Ungleichheit.

Die spezifisch praktizierte Einflussnahme der Lobbyisten auf Re-gierung und Administration wird in pluralistischen Gesellschaften als politisches Gestaltungsmittel anerkannt und hierzulande durch das Grundgesetz garantiert. Welche Rolle die Lobbyisten der Wirtschaft im gegenwärtigen Dienstleistungs- und Industriekapitalismus spielen, bringt der langjährig tätige, professionelle Unternehmenslobbyist Wolf-Dieter Zumpfort wie folgt auf den Punkt:

»Unsere moderne Welt wird immer globaler und zugleich komplizier-ter. Die Verflechtungen innerhalb Europas sowie zwischen Bund, Län-dern und Gemeinden werden immer intensiver. Die Regeldichte wird immer größer, Vereinfachungen finden kaum statt. Vor diesem Hinter-grund werden auch die Anforderungen an das Lobbying steigen und sich auch das Lobbying daran anpassen. Solange sich das politische System nicht grundsätzlich ändert, wird man immer auch politisches Lobbying brauchen.«[9]

Lobbyisten sind grundsätzlich in die widersprüchlichen gesellschaft-lichen Interessen und politischen Zielsetzungen eingebunden. Und das bereits seit ihrem ersten historischen Erscheinen, wovon noch die Rede sein wird. Nicht wenige von ihnen haben (aus verschiedenen Gründen) ein großes Interesse daran, ihre tatsächliche Funktion im Herrschaftsbe-trieb zu verschleiern. So unterschlägt der zitierte Dieter Zumpfort gezielt, welche gesellschaftlichen Akteure und Subjekte im Rahmen des politi-schen Systems die »Welt immer globaler und zugleich komplizierter« gestalten. Die kapitalistische Globalisierung ist schließlich kein Natur-, sondern ein politisch gestaltetes bzw. zugelassenes Ereignis. Dass er sich als professioneller Lobbyist eines profitorientierten Unternehmens im gegenwärtigen politischen System als notwendigen Akteur verortet, wird zwar deutlich. Die Frage lautet aber: Wem nützt es?

Hauptberufliches wie ehrenamtliches Lobbying, und das macht die Erörterung dieses Phänomens auf den ersten Blick zu einer Sisyphusarbeit, wird seit langem von einer unüberschaubaren Vielzahl unterschiedlicher Interessengruppen betrieben. Die voranschreitende Zersplitterung der Öffentlichkeit in unzählige kleine Teilöffentlichkeiten begünstigt diese Entwicklung. Zugleich schreitet der Konzentrationsprozess in der Wirtschaft voran, verliert in den großen westlichen Demokratien das politische Versprechen der sozialen Beteiligungsgleichheit seine Glaubwürdigkeit. Freiheit, Gleichheit, Brüderlichkeit haben, so scheint es, keine Lobby.

So nimmt die Wahlabstinenz insbesondere von bildungsfernen und materiell schlecht gestellten Bürgerinnen und Bürgern seit längerem zu, verkommen Rechte wie das auf gleichberechtigte soziale Teilnahme oder auch freie Berufswahl für Millionen Bundesbürger zu einer Leerformel, können die periodischen nationalstaatlichen Neuwahlen der politischen Führungen nicht darüber hinwegtäuschen, dass die Interessen der Finanzinvestoren, der großen privaten Konzerne und nicht zuletzt der von Eliten gesteuerten Verwaltungsapparate, der Technokratie, die politischen Gestaltungsmöglichkeiten und damit die Entscheidungen des Volkssouveräns erheblich einschränken.

Die Aussage, Lobbyisten seien so einflußreich wie noch nie in der Geschichte der Bundesrepublik, verstellt bei genauerem Hinblick genau die Kräfte, Interessen und Akteure, die tatsächlich die Herrschaftsverhältnisse bestimmen. Natürlich gibt es einflußreiche Lobbyisten, und zwar insoweit, als sie individuell und gut bezahlt im Auftrag Dritter zur Erhaltung eben dieser Herrschaftsverhältnisse beitragen. Es gibt aber nicht minder engagierte individuelle Lobbyisten, die keinen oder nur geringen Einfluss auf die wirtschaftlichen, sozialen, politischen und kulturellen Verhältnisse haben.

Wenn nicht alle Zeichen trügen, bereiten die Interessenvertreter der Privatwirtschaft und der mit ihr verbundenen gesellschaftlichen und verwaltungsapparatlichen Eliten einer sozialdarwinistischen Demokratie das Feld, die auf eine völlige Vermarktlichung des Sozialen hinausläuft und das im Grundgesetz verankerte Sozialstaatsgebot aushebelt. Die politische Herausforderung besteht folglich nicht darin, über die Macht der zu »heimlichen Herrschern« (*Der Spiegel*) stilisierten Lobbyisten zu lamentieren, sondern tragfähige Alternativen zum tatsächlichen Herrscher zu entwickeln: dem Kapitalismus.

»Die Welt kann man nicht verändern, ohne die Macht zu ergreifen –
oder man liefert sich den heute Mächtigen und ihren Interessen aus«,
vermerkt Elmar Altvater. »Doch wäre umgekehrt die Auffassung eine Illusion, daß zunächst die ›Macht‹ ergriffen werden muß, um dann die notwendigen Veränderungen in und an der Gesellschaft vorzunehmen.
Nein, die andere Welt wächst mit der Praxis sozialer Bewegungen im
Innern des Kapitalismus gegen die Mächte des status quo heran. In vielen Ländern, die von Finanzkrisen geschüttelt wurden, sind neue Bewegungen entstanden, die sich gegen die Folgen, vor allem gegen Arbeitslosigkeit und Armut genossenschaftlich organisieren und den Aufbau einer
›solidarischen Ökonomie‹ versuchen.«[10]

Für die professionelle Vermittlung der Interessen der Mächtigen in
Politik, Legislative, Regierung und Verwaltung sind die Lobbyisten
zuständig. Mag sein, dass die meisten von ihnen eines fernen Tages nicht
mehr benötigt werden – sprich, wenn es gelingen sollte, die Wirtschaft
wieder den Menschen dienen zu lassen. Zur Zeit sind sie jedenfalls
höchst aktiv. Grund genug, ihr Wirken einmal genauer ins Licht gesellschaftlicher Aushandlungsprozesse zu rücken.

II. Professionelle Interessen-
   dienstleister

Das Reichstagsgebäude in Berlin, Sitz des Deutschen Bundestages.

Im Gegensatz zu den Lobbys sind die Parteien in Deutschland verfassungsmäßige Institutionen. Sie wirken laut Grundgesetz (Art. 2) »bei der politischen Willensbildung des Volkes mit« und sollen zwischen dem Volkswillen und der Legislative vermitteln. Darüber hinaus werden führende Positionen im öffentlichen Dienst, in öffentlichen Einrichtungen und Aufsichtsgremien nach dem »Parteienproporz« besetzt, was den Einfluss der großen Parteien auf den politischen Gang der Dinge in Bund und Ländern garantiert.

»Parteien haben sich zumindest Teile des Staates zueigen gemacht«, schreibt Hans Leyendecker, »und der öffentliche Dienst ist im doppelten Wortsinn zu ihrem Versorgungsposten geworden. In einigen Parlamenten gehören mittlerweile über 40 Prozent der Parlamentarier dem öffentlichen Dienst an. Parallel dazu hat der Einfluß der Parteien auf die Personalauswahl der Beamten zugenommen. Es gibt vielfältige Gründe für die wechselseitige Durchdringung von politischen Parteien und öffentlichem Dienst. Durch die Patronage in der Verwaltung wollen Parteienvertreter mehr Einfluß auf die Entscheidungen ausüben. Darüber hinaus sollen verdiente Parteiangehörige versorgt und neue Mitglieder angelockt werden. Treue Dienste werden mit Positionen aller Art entlohnt. Abweichler werden zur Ordnung gerufen. Ämterpatronage dringt immer stärker auch in die unteren Besoldungsgruppen der Verwaltung, aber auch in den öffentlichen-rechtlichen Rundfunkanstalten, Hochschulen und privatisierte ehemalige Staatsbetriebe ein. […] Vor und nach Wahlen werden Schlüsselpositionen des Staates ungeniert unter Parteifreunden aufgeteilt.«[11]

Es gibt eine Fülle gut recherchierter Sachbücher und politikwissenschaftliche Studien, die den Befund von Hans Leyendecker bekräftigen. Die deutschen Aufklärungsjournalisten – etwa Werner Rügemer und Jürgen Roth – sowie Initiativen wie »Business Crime Control« und »Lobby-

Control« weisen zahlreichen hochrangigen Parteipolitikern seit Jahren korrupt-mafiöse Machenschaften, lobbyistische Verquickungen und Selbstbereicherungen nach und diagnostizieren einen schleichenden Niedergang der demokratischen Kultur.[12]

Obwohl das Lobbying in der einschlägigen Fachliteratur unterschiedlich beschrieben und aufgefasst wird, ist grundsätzlich nicht strittig, dass es sich dabei um den zielgerichtet-methodischen Versuch der Beeinflussung politischer Entscheidungsprozesse durch organisierte Interessengruppen handelt:

»Lobbying ist der, vor allem politische Kommunikationsprozeß, der sich zwischen Akteuren gesellschaftlicher Organisationen [...] und politischen Akteuren [...] abspielt mit dem primären Ziel, mittelbaren oder unmittelbaren Einfluß auf die politischen Entscheidungsprozesse zu nehmen. Lobbying arbeitet mit spezifischen Kommunikationsinstrumenten und ist in demokratischen Systemen an rechtliche und moralische Normen gebunden, das heißt, bestimmte Verfahren (wie zum Beispiel Bestechung) werden normativ ausgeschlossen.«[13]

Kleine (lokaler Filz) und große Korruption (Transaktionen in Millionenhöhe) sind national wie international in Politik, Verwaltung und Privatwirtschaft, nicht zuletzt im Zusammenhang mit dem zeitgenössischen Terrorismus, ein so schwer zu bekämpfendes wie allgegenwärtiges Übel. Der zwischen 1999 und 2002 wegen verschwundener Akten und verweigerter Zeugenaussagen von Ex-Kanzler Helmut Kohl nicht vollständig aufgeklärte CDU-Spendenskandal ist ein in jeder Hinsicht komplexes Beispiel dafür (Waffenlobbyist Schreiber und die Thyssen-Million; schwarze Kassen; Schmiergelder des Ölkonzerns Elf-Aquitaine; Schweizer Geheimkonten; »jüdische Vermächtnisse«). Die Affäre zog nicht zuletzt eine Verschärfung des Gesetzes über Spenden an politische Parteien nach sich.

Professionelle Lobbyisten zeichnen sich – ihrer Selbstdarstellung zufolge – dadurch aus, dass sie bei ihrer Berufsausübung weder bestechen noch *persönlich* bestechlich sind. Politikerkauf, Abgeordneten- und Beamtenbestechung kommen jedoch vor, wenn auch heutzutage eher als Ausnahme denn als Regel.

Korruption ist laut Peter Eigen, dem Gründer der nichtstaatlichen Organisation »Transparency International«, »der Mißbrauch öffentlicher – oder sonst anvertrauter – Macht zu persönlichem Nutzen«.[14] Ist die

21

schwer überprüfbare, mit legal-vorteilhaften Tauschgütern und Neben-
einkünften versehene informelle Beziehungs- und gegenseitige Karriere-
pflege von Lobbyisten, Berufspolitikern, politischen Beamten, Managern
und Unternehmensberatern ein Missbrauch öffentlicher Macht?

Hinzu kommt die Korrumpierung von kooperationswilligen Journalisten, Fernsehmoderatoren und Forschern, die als neutrale »Information« bezeichnete Veröffentlichung und kampagnenmäßige Verbreitung
frisierter oder wissenschaftlich höchst umstrittener Daten und Studien
sowie – im Falle des Wirtschaftslobbyismus – die mit einschlägigen Erwartungen verbundenen Spenden an bürgerliche Parteien.

Es ist beispielsweise kein Zufall, dass der allsonntägliche Reformdis-
kurs in der nach Sabine Christiansen benannten und von ihr moderier-
ten ARD-Sendung neben führenden Politikern weit überwiegend von
Unternehmern und Vertretern der Wirtschaftslobbys bestritten wurde.
Gewerkschaftsvertreter, Sprecher von sozialen Bewegungen und Sozialverbänden waren nur selten dazugeladen. Eine Studie der Initiative
»LobbyControl«, die die Sendungen von Januar 2005 bis Juni 2006 aus-
wertete, belegt u. a.:

»Das Themenspektrum der Sendung ist stark eingeschränkt. […] Internationale Politik taucht nur am Rande auf […]. Ökologische Fragen
werden nicht aufgegriffen, auch der Klimagipfel 2005 war ›Sabine Christiansen‹ keine Sendung wert. […] Die Thematisierung sozialer Fragen findet
primär am Rande von Diskussionen über notwendige Reformen statt. In
den Sendungen ›Melkkuh Sozialstaat – sind wir ein Volk von Abzockern?‹
oder ›Arm durch Arbeit, reich durch Hartz IV?‹ wird der Sozialstaat bzw. die
Empfänger sozialstaatlicher Leistungen als Bedrohung dargestellt. Dagegen wurde z. B. der Armuts- und Reichtumsbericht der Bundesregierung
im April 2005 nicht aufgegriffen (der belegte, daß sich die Kluft zwischen
Arm und Reich unter Rot-Grün weiter geöffnet hat). Interessant ist auch,
daß relevante Entscheidungen der großen Koalition wie die Anhebung des
Rentenalters oder die Erhöhung der Mehrwertsteuer 2006 nicht thematisiert wurden.« Insgesamt, so resümieren die Verfasser der Studie, Ulrich
Müller und Heidi Klein, bot die Sendung im untersuchten Zeitraum »vor
allem denjenigen ein Forum, die sich für eine neoliberal geprägte Reform
des Sozialstaates einsetzen«.[15]

Zu den Wissenschaftlern, die in den Medien (auch bei Sabine Christiansen), in Regierungskommissionen und auf Vortragsveranstaltungen häufig ihre Standpunkte vertreten können, gehört u. a. Bernd Raffelhüschen, Professor am Institut für Finanzwirtschaft der Universität Freiburg. Er wird als Renten- und Versicherungsexperte bezeichnet und wirbt als solcher für eine weitgehende Privatisierung der Alters- und Krankenversicherung. Ob der Hochschullehrer jedoch so unabhängig ist, wie man das von einem Lehrstuhlinhaber erwarten sollte, ist zweifelhaft.

Bernd Raffelhüschen sitzt seit 2005 zum einen im Aufsichtsrat des zweitgrößten Anbieters auf dem deutschen Erstversicherungsmarkt, der Ergo-Versicherungsgruppe (Victoria, Hamburg-Mannheimer, Deutsche Krankenversicherung, DAS, Karstadt-Quelle-Versicherungen), ist zum anderen Berater des »Gesamtverbandes der Deutschen Versicherungswirtschaft« und des weiteren Vortragsredner für den Finanzdienstleister MLP sowie wissenschaftlicher Begleiter von Versicherungsstudien. Neben den nicht unbeträchtlichen Zusatzeinnahmen, die der Professor mit diesen Engagements erzielt, fällt besonders auf, dass er für genau diejenigen Finanzdienstleister tätig ist, die die Nutznießer zunehmend privatisierter Renten- und Krankenversicherungsleistungen wären bzw. bereits teilweise sind. Seine öffentlichen Auftritte und Sachverständigentätigkeiten dienen jedenfalls immer auch dem Lobbying für partikulare private Interessen – ein unabhängiger Wissenschaftler ist Bernd Raffelhüschen offensichtlich nicht.

Lobbying bedeutet grundsätzlich – die herkömmlich als demokratisch legitim gewertete – partikulare Interessenvertretung und erfolgt heutzutage auf nationalstaatlicher wie auf übernationaler (etwa europäischer) Ebene durch unterschiedliche Lobbys – durch Verbände, Stiftungen, Handels- und andere Kammern, Unternehmen, Kirchen, NGOs, PR- und Public-Affairs-Agenturen, Forschungsinstitute, Initiativen, Landesvertretungen und andere mehr.

Lobbys sind Interessengruppen, die nicht direkt an Wahlen teilnehmen und kein direktes politisches Mandat anstreben. (Natürlich ist es einem Lobbyisten nicht verwehrt, sich für ein Abgeordnetenmandat zu bewerben.) Sie verfolgen das konkrete Ziel, einen indirekten und möglichst nachhaltigen Einfluss auf Politiker und die politische Entscheidungsfindung zu nehmen. Und zwar sowohl auf die Gesetzgebung wie auf die Vergabe öffentlicher Aufträge. Hinzu kommt die Beeinflussung der öffentlichen Meinung – in Form offener Kampagnen seitens der Gewerkschaften und sozialen Bewegungen, in Form direkter und indirekter Propaganda seitens der Wirtschaftsverbände und Konzernlobbys, in Form medialer Inszenierungen meinungsmachender Prominenter und sogenannter Experten, deren Verflechtungen mit Wirtschaftsunternehmen und privat finanzierten Denkfabriken häufig unerwähnt bleiben.

Lobbyismus – ein erster Aufblick

Die langfristig angelegte Bündelung, Artikulation und Vermittlung von Einzel- und Gruppeninteressen leisten in Deutschland seit gut einhundertfünfzig Jahren vor allem Verbände, Kammern und Gewerkschaften. Seit fünfzig Jahren entstehen zusätzlich Bürgerinitiativen, die kurzfristig-projektbezogene und lokal orientierte politische Beeinflussungsversuche unternehmen, sowie – auch im Rahmen der globalisierten politischen Aushandlungsprozesse – nichtstaatliche Organisationen (NGOs).[16]

Von den fest organisierten Wirtschafts-, Kultur-, Sozial- und Berufsverbänden sind ca. 5000 bundesweit tätig; knapp 2000 von ihnen sind beim Bundestag registriert.[17] Als bedeutende Lobby gelten gemeinhin die Verbände der Industrie, des Handwerks, des Handels, der Arbeitnehmer und der Wohlfahrt. Die organisatorisch bestens aufgestellten Spitzenverbände geben fast täglich Pressemitteilungen heraus – etwa der »Bundesverband der Deutschen Industrie«, die »Bundesvereinigung der Deutschen Arbeitgeberverbände«, der »Deutsche Industrie- und Handelskammertag«, der »Zentralverband des Deutschen Handwerks«, der »Deutsche Gewerkschaftsbund« und die in ihm zusammengeschlossenen acht Einzelgewerkschaften, der »Deutsche Beamtenbund«, der »Deutsche Bauernverband«, der »Verband der Automobilindustrie« (VDA) und weitere mehr.

Eine historisch relativ junge Erscheinung in Deutschland ist das professionell gestaltete, eigenständige Lobbying von Großunternehmen und wissenschaftlichen Einrichtungen sowie auf europäischer Ebene das von Kommunen und Bundesländern. In Berlin unterhalten an die 400 Unternehmen – darunter alle in Deutschland tätigen großen Konzerne – politische Repräsentanzen. An der von Spöttern »Unter den Lobbyisten« genannten alten Prachtstraße Unter den Linden residieren beispielsweise

24

die politischen Verbindungsstellen der Konzerne Allianz, Bertelsmann, BMW, BP, Dresdner Bank, DaimlerChrysler, E.on, TUI und Volkswagen.

Neu in der hiesigen Lobby-Arena sind die rund fünfzig freien Public-Affairs-Agenturen und Kommunikationsagenturen, sowie vierzig auf Gesetzgebungsfragen spezialisierte, überwiegend international tätige Anwaltskanzleien (law-firms), die Auftrags-Lobbying betreiben, also nicht dauerhaft mit ihrer Klientel vernetzt sind. Sie arbeiten im Auftrag von Unternehmen, von Verbänden und von organisationsschwächeren Interessengruppen, die sich eine dauerhafte Präsenz in Berlin, Brüssel, Washington und andernorts nicht leisten können oder wollen.

Eine seit Beginn des 2. Jahrhunderts in Deutschland etablierte Variante des Lobbyings sind die im Auftrag von Wirtschaftsverbänden und unternehmensnahen Stiftungen von PR- und Kommunikationsagenturen professionell gestalteten Propagandakampagnen sogenannter »Reforminitiativen«. Die wohl bekannteste ist die »Initiative Neue Soziale Marktwirtschaft«, die im Jahr 2000 auf Betreiben des »Arbeitgeberverbandes Gesamtmetall« gegründet wurde und jährlich mit mehr als acht Millionen Euro finanziert wird. Hinzu kommen Interessengruppen wie »Bürgerkonvent«, »Aufbruch jetzt«, »Konvent für Deutschland«, »Deutschland packt's an« und andere mehr, die fast sämtlich von Wirtschaftseliten ins Leben gerufen worden sind. Sie geben sich als Bürgerinitiativen aus und werden der Öffentlichkeit von prominenten »Botschaftern« aus Politik, Verbänden und Medien als überparteiliche und gemeinwohlfördernde Reformkräfte angepriesen.

Diese mit erheblichen privaten Finanzmitteln ausgestatteten Initiativen sind insoweit nicht zu unterschätzen, als sie mit geschickt aufbereiteten »wissenschaftlichen« Befunden, die nachhaltig in Anzeigen, vor allem aber in die neutral wirkenden Berichterstattung der privaten und auch öffentlich-rechtlichen Medien eingeschoben werden, die Bevölkerung auf ein wirtschaftsfreundlich-marktradikales Gesellschaftsmodell einschwören wollen. Sie propagieren »unausweichliche« soziale Leistungskürzungen, mehr »private Vorsorge« und die Förderung von Eliten – und insofern tatsächlich eine »neue« Marktwirtschaft.

Vor dem Hintergrund, dass die Finanzströme der umlagefinanzierten Gesetzlichen Rentenversicherung rund zwölf Prozent des deutschen Bruttoinlandsproduktes ausmachen, ist allerdings unschwer nachzuvollziehen, worum es beispielsweise der Lobbyarbeit der privaten Finanzindustrie, der Versicherungen, Fondsanbieter etc. geht und gehen muss, – um einen möglichst hohen und profitablen Anteil an diesem Volksvermögen.

Ein im Internet frei einsehbares Lexikon vermerkt unter dem Stichwort *Lobby:* »Heute hat die Lobby der unterschiedlichsten Branchen und Interesseneinrichtungen Hunderte von Büros in den politischen Hauptstädten der Welt.«[18] Das ist untertrieben. Es gibt einige Tausend Büros und täglich kommen weitere hinzu. Eine Studie der Vereinten Nationen schätzt, dass weltweit mindestens 100 000 professionell tätige Lobbyisten agieren. Auch gehen die Experten davon aus, dass sich deren Zahl noch erheblich erhöhen wird, weil China, Indien, Rußland und Brasilien die Öffnung ihrer Märkte und politischen Systeme vorantreiben.[19] Wohlgemerkt, in dieser Übersicht sind die vielen Interessenvertreter von kleineren NGOs und anderen Gruppen aufgrund statistischer Erfassungsschwierigkeiten nicht berücksichtigt.

In den politischen Hauptstädten der »alten« hochindustrialisierten Welt sind professionelle Lobbyisten seit langem zahlreich vertreten. In der traditionellen Lobbyistenhochburg und US-Hauptstadt Washington agieren mindestens 27 000. In Brüssel, dem Sitz der Europäischen Kommission, wird ihre Zahl auf mehr als 15 000 geschätzt, die für rund 7000 Organisationen tätig sind. Rund 5000 Lobbyisten sind beim Europäischen Parlament registriert und verfügen über einen Hausausweis, der die Eingangskontrollen verkürzt. Hinzu kommen am Sitz der Kommission rund 40 000 Fachleute von Unternehmen und NGOs, die neben weiteren 40 000 zusätzlich eingebundenen Vertretern von Behörden der Mitgliedsstaaten in rund zweitausend Expertenausschüssen (Komitologie) und anderen Gremien der EU mitwirken.

In der Bundeshauptstadt Berlin agieren ca. 6000 hauptberufliche Lobbyisten im Dienste von Verbänden, Unternehmen und Agenturen. Rund 5000 von ihnen haben einen Hausausweis für den Bundestag. Einen Hausausweis erhält, wer als Lobbyist die Bürgschaft von fünf Abgeordneten oder die eines Fraktionsvorsitzenden vorweisen kann. Der Ausweis ermöglicht auch den freien Zugang in die Fraktionsebenen der im Bundestag vertretenen Parteien sowie in die Ministerien. Als Lobbyist registriert zu sein heißt allerdings nicht, sich als solcher auch zu bezeichnen.

Gutbezahlte Experten

Meine Mutter hat mich ihren Freunden nie vorgestellt als:»Mein Sohn, der Lobbyist«.»Mein Sohn, der Repräsentant in Washington«, sagte sie zuweilen, manchmal erklärte sie mich zum»politischen Berater« oder führte mich als»Manager für Regierungsbeziehungen« ein. Aber niemals als»der Lobbyist«. Ich kann es ihr nicht verübeln.[20]

Auch in Deutschland werden Eltern, deren Tochter oder Sohn das Einkommen mit dem Lobbying erzielt, gegenüber Außenstehenden eher unverfängliche Umschreibungen wählen wie etwa»Leiterin Politik« oder »Hauptgeschäftsführer«. Und zwar schon deshalb, weil die hierzulande tätigen professionellen Lobbyisten an nichts weniger Interesse haben, als an der Titulierung Lobbyist. Warum das so ist, erläutert das *Handbuch des deutschen Lobbyisten*:

»Die Reputation der Lobbyisten in Deutschland hat mit der ›Scharping-Affäre‹ im Jahr 2002 vorerst einen neuen Tiefstand erreicht. Viele Bürger und sogar weite Teile der Fachöffentlichkeit verbinden mit dem Berufsbild des Lobbyisten einen undurchsichtigen Strippenzieher, der mit Geldkoffern ausgestattet im Hintergrund auf fragwürdige Weise für zweifelhafte Interessen tätig wird. Schuld daran sind die weithin bekannten Spendenaffären, bei denen als Lobbyisten klassifizierte Berater versucht haben, politische Entscheidungen zu kaufen. Es ist daher verständlich, daß die Berufsbezeichnung ›Lobbyist‹ heute immer seltener anzutreffen ist. Verbandsvertreter empfinden den Begriff mittlerweile gar als Schimpfwort. In Unternehmen mit einem amerikanischen Mutterhaus tragen die Lobbyisten heute Titel wie ›Public Policy Manager‹, der deutsche Cheflobbyist wird zum ›Leiter politische Kommunikation‹.«[21]

Kein deutsches Gesetz und keine EU-Richtlinie (die Mehrzahl der deutschen Gesetze basieren auf EU-Vorgaben) kommt ohne die Beteiligung von professionellen Lobbyisten bzw. den von ihnen beigesteuerten technischen, wissenschaftlichen und rechtlichen Sachverstand zustande. Hinzu kommt, dass laut Michael Greven»die Politiker die Nähe von Unternehmen geradezu suchen. Ursache ist ein stetig steigender Druck, neue Regeln zu schaffen. Mal erzwingt sie eine kleine Interessengruppe, mal erfordert es der technische Fortschritt, dann wieder die zunehmende Globalisierung – und überall wachsen die Haftungsrisiken. Das Wissen, wie man diesem Ansturm widerstehen kann, vermuten Politiker und Ministerialbeamte zusehends bei Unternehmen.«[22]

In den Worten der EP-Abgeordneten Erika Mann (SPD): »Ich will meine Freiheit. Aber ich will auch kluges Lobbying. Wenn die Unternehmen nicht zu mir kommen würden, ginge ich zu ihnen. Da liegt so viel Wissen.«[23]

Für das der Politik bereitzustellende »Wissen« sind die als private Diplomaten, Koordinatoren und Kommunikatoren tätigen Chef- und von ihnen geführte Fachlobbyisten zuständig. Konzerne und große Verbände geben für diesen Service sehr viel Geld aus. Wieviel beispielsweise ein »Leiter politische Kommunikation« hierzulande verdient, hängt von seiner Erfahrung und dem finanziellen Spielraum seines Auftrag- bzw. Arbeitgebers ab. Dem Lobbyisten Hans Merkle zufolge »gibt es keine Gehaltsübersichten. Am ehesten können sich Lobbyisten mit PR-Managern vergleichen. Dort kassieren erfahrene Spezialisten auf der Bereichsleiterebene bis zu 200 000 Euro plus Dienstwagen und erfolgsabhängige Prämien- und Bonuszahlungen.«[24]

Lobbyisten, die zuvor hochrangige politische Ämter bekleidet haben, dürften deutlich höhere Gehälter beziehen. Zum Vergleich: Das Anfangs-Jahresgehalt eines Lobbyisten in Washington beträgt ca. 300 000 US-Dollar. Ein Lobbyist mit großer politischer Erfahrung verdient bis zu zwei Millionen US-Dollar per annum.

Die guten Gehälter oder auch freien Honorare erhalten professionelle Lobbyisten für die von ihnen als »Informationsaustausch« bezeichnete, enge Zusammenarbeit mit Fachleuten aus Politik und Verwaltung, für das expertenmäßig betriebene Lobbying. Der gestandene Lobbyist Manfred Strauch kennzeichnet es wie folgt: »Lobbying ist eine Methode und die Anwendung dieser Methode im Rahmen einer vorzubereitenden oder bereits festgelegten Strategie, Informationen zu sammeln, aufzubereiten und weiterzugeben und auf die Entscheidungszentren und Entscheidungsträger einzuwirken, wobei das wichtigste Mittel der rasche Informationsaustausch ist.«[25]

Insbesondere die Lobbyisten der privaten Wirtschaft schätzen neutral wirkende Begriffe. Das Wort Information ist ein solches. Um welche

Informationen, also Auskünfte, Mitteilungen und Nachrichten es ihnen geht, ist jedoch kein Geheimnis. Ganz gleich, ob die Erlangung staatlicher oder europäischer Subventionsgelder, die Durchsetzung neuer Privatisierungen öffentlichen Eigentums bzw. öffentlich kontrollierter Unternehmen oder die grundlegende (Mit-)Gestaltung von Gesetzen und Verordnungen erstrebt wird – entscheidend ist die Einflußnahme auf die Politik im weiteren und die konkrete Vernetzung und Zusammenarbeit mit Fachleuten der Ministerialbürokratie im engeren Sinne.

Im Hinblick auf die Politik kann Information etwa durch die Industrielobby die Androhung eines Standortwechsels bei ausbleibenden Steuersenkungen heißen, im Hinblick auf die Ministerialbürokratie die Zuspielung eines ausführlichen und juristisch überprüften Entwurfes für ein Gesetzesvorhaben oder eine Verordnung.

Ein beamteter Staatssekretär im Bundeswirtschaftsministerium verdeutlicht: »Die Informationsgrundlage, auf der in Ministerien ein Gesetz entsteht, ist heute stärker von der Wirtschaft oder einzelnen Unternehmen geprägt als vor dreißig Jahren.«[26] Die Informationsunterlage stammt im Zweifelsfall auch von inzwischen im Lobbybetrieb fest verankerten Anwaltskanzleien. 2005 verabschiedete der Bundestag das für das Gemeinwohl, gelinde gesagt, problematische ÖPP-Beschleunigungsgesetz, das die (Teil-)Privatisierung öffentlicher Unternehmen und Einrichtungen erleichtert. Das Gesetz wurde nicht etwa von der Ministerialbürokratie erarbeitet, sondern von einer amerikanischen Anwaltskanzlei, die sogar großzügig auf das eigentlich übliche Honorar verzichtete.

Die Kanzlei hofft offenbar auf lukrative Folgeverträge – nicht zuletzt von Kommunen, die ihre Wasserwerke und anderen Versorgungsunternehmen zurzeit der Reihe nach (teil-)privatisieren, um – wie es heißt – die öffentlichen Haushalte zu entlasten. Da die umfangreichen Verträge in der Regel und auf Verlangen der privaten Wirtschaft nicht offengelegt werden dürfen, wird für die jeweils betroffenen Bürgerinnen und Bürger eines Tages das Erwachen mit einem unschönen Beiklang vermischt sein: Gebührenerhöhungen, Leistungsminderungen etc. Beispiele dafür gibt es zuhauf – die Verbraucher in Berlin etwa zahlen bereits erheblich höhere Gebühren als vor der Teilprivatisierung ihrer Wasserversorgung.

Der für das Toll Collect System auf den Autobahnen zwischen Staat, Telekom und DaimlerChrysler von privaten Beratern abgefasste Vertrag

umfaßt 18 000 Seiten und unterliegt der Schweigepflicht. Das Verkehrs-
ministerium benötigte bei der Prüfung von Schadenersatzforderungen
die Hilfe eines weiteren privaten Beratungsunternehmens, weil die zuständigen Beamten mit der juristischen Interpretation des Dokumentes
überfordert waren.

Die Grenzen zwischen professionellen Lobbyisten und professionellen
Beratern sind fließend. Jedenfalls gibt es kaum einen staatlichen und kommunalen (Verwaltungs-)Bereich, keine »Reform«-Kommission und kein
Bundesunternehmen, die nicht privatwirtschaftlich beraten würden,
wo Lobbyisten bei zuständigen Regierungsstellen nicht zuvor sondiert
und »überzeugt« hätten. Wenn Beratungs- und Wirtschaftsprüfungskon-
zerne wie PricewaterhouseCoopers (PwC) damit werben: »Wir begleiten
Deutschlands Reformen« ist damit zweifellos nicht eine demokratisch
basierte Begleitung gemeint, und die finanziellen Folgen für den Steuer-
zahler werden sich eines Tages als überraschend hoch erweisen.

Der Publizist Werner Rügemer, der den »Mythos der ökonomischen
Effizienz« des ausufernden Beratungsunwesens fakten- und umfang-
reich belegen kann, beleuchtet den ersten »großen Streich« der Beratungskonzerne hierzulande am Beispiel der Treuhand:

»Sie sollte die Unternehmen der DDR privatisieren. Das grundlegende
Gutachten vom April 1990 über den Zustand der DDR-Wirtschaft gab Bundeskanzler Kohl bei Berater Roland Berger in Auftrag. Nach dessen Empfehlungen berief die Bundesregierung Vertreter der deutschen Großbanken und Großindustrielle in den Verwaltungsrat der Treuhandanstalt,
aber keinen Gewerkschafter. Ganz klar wurden die Verhältnisse im vier-
köpfigen Leitungsausschuß: Einem koordinierenden Ministerialbeamten
saßen drei Berater gegenüber: je ein Vertreter von McKinsey, von KPMG
und von Treuarbeit. Im November 1990 kam als fünfter Mann noch Ber-
ger-Partner Karl J. Kraus hinzu. Treuarbeit wurde einige Jahre später von
der US-Konkurrenz PWC aufgekauft. [...] Der Beratungsaufwand in der
Treuhand [...] war gewaltig: Allein im Jahre 1992 kassierten die Beratungs-
firmen zusammen 450 Millionen Mark.«[27]

Wie hoch der Anteil professionell-türöffnender Lobbyisten an dieser
Summe war, ist schwer zu sagen. Schlecht verdient haben sie zweifellos
nicht. Die transnational operierenden Beratungskonzerne mit ihren weltweit mehreren Hunderttausend Beschäftigten engagieren gewiss nicht

grundlos ausgeschiedene Regierungspolitiker, um ihre Netzwerke gezielt auszubauen. In Deutschland gewann etwa KPMG den ehemaligen Forschungsminister Hauff und den ehemaligen Verkehrsminister Bodewig (nachdem er den Toll Collect-Vertrag unterzeichnet hatte) als Mitarbeiter.

Im Spannungsfeld von Politik und Verwaltung, in zahlreichen Beiräten und Kommissionen sind Berater, Beratungsgremien und Sachverständige seit langem ein integraler Bestandteil der Entscheidungs- und Politikgestaltungsprozesse. Am bekanntesten ist wohl der seit 1963 bestehende »Sachverständigenrat zur Begutachtung der gesamtwirtschaftlichen Entwicklung«. Die »Fünf Weisen« sind allerdings alles andere als weise – ihre Gutachten haben hierzulande jedenfalls nicht zu einer erfolgreichen Wirtschaftspolitik beigetragen; zudem sind die meisten »Weisen« Anhänger der neoliberalen Lehre, die vor allem auf Lohnsenkungen und die Deregulierung von Tarifverträgen abstellt.

Die Berater bzw. große Beraterfirmen wie McKinsey, Roland Berger, Boston Consulting, Accenture (vormals Arthur Andersen), Arthur D. Little, Babcock & Brown und andere mehr entwerfen Gesetzesentwürfe und Pläne für Haushaltssanierungen und Kosteneinsparungen, begleiten e-Government-Projekte, kommunale Managementprogramme und Verwaltungsreformen, entwickeln Privatisierungs-, Cross Border Leasing und andere Finanzierungskonzepte, installieren Fachverfahren für Gerichte und schreiben Politikkonzepte sowie Teile der Parteiprogramme. »Wir fragen lieber Unternehmensberater wie McKinsey oder Berger, wenn wir schnell ein Politikkonzept brauchen«, bringt der ehemalige Staatssekretär Alfred Tacke das Geschehen auf den Punkt.

Anders gesagt, die Unabhängigkeit von Legislative und Exekutive besteht nur mehr in der Theorie; in der Praxis sind sie von nicht gewählten bzw. verbeamteten privaten Betriebswirten und Juristen abhängig. Thomas Leif vermerkt in seinem umfangreichen Buch über die Unternehmensberater:

»Mittlerweile erarbeiten Unternehmensberatungen in komplexen Abstimmungsprozessen Politikkonzepte für die teilweise widerstreitenden Interessen von Politik und Wirtschaft. Über die beteiligten Vertreter aus Politik und Gesellschaft gelangen diese Konzepte in das parlamentarisch-adminstrative System. Berater fungieren so zum Teil als ›parteipolitische Konsensstifter‹. Dabei beschäftigen sich die Berater nicht nur mit allgemeinen Konzepten oder Koalitionspapieren, sondern auch mit Fachthemen. Dazu müssen Gewerkschaften und Interessenverbände mobilisiert werden, ohne deren Zustimmung politische Reformen nur sehr langsam vorankämen. Berater versuchen deshalb, im Vorfeld Kompromisse auszuhandeln, um eine möglichst konsensfähige Lösung zu finden.«[28]

Im Herbst 2006 wurde zudem publik, dass seit einigen Jahren rund 100 Experten der (Finanz-)Industrie sogar eigene Büros in Bundesministerien (für Wirtschaft, Verkehr, Finanzen etc.) unterhalten, wo sie als »Leihbeamte« auf Kosten und im Auftrag von Fraport AG, DaimlerChrysler AG, Deutsche Börse Group, des »Hauptverbandes der Deutschen Bauindustrie« u. a. an Gesetzentwürfen und Entscheidungsvorbereitungen beteiligt sind (vgl. dazu die »Monitor«-Sendungen vom 19. 10. 2006 und 21. 12. 2006, www.wdrr.de/tv/monitor). Wenn es noch eines Beweises bedurfte, wie eng vernetzt die Wirtschaft mit der – somit korruptionsanfälligen – Ministerialbürokratie inzwischen ist, so liegt er nunmehr vor. Kurz: Hochbezahlte Konzernmitarbeiter, Verbandslobbyisten und Berater tragen mit ihren intransparenten Methoden, nicht zuletzt mit den ihren staatlichen Auftraggebern diktierten Schweigegeboten, zur ökonomischen Durchdringung aller gesellschaftlichen Bereiche bei. Sie untergraben das Gemeinwohl und verwischen generell die Grenzen zwischen öffentlichem Dienst, Politik und Wirtschaft.

Die Alltagspraxis der Lobbyisten

Professionelle Lobbyisten und deren Mitarbeiter dienen ihren Auftraggebern als politische Netzwerker, Informationsbeschaffer, Strategie- und Kampagnenberater, Gesetzgebungsexperten und diplomatisch versiertes Sprachrohr. Sie verfügen über eine hervorragende Ausbildung, haben überwiegend in politischen Apparaten Erfahrungen gesammelt und kennen sich in der Materie der Gesetzgebung bestens aus. Sie wirken rund um die Uhr und an all den Orten, wo Regierungen, Ministerien, Parlamente und Politiker zu finden sind. An jeweils zuständigen Ansprechpartnern fehlt es ihnen schon deshalb nicht, weil die deutschen Ministerien und Parlamentsausschüsse und ebenso die EU-Kommission in Brüssel ihre Mitarbeit suchen und einfordern.

Gerade auf den immer unüberschaubareren und risikobehafteten Problemfeldern wie etwa der Gentechnologie oder dem Klimaschutz – die zudem im nationalen Alleingang nicht mehr beherrschbar sind –, ist die Politik dazu übergegangen, nicht viel mehr zu tun, als unter den vielen Expertisen und Vorschlägen der lobbyierenden Experten bzw. deren Auftraggebern eine Auswahl zu treffen. Darüber hinaus »kennt man sich« auf dem politischen Parkett. Seminare, Kolloquien, Konferenzen, Parlamentarische Abende, politische »Salons« und unzählige Arbeitsessen finden täglich in den Regierungshochburgen statt.

Konzernvorstände, die Spitzengespräche mit Regierungschefs, Ministern oder EU-Kommissaren führen, sind keine professionellen Lobbyisten. Sie nehmen als oberste Vertreter mächtiger Unternehmen in der Regel nur dann direkt Einfluss auf die herrschende Politik, wenn die von ihnen engagierten Cheflobbyisten oder in ihrem Sinne tätige Verbände ihrer Unterstützung bedürfen. Den Cheflobbyisten unterstehen wiederum Abteilungen, in denen zahlreiche Mitarbeiter dem konkreten, methodisch ausgefeilten und prozeßorientierten Lobbying nachgehen.

Ein Beispiel. »Im Jahre 2001«, berichtet Joachim Wagner, »hatte Infineon-Boß Ulrich Schumacher erhebliche Sorgen. Einer seiner Hauptkonkurrenten auf dem internationalen Halbleitermarkt, die südkoreanische Firma Hynix, warf ihre Produkte mithilfe unerlaubter Subventionen zu Dumpingpreisen auf den Weltmarkt. Infineon machte Millionenverluste. Ein Fall für die Hauptstadtrepräsentantin des Unternehmens, Sybille Rosendahl. Sie nahm Kontakt zum Wirtschaftsministerium und zum Bundeskanzleramt auf. Eine internationale Anwaltskanzlei trug Daten und Fakten zusammen, um die Verletzung der WTO-Richtlinien durch die südkoreanische Regierung zu beweisen. Es ging um nicht weniger als elf Milliarden Dollar. Schuhmacher bat Wirtschaftsminister Clement und Bundeskanzler Schröder um Unterstützung. Es folgte ein formelles Untersuchungsverfahren der EU-Kommission. Das Ergebnis: Seit April [2003] verhängt die EU auf alle Einfuhren von Hynix Strafzölle in Höhe von 35 Prozent des Warenwertes.«[29]

Wie entsteht heutzutage in Deutschland ein Gesetz oder eine Verordnung und wie »begleiten« professionelle Lobbyisten diesen Prozeß? Der Reihe nach. Ein Großteil der deutschen Gesetze wird – soweit nicht von der EU vorgegeben – von der Regierung initiiert. Lobbyisten versuchen

ırer Auftraggeber deshalb, bereits bei der Regierungsbildung
ılte Gespräche mit Vertretern der Regierungspartei(en) auf
ıgsprogramm Einfluss zu nehmen bzw. nach dessen Verkün-
ıigung ihre Auftraggeber auf problematische Gesetzesvorhaben hinzu-
weisen und zugleich Gegenstrategien zu entwickeln.

Die Definition der Gefahren und Chancen, die sich aus geplanten
Gesetzesvorhaben und Verordnungen für bestehende Strategien ergeben, prägen den lobbyistischen Alltag. Selbstverständlich erwarten die
Auftraggeber auch eine verläßliche Analyse der jeweils gegebenen politischen, wirtschaftlichen, finanziellen, technischen und sozialen Begleitumstände und die entsprechende Rückkoppelung an zuständige Mitarbeiter bzw. Abteilungen im Verband oder im Unternehmen.

Über die Spielregeln der Unternehmenslobbyisten, deren langfristige
Strategien niemand unterschätzten sollte, lasse ich nun eine Frau vom
Fach zu Wort kommen. Die Konzernlobbyistin Katja Audenrieth faßt die
wichtigsten Arbeitsaufgaben zusammen.

»Vorbereitung der Lobbying-Aktivitäten:
- Sich rechtzeitig der Mitarbeit eines Spezialisten versichern;
- Schaffung von internem Informationsvorsprung;
- Immer präsent sein;
- Vertrauensbildung beim Adressaten;
- Genau wissen, was man erreichen will (Ziele-Definition);
- Genau wissen, welche Personen/Gruppen und -ebenen relevant sind:
  Der ›Umweg‹ über Brüssel ist beispielsweise oft sinnvoller, um na-
  tionale Vorgänge zu beeinflussen (Adressaten-Definition);
- Immer über einen Argumentationskatalog verfügen – mit Abstufun-
  gen, z. B. ›Rückfallpositionen‹ (Instrumente-Definition);
- Richtiges Timing beim Platzieren der Argumentation: Intervenieren zu
  den Schlüsselaugenblicken, möglichst früh – ›Feuerwehraktionen‹ sind
  selten erfolgreich (Zeitplan-Definition);
- Kooperation/Abstimmung mit den Lobbyisten der Unternehmen ähnlich gelagerter Interessen und der Verbände; Öffentlich überzeugen
  (nicht ohne Bundesgenossen, insbesondere Medien).

Aufbereitung der Information:
- Prägnant und präzise formulieren;

- Sich-Einfügen in Gesamtlogik;
- Ausrichtung der Argumente am Empfängerhorizont des jeweiligen Entscheidungsträgers, aber auch der Gleichgesinnten, der Neutralen, die es zu gewinnen gilt, und der Gegner, deren Argumente widerlegt werden müssen;
- Präzise Trennung zwischen offener und vertraulicher Information.

Argumentation bzw. Vermittlung der Information/Interessen:
- Erst Information geben, dann abfordern;
- Mit Maßen fordern;
- Unauffälligkeit;
- Selbstsicherheit, Klarheit und Offenheit, Sachverstand, Glaubwürdigkeit;
- Seriosität und Fähigkeit zur Diskretion;
- Parteipolitische Neutralität;
- Erläutern der eigenen Gesichtspunkte und diesbezügliche Verständnisbildung;
- Fähigkeit zum Zuhören und Einfühlen in die Problemlage des Gesprächspartners;
- Konstruktivität (durch Unterbreitung von Vorschlägen).«[30]

Professionelle Lobbyisten stehen im ständigen, direkten Kontakt mit Entscheidungsträgern der Legislative und ihnen verbundenen Mitarbeitern in der Administration und in branchenbezogenen Gremien. Sie pflegen ein dichtes Kontaktnetzwerk – zumal zu anderen Lobbyisten, die als Verbündete in Frage kommen – und arbeiten mit umfangreichen Datenbanken, in denen alle relevanten Adressaten, politischen Entscheidungsstrukturen, Gesetzgebungsvorhaben und Termine etc. miteinander verknüpft sind. So gut wie nichts wird dem Zufall überlassen. Vor allem aber wissen sie, wo sie am erfolgsversprechendsten lobbyieren müssen. In den Worten der Konzernlobbyistin Audenrieth:
»Angesichts des faktischen Entscheidungsablaufs bei Gesetzen und Verordnungen ist – trotz seiner formal zentralen Rolle im Normsetzungsprozeß – der Bereich des Bundestages mit seinen Fraktionen nicht Lobbying-Adressat ersten Ranges. Beschlußvorlagen sind im Stadium der Entstehung [...] auf Referentenebene in den Ministerien am ehesten ver-

änderbar, jedoch nur mehr in geringem Maße beeinflußbar, wenn sie die Ausschüsse und das Plenum des Bundestages oder Bundesrates erreicht haben. Allerdings sind gute Kontakte zu den für das Unternehmen entscheidenden Fraktionsvertretern von großer Bedeutung, zumal nicht selten von hier Anstöße für parlamentarische Initiativen, wie z. B. Gesetzesnovellen, ausgehen. Die öffentlichen Anhörungen – sowohl des Bundestages als auch der Bundesregierung – werden von den Lobbyisten eindeutig als wichtigste formalisierte Kontaktplattform eingestuft. Dies ist verständlich angesichts der Öffentlichkeitswirksamkeit und der damit verbundenen politischen Bedeutung dieses Forums.«[31]

Im Klartext: die informelle Einflußnahme auf der Arbeitsebene der Ministerien prägt den für die Öffentlichkeit nicht einsehbaren lobbyistischen Alltag. Es gibt heutzutage wohl keinen Referentenentwurf, an dem Lobbyisten nicht mitgewirkt haben. In einigen Fällen werden die Wirtschaftsvertreter sogar aufgefordert, sich selbst einen Gesetzentwurf zu schreiben. So bat das Finanzministerium die Experten der Banken, das Gesetz für die Zulassung von Hedge-Fonds in Deutschlands zu formulieren. Der Gemeinsamen Geschäftsordnung der Bundesministerien (GGO) zufolge sind die Beamten ohnehin angehalten, Fachkreise und Experten der Bundesverbände zu Rate zu ziehen. Zudem können nach der GGO bei den Bundesministerien Fachausschüsse und -beiräte sowie Beratungsgremien eingerichtet werden, bei deren Besetzung die Ministerien freie Hand haben.

Einschlägig sachverständige Lobbyisten nehmen mit »präziser Information« bereits zu einem Zeitpunkt Einfluss auf einen Gesetzentwurf, da die Abgeordneten des Bundestages noch keine Kenntnis vom Stand der inhaltlichen Ausgestaltung haben. Sie wissen natürlich auch, dass kostenwirksame Gesetzesentwürfe grundsätzlich dem Finanzministerium vorgelegt werden müssen und anschließend vom Bundesjustizministerium auf die Vereinbarkeit mit geltendem Recht geprüft werden. Sie liefern deshalb Vorformulierungen oder Änderungsvorschläge, die zumeist mit Hilfe ihnen zuarbeitender Fachkräfte und Juristen (von darauf spezialisierten Kanzleien) entsprechend abgesichert worden sind. Dazu gehört auch eine möglichst geschlechtsneutrale Formulierung. Nicht zu vergessen die Vorbereitung von Gegenmaßnahmen und Verschleppungstaktiken, wenn ein Gesetzesentwurf nicht im Sinne ihrer Auftraggeber ausfällt.

Zum Einsatz kommen zusätzlich sogenannte »Non-Papers«, die breit gestreut werden, jedoch keinen Absender tragen.

Schließlich sind auch die Kontakte zu Regierungspolitikern und Parlamentsabgeordneten persönlich zu pflegen. Etwa bei Veranstaltungen, Arbeitsessen und ähnlichen Anlässen mehr. Der Lobbyist Hans Merkle empfiehlt den Lobbyisten in einem Handbuch:

»Politiker müssen zur Begründung einer politischen Entscheidung eine Verbindung zwischen der Sachfrage, den Interessen ihrer Partei, den Erwartungen ihrer Wähler und allgemeinen gesellschaftlichen Wertvorstellungen herstellen. Gehen Sie daher auf die Bedürfnisse der Politiker ein und suchen Sie stets nach einer Verbindung zwischen Ihrem Lobbying-Ziel und dem öffentlichen Interesse. [...] Ergründen Sie, welche Rolle Ihr Unternehmen und seine Produkte im Leben und Streben der Menschen spielt! Sie stoßen dabei auf ethische Werte, die ›politisch korrekt‹ sind und von der Gesellschaft beifällig aufgenommen werden, wie z. B. ›Gesundheit‹, ›Sicherheit‹, ›Umweltschutz‹, ›Familie‹, ›Erziehung‹, ›Ausbildung‹, ›Emanzipation‹, ›Hilfe zur Selbsthilfe‹ oder ›Hilfe für die Dritte Welt‹. Argumente aus diesen Bereichen haben eine Chance, bei Politikern und der Öffentlichkeit auf Akzeptanz zu stoßen. [...] Gegenüber der Politik und der Öffentlichkeit lautet Ihr Argument daher nicht, daß die neue Produktionslinie die Produktion um 100 Prozent steigert und die Marktstellung festigt, sondern daß die neue Anlage die Produktionsabfälle um 90 Prozent verringert und 50 neue Mitarbeiter eingestellt werden können.«[32]

Erfolgreiches Lobbying versteht es, das Einfließen der jeweils vertretenen Partikularinteressen und Forderungen in allgemein verbindliche politische Entscheidungen so unauffällig zu bewerkstelligen, dass sie wie eine normale regierungspolitische Maßnahme zur Förderung des allgemeinen Wohls erscheinen oder zumindest als dringend erforderliche »Reform«.

Eines sollte vor lauter lobbyistischer Professionalität nicht in Vergessenheit geraten. Ein Beamter dient laut Bundesbeamtengesetz »dem ganzen Volk, nicht einer Partei. Er hat seine Aufgaben unparteiisch und gerecht zu erfüllen und bei seiner Amtsführung auf das Wohl der Allgemeinheit Bedacht zu nehmen«. Beamte und Angestellte des öffentlichen Dienstes sind zwar zur Amtsverschwiegenheit verpflichtet; aber eben auch zu Neutralität und Gesetzestreue. Transparenz und Effizienz des

Handelns eingeschlossen. (In der EU-Kommission sollen die »Allgemeinen Grundsätze guter Verwaltungspraxis« befolgt werden: Rechtmäßigkeit, Diskriminierungsverbot und Gleichbehandlung, Verhältnismäßigkeit, Kohärenz, Objektivität und Unparteilichkeit.)

Professionelle Systemdienstleister

Beruflich als Lobbyisten tätige Menschen, gleich welchen Zielen, Vorgaben und Auftraggebern sie verbunden sind und was sie mit ihrer Tätigkeit verdienen, sind kein Zufallsprodukt. Sie sind konkret handelnde, gesellschaftliche Subjekte, kommen also aus unserer Mitte. In ihrer Funktion als Lobbyisten sind sie nun nicht als personale Subjekte, sondern – wie Marx es ausgedrückt hätte – als »Personifikation ökonomischer Kategorien«, als »Träger von bestimmten Klassenverhältnissen und Interessen« anzusehen. Es geht mir folglich nicht darum, Lobbyisten individuell für Verhältnisse verantwortlich zu machen, »deren Geschöpf sie sozial bleiben«.[33]

Der Beruf der Lobbyistin oder des Lobbyisten ist insoweit in Deutschland amtlich anerkannt, als ihn die Bundesagentur für Arbeit unter der Gruppenbezeichnung »Tätigkeiten mit unterschiedlichen Qualifikationen« aufführt.[34] In Stellenanzeigen wird allerdings höchst selten eine freie Position für »Lobbyisten« ausgeschrieben, denn die offizielle Sprachregelung der Wirtschaft kennt zwar Berater, Consultants, Referenten, Leiter, Abteilungsleiter etc.; von Lobbyisten aber weiß sie nichts.

Auch die Verbände, nichtstaatlichen Organisationen und kleineren Interessengruppen schicken im Rahmen ihrer Außendarstellung in aller Regel Sekretäre, Präsidenten, Vorsitzende, Geschäftsführer, Sprecher und Wissenschaftler ins Rennen. Was zeichnet nun die Menschen aus, die sich als professionelle Lobbyisten verstehen, aber nicht so genannt werden wollen?

Zunächst einmal bestehen für sie keine formalen Berufsqualifikationen, wenn sie – zumeist informell oder gezielt über Beratungsgesellschaften und »Headhunter« – für eine einschlägige Position angeworben werden. Ein fehlender Meisterbrief ist jedenfalls kein Hinderungsgrund für die berufliche Ausübung des Lobbyings. Dennoch gibt es ganz bestimmte und vorausgesetzte berufsbiographische Muster bzw. daran ausgerichtete Auswahlkriterien, und diese bilden für durchschnittlich ausgebildete und berufstätige Interessenten eine nahezu unüberwindliche Hürde.

Die Mehrheit der professionellen Lobbyistinnen und Lobbyisten hat ein Hochschulstudium absolviert und häufig auch promoviert; hat jahrelang in Verbänden oder Unternehmen oder im Wissenschaftsbetrieb in leitender Funktion mit Personalverantwortung oder geschäftsführend gearbeitet; hat zusätzlich zumeist Erfahrungen in der Kommunal-, Landes- und Bundespolitik gesammelt – bis hin als Bundesminister; hat spezielle Kenntnisse unter anderem als Jurist(in), Betriebswirt(in), Volkswirt(in), Journalist(in), PR-Fachkraft oder Politikwissenschaftler(in); ist sozial anerkannt, redegewandt, formulierungs- und repräsentationssicher; vermag Glaubwürdigkeit und Integrität zu wahren; versteht sich auf Teamarbeit und das Herstellen und Pflegen von persönlichen Kontakten und Netzwerken und ist nicht zuletzt im fortgeschrittenen Lebensalter, also um die vierzig und älter.

Marco Althaus vom »Deutschen Institut für Public Affairs« verdeutlicht, dass auch weniger hochrangig in Erscheinung getretene Lobbyisten über einschlägige Berufs- und Politikerfahrungen verfügen müssen. »Wer als Seiteneinsteiger zum Lobbyisten berufen wird, hat im Regelfall Erfahrungen im Politikmanagement. Diese Lobbyisten haben häufig eine kleine Ochsentour als Parteisoldaten hinter sich. Sie haben für Parteien Wahlkämpfe mitorganisiert oder das Wahlkreisbüro gemanagt, im Rathaus, Landtag oder Bundestag Abgeordneten zugearbeitet, in Verwaltungsbehörden oder Ministerien Reden geschrieben, Termine koordiniert, Entscheidungsvorlagen geschrieben, Journalisten betreut oder Veranstaltungen auf den Weg gebracht. Sie haben sich in unterschiedliche Themen eingearbeitet und gelernt, sie nach politischen Kriterien zu analysieren und daraus Empfehlungen abzuleiten. Sie haben auch die Regeln gelernt, die nirgendwo niedergeschrieben sind, und die man nur kennen und anwenden lernt, wenn man sie im Apparat absorbieren konnte. Amateure wittern die Gefahr nicht einmal, die durch unsichtbare Fallen droht. Erfahrene Praktiker dagegen hören auf leise Warngeräusche und unklare Signale.«[35]

Kommunikative Kompetenz ist für Lobbyisten folglich (wie auch für Berufspolitiker) mindestens ebenso wichtig wie die vertretene Sache. Das »Deutsche Institut für Public Affairs« in Berlin offeriert einschlägige (kostenpflichtige) Weiterbildungsmöglichkeiten. In Kurzlehrgängen, Abendkursen und Seminaren können noch nicht sattelfeste Lobbyisten ihr Wissen über »politische Kommunikation«, »Lobbying und strategische Beratung«, »Projektmanagement zwischen Geschäftsordnung, legislativen Strategien und Politikfeld-Entscheidungen«, »EU-Lobbying«, »Fundraising« und »Kampagnenplanung« vertiefen.

Führende Lobbyisten in ihrem Netzwerk – einige Kurzporträts

Von großer Bedeutung (und von einer breiteren Öffentlichkeit auch so wahrgenommen) sind hierzulande die Spitzenfunktionäre der Gewerkschaften und großen Wirtschaftsverbände. Zu dieser Riege zählt beispielsweise der 2005 zum Präsidenten des »Deutschen Sparkassen- und Giroverbandes« (DSGV) gewählte Heinrich Haasis. Der DSGV ist mit 670 Mitgliedsunternehmen (die rund 22 000 Geschäftsstellen u. a. der Sparkassen, Landesbanken, Landesbausparkassen und öffentlicher Versicherungen repräsentieren) der größte Verband der deutschen Finanzbranche.

Heinrich Haasis (geb. 1945) erhielt eine Ausbildung als Diplom-Verwaltungswirt, wurde im Alter von 26 Jahren Bürgermeister der Gemeinde Bisingen in Baden-Württemberg, saß für die CDU zunächst im Kreistag, von 1976 an im Landtag. 1981 übernahm er die Funktion des Landrats im Zollernalbkreis, stand dem Verwaltungsrat der damaligen Kreissparkasse Balingen vor und wurde Mitglied des Vorstandes des Württembergischen Sparkassen- und Giroverbandes. Im Landtag diente er der CDU-Fraktion bald darauf – bis 2001 – als stellvertretender Fraktionschef zunächst unter Erwin Teufel, dann unter Günther Oettinger. 1991 wählte der Württembergische Sparkassen- und Giroverband Heinrich Haasis zu seinem Präsidenten, 2005 folgte als Krönung seiner Karriere schließlich die Wahl des inzwischen 61 jährigen »Königs der Realpolitik« an die Spitze der Bundesorganisation.

»Das Strippenziehen im Hintergrund ist zum Markenzeichen von Haasis geworden«, konstatiert eine Journalistin. »Haasis verfügt über hervorragende Verbindungen zur Politik [...] Altkanzler Helmut Kohl, Oettinger, Baden-Württembergs Finanzminister Gerhard Stratthaus, sein Bundeskollege Peer Steinbrück von der SPD, Hessens Ministerpräsident Roland Koch oder Niedersachsens Regierungschef Christian Wulff. Sie zählt Haasis ebenso zu seinen Duz-Freunden wie CDU-Fraktionschef Volker Kauder oder Matthias Wissmann, Vorsitzender des EU-Ausschusses.«[36]

40

Für das – koordinierende – lobbyistische Alltagsgeschäft der Spitzenverbände sind die Hauptgeschäftsführer(innen) zuständig. Cornelia Yzer
(geb. 1961) vertritt beispielsweise seit 1997 als Hauptgeschäftsführerin
des »Verbandes Forschender Arzneimittelhersteller« die Interessen von
44 führenden Unternehmen (Altana, Boehringer Ingelheim, Merck,
Schering und andere mehr). Diese Pharmahersteller beherrschen nicht
nur rund zwei Drittel des deutschen Arzneimittelmarktes, sondern wirken zusätzlich mit Hilfe ihrer eigenen Konzernlobbyisten auf die immer
neuen Gesetzesvorhaben zur angeblichen Kostendämpfung im Rahmen
sogenannter Gesundheitsreformen ein. (Allein zwischen 1977 und 2005
wurden 37 größere Gesetzespakete erlassen.)

Cornelia Yzer ist ausgebildete Juristin. Zu Beginn der 1990er Jahre übernahm sie die Referatsleitung Umweltschutz der Bayer AG. Kurz darauf zog
sie als Kandidatin der CDU in den Bundestag ein und stieg wenig später im
Alter von dreißig Jahren zur jüngsten Staatssekretärin in Helmut Kohls
Regierung auf. 1994 wechselte die zielstrebige und durchsetzungsfähige
Expertin vom Ressort Frauen und Familie in das Amt der Parlamentarischen Staatssekretärin des Bundesministeriums für Bildung, Wissenschaft, Forschung und Technologie, wo sich sich u. a. für den kommerziel-
len Ausbau der Bio- und Gentechnologie einsetzte. 1997 trat Cornelia Yzer
den Posten als Hauptgeschäftsführerin des VFA an. Einem Mitarbeiter
zufolge gilt sie als hart, aber »sehr verbindlich«, auch kann sie »zuhören«
und »läßt sich beraten«. »Sie schätzt Expertise; wer ihr Sicherheit und Fach-
wissen vermittelt, kann mit ihr gut zusammenarbeiten.« Menschen in ihrer
direkten Umgebung umweht freilich »schnell eine Aura des Kalten«.[37]

Eine besonders einflußreiche Gruppe innerhalb des lobbyistischen
Lagers bilden die Cheflobbyisten der Groß- und bedeutenden mittelständischen Unternehmen, unter denen wiederum eine Vielzahl mit
Teilaufgaben beschäftigte Lobbyisten und andere Mitarbeiter tätig sind.
Bei der VW-AG zum Beispiel ist das seit 1998 Reinhold Kopp (geb. 1949),
der als »Generalbevollmächtigter und Verantwortlicher für die Regierungsbeziehungen« zeichnet.

Nach dem Studium der Rechts- und Politikwissenschaft wurde der für
die Jungsozialisten aktive Kopp 1975 wissenschaftlicher Mitarbeiter der
Universität des Saarlandes, anschließend Referent der Oberfinanzdirek-
tion des Bundes und saß von 1979 bis 1985 als SPD-Abgeordneter im

Landtag, wo er zeitweilig als Parlamentarischer Geschäftsführer der SPD-Fraktion hervortrat. Der Jurist wurde 1985 vom damaligen Ministerpräsidenten Oskar Lafontaine zum Chef der Staatskanzlei des Saarlandes berufen und wirkte von 1991 bis 1994 als Wirtschaftsminister und Europabeauftragter des Saarlandes.

Da das Lobbying am Regierungssitz in Deutschland ohne gleichzeitiges Lobbying am Sitz der Europäischen Union in Brüssel keinen Sinn macht, betreibt beispielsweise die Deutsche Bahn AG das politische Einflußnehmen direkt mit u. a. sieben ehemaligen Politikern (darunter Ex-Bundesverkehrsminister Reinhart Klimmt) und indirekt über die in Brüssel ansässige »Gemeinschaft der Europäischen Bahnen« (GEB). Die GEB vertritt mehr als fünfzig nationale Bahngesellschaften und Infrastrukturunternehmen.

Als Cheflobbyist der GEB fungiert seit 2002 Johannes Ludewig (geb. 1945). Nach dem Studium der Wirtschaftswissenschaften – u. a. an der Eliteeinrichtung Ecole Nationale d'Administration in Paris – promovierte er und nahm 1975 eine Tätigkeit im Bundeswirtschaftsministerium auf. 1983 wechselte er ins Bundeskanzleramt und wurde 1991 Ministerialdirigent und Leiter der Abteilung Wirtschafts- und Finanzpolitik. Von 1995 bis 1997 diente der gelernte Diplomkaufmann als Staatssekretär und Beauftragter der Bundesregierung für die neuen Bundesländer, von 1997 bis 1999 wirkte er als Vorstandsvorsitzender der Deutschen Bahn AG. Johannes Ludewig gilt als europäisch denkender Pragmatiker.

Auch die Lobbyisten der NGOs haben überwiegend einen hohen Bildungsgrad und entsprechende wirtschaftliche und politische Netzwerkerfahrungen. Zum Beispiel Thilo Bode (geb. 1947), der von 1989 bis 1995 als Geschäftsführer des deutschen Ablegers der Umweltorganisation »Greenpeace International« fungierte und von 1995 bis 2001 an der Spitze der Mutterorganisation stand, bevor er 2002 die Verbraucherschutzorganisation »Foodwatch« gründete. Thilo Bode sammelte in seiner Jugend erste politische Erfahrungen als Juso-Vorsitzender im Landkreis Starnberg. Er studierte Soziologie und Volkswirtschaft und promovierte 1975 mit einer Studie über Direktinvestitionen. Anschließend arbeitete er für das Unternehmen Lahmeyer International in Frankfurt, für die Kreditanstalt für Wiederaufbau und, vor seinem Wechsel zu »Greenpeace«, als Vorstandsassistent in der Industrie.

Nicht zu vergessen die im hiesigen Lobbyismus noch jungen politischen Beratungsdienstleister, die Public-Affairs-Agenturen. Sie bündeln journalistische, politische, betriebswirtschaftliche und juristische Kompetenz, um ihren Kunden zu Kontakten mit Entscheidungsträgern in Politik und Verwaltung zu verhelfen (Beziehungsmanagement) und offerieren zugleich klassische PR-Arbeit – einschließlich größerer Propagandafeldzüge und Kampagnen zur Beeinflussung der öffentlichen Meinung.

Ein Beispiel dafür ist die Unternehmensgruppe WMP EuroCom AG. Sie wirbt für sich mit den Offerten: »Wir konzipieren erfolgreiche Kommunikationsstrategien und setzen sie in hoher Qualität präzise um. Wir werden aktiv für Institutionen, Unternehmen oder Persönlichkeiten, die ihre Anliegen in der Öffentlichkeit wahrnehmbar machen wollen. Wir unterstützen sie besonders bei schwierigen Fragestellungen im Zusammenhang mit Kommunikationsproblemen. Wir sorgen für öffentliche Meinungsbildung und sind spezialisiert auf mediales Krisenmanagement. Unsere Stärke ist es, Themen am Markt der öffentlichen Meinung durchzusetzen.«[38]

Der Vorsitzende des Aufsichtsrates der WMP EuroCom AG ist der allgegenwärtige Unternehmensberater Roland Berger, dessen Unternehmen die Hartz-Kommission, die Bundesagentur für Arbeit, die Bundeswehr, die Deutsche Bahn AG, die EU-Kommission, diverse Landesregierungen und viele andere Klienten berät; als Ehrenvorsitzender des Aufsichtsrates figuriert der FDP-Politiker und frühere Außenminister Hans-Dietrich Genscher; den stellvertretenden Vorsitz hat der Finanzberater Carl Albrecht Schade inne; weitere Aufsichtsräte sind der Bundesverteidigungsminister a. D. und Professor für Öffentliches Recht Rupert Scholz, der Bundesvorsitzende des »Deutschen Beamtenbundes« Peter Heesen und der Klinikbetreiber Ulrich Marseille. Vorsitzender des Vorstandes ist Hans-Hermann Tiedje, ehemals Chefredakteur von *Bild* und *Bunte* sowie Berater von Ex-Bundeskanzler Helmut Kohl.

Der ehemalige Bundesbankpräsident Karl Otto Pöhl lobt die Public-Affairs-Firma mit den Worten: »Das Konzept finde ich überzeugend. Es ist ein neuer Weg, Unternehmensleitungen sowie Organisationen und Institutionen beratend zu helfen. Dieser Weg der Public Affairs ist in den Vereinigten Staaten eine Selbstverständlichkeit, in Deutschland noch unterentwickelt.«[39] Die von WMP betriebene Vermarktung von etablierten politischen Netzwerkstrukturen und Beziehungsgeflechten – nicht zuletzt der Ministerialbürokratie – ist ein Beleg dafür, wie verwoben Lobbying, Werbung, Unternehmens- und Politikberatung und auf die Gesetzgebung spezialisierte Anwaltskanzleien inzwischen sind. Worauf das im Zweifelsfall hinausläuft, verdeutlicht Thomas Leif:

»In Verruf kam WMP im Zusammenhang mit den Beraterverträgen der Bundesagentur für Arbeit und ihrem Chef Florian Gerster. Im November 2003 geriet Gerster wegen eines PR-Auftrags an WMP EuroCom in Höhe von 1,3 Millionen Euro, der nicht ausgeschrieben worden war, in die Schlagzeilen. Mitte Januar 2004 wurden zudem Verträge mit fünf Beraterfirmen und einem Gesamtvolumen von 38 Millionen Euro bekannt. Am 20. Januar 2004 wurden Vorwürfe laut, Gerster solle veranlaßt haben, daß interne Protokolle der Behörde verfälscht wurden, um die Affäre zu vertuschen. Am 24. Januar 2004 entzog ihm der Verwaltungsrat der Bundesagentur [...] fast einstimmig das Vertrauen; eine halbe Stunde später wurde Florian Gerster vom damaligen Bundesminister für Wirtschaft und Arbeit, Wolfgang Clement, entlassen. WMP kam ungeschoren davon.«[40]

Die hier kurz vorgestellten Lobbyisten samt Lobbyistin stehen stellvertretend für tausende ausgewiesene Könner des Fachs. Sie beherrschen die Kunst, im Gespräch mit Entscheidungsträgern konstruktiv zu sein; sie bringen fachliche Informationen, bevor sie ihrerseits welche abfordern; sie wissen, dass die Zeit ihrer Ansprechpartner knapp bemessen ist und drücken sich kurz und präzise aus; sie wissen aus langer Erfahrung wie auch aus Intuition genau, wann der beste Interventionsmoment bei Verhandlungen gekommen ist; sie können, wenn nötig, ihre Argumente juristisch absichern bzw. Anwaltskanzleien einschalten, die auf die Beratung an der Schnittstelle zwischen Recht, Wirtschaft und Politik spezialisiert sind. Sie gehören zur technokratischen Elite. Die folgenden exemplarischen Hintergrund- und Tätigkeitsfeldszenarien sollen das verdeutlichen.

Beispiel Pharmalobby

Cornelia Yzer, Cheflobbyistin eines finanziell und organisatorisch bestens aufgestellten Verbandes der Pharmaindustrie, brandmarkt das deutsche Gesundheitssystem als »verkrustet« und »pharmaindustriefeindlich«. »Unser System ist so hochreguliert«, bedeutet sie, »daß es überhaupt nicht mehr effizient ist. Ich ziehe es vor, wenn sich die Produkte über die Qualität durchsetzen.« Um das zu erreichen, will sie die verantwortlichen Regierungspolitiker mit »Sachverstand beraten« und entsprechend »überzeugen«.

»Wir machen Politikberatung – keine Politik«, beschreibt Cornelia Yzer das von ihr koordinierte Vorgehen des von ihr vertretenen Verbandes, denn »der Abgeordnete sucht sich seine Position selber, unterschiedliche Interessenvertreter können dazu beitragen.«[41] Aber kann sich ein dem Fraktionszwang unterworfener Abgeordneter eine Position tatsächlich suchen? Jedenfalls ist »der Bedarf an Beratung hoch bei verantwortlichen Entscheidern«, verdeutlicht Cornelia Yzer, denn:

»Die Komplexität von Entscheidungsprozessen hat ein nie zuvor gekanntes Ausmaß erreicht. Die engen internationalen Verflechtungen, die selbst bei nationalen Entscheidungen Weltsicht erfordern, tragen dazu ebenso bei wie die Erkenntnis, dass politische Entscheidungen nicht nur Tagesprobleme abarbeiten, sondern auch nachhaltig sein sollen. Zudem hat sich in Deutschland die Personal- und Sachausstattung von Politikern derart auf das Wesentliche reduziert, dass externe Expertise unerläßlich ist. Der deutsche Abgeordnete verfügt nun einmal nicht über einen Mitarbeiterstab wie ein US-Parlamentarier, der es ihm erlaubt, seine politische Idee in einen umfassenden Gesetzentwurf gießen zu lassen.«[42]

Beraten werden aber auch Minister und Kanzler(in), und zwar im kleinen Kreis mit weiteren Industrievertretern. Für die Hauptgeschäftsführerin ist das jedoch »ein ganz normaler Meinungsaustausch, in dem wir mit unserer Position überzeugen wollen.« Selbstverständlich erwähnt die Lobbyistin in ungeschützter Runde nicht, welche Argumente und Druckmittel in einem »ganz normalen Meinungsaustausch« mit Regierungsmitgliedern zur Sprache kommen. International tätige, forschende Pharmaunternehmen können schließlich bei allzu unliebsamen Gesetzes- und Regulierungsvorhaben gleichsam den Geschmack der bitteren Pille eines Standortwechsels oder die Verlagerung von Forschungsaktivitäten ins Ausland ausmalen.

Cornelia Yzer ist eine der herausragenden Persönlichkeiten unter den zahlreichen weniger öffentlich bekannten, zumeist hochspezialisierten Lobbyisten der Pharmaindustrie, Ärzteschaft und Krankenkassen. Sie bilden im Zusammenspiel mit den Funktionären der sogenannten Selbstverwaltung seit langem eine technokratische Elite, die von der Politik toleriert und gefördert, eigenmächtig über einen Umsatz verfügt, der ungefähr der Höhe des Bundeshaushaltes entspricht. Neben anderen Autoren haben die Journalisten Marita Vollborn und Vlad Georescu in dem umfassend recherchierten Werk *Die Gesundheitsmafia. Wie wir als Patienten betrogen werden* die komplexen »mafiosen Strukturen« bis ins kleinste Detail offengelegt (was hier nur sehr eingeschränkt erfolgen soll) und kommen zu der Einschätzung:

»Es ist die Gier nach Macht und Geld, die große Teile des Medizinwesens durchsetzt und Strukturen ermöglicht, die in der Bundesrepublik ihresgleichen suchen. Denn neben Korruption, Einflußnahme mittels lukrativer Posten und Vergabe von Aufträgen in einem über 230 Milliarden Euro schweren Markt geht es um mehr. Im Visier der Gesundheitsmafia steht die leise und bislang kaum wahrgenommene Aufhebung der Gewaltenteilung in wichtigen politischen Bereichen des Gesundheitssystems. Der mit großem PR-Aufwand als Fortschritt der Gesundheitsreform 2004 proklamierte Gemeinsame Bundesausschuß (G-BA) hat sich als eigentliche Machtzentrale des Gesundheitssystems etabliert. Ärzte- und Kassenfunktionäre bestimmen darin über das Schicksal von über 70 Millionen Versicherten der Gesetzlichen Krankenversicherung (GKV) – ohne jegliche demokratische Legitimation durch das Parlament oder in Form von Wahlen.

Die Exekutive schaut indes nur noch zu. Sie rechtfertigt sich bei unliebsamen Entscheidungen des G-BA darauf, die Kürzungen und Streichungen im Leistungskatalog der Kassen ja nicht selbst durchgesetzt zu haben. Der G-BA wiederum muss auf keine Wählerstimme Rücksicht nehmen. Ärzteschaft, Pharmaindustrie und Kassen lamentieren viel und beschweren sich noch mehr, aber im Prinzip geht es den einen wie den anderen nur um eines: um die Erhaltung des jetzigen Gesundheitssystems. Denn eigentlich fahren sie ganz gut damit.«[43]

Die Qualität der medizinischen Versorgung in Deutschland ist im europäischen Vergleich lediglich Mittelmaß (so die OECD). Das deutsche Gesundheitswesen gehört jedoch zu den teuersten der Welt. Die miteinander eng vernetzten Lobbyisten der Pharmaindustrie, der Ärzteschaft und der Krankenkassen werden dafür bezahlt, dass sich an diesem

Zustand – jedenfalls im Hinblick auf die aus dem teuren System sprudelnden hohen Gewinne und Einnahmen für die Beteiligten – nichts gravierend ändert. Sie werden auch dafür bezahlt, die gegebenen Profitchancen zu erweitern. Wenn die Cheflobbyistin Cornelia Yzer im Namen der forschenden Arzneimittelhersteller »verkrustete Strukturen«, beklagt, ist damit sicherlich nicht die Herstellung einer effektiven demokratischen Kontrolle und schon gar nicht die Einführung einer Positivliste gemeint.

Wer sich mit dem gegenwärtigen deutschen Gesundheitssystem näher – also hinter die Kulissen blickend – beschäftigt, wird keine intakten demokratischen Strukturen vorfinden. Im Gesundheitsausschuß sitzen – parteiübergreifend – überwiegend Abgeordnete, die völlig fachfremd und folglich leicht zu lobbyieren sind. Auch in den beteiligten Fraktionen ermangelt es den meisten Abgeordneten an jeglicher wissenschaftlichmedizinischer Qualifikation. Die deutschen Gesundheitsminister(innen) sind seit Adenauers Zeiten fast sämtlich nicht einschlägig qualifiziert (Ulla Schmidt etwa ist ausgebildete Sonderschullehrerin).

Jedenfalls werden Anhörungen im Bundestag und im Gesundheitsausschuß, bei denen die Lobbyisten mit verwirrenden und schwer einzuordnenden Fachinformationen keinesfalls geizen, von unabhängigen Experten als »pseudodemokratische Veranstaltungen« eingestuft: »Mitunter bitten uns die Abgeordneten darum, jene Fragen aufzuschreiben, die man uns in der Anhörung stellen soll. Auf diese Weise wird der Schein einer ernsthaften Diskussion gewahrt – in Wirklichkeit wußten sie über alle Fraktionen hinweg nicht, was sie uns fragen sollten.«[44]

Neben den Lobbyisten der Pharmaindustrie, der Ärzteschaft und den Krankenkassen treten zwar auch Vertreter von Verbänden und Selbsthilfegruppen der Patienten auf. Sie sind, wie Markus Jantzer vermerkt, jedoch »bis heute nicht in der Lage, die Gesundheitspolitik wesentlich zu beeinflussen. Das hat zum einen seinen Grund darin, daß es großen, heterogenen Gruppen generell schwer fällt, sich schlagkräftig zu organisieren, zum anderen werden einige Vereine, die als Patientenvertretungen firmieren, von der Industrie und von Ärztefunktionären gelenkt. Somit sind deren Vorstöße Ergebnis dieser Lobbyinteressen«.[45]

In der Tat. Der »Verband der Krankenversicherten Deutschlands« (VKVD), der offiziell bei Gesetzgebungsverfahren im Bundestag anhörungsberechtigt ist, wird mit Heinz Windisch von einem Präsidenten geführt, der im Hauptberuf für einen führenden Hersteller von labormedizinischen Produkten arbeitet; die »Deutsche Gesellschaft für Versicherte und Patienten« (DGVP) ist von Funktionären dominiert, die jahrzehntelang in leitenden Funktionen für die Pharmaindustrie tätig waren und so weiter und so fort.

Marita Vollborn und Vlad Georgescu bringen den gegenwärtigen Zustand des Gesundheitswesens wie folgt auf den Punkt: »Ein für Laien unerkennbares Netz von Lobbygruppen hat das deutsche Gesundheitssystem [...] fest im Griff. Vor allem: Diese massiv auf die Gesetzgebung Einwirkenden sind weder Abgeordnete des Deutschen Bundestages noch Regierungsvertreter. Niemand hat ihnen je ein Mandat erteilt, das sie zu legislativen Einflußnahme bemächtigt. Und keiner von ihnen handelt im Interesse des Volkes, dessen repräsentierendes Organ der Deutsche Bundestag eigentlich ist.«[46]

Die Lobbyistin Cornelia Yzer sagt zwar: »Der Lobbyist, der meint, die bessere Politik machen zu können, sollte sich direkt um ein Mandat bemühen und wählen lassen.«[47] Da sie aber zugleich darauf verweist, dass »externe Expertise« für einen Abgeordneten »unerläßlich ist«, wirkt ihr Hinweis scheinheilig. Ohnehin gibt es wohl keinen ausgewiesenen Lobbyisten, der von seinen Arbeit- und Auftraggebern nur deshalb besser als ein Berufspolitiker bezahlt wird, damit er die schlechtere Politik macht.

Beispiel Finanzindustrie

Deutlich weniger einträchtig geht es in einem für den kapitalistischen Entwicklungsprozeß entscheidend wichtigen Sektor zu: der Finanzindustrie. Und zwar schon deswegen, weil in Deutschland – noch – ein historisch seit dem 19. Jahrhundert gewachsenes Drei-Säulen-Modell aus öffentlichen, genossenschaftlichen und privaten Geldhäusern praktiziert wird. Die zentralen Interessenverbände dieser Gruppen spiegeln das. Neben dem bereits erwähnten »Deutschen Sparkassen- und Giroverband« (DSGV) wirken der »Bundesverband deutscher Banken« (BdB), der »Bundesverband Öffentlicher Banken Deutschlands« (VÖB), der »Bundesverband der Deutschen Volksbanken und Raiffeisenbanken« (BVR), der »Verband der Auslandsbanken in Deutschland« sowie der »Zentrale Kreditausschuß« (ZKA).

»Mit Blick auf die zunehmende Komplexität der Finanzwelt ist die Schaffung moderner und sachgerechter Normen und Gesetze allerdings ohne Informationen und Kenntnisse der Bankenlobbyisten nur schwer vorstellbar«, unterstreicht der Banker Günther Merl deren Funktion, und fährt fort: »Aktuelle Beispiele wie die Einführung der Eigenkapitalrichtlinien ›Basel II‹ oder die Mindestanforderungen an das Kreditgeschäft (MaK) sind ohne die Mitwirkung der Kreditwirtschaft nicht denkbar. Die zentralen Interessenverbände [...] leisten dabei einen entscheidenen Beitrag im Sinne der deutschen Kreditwirtschaft und damit der deutschen Volkswirtschaft. Denn das Aufsichtsrecht wird zunehmend zu einem entscheidenen Faktor im internationalen Bankenwettbewerb. Hier wird Lobbyismus nicht nur toleriert, sondern sogar öffentlich gefördert. Im Bankenlobbyismus ist ebenso wie in der Geschäftstätigkeit der Banken der Trend zur Internationalisierung zu beobachten. Der weitaus größte Teil der Gesetze und Verordnungen hat heute schon seinen Ursprung in Brüssel.«[48]

Der Hinweis auf die Bedeutung der EU hat seine Berechtigung. Es war schließlich die EU-Kommission, die im Mai 2001 von Deutschland verlangte, die Staatsgarantien für öffentliche Banken und Sparkassen abzuschaffen, was im Juli 2005 auch geschah. Der Anlass dafür war eine Klage der »Europäischen Bankenvereinigung« – also der Lobby der Privatbanken und des BdB. Die Privatbanken sahen in den Staatsgarantien eine Wettbewerbsverzerrung, da sich die öffentlichen Landesbanken und Sparkassen günstiger am Kapitalmarkt refinanzieren konnten (die Ratingagenturen gewährten letzteren in der Regel die Bestnote »Triple-A«).

Das Entfallen von staatlicher Gewährträgerhaftung und Anstaltslast zog eine Neuordnung der Geschäfte und diverse Kostensenkungsmaßnahmen im Sparkassenlager nach sich, weil die Zeiten des günstigen Geldes und der Ratingbestnoten endgültig vorbei sind. Die Landesbanken verstärken deshalb ihre Zusammenarbeit und fusionieren, betreiben ein gemeinsames Risikomanagement mit den Sparkassen. Hatte zu Beginn der 1990er Jahre noch jedes Bundesland seine Landesbank, so waren es 2006 nur mehr elf, die in acht Konzernen zusammengeschlossen sind. Auch hat der »Deutsche Sparkassen- und Giroverband« seinen Haftungsfonds auf mehr als vier Milliarden Euro aufgestockt. Ob den fünfzig Millionen Sparkassenkunden auch langfristig gute Konditionen geboten werden können, bleibt die Frage.

Der Wegfall der Staatsgarantien reicht den Managern der privaten Banken aber nicht. So beklagt der Präsident des »Bundesverbandes der Banken«, Klaus-Peter Müller (Commerzbank), nach wie vor, es sei in Deutschland kein »fairer Wettbewerb« gegeben. Wolle die Bundesrepublik »dauerhaft in der Liga der führenden Finanzplätze« mitspielen, müsse die auf drei Säulen – private, genossenschaftliche und öffentliche Institute – ruhende Struktur aufgebrochen werden.

Vor dem Hintergrund, dass die Sparkassen-Finanzgruppe 2005 rund 43 Prozent des Kreditgeschäfts kontrollierte (und die genossenschaftlichen Institute weitere 14,5 Prozent) verwundert dieser Wunsch nicht. Der Versuch der Privatbanken, von den Kommunen zum Verkauf stehende Sparkassen aufzukaufen, ist (bis 2006) zwar regelmäßig am Widerstand von Bevölkerung und Parteipolitikern gescheitert. Ob die Abwehr auf Dauer gelingt, ist jedoch zweifelhaft. Denn erneut haben sich die Lobbyisten des »Bundesverbandes der Banken«, bei der EU-Kommission vorstellig gemacht. Sie dringen darauf, im Falle eines Kaufs einer Sparkasse auch den in Deutschland wohlklingenden Namen »Sparkasse« mit übernehmen zu dürfen. Bislang schreibt Paragraph 40 des deutschen Kreditwesengesetzes vor, dass nur öffentlich-rechtliche Institutionen oder solche, die sich am Gemeinwohl orientieren, den Namen »Sparkasse« führen dürfen. Die EU-Kommission hat die Bundesregierung deshalb im Frühjahr 2006 aufgefordert, diesen Paragraphen zu ändern.

Das wiederum ist überhaupt nicht im Sinne des »Deutschen Sparkassen- und Giroverbandes«, und dessen Präsident Heinrich Haasis wird vermutlich einige Mühe haben, das bewährte Regionalprinzip der deutschen Sparkassenstruktur zu halten. Der von der EU-Kommission unterstützte Versuch, das öffentlich-rechtliche System in Deutschland zugunsten der Privatbanken aufzubrechen, läuft. Worum es dabei geht, zeigt ein Blick über die Grenzen, wo die Liberalisierung bereits erfolgt ist. In Großbritannien etwa erzielen die Banken zum einen wesentlich höhere Renditen, sind aber zum anderen in vielen Gegenden mit keiner Filiale mehr vor Ort. Hierzulande gehören die Sparkassen – noch – zu den großen Arbeitgebern, Steuerzahlern und Förderern des kulturellen und sozialen Lebens. Darüber hinaus sind sie regional verwurzelt und finanzieren die so wichtigen kleinen und mittelständischen Betriebe. Dass die bedeutende Westdeutsche Landesbank seit längerem dazu übergeht, sich in private Banken und

Fondsgesellschaften einzukaufen, ist alles andere als eine beruhigende Entwicklung.

Wenn nicht alles täuscht, sind die Zeiten des seit dem 19. Jahrhundert staatlich geförderten und geschützten Sparkassenwesens vorbei. Für die Finanzmanager und Lobbyisten – ganz gleich aus welchem Drei-Säulen-Lager – wird das keine dramatischen Auswirkungen zeitigen. Für die große Zahl der Kunden, besonders für die Geschäftsleute, und nicht zuletzt für viele Angestellte der Sparkassen wird es dagegen heftige Einbrüche geben. Bereits zwischen 1990 und 2005 hat sich die Zahl der Sparkassen unter dem steigenden Spar- und Wettbewerbsdruck fast halbiert.

An der Politik, sagte Heinrich Haasis vor seinem Antritt als Präsident des DSGV, »habe ihn immer das Unverbindliche gestört. Und umgekehrt sei er von der Diskretion der Finanzwelt, aber auch von der Konkretheit ihrer Aussagen angetan. Eine Ziffer müsse auch noch hinterm Komma stimmen, ehe man sie verbreite. In der Politik könnten sogar die Kommata mal verrutschen, ohne daß es Folgen für den Politiker hätte.«[49] So spricht ein professioneller Lobbyist. Die Zahlen müssen stimmen, und Diskretion wird geschätzt. Je unverbindlicher die Politik – desto besser.

Beispiel »individuelle Mobilität«

Zum Verständnis des »Selbstverständnisses eines Unternehmenslobbyisten« trägt Reinhold Kopp, der Generalbevollmächtigte der Volkswagen AG, aufschlussreich bei. Die Aufgaben eines professionellen Unternehmenslobbyisten skizziert er wie folgt: »Die politischen Rahmenbedingungen werden heute in Deutschland und Europa von einer fast unüberschaubaren Vielzahl von Stakeholdern geprägt. Politik und Verwaltung, Parteien und Verbände, Wissenschaft und Nichtregierungsorganisationen (NGOs) beeinflussen vor dem Hintergrund einer gewaltigen Kommunikationslandschaft das politische, wirtschaftliche und gesellschaftliche Geschehen. In diesem Umfeld lebendiger Pluralität definiert sich die Aufgabe des Lobbyisten im Unternehmen im Wesentlichen durch folgende Parameter: 1. einen orientierenden Beitrag zu den Prozessen im Unternehmen leisten, 2. gegenüber Regierung, Parlamentarischen Institutionen, Ministerien und Behörden einen wertschöpfenden Beitrag zur Gesetzgebung und Verwaltungshandeln zu erbringen, 3. gute Beispiele der Unternehmen zur gesellschaftlichen Verantwortung zu kommunizieren und deren Rollen in der Zivilgesellschaft zu gestalten.«[50]

Was heißt das konkret? Wird hier die Politik gleichsam zur »wertschöpfenden« Unternehmens-Politik erklärt? Wird sich der VW-Konzern dafür stark machen, dass die Politik auf den weiteren Ausbau des Straßennetzes etwa zugunsten der Schiene verzichtet? Wird er ausschließlich auf umweltschonende und den Treibhauseffekt verringernde Technologien setzen, den Verkauf von immer leistungsstärkeren Motoren einstellen? Wird er die Anlage von Fahrradwegen fördern und den Ausbau öffentlicher Verkehrsmittel? Reinhold Kopp legt solche Überlegungen nahe, wenn er hervorhebt: »Legitime Unternehmensinteressen werden heute nicht mehr in erster Linie durch persönliche Freundschaften, Diskretion und Hinterzimmerkommunikation oder gar unangemessene Incentives für Politiker verfolgt. Es geht vielmehr um Politikberatung aus Sicht eines kompetenten gesellschaftlichen Akteurs.«[51]

Ein »kompetenter gesellschaftlicher Akteur« wird sicherlich mehr im Blick haben als nur ein spezifisches Unternehmensinteresse. Nun versteht sich, wie Kopp vermerkt, die Volkswagen AG als »Dienstleister für individuelle Mobilität, die wiederum Voraussetzung für gesellschaftlichen Wohlstand und wirtschaftliches Wachstum darstellt«, und ist es für das Unternehmen »existentiell, in einer hoch regulierten Umgebung bei der Gestaltung der Rahmenbedingungen von Produkten der Spitzentechnologie und neuen produktnahen Dienstleistungen mitzureden«. Die naheliegende Frage, inwieweit individuelle Mobilität mit »Produkten der Spitzentechnologie« tatsächlich bzw. für alle Zukunft Voraussetzung für »gesellschaftlichen Wohlstand« darstellt, ist zweifellos von großer politischer und sozioökonomischer Bedeutung. Ganz zu schweigen vom unhinterfragten wirtschaftlichen Wachstum, zumal durch Autos.

Reinhold Kopp wäre nicht Lobbyist, wenn er an der Hinterfragung dieser Ideologie des von ihm vertretenen global tätigen Automobilkonzerns interessiert wäre. Er wird dafür bezahlt, dass er mit seinem vielköpfigen Team die politische »Gestaltung der Rahmenbedingungen von Produkten der Spitzentechnologie« im Sinne seines Arbeitgebers maximal beeinflusst. Bei der vor einigen Jahren geplanten Einführung und steuerlichen Förderung des Rußfilters vertraten Kopp und andere Lobbyisten der deutschen Autoindustrie plötzlich ganz andere Ziele als die von

Umweltverbänden unterstützten ausländischen Hersteller Peugeot und Fiat. Während sich VW und andere deutsche Hersteller Ende der 1990er Jahre zur – langwierigen – Entwicklung rußarmer Motoren entschlossen hatten, preschte Peugeot mit einem neu entwickelten Rußfilter vor. Zugleich wurde die EU-Kommission von Umweltverbänden, französischen Herstellern und auch dem deutschen Umweltminister Jürgen Trittin gedrängt, eine Richtlinie für sehr niedrige Rußabgaswerte vorzuschreiben.

Reinhold Kopp nutzte seine Verbindungen ins Bundeskanzleramt, um die absehbare Einführung von Rußfiltern wenigstens zu verzögern. »Er ließ sich durch nichts abringen. Hat sich nie bewegt. Ihn für Umweltziele zu gewinnen, war ein vergeblicher Versuch«, sagte Jürgen Resch von der Organisation »Deutsche Umwelthilfe«. Nachdem Anfang des Jahres 2003 der Präsident des »Verbandes der Automobilindustrie« (VDA) dem damaligen VW-gewogenen Kanzler Gerhard Schröder gewarnt hatte, dass der Vorschlag des Umweltministers inakzeptabel sei und »die Wettbewerbsposition unserer Industrie in einem entscheidenden Bereich« schwächen würde, folgten diverse Autogipfel zwischen Kanzler und deutschen Herstellern, die das Rußfilterproblem für die deutschen Autokonzerne handhabbar machte. Bei einem Spitzengespräch der europäischen Autokonzernvorsitzenden mit dem damaligen Präsidenten der EU-Kommission, Romano Prodi, kam es schließlich zu dem Kompromiss, die Abgasnorm Euro 5 einzuführen, für die ausschließliche Zulassung rußfreier Diesel-PKW aber eine Übergangsfrist bis zum Jahr 2010 zu gewähren.

Die EU hat sich im Kyoto-Protokoll verpflichtet, bis 2010 die Treibhausgase um acht Prozent zu verringern. Die EU-Kommission hatte deshalb nach intensivem Lobbying der Autobauer und deren europäischen Verband ACEA zugestimmt, eine freiwillige Klimaschutzverpflichtung der Hersteller zu akzeptieren, die bis 2008 den Kohlendioxid-Ausstoß der PKW auf 140 Gramm pro gefahrenem Kilometer und bis 2012 auf 120 Gramm reduzieren soll. Bis 2005 gelang jedoch nur eine Reduktion auf 161 Gramm – die vereinbarten Ziele werden wohl nicht erreicht werden. Kraftfahrzeuge sind gegenwärtig (2006) für mehr als ein Zehntel aller CO_2-Emissionen in Europa verantwortlich. Seit 1990 sind deren Emissionen um mehr als ein Fünftel gestiegen, während die der Industrie zurückgegangen sind. Die Autokonzerne machen dafür zum einen die Käufer verantwortlich, die nach größeren und sicheren Autos verlangten, und zum anderen die als kontraproduktiv gewerteten gesetzlichen Auflagen zur Sicherheit und Bekämpfung der Luftverschmutzung.

Die EU-Kommission, deren Umweltkommissar schärfere Regeln mit festgelegten Emissionswerten befürwortet, während deren Industriekommissar dagegen die weltweite Wettbewerbsfähigkeit der europäischen Industrie fördern möchte, wird weiterhin mit den Lobbyisten der Autoindustrie im Gespräch bleiben. Und das heißt für den VW-Cheflobbyisten Reinhold Kopp auch:

»Die bestehenden Netzwerke des Lobbyismus weiten sich damit enorm aus und ihre Pflege wird aufwendiger. [...] Der Kommunikationsprozeß zu Grün- und Weißbüchern, die Mitwirkung in Kommissionen und High Level-Groups verlangen höhere Ressourcen, als sie bei vielen Unternehmen derzeit vorhanden sind. Die neue politische Kultur bringt auch in Deutschland eine deutliche Tendenz zu einem unverkrampfteren Umgang mit Politikberatung neuer Qualität. Unternehmen werden als Gegengewicht zur immer stärkeren Rolle von Nichtregierungsorganisationen benötigt, denn sie sind nicht einer einzigen Idee verhaftet, sondern stehen in breiter Verantwortung für Wohlstand, Beschäftigung, Staatseinkommen und gesellschaftlichen Wandel.«[52]

Einmal abgesehen davon, dass viele NGOs nicht nur einer »einzigen Idee« verhaftet sind und zweifellos die Aufmerksamkeit der Öffentlichkeit für Umweltschäden und Klimawandel sowie für nachhaltigen Wohlstand und gesellschaftlich nutzbringenden Wandel erhöht haben, macht Reinhold Kopp deutlich, an welchen Orten die »Politikberatung neuer Qualität« in erster Linie erfolgt: in der EU-Kommission (Grün- und Weißbücher), in Kommissionen und »High level Groups«.

Entscheidungsträger unter sich – die »High level Groups«

Olaf Münichsdorfer, der Referent eines Europaparlamentariers, verdeutlicht, was unter einer »High level Group« zu verstehen ist: »Insbesondere im Automobilsektor verfolgt die Kommission die Devise der frühen Konsultation der Industrie. Die ›High level Group Cars 21‹, ein höchst selektiver Kreis, der nach Gutdünken des Industriekommissars Günter Verheugen zusammengesetzt wurde und weitgehend abgeschottet von der Öffentlichkeit die künftigen Sicherheits- und Umweltstandards für die europäische Automobilindustrie festlegt, bleibt sogar für einzelne in Kernressorts tätige EU-Kommissare unzugänglich. Von Information und Einflußnahme völlig abgeschnitten ist das Europaparlament. Für dieses sind solche Kamingespräche vor allem deshalb gefährlich, weil ihre Resultate anschließend aus verfahrenstechnischen Gründen kaum noch politisch zu verändern sind. Das verhindert bereits die geballte Einflußnahme der Mitglieder dieser Foren auf den Geist und den konkreten Text neuer Gesetzgebungsverfahren.«[53]

Demokratisch kaum kontrollierbare Kommissionen und »High level Groups« arbeiten der herrschenden Politik im wachsenden Maße zu, schon deshalb müssen sich folglich die Netzwerke der Lobbyisten nicht nur von einem Konzern wie VW ausweiten. So gesehen existiert die von Kopp in Abrede gestellte »Hinterzimmerkommunikation« von Lobbyisten und politischen Entscheidungsträgern offenbar doch – fernab öffentlicher und parlamentarischer Teil- und Einsichtnahme.

Der »Masterplan für ein europäisches Straßennetzwerk« etwa wurde von einer Expertengruppe erarbeitet, der Vertreter des Speditionsgewerbes, der KFZ-Hersteller, der Straßenverkehrslobbys, der Verkehrsministerien der Mitgliedsstaaten und ein Vertreter aus der Generaldirektion Umwelt der EU-Kommission angehörten. Kein Vertreter der großen Umweltverbände war geladen.

Immerhin: In der Europäischen Union sind mehr als 20 Millionen Menschen in Umweltverbänden und -netzwerken organisiert. Die größten von ihnen bilden das »Green 10«-Netzwerk, dessen Vertreter professionell die EU-Kommission, das Europäische Parlament und den Ministerrat lobbyieren (»Friends of the Earth«, »Greenpeace«, »Birdlife International«, »Climate Action Network« u. a.) Leider hat das bis heute nicht dazu beigetragen, die Rechtsgrundlagen der europäischen Umweltpolitik klarer und durchsichtiger zu fassen. Von einer für die Mehrheit der EU-Bürger nachvollziehbaren Umweltpolitik kann nach wie vor keine Rede sein.

Der langjährige BMW-Cheflobbyist (und ehemalige Kanzleramtsminister von Ex-Kanzler Kohl) Horst Teltschik verdeutlichte 1998 die grundsätzliche Ausgangsposition der Industrie: »Wir können doch nicht davon ausgehen, daß bei der Zufälligkeit, wie Politiker heute rekrutiert werden, ausreichend Sachverstand vorhanden ist. Wenn die Politik sich mit Umwelt- oder Verkehrsfragen bezogen auf das Auto befaßt, müssen Kompetenz und Wissen abrufbar sein. Wir müssen das penetrant anbieten.«[54]

Bewegungsinteressen

In einer Hinsicht unterscheiden sich die professionellen Interessenmakler jedoch voneinander, denn nicht alle Lobbyisten und Lobbyistinnen dienen den Interessen mächtiger (transnationaler) Konzerne oder generell den wachstums-, unternehmenswert- und gewinnfixierten Kapitalinteressen (wie zerstritten sie aufgrund ihrer jeweils branchenbezogen divergierenden Interessenlage auch scheinen mögen). Thilo Bode repräsentiert sozusagen die Interessen der sozialen Bewegungen, also der für den Schutz der Umwelt, der Bürgerrechte, des Friedens, der Chancengleichheit für Frauen und andere Ziele mehr eintretenden, nicht profitorientierten Interessengruppen. Seine folgende Einschätzung macht das deutlich:

»Alle politischen Parteien stehen in der Verantwortung für das langfristige Wohl unserer Gesellschaft. Zumindest auf dem Papier bekennen sie sich auch zum Erhalt unserer Lebensgrundlagen, zur ökologischen Nachhaltigkeit. Mit dem Leitbild eines bedingungslosen Wirtschaftswachstums konterkarieren sie jedoch dieses Ziel.«[55]

Die von Thilo Bode über einen längeren Zeitraum geführte Umweltorganisation »Greenpeace« zählt neben dem »World Wide Fund for Nature« (WWF), dem »Naturschutzbund Deutschland« (NABU) und dem »Bund für Umwelt und Naturschutz« (BUND) zu den mitgliederstärksten in Deutschland. Hinzu kommen ca. 9000 weitere, überwiegend lokal agierende Umweltschutzgruppen. Sie werden bei ihrem Lobbying gegenüber der Politik zum Teil durch ökologisch ausgerichtete Forschungsinstitute unterstützt, deren Gutachten und Studien fachlich weithin anerkannt sind.

Schätzungen zufolge wirken in der Bundesrepublik gegenwärtig etwa 50 000 Bürgerinitiativen sowie fast eine halbe Million (zum Teil als gemeinnützig) anerkannte Vereine. Die meisten dieser Interessengruppen sind zwar nicht auf politisches Lobbying spezialisiert, immer mehr von ihnen nehmen aber – überwiegend kommunal orientiert – lose am System der organisierten Interessenvertretung teil.

Da die von den sozialen Bewegungen vertretenen Interessen gegenüber den wirtschaftlichen als »schwach« gelten, zählt zu ihren Druckmitteln in erster Linie der Protest – dazu zählen »Grass-Roots-Kampagnen« (vom Massenbrief- und Emailversand über Abstimmungen in Internetforen bis hin zu Besetzungen und Boykottaktionen) und organisierte Protestkundgebungen wie die Demonstrationen gegen die Castortransporte zur Atommülldeponie im niedersächsischen Gorleben. Die von Thilo Bode 2002 gegründete und seitdem geschäftsführend geleitete Verbraucherschutzorganisation »foodwatch« (mit rund 9000 Förderern) setzt sich für die Herstellung sauberer und gesunder Lebensmittel ein. Sie nutzt alle Varianten der protestorientierten Druckausübung. Wissenschaftliche Expertisen und Testberichte werden ebenso eingesetzt wie die Publikation von Lebensmittelskandalen, gezielte Massenbriefaktionen, die Suche nach und Zusammenarbeit mit Bündnispartnern und das direkte Lobbying von Abgeordneten.

Die Internetseiten von »foodwatch«, enthalten eine Fülle von einschlägigen Informationen und Dokumenten und verweisen auf laufende Kampagnen sowie auf andere zeit- und kostenaufwendige lobbyistische Maßnahmen. So zum Beispiel im Zusammenhang mit dem im Juni 2006 vom Bundestag beschlossenen Verbraucherinformationsgesetz (VIG). Dazu publizierte »foodwatch« die folgende Stellungnahme:

»In dieser Form ist das VIG wertlos. [...] Unternehmen werden geradezu eingeladen, unerwünschte behördliche Auskünfte zu verschleppen. Dennoch waren die bisherigen Bemühungen für ein besseres VIG nicht erfolglos. Insgesamt konnte foodwatch im Rahmen der Protestaktionen rund 12 000 Unterschriften für ein wirksames Verbraucherinformationsgesetz sammeln. 19 Verbände, die insgesamt 2,6 Millionen Mitglieder repräsentieren, haben ein offenen Brief an die Bundestags-Abgeordneten geschrieben. Durch diese Öffentlichkeit ist den Politikern der Stellenwert des Verbraucherinformationsgesetzes bewußter geworden. Das VIG wurde nicht im Mai 2006 ›durchgewunken‹, wie ursprünglich geplant, sondern diskutiert. Experten von foodwatch wurden von Abgeordneten mehrfach zu Gesprächen eingeladen. Die Argumente von foodwatch bleiben unwiderlegt. Die Oppositionsfraktionen der FDP, Bündnis 90/Die Grünen und Die Linke haben die Forderungen von foodwatch aufgegriffen. Das wird in den Entschließungsanträgen von FDP und der Fraktion Die Linke deutlich. [...] foodwatch setzt die Kampagne für ein wirksames Verbraucherinformationsgesetz fort und kämpft weiter für das Bürgerrecht auf Information.«[56]

Die für sich als »Essensretter« werbende Organisation beschäftigte 2006 insgesamt zehn Mitarbeiter, darunter einen stellvertretenden Geschäftsführer für Strategie und Kampagnen, eine Fachfrau für Öffentlichkeitsarbeit und eine für Marketing und Fundraising. Ohne ausreichende Spendenmittel könnte die sich für »Demokratie auf dem Teller« einsetzende Interessengruppe den »Druck auf Entscheidungsträger in Wirtschaft und Politik« nicht zielgerichtet aufrechterhalten. Denn »allein durch kluges Einkaufen«, argumentieren die Aktivisten, könnten die Verbraucher an der Macht der »Agrar- und Lebensmittelwirtschaft« kaum etwas ändern. Die zahlreichen Lebensmittelskandale der jüngeren Vergangenheit, so das tonnenweise in den Lagerräumen bestimmter Metzgereibetriebe sichergestellte »Gammelfleisch«, belegen diese Einschätzung.

Präferenzen professioneller Lobbyisten

Zwischen der Organisations-, Finanz-, Gestaltungs- und medialen Beeinflussungsmacht der sozialen Bewegungen und der von Industrie und Finanzdienstleistern sowie ihren arrivierten Verbänden und Denkfabriken bestehen erhebliche Unterschiede. Darüber hinaus ist der Grad der Vernetzung der wirtschaftlichen Interessenträger mit der Regierung, den Berufspolitikern der tonangebenden Parteien und den Verwaltungsspezialisten in den Ministerien entschieden ausgeprägter.

Namhafte Politiker und Ex-Regierungsmitglieder von Bund und Ländern zieht es – wie bereits deutlich wurde – signifikant häufiger auf die Lobbying-Positionen der Industrie- und Finanzwirtschaft, der Public-Affairs-Agenturen und auch der Krankenkassen und großen Wohlfahrtsverbände als auf die der sozialen und ökologischen Bewegungen. Weithin öffentlich wahrgenommene Macht, regierungspolitischen Einfluss, hohe Vergütungen und die problemlose Zugehörigkeit zur technokratischen Elite und deren Foren gewähren globalisierungs-, industrie- oder rüstungskritische Interessengruppen, wenn überhaupt, nur in sehr eingeschränkter Form.

Die promovierte Biologin Johanna Wesnigk berät heute als selbständige Projektkoordinatorin Unternehmen, die EU-Fördermittel beantragen wollen. (»Ich dolmetsche zwischen EU-Jargon und Antragstellern. So können Anträge erfolgreicher laufen, weil sie in Brüssel bei der Kommission verstanden werden.«) Zuvor hat sie u. a. sechs Jahre lang für »Greenpeace« in Hamburg ein Projekt zum Schutz der Antarktis geleitet. In einem Artikel über die »Existenzgründerin« heißt es über die »Greenpeace«-Zeit: »Eigentlich mag Wesnigk nicht über diesen Berufsabschnitt sprechen. Nicht, weil er ihr keinen Spaß gemacht hätte. Im Nachhinein habe sie aber bei vielen Menschen – vor allem potenziellen Arbeitgebern – das Gefühl gehabt, die Arbeit für die große Umweltorganisation sei eher nachteilig.«[57]

Die Proteste und Kampagnen der sozialen Bewegungen waren bisher zumeist ein reaktives Verhalten auf bereits eingetretene »Schadensfälle«. Nun erfordert die Einwirkung auf die entscheidenden politischen, wirtschaftlichen, kulturellen und sozialen Weichenstellungen aus der Sicht einiger NGOs die kontinuierliche und langfristige Präsenz in den Planungs- und Beschlussfassungsapparaten sowohl von internationalen Organisationen wie etwa der UN-Klimakonferenzen, der Europäischen Union und von Nationalstaaten wie der Bundesrepublik. Darüber gehen die Meinungen aber auseinander. Die »Bundeskoordination Internationalismus« (BUKO) zum Beispiel teilt dazu mit:

»In den Jahren nach 1989 hat sich bei vielen Nichtregierungsorganisationen ein Politikverständnis durchgesetzt, das man als ›Lobbyismus‹ bezeichnen kann. Weil dieses Politikverständnis sowohl für VertreterInnen herrschender Institutionen wie auch für viele Mitglieder sozialer Bewegungen eine immer wichtigere Bedeutung gewonnen hat, hat sich die BUKO intensiv mit den Voraussetzungen und den Erfolgsaussichten dieses Ansatzes auseinandergesetzt. Die BUKO kam dabei zu dem Ergebnis, daß es zwar durchaus auch wichtig und sinnvoll sein kann, im Rahmen politischer Auseinandersetzungen Einfluß auf EntscheidungsträgerInnen zu suchen und in diesem Sinn ›Lobbyarbeit‹ zu betreiben, daß aber ›Lobbyismus‹ als strategische Orientierung zu kurz greift und angesichts der realen Verhältnisse keine grundlegende Veränderung gesellschaftlicher Ausbeutungs- und Unterdrückungsverhältnisse erreichen kann.«[58]

Geräuschlose Seitenwechsel

Die Grundvoraussetzung für die Berufslaufbahn als Lobbyist besteht in der alles andere als leicht erlernbaren Fähigkeit zum Aufbau eines Beziehungsnetzwerkes, das möglichst Politik, Verwaltung, Unternehmen, Verbände, Kammern und Medien abdecken sollte. Die Profis veranschlagen dafür einen zeitlichen Vorlauf von mindestens zehn bis fünfzehn Jahren und betonen vor allem die Notwendigkeit der täglichen, vorausschauenden Netzwerkpflege. Was wunder, dass die nach Wahlen aufs Abstellgleis geratenen oder wegen höherer Gehalts- und Gestaltungswünsche freiwillig ausscheidenden Politiker(innen) gern zu Verbänden, Großunternehmen oder auf das Lobbying spezialisierte Firmen und Agenturen wechseln. Das gilt nicht zuletzt für erfahrene Ministerialbeamte und Mitarbeiter von Abgeordneten, die von Unternehmen und Interessengruppen wegen ihres »unbezahlbaren« Insiderwissens gern übernommen werden.

Im Mai 2006 wechselte beispielsweise Götz Drauz, der stellvertretende Generaldirektor der EU-Wettbewerbskommission, nach fünfundzwanzigjähriger Kommissionstätigkeit den Arbeitgeber und verdingte sich bei der auf das EU-Lobbying in Brüssel spezialisierten Rechtsanwaltsfirma Howrey LLC. Er ist einer von vielen erfahrenen EU-Kommissionsbeamten, die heute für die Wirtschaftslobby ihr Wissen und ihre Kontakte »arbeiten« lassen. Der ehemalige Bundeswirtschaftsminister Martin Bangemann und spätere EU-Industriekommissar war bis 1999 auch für die europäische Telekommunikationspolitik zuständig. Er gehörte zu den treibenden Kräften für die Privatisierung der europäischen Post- und Telefonunternehmen.

Als Martin Bangemann aus seinem Amt ausschied, wollte er sein erhebliches Insiderwissen umgehend als hochdotierter Lobbyist für den spanischen Telefonica-Konzern einsetzen, stieß aber auf Widerstand. Die EU strengte ein Verfahren gegen ihn vor dem Europäischen Gerichtshof an, um ihn seine Pensionsansprüche aberkennen zu lassen. Nachdem Martin Bangemann einige Zugeständnisse gemacht hatte, wurde das Verfahren eingestellt. Die offizielle Arbeitsaufnahme für Telefonica etwa wurde auf Juli 2000 verschoben. (Seitdem gibt es einen – rechtlich aber unverbindlichen – »Ehrenkodex« für Beamte der EU, der allzu offensichtliche Seitenwechsel einschränken soll.)

In der Bundesrepublik erfolgen stetig Dienstherrenwechsel, die das Lobbylager nachhaltig stärken. Hans Leyendecker veranschaulicht das mit folgendem Beispiel: »Als die Parlamentarische Staatssekretärin im Bundesverteidigungsministerium, Agnes Hürland-Büning (CDU), 1990 aus dem Amt schied, wurde sie auf der Hardthöhe mit allen militärischen Ehren verabschiedet. In den Lokalblättern in ihrer westfälischen Heimat deutete sie an, sich vorstellen zu können, als ›One-Dollar-Frau‹ im Osten beim Aufbau behilflich zu sein. Es wurde von den wenigsten wahrgenommen, dass sie vielmehr sofort nach dem Abschied aus dem Ministerium als Lobbyistin für große Unternehmen wie den Thyssen-Konzern tätig war. Im Nebel der Leuna-Affäre beispielsweise tauchte die kleine Dame wieder auf. Daß die unscheinbare ›Agnes‹, die schon lange Großmutter ist, durch Lobbyarbeit etliche Millionen verdiente, hat bei alten Parteifreunden wie [...] Wolfgang Schäuble Erstaunen hervorgerufen. ›Was hatte die Agnes denn?‹, wunderte er sich. Sie hatte Verbindungen, kannte die richtigen Leute in den Ministerien und wußte, wie sie zu erreichen waren. Die Wände Berliner Lobby-Büros sind bedeckt von Organigrammen der Ministerien, und jeder Mitarbeiter ist mit seiner Durchwahl aufgeführt.«[59]

Ob Referenten, Staatssekretäre, Bundes- und Landtagsabgeordnete, Minister oder Kanzler – das bundesdeutsche politische Personal nimmt nach dem Auslaufen des Mandats oder aus anderen (zumeist finanziellen) Gründen in aller Regel eine Tätigkeit in der Wirtschaft auf. Und zwar völlig legal, wenn auch in nicht wenigen Fällen mit demokratisch problematischen Auswirkungen.

So wurde der von 1998 bis 2002 als Bundeswirtschaftsminister für die Verlängerung der Steinkohlesubventionen zuständige Werner Müller 2003 zum Vorstandsvorsitzenden der Ruhrkohle AG bestellt. Der Chemie- und Kohlekonzern war von Müllers Subventionspolitik eindeutig begünstigt worden. Dass Gerhard Schröder nach seinem Rücktritt als Bundeskanzler zum Aufsichtsratsvorsitzenden des deutsch-russischen Gaspipeline-Konsortiums gewählt wurde, obwohl er als Regierungschef maßgeblich an der Vertragsschließung beteiligt war, gehört auch in dieses unschöne Bild.

Hier interessieren jedoch die Wechsel auf wichtige Lobbypositionen – zumal in der Wirtschaft bzw. deren Verbände. Letztere haben übrigens deutlich mehr Mitglieder als die Parteien – die nicht einmal vier Prozent der Bevölkerung repräsentieren – und rekrutieren laufend gestandene Profis aus Parlament und Ministerialbürokratie. Neben der oben erwähnten Staatssekretärin gibt es eine lange Liste einschlägiger Seitenwechsel, die sich täglich erweitert.[60] Um nur drei prominente Protagonisten zu nennen:

Der heutige Bundespräsident Horst Köhler diente in der 11. Wahlperiode als beamteter Staatssekretär des Bundesministeriums für Finanzen, bevor er von 1993 bis 1994 Mitglied des Vorstandes des »Verbandes Öffentlicher Banken« und zugleich Präsident und Vorstandsvorsitzender des Präsidialausschusses des »Deutschen Sparkassen- und Giroverbandes« wurde. Auch dem »Bundesverband deutscher Banken« wird nachgesagt, dass er erfolgreich immer wieder Mitglieder aus der Ministerialbürokratie verpflichtet.

Ex-Verkehrsminister Matthias Wissmann schied 1998 aus dem Amt und nahm eine Tätigkeit für die Anwaltskanzlei Wilmer Cutler Pickering Hale and Dorr LLP auf. Die Kanzlei ist auf das Lobbying in Verkehrsfragen spezialisiert und beriet die Berliner Flughafen-Holding bereits zu Zeiten, als Wissmann bei den Privatisierungsverhandlungen noch den Bund vertrat.

Otto Wiesheu war bis 2005 bayerischer Wirtschaftsminister, befürwortete in den vorbereitenden Koalitionsverhandlungen Zuschüsse für das Streckennetz der Deutschen Bahn und wurde anschließend als »Beauftragter für politische Beziehungen« in den Vorstand der Bahn AG berufen.

Eingebaute und Nebenerwerbs-Lobbyisten

Politiker müssen ständig in der Öffentlichkeit präsent sein, ihr Termindruck ist durch Verpflichtungen im Parlament, in Ausschüssen und ad-hoc-Gesprächskreisen sowie im Wahlkreis zweifellos hoch. Um aussichtsreich kandidieren zu können, sind sie auf das Wohlwollen von Parteifreunden angewiesen und müssen sich an die Parteilinie halten. Im Parlament besteht für sie Fraktionszwang, der allerdings im Widerspruch zum Artikel 38 des Grundgesetzes steht: »Die Abgeordneten des Deutschen Bundestages […] sind Vertreter des ganzen Volkes, an Aufträge und Weisungen nicht gebunden und nur ihrem Gewissen unterworfen.«

Als interne, gleichsam *eingebaute Lobbyisten* (wir werden auf diesen Schlüsselbegriff zurückkommen) fungieren im Parlament die Abgeordneten, deren parlamentarisches Handeln zumindest nicht frei von mandatsfremder Einflußnahme sein dürfte, weil sie einem Interessenverband eng verbunden bzw. in leitender Funktion – beispielsweise als Verbandsgeschäftsführer – für ihn tätig sind. Abgeordnete mit solchen Funktionen machten in den 1990er Jahren nach den öffentlichen Bediensteten die zweitgrößte Berufsgruppe im Bundestag aus; in jüngerer Zeit hat ihre Zahl deutlich abgenommen.

Grundsätzlich erweist sich bei internen Lobbyisten die Unterscheidung zwischen ihrer Tätigkeit als Volks- und Sonderinteressenvertreter als so gut wie unmöglich – zumal wenn etwa in einem Bauernverband tätige Abgeordnete in Ausschüssen mitwirken, die sich mit agrarpolitischen Regelungsfragen befassen.

Im Sommer 2006 wurde diese Problematik einer breiten Öffentlichkeit in einem in der *Bild*-Zeitung publizierten Brief zweier Ex-Präsidenten des »Bundesverbandes der Deutschen Industrie« nachdrücklich in Erinnerung gerufen. Hans-Olaf Henkel und Michael Rogowski forderten darin Norbert Röttgen, den CDU-Fraktionsgeschäftsführer und Vertrauten der Kanzlerin, zum Verzicht auf sein Bundestagsmandat auf. Der promovierte Jurist Norbert Röttgen war kurz zuvor vom Präsidium des BDI zum neuen Hauptgeschäftsführer des Spitzenverbandes gekürt worden und hatte zugleich auf der Fortführung seiner parlamentarischen Aktivitäten bestanden. Die beiden Ex-BDI-Präsidenten sorgten sich pressewirksam um die erwartbaren »unlösbaren Interessenkonflikte« und die damit für sie einhergehende »dramatische Beeinträchtigung« der Glaubwürdigkeit des »Bundesverbandes der Deutschen Industrie«.

»Wie kann denn der Herr Röttgen Beifall klatschen, wenn der BDI die Politik der Bundesregierung kritisiert? Diese Politik verantwortet Norbert Röttgen doch mit!« brachte Hans-Olaf Henkel das Problem auf den Punkt. Und Susanne Kastner von der SPD mahnte in ihrer Funktion als Vizepräsidentin des Bundestages: »Es wird Zeit, daß wir uns auf einen Ehrenkodex für Parlamentarier verständigen.« Kurz – und um im *Bild* des gleichnamigen Blattes zu bleiben: »Norbert Röttgen, der Mann mit den zwei Leben! Als Politiker (rund 14 000 Euro Monatsbezüge) vertritt er die Politik der Großen Koalition. Als Industrie-Lobbyist (geschätztes Gehalt: 200 000 Euro/Jahr) vertritt er jetzt einen Verband, der diese Politik heftig kritisiert.«[61]

Der durch die massenmedial inszenierte Kampagne unter Druck geratene CDU-Fraktionsgeschäftsführer zog innerhalb weniger Tage die Konsequenzen. »Ich fühle mich meinen Wählerinnen und Wählern und meiner Partei verpflichtet«, verlautbarte Norbert Röttgen und teilte für viele überraschend mit, er stehe für das Amt des BDI-Hauptgeschäftsführers nicht mehr zur Verfügung.[62]

Nun wäre Norbert Röttgen in einer Doppelfunktion als Abgeordneter und Industrielobbyist kein Einzelfall gewesen. Vor ihm wechselten 1995/1996 beispielsweise die beiden Parlamentarischen Staatssekretäre Cornelia Yzer und Reinhard Göhner in die Hauptgeschäftsführungsposition schlagkräftiger Interessenverbände, ohne ihr Bundestagsmandat sofort aufzugeben. Reinhard Göhner, Hauptgeschäftsführer der »Bundesvereinigung der Deutschen Arbeitgeberverbände«, nahm 2006 als Abgeordneter der CDU immer noch sein Bundestagsmandat wahr. Nach dem Verzicht seines Fraktionskollegen Röttgen auf den BDI-Posten rückte auch seine Funktion als »interner Lobbyist« erneut in die Schlagzeilen. Ex-BDI-Präsident Hans Olaf Henkel nutzte umgehend die Chance, eine Art »Großreinemachen« zu forcieren: »Ich hoffe, daß BDA-Geschäftsführer Reinhard Göhner und die Gewerkschaftsvertreter im Bundestag jetzt entsprechende Konsequenzen ziehen«, ließ er wissen.[63] Göhner wiederum konnte diese Kritik nicht verstehen. Nach seiner Meinung müßte es »mehr Abgeordnete geben, die neben ihrem Mandat in der Wirtschaft arbeiten«. In zehn Jahren als Hauptgeschäftsführer der BDA habe er »keinen einzigen Interessenkonflikt erlebt«.[64]

Auch von seiten der Gewerkschaftsvertreter gab es Widerspruch. So gab Klaus Ernst von der WASG zu verstehen: »Einen Interessenkonflikt sehe ich überhaupt nicht. Die Linksfraktion, für die ich im Bundestag sitze, hat sich den Kampf für Arbeitnehmer, Arbeitslose, Rentner und Jugendliche auf die Fahnen geschrieben. Und genau dafür kämpfe ich auch als 1. Bevollmächtigter der IG Metall in Schweinfurt. Wenn ich FDP-Abgeordneter wäre, wäre das sicher etwas anderes: Dann müßte ich ja das genaue Gegenteil dessen vertreten, was die Gewerkschaft will. So aber sehe ich da kein Problem. Im übrigen bin ich zum IG-Metall-Bevollmächtigten gewählt worden. Das heißt, ich bin an keine Weisung gebunden und kann im Bundestag frei nach meinem Gewissen entscheiden. Das tue ich, indem ich mich immer für die Interessen von Arbeitnehmern stark machen werde.«[65]

Nun sind gelegentliche Scharmützel innerhalb und zwischen Verbänden und deren aktiven und inaktiven Funktionären sowie zwischen Verbänden und herrschender Politik weder ungewöhnlich noch ändern sie etwas an den grundsätzlich verfolgten lobbyistischen Kernzielen und der mitgestaltenden Teamarbeit von Lobbyisten in der Technokratie. Auch bekleidet nur eine Minderheit der 614 Abgeordneten im 16. Bundestag einen zusätzlich dotiertes Funktionärsamt.

Der Verfassungsrechtler Herbert von Arnim vertritt die Position: »Die Grenze muss, sein, daß der Abgeordnete nicht seinen politischen Einfluß verkaufen darf. Es darf auch nicht der böse Schein entstehen. Wenn der Abgeordnete von einem Verband oder Unternehmen Geld für seine besondere Stellung und seinen Einfluß erhält, dann ist das Korruption.«[66] Es sollte in der Tat so selbstverständlich wie gesetzlich geregelt sein, dass Abgeordnete keine weiteren – zumal bezahlten – beruflichen Verpflichtungen ausüben, solange sie vom Wähler ein Mandat haben. Die Mitgliedschaft in Verbänden bleibt davon natürlich unberührt.

Übrigens hat das Bundesverfassungsgericht bereits 1975 in einem Urteil den Volksvertretern ins Stammbuch geschrieben: »Die Tätigkeit des Abgeordneten ist im Bund zu einem den vollen Einsatz der Arbeitskraft fordernden Beruf geworden […]. Die parlamentarische Demokratie einer höchst komplizierten Wirtschafts- und Industriegesellschaft, in der Rechtsstaat, Freiheit und Pluralismus entscheidend mit Hilfe der politischen Parteien aufrecht erhalten werden sollen, verlangt vom Abgeordneten mehr als nur eine ehrenamtliche Nebentätigkeit, verlangt den ganzen Menschen ...«[67]

In lobbyistischer Hinsicht waren die Nebentätigkeiten von Abgeordneten bis 2005 schon deshalb ein Problem, weil die Mandatsträger keiner Pflicht unterlagen, ihre Tätigkeiten und ihre daraus erzielten Einkünfte der Öffentlichkeit anzuzeigen. Durch die Novellierung des Abgeordnetengesetzes im Juni 2005 soll dieser Praxis Einhalt geboten werden. (Aufgrund von Klagen vor dem Bundesverfassungsgericht war jedoch bei der Drucklegung dieses Buches nicht absehbar, ob die Pflicht zur Veröffentlichung der Zusatzeinkommen von Abgeordneten wie vorgesehen umgesetzt werden wird. Auch über die zusätzliche Klage des CDU-Abgeordneten Friedrich Merz gegen die in das neue Gesetz eingefügte Norm, die Arbeit des Abgeordneten müsse im Mittelpunkt der Tätigkeit stehen, ist 2006 noch nicht entschieden worden.)

Die Veröffentlichung der Nebentätigkeiten gäbe dem Souverän wenigstens die Chance, potentielle Interessenkonflikte der zur Wahl stehenden Politiker zu erkennen. Gutachter- und Beratertätigkeiten und nicht zuletzt die Beteiligung an Personen- und Kapitalgesellschaften gäben zumindest Fingerzeige auf mögliche Interessenverquickungen. Ob damit das nach Umfragen extrem geschwächte Vertrauen der deutschen Wähler in politische Parteien und Legislativorgane gestärkt wird, steht dahin. Nach einer Repräsentativumfrage von »Transparency International« gelten sie als korrupte Institutionen; auch zeigten sich lediglich sieben Prozent der Befragten mit der Arbeit des Bundestages zufrieden.[68]

Sünden der Vergangenheit?

Mehr als ein Drittel der Bundestagsabgeordneten ging in den 1990er Jahren einer Nebentätigkeit nach. Wie man die vielfältigsten politischen und wirtschaftlichen Interessen gut zum eigenen Nutzen verknüpft, lehrte beispielsweise der ehemalige Minister und FDP-Vorsitzende Otto Graf Lambsdorff (und das nicht nur in der Flick-Affäre). So war der Politiker während seiner Zeit als Parlamentarier noch 1993 als Aufsichtsrat in neun Unternehmen, als Vorstandsmitglied in zehn Verbänden und Kuratorien sowie als Berater des japanischen Telekommunikationskonzerns NTT aktiv. Er gehörte nicht zufällig zu den eifrigsten Befürwortern der Privatisierung von Post und Telekom. Der ehemalige FDP-Abgeordnete Wolfgang Lüder focht im Bundestag für die Lieferung von U-Booten nach Taiwan. Zugleich beriet er in seiner Eigenschaft als Rechtsanwalt das Firmenkonsortium aus HDW, Thyssen und Ferrostahl, das die U-Boote baute. Und so weiter und so fort.

Abgeordnete im Bundestag üben nach allgemeinem Verständnis eine Wahl-, Öffentlichkeits-, Willensbildungs- und Kontrollfunktion aus. Ihre Aufgaben bestehen aus der Teilnahme an den Plenarsitzungen (mit Reden, Debattenbeiträgen, Anfragen und Abstimmungen), der Mitarbeit, Vorbereitung und Teilnahme in den Ausschüssen, dem Engagement in den Fraktionen und Fraktionsarbeitskreisen, der fortlaufenden Verfolgung der politischen Themen und ihre Umsetzung in Information und Öffentlichkeitsarbeit sowie der Lektüre von Eingaben und Parlamentsdrucksachen.

Die zentrale Aufgabe der Abgeordneten ist die Mitwirkung am Gesetzgebungsprozeß. Da nun gewöhnlich die entscheidenden Weichenstellungen für die Gestaltung von Gesetzentwürfen in den außerhalb des Parlaments stattfindenden Sitzungen der Arbeitskreise, Ausschüsse und Fraktionen vorgenommen werden, haben nebenerwerbstätige Abgeordnete vielfältige Möglichkeiten, ihre eigenen geschäftlichen bzw. die Interessen ihrer privatwirtschaftlichen Klientel nach Kräften zu berücksichtigen. Im Gesundheitsausschuß entschied 1995 der damalige Vorsitzende und FDP-Abgeordnete Dieter Thomae in seiner Eigenschaft als Miteigentümer von zwei Kliniken über Kostenansätze und Arzneimittellisten mit, obwohl er offensichtlich befangen war.

Hinzu kommen einschlägige Skandale der jüngeren Vergangenheit, bei denen führende Politiker sich für lobbyistische Nebentätigkeiten von Energieunternehmen und anderen Privatfirmen »anfüttern« ließen. Im Jahr 2000 trat der nordrhein-westfälische Finanzminister Heinz Schleuser (SPD) zurück, weil er sich zwei private Flüge von der Westdeutschen Landesbank hatte bezahlen lassen. Ihm folgte im selben Jahr Bundesverkehrsminister Klimmt, der dubiose Verträge mit einer gemeinnützigen Trägergesellschaft für einen Fußballklub abgeschlossen hatte.

2002 entließ Bundeskanzler Schröder den Verteidigungsminister Rudolf Scharping, weil dieser Honorarzahlungen der auch lobbyistisch tätigen PR-Agentur Hunzinger bezogen hatte. Ihm folgte der damalige innenpolitische Sprecher der Grünen-Fraktion, Cem Özdemir, der bei Moritz Hunzinger ein privates Darlehen aufgenommen hatte. Zwar beteuerte der Politiker, er sei keine Verpflichtungen Hunzinger oder anderen Interessengruppen gegenüber eingegangen. Was aber hätte er getan, wenn der auf politische Kontaktanbahnungen spezialisierte PR-Unternehmer ihn eines Tages um einen »kleinen Gefallen« gebeten hätte?

Moritz Hunzinger und andere gut vernetzte PR- und Public-Affairs-Berater leben davon, dass sie Politiker für Reden und öffentliche Auftritte in »Politischen Salons«, bei »Parlamentarischen Abenden« und anderen Anlässen gewinnen, gegen gutes Honorar versteht sich. Natürlich erwarten sie dafür eines Tages Gegenleistungen, und sei es auch nur die Zeit für ein »Hintergrundgespräch« mit einem Unternehmenslobbyisten. Wie die immer wieder »auffliegenden« Untreue- und Vorteilsnahmeaffären von Bundes- und Landespolitikern belegen, sind die Übergänge zwischen Beratung, Lobbying und Korruption fließend.

2004 trat der CDU-Sozialpolitiker Hermann-Josef Arentz als Vorsitzender der Christlich-Demokratischen Arbeitnehmerschaft zurück, weil er von der RWE Power AG 60 000 Euro jährlich ohne eine ersichtliche Arbeitsleistung bezogen hatte. Da er als Mitglied der Spitzengremien der CDU und als intimer Kenner des parlamentarischen und ministerialen Betriebs über relevante politische Planungen für den Energiesektor sicherlich informiert war, diente er RWE zweifellos als Frühwarner und Kontaktbahner für rechtzeitige Interventionen. Ähnlich gestaltete sich der Fall des CDU-Generalsekretärs Laurenz Meyer, der von RWE Gehälter bezogen hatte.

Die Energiewirtschaft gehört neben der Pharma- und Autoindustrie zu den traditionellen Förderern des Lobbyismus. Politiker sind über Stadtwerke und kommunale Einrichtungen seit langem diesem Sektor eng verbunden (auch durch großzügige Sitzungsgelder und andere Vorteilsgewährungen), der wiederum durch politisch erfahrene Konzernlobbyisten und Verbandslobbysten zusätzlich Druck auf die Entscheidungsträger ausübt. So repräsentiert der »Verband der Elektrizitätswirtschaft« fast 95 Prozent des gesamten deutschen Strommarktes (und zusätzlich die Interessen der Kernenergie, auch Atomlobby genannt) und der »Bundesverband der deutschen Gas- und Wasserwirtschaft« die gesamte Gasversorgungskette und rund 80 Prozent der Wasserwirtschaft. Rüdiger Liedtke kommt in seinem Buch über das *Energiekartell* zu der Einschätzung:

»Waren bis zur Liberalisierung der Strommärkte ihre Ansprechpartner meist Unternehmen in kommunalem Besitz und damit so gut wie ausschließlich Vertreter aus Politik und Verwaltung, so stehen sich heute jedoch vielfach große Marktmächte gegenüber. Alle mit eigenen Interessen, alle mit dem Ziel, Verordnungen, Gesetze, Regulierungen in ihrem Sinne zu steuern oder zumindest zu beeinflussen. Historisch bedingt und von der Materie her bilden Politik und Wirtschaft im Energiebereich ein Geflecht, das in keiner Wirtschaftsbranche enger geknüpft ist.

Die Lobbyisten aller einschlägigen Verbände, aber vor allem die großen Energiekonzerne E.ON, RWE, Vattenfall Europe und EnBW selbst besitzen in der Hauptstadt Berlin in räumlicher Nähe zum Regierungsviertel beachtliche Repräsentanzen. […] An der Spitze dieser Berliner ›Stromzentralen‹ stehen hoch dotierte Persönlichkeiten, die über erhebliche Verbindungen zum politischen Leben in der Hauptstadt verfügen und nicht selten aus der Politik kommen. Die Cheflobbyisten werden neben der ›Pflege der politischen Landschaft‹ immer dann besonders aktiv, wenn eine Gesetzesnovelle ansteht – sei es im Kraftwerksbereich, im regenerativen Umfeld, die Netze betreffend, in der Energiesteuergesetzgebung oder im Umweltbereich. Man kennt sich, man sieht sich, man speist miteinander. [...] So wird in Berlin kein wesentliches energiewirtschaftliches Gesetz verabschiedet, in das die Repräsentanzen der vier großen Konzerne, die ja nun auch immerhin vier Fünftel der Stromerzeugung in Deutschland beherrschen, nicht maßgeblich hineinredigieren und -regieren [...] – nicht immer zum Wohle der Verbraucher.«[69]

Nachtrag

Wenn prominente Interessenvertreter des (Industrie-)Kapitals so überraschend wie plötzlich machtvoll darauf dringen, von ihnen lange geduldete und gepflegte »Interessenkonflikte« im Parlament still zu legen, also auf erkennbar ins Parlament eingebaute Lobbyisten (wie es Norbert Röttgen gewesen wäre) von Kapital und Arbeit künftig zu verzichten, dann verbindet sich damit ein grundsätzlicher Umgestaltungsversuch der Ausübungsmechanismen wirtschaftspolitischer Macht.

Eine länger anhaltende, die übliche und schnell wieder in Vergessenheit geratene Skandalberichterstattung weit überschreitende Diskussion über die »Interessenkonflikte« wichtiger Industrieverbandslobbyisten kann jedenfalls nicht im Interesse derjenigen sein, die an einer möglichst verschwiegenen, geräuscharmen und unspektakulären Zusammenarbeit privatwirtschaftlicher und staatlicher Technokraten größtes Interesse haben. Und zwar möglichst fernab des von Medienvertretern überwachten Parlamentsbetriebes. Eben deshalb beschäftigen die Großunternehmen seit einiger Zeit nicht zufällig aus Politik und Verwaltung abgeworbene, professionelle Lobbyisten und zusätzlich Public-Affairs-Agenturen und andere auf politische Kommunikation spezialisierte Berater. Während sich ihre Verbandslobbyisten mit Gewerkschaftern wortgewaltige Redegefechte im gleißenden Licht der Fernsehkameras liefern, können die von ihnen bezahlten Experten für »Regierungsbeziehungen« ungestört mit der Ministerialbürokratie einen Referentenentwurf ausarbeiten. Und genau darum geht es.

Abgeordnete, die ihre Beziehungen zu Lobbyisten allzu offen zur Schau tragen, sind eine leichte Beute kritischer Journalisten und damit kontraproduktiv für die gewünschte, möglichst demokratieferne und lautlose Einflußnahme auf die Ziele und Maßnahmen der herrschenden Politik. Der professionelle Lobbyismus ist auf ihre Dienste ohnehin schon seit längerem nicht mehr angewiesen.

III. Partikularinteressen gleich Gemeinwohl?

Die Glaskuppel des Berliner Reichstages von Lord Norman Foster (1995–1999)

Ich zitiere den Bundesfinanzminister Peer Steinbrück: »Die Reformde-batte verläuft nach dem Muster: ›Bevor es um mich geht, laßt uns lieber über andere reden. Da sollten Ihre Reformen ansetzen.‹ Diese Sankt-Flo-rian-Mentalität ist der Kern des Problems. Darüber wird aber weder im politischen noch im öffentlichen Raum ehrlich diskutiert. Stattdessen erleben wir, wie ersichtlich interessengeleitete Forderungen immer dringlicher – um nicht zu sagen: dreister – an die Politik herangetragen werden. Dabei werden – zum Teil nicht ungeschickt – Partikularinteres-sen mit dem Allgemeinwohl scheinbar gleichgesetzt, was nur von der eigenen Weigerung ablenken soll, seinen eigenen, angemessenen Teil zur Verbesserung des Ganzen zu erbringen.«[70]

Wessen »interessengeleitete Forderungen« er konkret meinte, sagte der Finanzminister Anfang des Jahres 2006 leider nicht. Nun ist Lobby ebensowenig gleich Lobby, wie auch Interesse nicht gleich Interesse ist. Und ein Interesse, das sich als gemeinwohlorientiert ausgibt, ist nicht automatisch gemeinwohlverträglich. Kurz, mit dem mehrdeutigen Wort Interesse läßt sich vieles in verschiedenen Wertungen, Täuschungsvor-haben und Absichtsbekundungen ausdrücken.

Programmierte Interessenkonflikte

Infolge einer vergleichbaren wirtschaftlichen, kulturellen, ethnischen, sozialen oder politischen Lage entstehen gleichartige Interessen, die gruppen- und klassenbildend wirken. Formieren sich diese Interessen in einer herrschaftlich geordneten Gesellschaft zu Parteien und Lobbys, entwickeln diese Interessengruppen wiederum spezifische Partikularin-teressen, die dann in aller Regel nicht länger mit den zunächst gleicharti-gen einzelnen Privatinteressen übereinstimmen. Auf jeden Fall sind beim Vorhandensein von um Macht und Einfluss ringenden Parteien und Lobbys vielfältige Konflikte programmiert.

Die in freien Wahlen in die Parlamente bzw. an die Staatsmacht gelangten Berufspolitiker und Parteien stützen sich im Übrigen immer mehr auf außerparlamentarische »Beratungsdienstleistungen« von wirtschaftlichen Interessengruppen, unternehmensfinanzierten Denkfabriken und Forschungsinstituten und wandeln deren Reformvorschläge mehr oder weniger unwidersprochen in für die Gesellschaft verbindliche Normen und Gesetze um. Die entsprechenden politischen Rechtfertigungen dafür lauten in der Regel, die Reformen dienten der Förderung oder mindestens Wahrung des allgemeinen Wohls.

»Glauben und Wissen verhalten sich wie die zwei Schalen einer Waage: In dem Maße, als die eine steigt, sinkt die andere«, lautet ein Sprichwort von Schopenhauer.

Politischer Konsens?

Worum es beispielsweise dem »Bundesverband der Deutschen Industrie«, also dem Industriekapital grundsätzlich geht, schrieb dessen zum Jahreswechsel 2005/06 aus dem Amt geschiedene Präsident, Michael Rogowski, in einem »persönlichen Brief an die Unternehmenschefs«. Da heißt es unter anderem:

»Freiheit wagen, Fesseln sprengen‹ – dies war das Leitmotiv meiner Präsidentschaft. Das heißt: Eigenverantwortung vor Staatsfürsorge, Investitionen vor Konsum, Innovation vor Besitzstand, Wachstum und Verteilung, Freiheit vor Regulierung. All dies ist längst noch nicht politisch umgesetzt. Aber es ist inzwischen bei Vielen politischer Konsens. [...] Im Blick nach vorn sage ich: Es reicht noch lange nicht. Die Politik muß, mehr Fesseln sprengen, mehr Freiheit wagen – in Berlin wie in Brüssel. [...]

Freiheit wagen bedeutet unseren Arbeitsmarkt weiter zu deregulieren: länger und flexibler arbeiten, Tariffindung und Mitbestimmung modernisieren. Freiheit wagen bedeutet, unseren Sozialstaat weiter zu reformieren: Lohnnebenkosten senken, den Bürgern ehrlich sagen, daß sie mehr privat schultern müssen, und einige spüren lassen, daß der Staat kein Selbstbedienungsladen ist. Freiheit wagen bedeutet, Unternehmen deutlich zu entlasten: weiter runter mit den Steuern und den Subventionen, eine maßvolle Umwelt- und Energiepolitik, weniger überwälzte Kosten durch Bürokratie. Freiheit wagen, bedeutet, Innovation wirklich zu fördern: Die entsteht nicht in Gremien, sondern durch Fleiß und Kreativität auf dem Markt der Ideen. Dafür muss, man Spielraum schaffen und falsche Tabus brechen, zum Beispiel nicht ausgerechnet die grüne Gentechnik per Gesetz de facto verbannen. [...]

Freiheit wagen bedeutet auch, die neue Kommission in Brüssel beim Wort zu nehmen, sie auf die Lissabon-Strategie zu verpflichten und dafür einzutreten, daß Nachhaltigkeit vom Kopf auf die Füße gestellt wird. Denn Wachstum, Innovation und Wettbewerbsfähigkeit sind Unterpfand auch ökologischer und sozialer Nachhaltigkeit. Das geht nur mit besserer – das heißt zugleich weniger – Rechtsetzung, mit neutraler wirtschaftlicher Folgenabschätzung und einem starken Rat für Wettbewerbsfähigkeit. Ob Europa den USA im Wachstum weiter hinterherhinkt, hängt entscheidend von den politischen Prioritäten in Brüssel und in jedem einzelnen Nationalstaat ab.«[71]

Die hier deutlich gewordenen Interessen des (nicht nur Industrie-) Kapitals sind zwar die einer gesellschaftlichen Minderheit von Managern, Großaktionären, Fondsverwaltern und Unternehmenseigentümern. Sie bestimmen jedoch die Lebensbedingungen einer lohnabhängigen Mehrheit bzw. einer wachsenden Zahl auf Arbeitslosen- und Sozialgelder angewiesenen Gesellschaftsmitglieder. Die privaten Unternehmen und Konzerne verfolgen das Ziel, für die Eigentümer Gewinne zu erzielen. Das Vorhalten einer gesellschaftlich notwendigen Zahl ausreichend bezahlter und dem allgemeinen Wohl förderlicher Berufsausbildungen und Arbeitsplätze betrachten sie zweifellos nicht als ihr Kerngeschäft.

Die privaten Kapital- und Finanzkapitalinteressen dominieren zurzeit die politische Praxis auf nationaler wie auf internationaler Ebene. Die Europäische Kommission, die durch Richtlinien und Verordnungen fast achtzig Prozent der wirtschaftlich relevanten Gesetzgebung in den EU-Mitgliedsstaaten bestimmt, »fühlt« sich ihnen ebenso verpflichtet wie die politisch unabhängige Europäische Zentralbank, der Europäische Gerichtshof, der Internationale Währungsfonds (IWF) und die Welthandelsorganisation (WTO). Für die unternehmerische Ordnung des Marktes und des Wettbewerbs ist bestens gesorgt.

Die von Michael Rogowski eingeforderte Umsetzung der »Lissabon-Strategie« bezieht sich auf einen Beschluss des Europäischen Rats im März 2000, demgemäß die EU bis 2010 zur »wettbewerbsfähigsten und dynamischsten wissensbasierten Wirtschaftsregion der Welt« entwickelt werden soll. Die von Frankreich und den Niederlanden abgelehnte Europäische Verfassung sieht in ihrem dritten Teil übrigens auch die Steigerung der internationalen Wettbewerbsfähigkeit, die Ausweitung von Marktfreiheiten und den Ausbau des weltweiten Freihandels vor. Von einer entsprechend gleichrangig gestellten gemeinwohlorientierten Sozialpolitik steht in den so umfangreichen wie überwiegend nur mehr Juristen verständlichen – gültigen oder zur Ratifizierung vorliegenden – Europäischen Verträgen nichts Verbindliches geschrieben.

Einmaleins der Demokratie?

Das Vorhandensein ganz bestimmter Interessen sagt nichts darüber aus, inwieweit sie gesellschaftlich wirksam werden können. Erst die Einbringung und Formierung dieser, dann von mehreren oder vielen Individuen geteilten Interessen, in eine kleine oder große Interessengruppe verleiht ihnen Stimme und Gewicht. Hat sich nun eine Interessengruppe gebildet, wird sie sich mit einiger Wahrscheinlichkeit an die Öffentlichkeit und/oder Politik wenden. Der Politologe Peter Lösche beschreibt das so:

»Ist es nicht alltägliche Erfahrung, daß in der Nachbarschaft, in ›der Gesellschaft‹, Interessen und Interessengruppen, Bürgerinitiativen, Vereine und Vereinigungen mit- und gegeneinander konkurrieren? Daß in der Gesellschaft vorhandene Bedürfnisse und Interessen aufgenommen, in Verbänden – und auch Parteien – gesammelt, fokussiert und artikuliert und in das politische System eingebracht werden, dort mit anderen partikularen Interessen konkurrieren, durchgesetzt oder in Kompromissen aufgehoben werden oder unterliegen – all das gehört zum Einmaleins der Demokratie. Und wer von uns hätte nicht ganz spezifische Interessen, wer wäre nicht Mitglied in einem Verein, einer Bürgerinitiative oder eben in einem Verband, um seine besonderen ›Anliegen‹, wie es so schön kaschierend heißt, zu verfolgen. Also: Interessen und Interessenvertretung gehören zum Alltag.«[72]

Allerdings setzen sich im Alltag der Gegenwart gewisse Interessen und Interessenvertretungen entschieden nachhaltiger durch als andere. Daran ändert auch das von Pluralismustheoretikern unterstellte »Naturgesetz«, das Kräftespiel einer Vielzahl organisierter Partikularinteressen sorge in demokratischen Gesellschaften gleichsam für einen automatischen materiellen und ideellen Interessenausgleich, nichts. Aus höherer

Elfenbeinturmwarte – der Wissenschaften wie auch der oberen Konzern-verwaltungsetagen – verklärt sich leicht der Blick. Bezeichnend dafür ist die Ansicht der qualifizierten Konzernlobbyistin Katja Audenrieth. Sie schreibt:

»Der gesamtgesellschaftliche Nutzen der Interessenvertretung liegt vor allem in den Funktionen Informationsvermittlung, Meinungsbil-dung, Entscheidungsfindung, Interessenausgleich und Konsensbildung. Lobbying ist mithin ein in einer pluralistischen Gesellschaft legitimes Mittel zur Mitwirkung an gesellschaftspolitischen Entscheidungsprozes-sen. Die Organisation des Dialogs von Wirtschaft und Politik unter Ein-satz der Mittlerinteressen ist durchaus sinnvoll und nutzbringend – nicht nur für die Entwicklung der Wirtschaft, sondern auch für die Gesell-schaft.«[73]

Wie sieht der »Dialog von Wirtschaft und Politik« heute aus, wie nutz-bringend erweist er sich für die Gesellschaft? Die Konzernlobbyistin verschweigt, was die Vorstände, auf deren Weisung hin die Lobbyisten »Informationen« an die Politik vermitteln, im Sinne der Aktionäre (d. h. überwiegend der institutionellen Anleger) bzw. des seit Jahren konse-quent verfolgten Prinzips der Unternehmenswertsteigerung praktizieren: die Erzielung immer höherer Renditen. Wie sie zustande kommen, ist bekannt: zum einen durch ohnehin fortschreitende Rationalisierungs-maßnahmen, zum anderen durch die tariflohnvermeidende Auslagerung von Arbeitsplätzen, die Verlagerung von Betriebsteilen in Billiglohnlän-der, die Freisetzung von Arbeitnehmern.

2006 strich zum Beispiel der höchst profitable Allianz-Konzern auf einen Schlag 7500 Arbeitsplätze. Für die betroffenen Mitarbeiter, ihre Familien und nicht zuletzt die tangierten Kommunen und den Staat zweifellos ein heftiger Schlag. Aus der Sicht der Konzernvorstände wurde diese Maßnahme als unvermeidbar dargestellt, weil sie bei Strafe des Untergangs durch den weltweiten Wettbewerb vergleichbarer Finanz-dienstleister gezwungen seien, hohe Renditen zu sichern. Die Entlassung eines Teils der Belegschaft sei eine notwendige Maßnahme zu Sicherung der Arbeitsplätze der verbleibenden Belegschaft.

Die Bilanzsumme des Allianz-Konzerns beläuft sich mit rund einer Billion Euro auf eine Summe, die viermal so hoch wie der Bundeshaus-halt ist. Die Höhe des Jahreseinkommens des Vorstandsvorsitzenden entspricht dem Lebenseinkommen derer, die weiterbeschäftigt oder gekündigt werden.

Ob die ausschließlich an den Gewinninteressen der privaten Investoren ausgerichtete Geschäftspolitik der Allianz und all der anderen (transnationalen) Konzerne gut für die Entwicklung der Gesellschaft ist – ob mit oder ohne lobbyistisch vertretene Mittlerinteressen – darf mit Fug bezweifelt werden. Jedenfalls, wenn man unter Gesellschaftsentwicklung nicht nur das Erlernen erfolgreicher Börsenspekulationsmethoden versteht. Gesellschaftsentwicklung heißt Pflege und Förderung des Allgemeinwohls, und darauf berufen sich auch die Vertreter partikularer Interessen. Aber was heißt das?

Gemeinwohl allgemein

Unter dem Begriff Gemeinwohl faßt die Staats- und Sozialphilosophie die Gesamtinteressen in einem Gemeinwesen. Er gilt als unbestimmter Rechtsbegriff, der durch konkrete Gesetzgebung und Rechtsprechung zu ermitteln und festzulegen ist, was auch geschieht. Das Wort Gemeinwohl gehört zu den historisch oft missbrauchten Phrasen, weil es keinen klar umrissenen Inhalt hat. Es dient seit jeher den jeweiligen herrschenden Klassen oder Gruppen zur ideologischen Rechtfertigung ihrer politischen Interessen.

Was Rousseau einst dem *citoyen* abverlangte – die Überwindung seines partikularen Interesses zugunsten des Gemeinwohls, der *volonté générale* – soll in der parlamentarischen Demokratie von den Volksvertretern geleistet werden: die Entwicklung gemeinwohlorientierter Positionen in den Aushandlungsprozessen widerstreitender Gruppen- und Fraktionsinteressen. Kurt L. Beck skizziert die dafür notwendigen Bedingungen:

»Ausgehend von der Annahme beschränkter individueller Vernunft und der erwiesenen Fähigkeit, partikulare Interessen als Gemeinschaftsinteressen zu rationalisieren, fordert ›Gemeinwohl‹, daß alle von politischen Entscheidungen Betroffenen die Möglichkeit haben, ihr Interesse in den Prozeß einzubringen (J. S. Mill: ›Ein Interesse, das sich nicht verteidigen kann, ist immer in Gefahr, übersehen zu werden.‹); daß die Forderungen jeder Gruppe öffentlich vorgetragen und begründet werden müssen, was sie dem ›Rationalisierungszwang‹ unterwirft; und daß die

Konsequenzen jeder Entscheidung in ihrer Breiten- und Zukunftswirkung, insoweit sie sachverständig zu klären sind, öffentlich dargelegt werden. Damit wird ›Gemeinwohl‹ gleichgesetzt mit dem demokratischen Prozeß, der Öffentlichkeit, Universalität und Verantwortlichkeit beinhaltet, ohne daß gewisse vorgegebene Inhalte postuliert werden.«[74]

Lobbyisten, das wird hier deutlich, können im Zusammenspiel mit der Politik zur Bildung des Gemeinwohls beitragen, wenn sie die Forderungen der von ihnen repräsentierten Einzelinteressen öffentlich und ungeschützt in den demokratischen Prozeß einbringen. Die Mehrzahl der professionellen Lobbyisten bemühen sich im Sinne ihrer Auftraggeber jedoch nach Kräften, genau das nicht zu tun.

Was professionelle Lobbyisten überhaupt nicht schätzen, ist öffentliche Aufmerksamkeit. Ministerialbeamte dürfen bei vielen Vorgängen von Amts wegen keine Öffentlichkeit herstellen. Es wäre den Chefs und Auftraggebern der Lobbyisten ohnehin nicht recht, morgens in der Zeitung zu lesen, dass ihre Lobbyistin oder ihr Lobbyist mit einem Ministerialbeamten einen Referentenentwurf erarbeitet hat, denn ein Entwurf ist noch kein Gesetz, und bis zur Verabschiedung eines Gesetzes soll es möglichst wenig öffentliches Störfeuer geben.

Der informelle Charakter des Lobbying, die Tatsache, dass die einflussnehmenden Akteure wie auch die zu beeinflussenden Adressaten die Öffentlichkeit über ihre Aushandlungsprozesse möglichst im Unklaren lassen, wirft die Frage auf, ob Lobbying umstandslos als »ein in einer pluralistischen Gesellschaft legitimes Mittel zur Mitwirkung an gesellschaftspolitischen Entscheidungsprozessen« (Audenrieth) gewertet werden sollte. Ich meine nicht. Bundesregierung und Ministerien unterliegen keiner gesetzlichen Verpflichtung, über die konkreten lobbyistischen Kontakte und Absprachen zu informieren, und professionelle Lobbyisten sind an größerer öffentlicher Transparenz schon gar nicht interessiert. So betont der Konzernlobbyist Wolf-Dieter Zumpfort:

»Professionalität im Lobbying zeichnet sich durch Zuverlässigkeit und Werthaltigkeit der Information, absolute Vertraulichkeit oder Verschwiegenheit und Seriosität im Umgang mit den Partnern aus. Dazu gehört auch, dass man das Lobbying nicht diskreditiert durch ein zu großes Maß an Geschenken oder Zuwendungen. [...] Ein Pressesprecher spricht laut, ein Lobbyist leise. Wir machen am liebsten Arbeit ohne die Öffentlichkeit. [...] Und wir Lobbyisten geben den Journalisten auch nicht jede Auskunft.«[75]

Wer so besorgt um seinen Namen und die Verschwiegenheit sein muss, wird schlechte Gründe haben, ihn zu tragen bzw. sie zu pflegen, könnte man in Anlehnung an ein geflügeltes Wort von Heinrich von Kleist schadenfroh anmerken. Da aber der Schaden, den die Lobbyisten durch das geringe öffentliche Ansehen haben, eine vernachlässigenswerte Größe, der durch ihre potentielle gesellschaftliche Gestaltungsmacht entstehende Schaden jedoch hoch sein könnte, ist Schadenfreude fehl am Platz. Jedenfalls liegt es nahe, dem professionellen Lobbying prinzipiell kritisch zu begegnen.

Gemeinwohl auf Abwegen

Das Gemeinwohl ist keine feststehende Errungenschaft, es unterliegt dem historisch-gesellschaftlichen Wandel und ist heutzutage abhängig von den demokratischen Kompromissen, die in einer Gesellschaft erzielt werden. Eine gemeinwohlorientierte Politik hat nur dann eine Chance, wenn die Interessen der überwiegenden Mehrheit der Bevölkerung und auch der vergesellschafteten Natur in die Aushandlungen einbezogen sind.[76] Inhaltlich berührt das Gemeinwohl folglich grundsätzlich die Frage: Wie wollen wir leben?

In Frieden und in sinnvollem Wohlstand? In einer Gesellschaft, die für die Kranken, Behinderten, Alten, Armen und Arbeitslosen ebenso sorgt, wie sie Migranten und Minderheiten schützt? In der Gleichberechtigung von Frauen und Männern selbstverständlich ist? In einer Gesellschaft, für die Umwelt- und Klimaschutz kein Fremdwort, für die Bildung und Kultur keine Frage der Schichtzugehörigkeit und des Einkommens, für die so auskömmliche wie befriedigende Arbeitsbeziehungen der Normalfall und die Teilhabe aller am gesamtgesellschaftlichen Wohlstand selbstverständlich sind?

Entscheidend für jede die Menschenrechte befolgende demokratische Gesellschaft ist die ständige Initiierung und Überprüfung der gemeinwohlorientierten Aushandlungsprozesse. Wenn die öffentlichen und privatwirtschaftlichen Interessen sich als nicht mehr vermittelbar erweisen, gerät ein demokratisches Gemeinwesen in Gefahr, stellt sich die alte soziale Frage nach Klassengesellschaft und sozialer Gerechtigkeit. In der Bundesrepublik wurde in den 1970er Jahren von Intellektuellen über die »Legitimationskrise des Spätkapitalismus« diskutiert, die jedoch – wie es schien – ausblieb. Und heute? Der Ökonom und Jesuitenpater Friedhelm Hengsbach bezeichnet die Bundesrepublik als »Klassengesellschaft«, die »von erheblichen Schieflagen wirtschaftlicher Macht beherrscht ist« und führt aus:

»Konzernchefs eignen sich die Dynamik eines entfesselten Finanzkapitalismus an und schieben den Kapitaleignern einen Riesenanteil unternehmerischer Wertschöpfung zu. Sie erpressen die Belegschaften, daß sie länger arbeiten und weniger verdienen. Unter den Beschäftigten verbreiten sie Zeitnot und Zukunftsängste. Politiker schleichen um den Skandal der Massenarbeitslosigkeit und der Ausbildungsdefizite herum, erhöhen die Armutsrisiken und öffnen die Schere der Verteilung von Lebenschancen. Sie festigen eine Zweiklassenmedizin und ein selektives Schulsystem.«[77]

Den politischen Rahmen für gemeinwohlorientierte Aushandlungsprozesse bildet hierzulande das *Grundgesetz*. Es erkennt ausdrücklich die Prinzipien des Völkerrechts an und fordert (in Artikel 25) die Einhaltung der in der UN-Menschenrechtserklärung festgeschriebenen Rechte. Allerdings kennt laut einer Umfrage jeder sechste in der Bundesrepublik *keines* der dreißig in der *Allgemeinen Erklärung der Menschenrechte* aufgeführten Rechte.[78] Dazu gehören u. a.:

Alle Menschen sind frei und gleich an Würde und Rechten geboren. Sie sind mit Vernunft und Gewissen begabt und sollen einander im Geist der Brüderlichkeit begegnen. (Artikel 1)

Jeder hat das Recht auf Leben, Freiheit und Sicherheit der Person. (Artikel 3)

Jeder hat das Recht, sich innerhalb eines Staates frei zu bewegen und seinen Aufenthaltsort frei zu wählen.
Jeder hat das Recht, jedes Land, einschließlich seines eigenen, zu verlassen und in sein Land zurückzukehren. (Artikel 13)

Jeder hat das Recht auf Arbeit, auf freie Berufswahl, auf gerechte und befriedigende Arbeitsbedingungen sowie auf Schutz vor Arbeitslosigkeit.

Jeder, ohne Unterschied, hat das Recht auf gleichen Lohn für Arbeit.

Jeder, der arbeitet, hat das Recht auf gerechte und befriedigende Entlohnung, die ihm und seiner Familie eine der menschlichen Würde entsprechende Existenz sichert, gegebenenfalls ergänzt durch andere soziale Schutzmaßnahmen.

Jeder hat das Recht, zum Schutz seiner Interessen Gewerkschaften zu bilden und solchen beizutreten. (Artikel 23)

Jeder hat das Recht auf einen Lebensstandard, der seine und seiner Familie Gesundheit und Wohl gewährleistet, einschließlich Nahrung, Kleidung, Wohnung, ärztliche Versorgung und notwendige soziale Leistungen gewährleistet sowie das Recht auf Sicherheit im Falle von Arbeitslosigkeit, Krankheit, Invalidität oder Verwitwung, im Alter sowie bei anderweitigem Verlust seiner Unterhaltsmittel durch unverschuldete Umstände. (Artikel 25)

Jeder hat Pflichten gegenüber der Gemeinschaft, in der allein die freie und volle Entfaltung seiner Persönlichkeit möglich ist. (Artikel 29)

Papier ist geduldig? Es scheint so. Um das Wohlergehen der Menschen zu befördern, bedarf es einer Gesellschaft, in der die Würde des Menschen und seiner Natur Wertschätzung genießen. Diese Gesellschaft wiederum muss sich im Zuge des historischen Wandels immer wieder über die sozialpolitischen Kriterien, die das Wohlergehen jedes Individuums inhaltlich bestimmen, neu verständigen und einigen. In der von einer Vielheit von Werten und Interessen geprägten, kapitalistisch produzierenden und demokratisch verfaßten Gesellschaft wie der Bundesrepublik läuft das auf die wie eine Sisyphusarbeit erscheinende Ausgleichspolitik der Interessen ökonomischer Produktion und sozialer Reproduktion hinaus.

Kommt dieser Interessenausgleich eines Tages nicht mehr zustande, entsteht entweder eine durch autoritäre Mittel erzeugte bzw. erzwungene formale Ordnung, oder es kommt zu einer gewalttätigen Austragung der Konflikte – mag sein, zu einer Revolution. Wird dieser Interessenausgleich immer weniger hergestellt, aber propagandistisch von tonangebenden gesellschaftlichen Kräften als nach wie vor existent behauptet, liegt entweder eine alternativlos-endgültige formale Ordnung vor, oder eine Art Fata Morgana – so etwas wie eine Erscheinung, bei der ein gesellschaftlicher Zustand verzerrt, von als übernatürlich empfundenen Kräften gelenkt gesehen wird.

Ordnung der Freiheit

Bundespräsident Horst Köhler skizziert die »Ordnung der Freiheit«, wie er sie für unsere Gesellschaft gegeben sieht, wie folgt: »Ich glaube daran, daß die meisten Menschen ihr Glück nach ihren eigenen Vorstellungen machen wollen. Dieser Wille ist gut. Er braucht Freiheit, damit er sich entfalten kann. Und indem er sich entfaltet, bindet er sich auch. Er braucht eine Ordnung, die diese Verantwortung für sich und andere fördert und belohnt. […] Die Ordnung der Freiheit bedeutet: Die Bürger beauftragen den Staat, die Spielregeln zu setzen. Aber das Spiel machen die Bürger. Die Regeln lauten: Privateigentum und Vertragsfreiheit, Wettbewerb und offene Märkte, freie Preisbildung und ein stabiles Geldwesen, eine Sicherung vor den großen Lebensrisiken für jeden und Haftung aller für ihr Tun und Lassen. Der moderne Sozialstaat schützt vor Not; aber er gaukelt nicht vor, dem Einzelnen den einmal erreichten Lebensstandard garantieren zu können.«[79]

Diese Anschauung formulierte Bundespräsident Horst Köhler im März 2005 vor dem Arbeitgeberforum »Wirtschaft und Gesellschaft« in Berlin. Der promovierte Wirtschaftswissenschaftler legte in seiner Rede zudem nahe:

»Niedrigere Arbeitskosten, ein flexibler Arbeitsmarkt, ein vernünftigeres Steuersystem und deutlich weniger Bürokratie: All das wird uns helfen, unsere Wettbewerbsfähigkeit zu verbessern. […] Vertrauen wir also auf unser Land und arbeiten wir alle an dem großen Reformwerk mit. Wir haben das Zeug dazu, die Ordnung der Freiheit gemeinsam *wieder* aufzubauen (Hervorhebung vom Autor dieses Buchs). Wir schaffen es, wenn jeder mitmacht.«[80]

Wieso *wieder*? Wann ist in der Bundesrepublik »die Ordnung der Freiheit«, wann sind Privateigentum, Vertragsfreiheit, Wettbewerb, offene Märkte, freie Preisbildung, ein stabiles Geldwesen und die Sicherung vor den großen Lebensrisiken verloren gegangen? Ist es aber nicht so, dass seit Jahren ausgerechnet die Sicherung vor den großen Lebensrisiken zunehmend geschwächt wird? Oder will der Bundespräsident ausdrücken, es müsse noch viel mehr Privateigentum, Wettbewerb, offene Märkte etc. geben? Mehr Sozialstaat oder ein Sozialstaat, wie es die Bundesrepublik vor mehr als einem Vierteljahrhundert für einen kurzen historischen Moment einmal war, ist offenbar nicht gemeint, denn der »moderne Sozialstaat« garantiert Horst Köhler zufolge niemanden den »einmal erreichten Lebensstandard«.

Der deutsche Bundespräsident leistet, wie vom Grundgesetz in Artikel 56 verlangt, bei seinem Amtsantritt folgenden Eid:»Ich schwöre, daß ich meine Kraft dem Wohle des deutschen Volkes widmen, seinen Nutzen mehren, Schaden von ihm wenden, das Grundgesetz und die Gesetze des Bundes wahren und verteidigen, meine Pflichten gewissenhaft erfüllen und Gerechtigkeit gegen jedermann üben werde.«

Das Grundgesetz wahren ... Was heißt das konkret? Im Grundgesetz heißt es beispielsweise in Artikel 20,2:»Alle Staatsgewalt geht vom Volke aus.« Davon, dass die Bürger den Staat»beauftragen«, ist keine Rede. Einmal angenommen – um im Bild des Bundespräsidenten zu bleiben – die Bürger würden im vorgegebenen Rahmen der Verfassung»das Spiel« machen. Welche Regeln sollen sie dann befolgen? Für den Bundespräsidenten stehen sie offenbar fest:»Privateigentum und Vertragsfreiheit, Wettbewerb und offene Märkte, freie Preisbildung und ein stabiles Geldwesen.« Wie steht es heute um diese Regeln? Die Vertragsfreiheit für Hartz IV-Betroffene ist eingeschränkt, der Wettbewerb in diversen oligopolistisch vermachteten Teilmärkten nahezu inexistent und von freier Preisbildung kann auf dem von hoher Arbeitslosigkeit geprägten Arbeitsmarkt wie auf dem von Handelskonzernen vermachteten Konsummarkt keine Rede sein.

Die in der Verfassung festgelegten – mehr oder weniger auslegungsbedürftigen – »Spielregeln« der Bundesrepublik sind wesentlich umfassender und differenzierter, als viele Persönlichkeiten des öffentlichen Lebens Glauben machen möchten. Die Regeln des Grundgesetzes ermöglichen nicht zuletzt, dass die Marktwirtschaft die gesellschaftliche Dimension wahrt, indem sie altruistischen Prinzipien, sprich einer durch Rücksicht auf andere geprägten Denk- und Handelsweise, grundsätzlich folgt.

Im zweiten Abschnitt des Grundgesetzes sind u. a. die Regelungen über die Staatsform der Bundesrepublik niedergelegt. Welche hauptrangige »Spielregel« unserem Nationalstaat auferlegt ist, geht aus Artikel 20 hervor: »Die Bundesrepublik Deutschland ist ein demokratischer und sozialer Bundesstaat. Alle Staatsgewalt geht vom Volke aus. Sie wird vom Volke in Wahlen und Abstimmungen und durch besondere Organe der Gesetzgebung, der vollziehenden Gewalt und der Rechtsprechung ausgeübt.«

Nicht zu vergessen die in Artikel 28 festgelegte Stellung von Bund und Ländern: »Die verfassungsmäßige Ordnung in den Ländern muss, den Grundsätzen des republikanischen, demokratischen und sozialen Rechtsstaates im Sinne dieses Grundgesetzes entsprechen. In den Ländern, Kreisen und Gemeinden muss das Volk eine Vertretung haben, die aus allgemeinen, unmittelbaren, freien, gleichen und geheimen Wahlen hervorgegangen ist.«

Sozialer Bundesstaat?

Wie heißt es gleich in der Verfassung: »Die Bundesrepublik Deutschland *ist* ein demokratischer *und* sozialer Bundesstaat.« Die Staatshandlungen sind folglich einem zwingenden Interesse des deutschen Volkes verpflichtet: sie müssen sozial sein, sonst gäbe es schließlich keinen verfassungsgemäßen sozialen Bundesstaat. Auch unterstellt das Grundgesetz, dass Deutschland ein sozialer Bundesstaat *ist* und nicht etwa eines fernen Tages sein oder nicht mehr sein soll. Das absolute Interesse deutscher Staatsbürgerinnen und -bürger besteht also darin, dass das Staatshandeln, dass Inhalt und Auslegung der Gesetze, dass Verwaltungstätigkeit und Rechtsprechung zu jeder Zeit sozial sind. Aber sind sie das auch?

Unter *sozial* wird alltagssprachlich soviel wie Großzügigkeit oder Selbstlosigkeit (Ich hab' heute meinen sozialen Tag.) sowie der Schutz von Schwächeren verstanden. Wir sprechen vom sozialen Ansehen, vom Sozialneid, vom sozialen Aufstieg oder auch Abstieg und verorten uns damit als gesellschaftliche Wesen, die zwar verschiedenen Gruppen, Schichten und Klassen angehören, aber den jeweiligen Status nicht als unabänderlich hinnehmen wollen.

Es gibt den Sozialberuf, dessen Arbeit hilfsbedürftigen Menschen, gewidmet sein soll, es gibt ein Sozialeinkommen, dass die Höhe der Geldzuwendungen beschreibt, die jemand erhält, der nicht in der Lage ist, seinen Lebensunterhalt durch ein ausreichendes Arbeitseinkommen zu bestreiten, und es gibt Sozialpläne, die die Vermeidung sogenannter sozialer Härtefälle zum Ziel haben.

Was aber ist ein sozialer Staat? Das Universalwörterbuch des *Duden* beschreibt ihn als einen »demokratischen Staat, der bestrebt ist, die wirtschaftliche Sicherheit seiner Bürger zu gewährleisten und soziale Gegensätze innerhalb der Gesellschaft auszugleichen«. Das Interesse der Bevölkerung eines Sozialstaats besteht folglich darin, das Aufkommen größerer sozialer Unterschiede in der Gesellschaft zu unterbinden und jeder Bevölkerungsgruppe einen angemessenen Lebensstandard zu sichern. Und das seit dem 24. Mai 1949, als das Grundgesetz in Kraft trat. Seitdem ist mehr als ein halbes Jahrhundert vergangen. Wie steht es inzwischen um den Ausgleich sozialer Gegensätze?

Die Zeiten des Auf- und Ausbaus des Wohlfahrtsstaates in der 1949 begründeten Bundesrepublik (bzw. des seit 1990 vereinigten Deutschlands) wie auch die des »Wirtschaftswunder« genannten kräftigen wirtschaftlichen Aufschwungs sind vorbei. Seit Mitte der 1970er Jahre werden die Nachkriegswachstumsraten von deutlich über drei (und bis zu knapp neun) Prozent des Bruttoinlandsprodukts nicht mehr erreicht, ist die Vollbeschäftigung nur mehr eine wehmütige Erinnerung (von 1961 bis 1966 lag die Arbeitslosenquote unter ein Prozent). Gegenwärtig ist die Massenarbeitslosigkeit bedrückende Wirklichkeit (vor allem in den alten Industrieregionen und in den »neuen« Bundesländern), reduzieren und demontieren zahlreiche sogenannte Reformen die Leistungen des Sozialstaats.

Gestattete die in den jungen Jahren der Bundesrepublik etablierte soziale Marktwirtschaft trotz grundsätzlicher Befürwortung und Absicherung der wirtschaftlichen Freiheit zunächst eine der sozialen Gerechtigkeit dienende Regulierungs- und Kontrollfunktion des Staates, so erschwert die inzwischen vom Adjektiv *sozial* losgelöste und globalisierte kapitalistische Marktwirtschaft dem Staat zunehmend die notwendigen ausgleichenden und kontrollierenden Aufgaben. Bis zu Beginn der 1970er Jahre hieß soziale Marktwirtschaft jedenfalls immer auch, der bundesdeutsche Staat solle sozial unerwünschte Entwicklungen rechtzeitig korrigieren – den freien Wettbewerb vor der Beeinträchtigung durch Oligopole und Monopole schützen, gesellschaftlich wichtige Bereiche der Volkswirtschaft nicht der Privatinitiative überlassen und die Einkommens- und Vermögensverteilung im Interesse aller Bürgerinnen und Bürger steuern.

In Deutschland wächst seit längerem die Zahl der Armen und gleichzeitig die Zahl der Reichen; steigen die Unternehmens- und Vermögenseinkommen und sinkt der Anteil der Löhne und Gehälter am Gesamteinkommen; erben einkommensstarke Haushalte erheblich höhere Beträge als einkommensschwache; ist der Spitzensteuersatz von ehemals über 50 auf 42 Prozent gesenkt worden; steigt die Zahl der überschuldeten Privathaushalte; nimmt die Zahl der geringfügigen, prekären Beschäftigungsformen (und »Ein-Euro-Jobs«) ohne hinreichendes Einkommen zu und die der auskömmlich entlohnten und sicheren Normalerwerbsarbeitsplätze deutlich ab; sinkt die direkte Steuerlast der Unternehmen; nehmen die Privatisierungen von öffentlichen Einrichtungen, Gütern und staatlichen Hoheitsaufgaben rapide zu und ebenso die Verschuldung der öffentlichen Haushalte; ist die über ein Jahrhundert gültig gewesene paritätische Finanzierung der gesetzlichen Krankenkasse zu Lasten der abhängig Beschäftigten abgeschafft worden; besucht ein Drittel aller Kinder aus einkommensschwachen Familien keinen Kindergarten; fehlen immer mehr einzuschulenden Kindern grundlegende Fertigkeiten sowie ausreichende mutter- bzw. deutschsprachige Kenntnisse; vergrößern sich die Unterschiede der Ausgaben für Bildungs- und Kultureinrichtungen zwischen den Bundesländern; sind die Chancen eines Kindes aus einem Elternhaus mit hohem sozialen Status entschieden höher, eine Gymnasialempfehlung zu bekommen, als die – bei vergleichbarem Leistungspotential – eines Kindes aus einer sozial schwachen oder Migranten-Familie; gibt es für Hauptschüler immer weniger Ausbildungsmöglichkeiten; nehmen die Schadenpotentiale von Wetterkatastrophen deutlich zu; wächst der Verkehr und verringert sich die Artenvielfalt; vergrößert sich die Zahl der Verträge zwischen Behörden und Beratungsunternehmen und sinkt die Wahlbeteiligung.

Die geschilderten Befunde ergeben sich aus zahlreichen Forschungsberichten und Vergleichsstudien – etwa der Pisa-Studie, den von der

Bundesregierung 1998 und 2005 vorgelegten »Armuts- und Reichtumsberichten« und anderen mehr.[81]

Jedenfalls scheinen die vermögenden Bürgerinnen und Bürger ihre Interessen gut zu vertreten bzw. vertreten zu lassen, denn sie werden nicht nur immer zahlreicher, sondern auch zunehmend reicher. Von 1998 bis 2003 stieg die Zahl der Bürgerinnen und Bürger, die mehr als fünfhunderttausend Euro besitzen, um eine halbe Million auf 1,6 Millionen an. Den reichsten zehn Prozent der bundesdeutschen Haushalte gehört heute fast die Hälfte des auf rund fünf Billionen Euro angestiegenen Nettogesamtvermögens. Und wie steht es um die Interessen der Armen?

Laut amtlicher Statistik herrscht in der Bundesrepublik inzwischen in mindestens jedem siebten der rund 29 Millionen Haushalte Armut. Im Mai 2006 bezogen mehr als sieben Millionen Bürgerinnen und Bürger Arbeitslosengeld II bzw. Sozialgeld. Gegenwärtig wachsen mindestens 1,5 Million Kinder unter Bedingungen der Knappheit, also des Sozialgeldbezugs auf.[82] Der Anteil der unteren fünfzig Prozent aller Haushalte am Nettogesamtvermögen beläuft sich auf gerade einmal 190 000 Milliarden Euro, die unteren 30 Prozent haben (statistisch kumuliert gefaßt) überhaupt keinen Vermögensanteil. Vor allem aber steigt die Zahl derjenigen Haushalte, die mit einem Einkommen unterhalb der von der EU festgelegten Armutsgrenze von derzeit 938 Euro auskommen müssen: 2003 waren das – vor der Einführung von Hartz IV – bereits über vier Millionen. Auch die Anzahl der überschuldeten Haushalte nimmt stetig zu. Mehr als drei Millionen waren es 2002.

Die »stummen« Interessen der Umwelt werden bislang ebenfalls keineswegs nachdrücklich vertreten. So weisen Klimaforscher darauf hin, dass die arktische Eisdecke seit 1979 um mehr als eine Million Quadratkilometer geschrumpft ist, dokumentieren Forscher seit Jahren den Rückgang des Dauerfrostbodens und hat sich erwiesen, dass der Golfstrom in den vergangenen dreißig Jahren um 30 Prozent schwächer geworden ist.[83] Gravierende Klimaveränderungen sind nicht mehr zu vermeiden; sie wären allenfalls mit den im Kyoto-Prozeß und auf dem Klimagipfel von Nairobi festgeschriebenen bzw. diskutierten Gegenmaßnahmen begrenzbar. Die Hauptursache der bedrohlichen Klimaveränderung ist der mit der Industrialisierung verbundene Kohlendioxidausstoß.

Unter Interesse wird gemeinhin geistige Anteilnahme bzw. Aufmerksamkeit, eine Vorliebe oder Neigung verstanden. Interesse kennzeichnet das, woran Individuen oder Gruppen sehr gelegen ist, was für Individuen oder Gruppen wichtig oder nützlich ist und nicht zuletzt einen Vorteil oder Nutzen bringt (eben deshalb bezeichneten Interessen früher Zinsen). Wem kann aber daran gelegen sein, dass eine technologisch fortgeschrittene Wohlstandsgesellschaft durch die Übernutzung fossiler Brennstoffe »sehenden Auges ihre Selbstvernichtung betreibt« (Elisabeth Kolbert)? Wer zieht einen Nutzen aus der bereits zementierten, wachsenden sozialen Ungleichheit? Die Allgemeinheit?

Hat die Umwelt, haben die Kinder, die Armen, die Arbeitslosen und anderen gesellschaftlich benachteiligten Gruppen womöglich keine durchsetzungsfähige, professionell agierende Interessenvertretung? Wenn in einem der reichsten Staaten der Welt jedes siebte Kind in Haushalten lebt, die von Arbeitslosengeld II oder Sozialhilfen abhängig sind und damit von vielen Kultur- und Freizeitangeboten wie etwa Musikunterricht, Sportvereinsmitgliedschaft, Zoobesuchen etc. sowie einer weiterführenden Schulbildung so gut wie ausgeschlossen wird, dann verweist das auf ein erhebliches regierungspolitisches und gesellschaftliches Desinteresse.

Der von den politischen und wirtschaftlichen Eliten mit angeblichen ökonomischen Sach- und Sparzwängen begründete Transformationsprozess des Sozialstaats ist im vollen Gange. Er führt zu wachsendem Wohlstand einer gesellschaftlichen Minderheit und befördert einen sinkenden Lebensstandard der Mehrheit.

Das zweite Gesicht

Alles auf der Welt hat sein zweites Gesicht: Die Natur, die Kultur, die Religion, die Kunst, die Politik, die Liebe, alles. Wer das nicht weiß, ist glücklich. Ich weiß es.

So der deutsche Dichter Hermann Löns, der im Ersten Weltkrieg den Tod fand. Wird nun notgedrungen unglücklich, wer sich dem »zweiten Gesicht« der Dinge und Verhältnisse zuwendet? Vielleicht. Jedenfalls ist das zweite Gesicht unserer »einen Welt« in vielerlei Hinsicht alles andere als Glück verheißend.

Und das hat – auch – mit dem Lobbyismus zu tun. Es hat zu tun mit dem Wirken und machtvollem politischen Einwirken von privatwirtschaftlichen Interessengruppen und deren Lobbyisten, die zwar nur eine gesellschaftliche Minderheit vertreten, die aber eine Finanz-, Gestaltungs- und Erpressungsmacht reklamieren und ausüben, die tendenziell die Demokratie aushöhlt. Im übrigen macht die Quersumme aller privatwirtschaftlichen Interessen keinesfalls das Höchstmaß des Gemeinwohls aus.

Vertretungsfragen

Neben den Konzernlobbyisten und den mit ihnen zusammenarbeitenden Wirtschaftsverbandslobbyisten agieren zahlreiche Interessenvertreter von Gruppen, deren soziale, kulturelle oder auch umweltschutzbezogene Anliegen schon deshalb zu kurz kommen, weil sie weder den direkten politischen Zugang (oder eine Repräsentanz in den politischen Hauptstädten) noch die finanziellen Mittel haben, einen professionellen Lobbyisten zu alimentieren oder einem einflußreichen Politiker politische Tauschgüter wie nützliche Expertisen oder karrierefördernde Auftritte zukommen zu lassen.

Vor allem aber lassen sich außerhalb der Markt- und Verteilungssphäre angesiedelte allgemeine Bedürfnisinteressen entschieden schwerer organisieren als fest abgrenzbare und auf materielle Vorteile und Gestaltungsmacht drängende Sonderinteressen.

Regierungspolitiker neigen in Zeiten knapper Umverteilungsmittel erfahrungsgemäß dazu, Einsparungen in genau den Bereichen vorzunehmen, wo kein gut organisierter und wirkmächtiger Widerstand aus der Gesellschaft zu erwarten ist. Die dafür notwendige Rechtfertigungspropaganda leisten zusätzlich privatwirtschaftliche Interessengruppen und von ihnen kontrollierte Medien. Die Stichworte sind bekannt: »Reformstau«, »Stillstand«, »Eigenverantwortung«, »Wettbewerb« und – im Hinblick auf die sich angeblich in der sozialen Hängematte räkelnden Sozialgeldempfänger – der »aktivierende Staat«. Dass die behaupteten »Selbstheilungskräfte des Marktes« offenbar nur ein Sympton zu kurieren suchen, sprich Kapitalrenditen, die nicht mindestens zwanzig Prozent und mehr betragen und Vorstandsjahresgehälter, die nicht mindestens dem Lebenseinkommen eines durchschnittlichen Sachbearbeiters entsprechen, gerät so leicht aus dem Blick. Zugleich erweisen sich Interessen und Interessengruppen, die nicht ausreichend wettbewerbs- und konfliktfähig sind, als pluralistische Fiktion.

Organisationen, die eine Leistung verweigern können, haben unvergleichlich mehr Macht als solche gesellschaftlichen Gruppen, die das nicht können. Unternehmer können die Verlagerung von Arbeitsplätzen ins Ausland androhen, Stellen streichen und bei Arbeitskämpfen zum Mittel der Aussperrung greifen, Arbeitnehmer und manche Freiberufler – Ärzte und Apotheker – können (oftmals hilflos) streiken, Beamte oder Fluglotsen »Dienst nach Vorschrift« fahren. Was aber können Kinder, Schüler, Studenten, freie Kulturschaffende, Arbeitslose, Sozialgeldempfänger, Ruheständler, Kranke, Behinderte, Obdachlose, Gefangene und auch ethnische Minderheiten machtvoll verweigern, selbst wenn sie sich – unter erschwerten Bedingungen – organisiert haben?

Pluralistische Blindflecken

Das vielbeschworene pluralistische System organisierter Interessen verkennt die Realität im gegenwärtigen, von den Finanzmärkten angetriebenen »Casino-Kapitalismus«. In der Wirklichkeit bleiben alle diejenigen gesellschaftlichen Bedürfnisse auf das Wohlwollen der herrschenden Politik verwiesen, die kaum oder gar nicht marktfähig sind. Daran ändern auch Wohlfahrts- und andere Sozialverbände nicht viel. Sie verhandeln mit der Politik bekanntlich nur als selbsternannte Vertreter schwacher Statusgruppen und haben außer einem bestenfalls ausgeprägtem Verhandlungsgeschick sowie dem Hinweis auf die Hunderttausende von ihnen beschäftigten Pflege- und anderen Kräfte keine durchsetzungsfähigen Machtmittel an der Hand.

Ein Beispiel. Die »Liga der Freien Wohlfahrtspflege« in Hessen ist eine Arbeitsgemeinschaft der auf Landesebene tätigen Spitzenverbände. Sie besteht seit 1946 und vertritt in Hessen 137000 hauptamtliche und 28000 ehrenamtliche Mitarbeiterinnen und Mitarbeiter in mehr als 4600 Einrichtungen für Behinderte, Suchtkranke, Migranten und andere hilfebedürftige Gesellschaftsgruppen. Der Liga-Vorsitzende Günter Woltering konstatierte im April 2006 gegenüber Pressevertretern, generell drohe der Wohlfahrtspflege ihre Rolle als »Lobby der Benachteiligten« und als »traditionelles Sensorium für Missstände im sozialen Bereich« zu verlieren. Und er befand: »Man kann den Eindruck gewinnen, die freie

Wohlfahrtspflege sei für die Politik nur noch ein lästiges Instrumentarium aus der Vergangenheit.«

Der Sprecher der »Liga«, Peter Feldmann, fügte hinzu, die Ansprechpartner der Verbände in den Ministerien seien oft nicht mehr Sozialpolitiker, sondern zunehmend »Finanzexperten und Kostenüberwacher, die rein fiskalisch denken und marktwirtschaftliches Denken über alles stellen«. Sein Vorsitzender Günter Woltering mochte das in dieser Schärfe nicht unkommentiert stehen lassen. Er verwies darauf, »daß die Wohlfahrtsverbände die Notwendigkeit betriebswirtschaftlichen Denkens zweifelsfrei anerkennen«.[84]

Wie erfolgreich hierzulande die grundsätzliche Politik der Verbesserung der Angebotsbedingungen für Finanzdienstleister und Privatwirtschaft ist, wie umfassend sie inzwischen sämtliche gesellschaftlichen Bereiche durchdringt, verdeutlichen die zahlreichen Privatisierungen öffentlicher Unternehmen, der Einbezug privater Rentenversicherungen in das herkömmlich umlagefinanzierte gesetzliche Rentenversicherungssystem und der laufende Ausverkauf öffentlichen Eigentums, z. B. kommunalen Wohnraums. Der Erfolg ist auch ablesbar am vorauseilenden Gehorsam der Wohlfahrtsverbände, die sich dem »betriebswirtschaftlichen Denken« mit weit ausgebreiteten Armen geöffnet haben.

»Der Angriff des ökonomischen Rentabilitätsprinzips auf alle gesellschaftlichen Bereiche«, vermerkt der Soziologe Lothar Peter, »richtet sich vor allem auf eine Deregulierung der Arbeitsverhältnisse und die Demontage des Sozialstaats. Letzterer gilt heute als ein Haupthindernis für den totalen Sieg der Gesetze des Marktes. Gerade in einer gesellschaftskritischen soziologischen Perspektive muss dabei in Erinnerung gerufen werden, daß der heute massiv bedrohte Sozialstaat nicht nur wegen seiner ökonomischen Schutzfunktion unbedingt erhaltenswert und ausbaufähig ist. Er erfüllt auch eine grundlegende und unersetzbare Funktion für die soziale Identität derjenigen, die seine Leistungen in Anspruch nehmen müssen.«[85]

Der von Lothar Peter als Ökonomisierung der Gesellschaft und Vermarktlichung des Sozialen beschriebene Prozeß ist weder schicksalhaft noch interessenfrei. Die ihn vorantreibenden und davon profitierenden gesellschaftlichen Akteure und Subjekte sind bekannt: Finanzinvestoren, Konzerne, staatliche und überstaatliche Herrschaftsapparate und die in ihnen wirkenden technokratischen Eliten. Die professionellen Lobbyisten sind eine nicht zu unterschätzende Phalanx dieser Eliten. Sie tragen für das »ungeduldige Kapital« (Bennett Harrison) zur Aushöhlung demokratischer Verfahren und zudem indirekt zur Entpolitisierung der Bürgerinnen und Bürger nicht unerheblich bei.

Der heutzutage von den Medien als allgegenwärtig dargestellte Lobbyismus spiegelt die sich verändernden gesellschaftlichen Orientierungen und nicht zuletzt die sich verschiebenden Kräfteverhältnisse im entgrenzten, globalisierten Kapitalismus. Ich komme darauf im zehnten Kapitel ausführlich zurück.

Der Lobbyismus spielt nicht zufällig eine erhebliche Rolle in den Machtzentren des ökonomischen und politischen Lebens. Er hat eine Geschichte, die wiederum aus der historischen Entwicklung des Verhältnisses von Wirtschaft und Staat, von Kapitalismus, politischem Liberalismus und Neoliberalismus entspringt.

Die Geschichte des Systems organisierter Interessen, in dem sich das Lobbying sukzessive zu einem professionellen Werkzeug der technokratischen Eliten entwickelt hat, hängt zusammen mit bürgerlichen Freiheiten, mit Arbeiterbewegung, Pluralismus, Massenparteien und parlamentarischer Demokratie. Diesen politischen Errungenschaften stellte sich die Macht des kapitalistischen Wirtschaftssystems von Anfang an entgegen und untergrub – auch mittels professioneller Lobbyisten – permanent die Prinzipien der Demokratie.

Die von mir in den nächsten Kapiteln nachgezeichnete Entwicklung des Lobbyismus von seinen Anfängen bis heute verfolgt keinen Selbstzweck. Ohne ihre Kenntnis, so scheint es, sind Überlegungen, wie und inwieweit der Lobbyismus demokratisch eingehegt bzw. transparent gemacht werden könnte, wenig sinnvoll. Eben deshalb werden im Rahmen der nun folgenden historischen Annäherung auch der nordamerikanische Lobbyismus und dessen demokratische Regulierungsversuche ins Blickfeld kommen.

IV. Erste Parlamente – erste Lobbys

Zeichnung von William Hogarth.

Um bestimmen zu können, welche historischen Personen oder Gruppen zu den ersten Lobbyisten oder frühen Lobbys zu zählen sind, muss zunächst die Frage beantwortet werden, welche politischen und wirtschaftssystemischen Rahmenbedingungen ihr Entstehen überhaupt ermöglichen.

Dass es einen erheblichen Unterschied zwischen öffentlichen und privaten Interessen gibt, war bereits in der Antike unübersehbar. Die Römer unterschieden bekanntlich die *res publica* von der *res privata*. In den Worten des Altmeisters der Verbändeforschung, Theodor Eschenburg, ausgedrückt: »Kollektive Interessen in einem System durchzusetzen, zu verteidigen oder zu unterdrücken, das ist in der Gesellschaft eine natürliche Erscheinung. Es gibt unzählige Beispiele in der uns bekannten dreitausendjährigen Geschichte: Man denke nur an den erbitterten Kampf um die Agrarreform der Gracchen im antiken Rom im 2. Jahrhundert vor Christus oder im Mittelalter an den Widerstand des niederen Klerus gegen die Wiederherstellung des Zölibats, der Ehelosigkeit der Priester, als Aufgabe des privaten Interesses zugunsten der vollen Hingabe an die Kirche, unter Papst Gregor VII. zu Ende des 11. Jahrhunderts.«[86]

Der Versuch der politischen Einflußnahme mittels informeller Gespräche und anderer nicht offen gewaltsamer Methoden war über eine lange historische Strecke breiten Schichten und Klassen der Bevölkerung Europas unmöglich. Und bis 1789, bis zur Französischen Revolution, hatten auch gewaltsame Einflußversuche keinen bleibenden Erfolg. Selbst als 1791 die französische Nationalversammlung eine Verfassung verabschiedete, blieb das Wahlrecht auf die besitzenden Klassen beschränkt. Die Mehrheit der Bevölkerung war weiterhin von der Einflußnahme auf das politische Geschehen abgehalten.

Die Entwicklung politischer Theorien und Ideologien ist nicht unabhängig von der Entfaltung wirtschaftlicher Systeme. So führten in Europa neue Produktionstechniken und Märkte im Verlaufe mehrerer Jahrhunderte zum Rückgang der Feudalwirtschaft und schließlich zum Aufschwung des kapitalistischen Wirtschaftsystems. Während das Bürgertum als wichtigster Träger dieser neuen Entwicklungen die Aristokratie zurückdrängte, entwickelte es die liberale Ideologie, die allmählich die feudale und monarchische Staats- und Gesellschaftsauffassung verdrängte, und schuf die modernen konstitutionellen und demokratischen Institutionen, die bis heute Bestand haben. Es sollte in Europa noch bis ins frühe 20. Jahrhundert dauern, bis der dritte und der lange unterdrückte vierte Stand (das Industrieproletariat) erstmals ein freizügiges Versammlungs- und Organisationsrecht sowie schließlich ein von Besitz-, Klassen- und Geschlechtszugehörigkeit unabhängiges Wahlrecht erkämpfen konnten.

Erst im Zuge dieser Entwicklung und auf der Grundlage der sich durchsetzenden parlamentarisch geprägten Regierungssysteme entstanden Anreize und Anknüpfungspunkte für die Einbringung partikularer gesellschaftlicher Interessen und die Einflußnahme auf gewählte Volksvertreter. Der Begriff Lobby bezieht sich jedenfalls nicht zufällig auf die Wandelhallen eines Parlamentes bzw. auf Verfassungen.

Parlament ohne Volksvertreter

In England entstand ein Parlament bereits um die Mitte des 13. Jahrhunderts, und damit lange vor der Entstehung kapitalistischer Eigentums- und Wirtschaftsverhältnisse. Zu einem integralen Bestandteil einer parlamentarischen Monarchie entwickelte es sich aber erst im späten 17. Jahrhundert, dem Zeitalter des sich ausbildenden Kapitalismus und heftiger Kämpfe um religiöse und bürgerliche Freiheit. »Seit 1688,« schreibt Hans-Christoph Schröder, »bewachte das Unterhaus nicht nur die Regierung, sondern es wurde zu einem Teil der Regierung.«[87] Zu den gemeinsamen Grundüberzeugungen gehörte zwar »die alle Klassen der englischen Gesellschaft verbindende Vorstellung von den unantastbaren Rechten freier Engländer« (Schröder); ein allgemeines Wahlrecht jedoch gab es nicht. Die Durchsetzung des Wahlrechts für alle erwachsenen Männer erfolgte erst im People Act von 1918; das Frauenwahlrecht wurde erst 1928 eingeführt.

Das englische Parlament des 18. Jahrhunderts bestand ausschließlich aus den ökonomisch mächtigen »parliamentary classes«. Der die Parlamentsmehrheit stellende grundbesitzende englische Adel, der sich selbst zunehmend an kapitalistischen Unternehmungen beteiligte, ließ den Interessen des aufstrebenden Handels- und Industriekapitals ausreichend Entfaltungsraum. Dies nutzten die Protagonisten der Geschäfts – und Finanzwelt, um im parlamentarischen Rahmen agierende Interessengruppen zu bilden. Für diesen historischen Moment, als sich in Großbritannien die kapitalistische Produktionsweise und die parlamentarischen Institutionen gegen die Krone durchsetzten, gibt es einen berühmten Zeitzeugen – den Moralphilosophen Adam Smith (1723–1790).

Die unsichtbare Hand

Adam Smith, der Urheber der bekannten Metapher von der »unsichtbaren Hand«, geht in seinem Hauptwerk *Eine Untersuchung über das Wesen und die Ursachen des Wohlstands der Nationen* auf die gezielten Einflußnahmeversuche der Privatinteressen ein. Er thematisiert in typisch liberaler Manier das Spannungsverhältnis zwischen dem materiell-egoistischen Interesse des Einzelnen und der dem allgemeinen Wohl verpflichteten Gemeinschaft. Einigen Anschauungsunterricht dazu hatte er in den von Kaufleuten, Intellektuellen und Adligen frequentierten Clubs und Kaffeehäusern Londons erhalten.

Für Smith leisten Kaufleute und Industrielle vor allem deshalb einen großen Beitrag zum Wohlstand der Gesellschaft, weil sie produktive Arbeit ermöglichen und Kapital zu Gewinnzwecken investieren, also ein ausgeprägtes Profitstreben verfolgen. Kann eine Gesellschaft aber Mechanismen entwickeln, um die auf ihren eigenen Gewinn und Vorteil fixierten Unternehmer dazu zu bewegen, das allgemeine Wohl angemessen zu berücksichtigen?

Eine ungehemmte Bereicherung auf Kosten der Allgemeinheit – zumal durch das Ausüben von einseitig interessegeleitetem Druck auf den Gesetzgeber – lehnte Adam Smith ab. Für ihn stand fest, dass ein durch die kapitalistische Wirtschaft vorangetriebenes Wohlstandswachstum in ausgeprägten Klassengesellschaften nicht allen Gesellschaftsmitgliedern zugute kommen kann. Weil in seiner Heimat eine merkantilistisch ausgerichtete und sich auf Kolonialherrschaft stützende Elite herrschte und im Parlament die Gesetze machte, hieß das aber auch, dass die von ihm favorisierte »unsichtbare Hand« gefesselt bleiben musste. Folglich wies er mahnend darauf hin:

»Unsere Kaufleute und Unternehmer klagen zwar über die schlimmen Folgen höherer Löhne, da sie zu einer Preissteigerung führen, wodurch ihr Absatz im In- und Ausland zurückgehe, doch verlieren sie kein Wort über die schädlichen Auswirkungen ihrer hohen Gewinne.«[88]

Die im Laufe des 18. Jahrhunderts zu einer sozial einflußreichen Klasse aufgestiegenen englischen Kapitalisten waren mit ihrem profitorientierten Denken und Handeln zweifellos weit entfernt von einem gemeinwohlorientierten Denken im Sinne Smiths. Jedenfalls beschwört er die Gefahr:

»Geschäftsleute des gleichen Gewerbes kommen selten, selbst zu Festen und zur Zerstreuung, zusammen, ohne daß das Gespräch in einer Verschwörung gegen die Öffentlichkeit endet oder irgendein Plan ausgeheckt wird, wie man die Preise erhöhen kann. Solche Zusammenkünfte kann man aber unmöglich durch irgendein Gesetz unterbinden, das durchführbar oder mit Freiheit und Gerechtigkeit vereinbar wäre, doch sollte das Gesetz keinerlei Anlaß geben, solche Versammlungen zu erleichtern, und, noch weniger, sie notwendig zu machen.«[89]

Geheime Absprachen gegen das öffentliche Wohl und das Aushecken von Plänen, wie man etwas durchsetzen kann, sind ein Bestandteil dessen, was heute unter Lobbyismus verstanden wird. Zwar gibt es – entgegen den Vorstellungen Smiths – inzwischen Kartellgesetze, die Preisabsprachen verhindern sollen. Aber ein von Adam Smith 1785 geschildertes Problem ist nach wie vor aktuell. Damals schrieb er einem Freund:

»In einem Land, in dem Geschrei immer die Regierung einschüchtert und Interessengruppen sie hart bedrängen, wird die Regulierung des Wirtschaftslebens gewöhnlich von jenen diktiert, die am meisten daran interessiert sind, die Öffentlichkeit irrezuführen und ihre Vorstellungen aufzudrängen.«[90]

Partikularinteressen vertragen sich dem Moralphilosophen zufolge solange schlecht mit dem ökonomischen Liberalismus, wie es in der Gesellschaft keine »vollkommene Gerechtigkeit«, »uneingeschränkte Freiheit« und »weitgehende Gleichheit« gibt. Nun entwickelte sich zu Smiths Lebzeiten andernorts ein parlamentarisches System, das der Bevölkerung (zumindest prinzipiell) ihr Recht auf Freiheit ebenso zugestand, wie es der »unsichtbaren Hand« und einem weitgehend unregulierten Markt den Weg bahnte. Als 1776 seine Studie über den *Wohlstand der Nationen* erschien, erklärten die Vereinigten Staaten gerade ihre Unabhängigkeit. Sie sind inzwischen das, was Adam Smith vorhersah: eines »der größten und mächtigsten Länder, die es jemals auf Erden gegeben hat.«

Rede-, Presse- und Versammlungsfreiheit

Die Vereinigten Staaten wurden nach der Unabhängigkeitserklärung (und Loslösung von England) zum ersten selbständigen Bundesstaat und zur ersten demokratisch-präsidialen Republik auf europäischem Kolonialboden. Nach der Ratifizierung der Verfassung vom 17. September 1787 folgte 1791 die des Grundrechtekataloges (Bill of Rights). Die Grundrechte garantieren die – nicht zuletzt auch für Lobbyisten – wichtige Rede-, Presse-, Versammlungs- und Glaubensfreiheit, das Petitionsrecht und die Rechtssicherheit.

Die Gründungsväter, die neununddreißig Juristen, Ärzte, Kaufleute und Plantagenbesitzer, die 1787 die Verfassung unterzeichneten, wollten eine übermächtige Regierung vermeiden. Sie schufen ein föderales System, das die Grundlage für einen einheitlichen und prosperierenden Binnenmarkt bildete. Um den Souveränitätsverlust der Einzelstaaten auszugleichen, wurde der Senat eingerichtet, dem jeweils zwei – für sechs Jahre gewählte – Senatoren aus jedem Einzelstaat angehören, damit sie weiterhin die Gesetzgebung und Außenpolitik mitbestimmen können. Wesentlich volkstümlicher wurde das »House of Representatives«, dessen Mitglieder kaum aus dem Wahlkampf herauskommen, weil diese Kammer alle zwei Jahre neu gewählt wird. Zudem sollte die Judikative, das Oberste Bundesgericht, der legislativen Gewalt Grenzen setzen, für eine einheitliche Rechtsprechung sorgen und die Verfassung hüten.

Eine wichtige Funktion weist die Verfassung dem Präsidenten zu; der erste war der mythisch verehrte George Washington, nach dem im Jahre 1800 die Hauptstadt benannt wurde. Der Präsident ist – neben dem Vizepräsidenten – der einzige Politiker, der von allen an einer Wahl teilnehmenden US-Bürgern gewählt wird, also nicht als Vertreter eines Bundesstaates oder Wahlkreises kandidiert. Nach Artikel II liegt die »Exekutivgewalt«, beim Präsidenten, und in der Tat soll er dem Land als Staats- und Regierungschef, als höchster Diplomat, Gesetzesinitiator, Oberbefehlshaber der Streitkräfte und nicht zuletzt als Stimme des Volkes dienen.

Während die drei Gewalten sich durch Wettbewerb »gegenseitig in Schach halten« und zu höheren Leistungen für das allgemeine Wohl anspornen sollen, können die Bürgerinnen und Bürger der Vereinigten Staaten – ob als Individuen oder in Organisationen – ihr unmittelbares oder zumindest mittelbares Interesse an der Gesetzgebung nicht nur durch die Wahl der Senatoren und Abgeordneten, sondern auch durch das Einbringen von Anträgen für oder gegen eine bestimmte Gesetzgebung artikulieren. Das Petitionsrecht gewährt ihnen der erste Zusatzartikel (Amendment) der Verfassung: »Der Kongreß darf kein Gesetz erlassen, das die Einführung einer Staatsreligion zum Gegenstand hat, die freie Religionsausübung verbietet, die Rede- oder Pressefreiheit oder das Recht des Volkes einschränkt, sich friedlich zu versammeln und die Regierung durch Petition um Abstellung von Mißständen zu ersuchen.«

Die Vorsehung habe die Vereinigten Staaten auserkoren, »ein Imperium der Freiheit« zu werden, glaubte der Verfasser der Unabhängigkeitserklärung und spätere Präsident Thomas Jefferson. Im Laufe des 19. Jahrhundert entwickelten sie sich zwar zur geschäfts- und handelstüchtigsten Gesellschaft der westlichen Welt, die versprochene Freiheit blieb aber für viele Amerikaner ein leeres Versprechen. Die Demokratisierung kam vor allem den weißen Bürgern zugute (so war das allgemeine Wahlrecht für weiße männliche Erwachsene seit 1820 in allen Einzelstaatenverfassungen verankert); für die aus Afrika in die USA verschleppten Sklaven und die Indianer brachte das »Imperium der Freiheit« dagegen gewaltsame Unterdrückung. Auch wurden die Besitzunterschiede immer größer.

Als die Vereinigten Staaten am Ausgang des 19. Jahrhunderts Großbritannien als damals größe Volkswirtschaft der Welt überholten, wurden sie zur mit Abstand bedeutendsten Weltwirtschaftsmacht. Seit Ende des 20. Jahrhunderts sind sie zudem die einzig verbliebene militärische Supermacht. Und sie sind noch etwas: die Keimzelle des professionellen Lobbyings.

V. Die Keimzelle des Lobbyismus

Karikatur aus »The Judge« (1883). Der Politiker und Journalist Carl Schurz als gescheiterter Kämpfer gegen Korruption und Lobbyismus.

Nach dem Inkrafttreten der amerikanischen Verfassung dauerte es nicht lange, da wurden Vertreter der Exekutive wie auch der Legislative mit einer anderen Art der Smithschen »unsichtbaren Hand« konfrontiert, mit den »hidden hands« der Lobbyisten.

Anfang der 1790er Jahre ging es für die jungen Institutionen zunächst darum, die Finanzen der Union zu ordnen und zu sichern. Um den erheblichen Schuldverpflichtungen gerecht werden zu können, beschloss der Kongress die Einführung von Einfuhrzöllen. Prompt mischten sich die ersten »hidden hands« ins politische Geschäft ein.

Den unsichtbaren Händedruck übten in den frühen Tagen der Zollgesetzgebung überwiegend die Zeitungskorrespondenten aus. Sie waren während der gesamten Sitzungsperiode im Kongress zugegen und konnten so im Auftrag von Kaufleuten, Spediteuren und Farmern nebenbei dafür sorgen, dass die Abgeordneten den Wirtschaftsinteressen gewogen blieben. Um den Gang der Dinge im Gesetzgebungsverfahren noch wirksamer zu beeinflussen, kamen bereits während des Ersten Kongresses gezielte Vergünstigungen ins Spiel. So setzten New Yorker Kaufleute Gratisbewirtungen, Festessen und andere Gefälligkeiten ein, um die Verabschiedung eines Zolltarifgesetzes in ihrem Sinne zu manipulieren. Über den »Druck«, denen die Kongressmitglieder ausgesetzt waren, berichtete Senator William Maclay:

»In der Senatskammer berichtete Butler heute Morgen, er habe einen Mann sagen hören, das er John Vining tausend Guineen für seine Stimme geben würde, fügte aber hinzu, er frage sich, ob dieser das auch tatsächlich täte … Daran zweifle auch ich, bekäme er sie doch für ein Zehntel dieser Summe. Ich wüßte nicht, daß man wirklich versucht hätte, unmittelbar finanziellen Einfluß zu nehmen, doch bin ich sicher, daß jedes andere Mittel angewandt wurde und jedes nur erdenkliche Werkzeug, um Regierungsbeamte, geistliche Bürger, Mitglieder des Ordens von Cincinnati und überhaupt jedwede Person, die irgend unter dem Einfluß der Staatskasse steht, zu beeinflussen.«[91]

Lobbyistisch vorgehende Nebenerwerbskräfte, damals »agents« genannt, waren folglich schon in den allerersten Tagen des Kongresses fintenreich am Werk. Und der Auftritt spezialisierter Interessenmakler ließ auch nicht lange auf sich warten. So heuerten 1792 die Veteranen der Kontinentalarmee von Virginia den Agenten William Hull an, der dafür sorgen sollte, dass sie für die geleisteten Kriegsdienste zusätzlich entschädigt würden. Hull schrieb sogleich an andere Veteranengruppen und empfahl ihnen, »einer oder mehrere agents« sollten mit ihm zusammenarbeiten, um in der nächsten Sitzungsperiode ein Entschädigungsgesetz durchzubringen. Was wunder, daß 1795 eine Zeitung in Philadelphia von Leuten berichtete, die außerhalb der Kongreßhalle darauf warteten, »einem Mitglied einen Wink zu geben, es zu behelligen oder es zu beraten, wie es gerade am besten paßt«.[92]

Da die Zahl der Interessengruppen, die beim Kongress vorstellig wurden, rasant stieg, suchten einige Bittsteller nach einer Methode, um ihre Anliegen deutlicher zu Gehör bringen zu können. 1798 drang auf den Wink eines Senators ein größeres Komitee von Bürgern aus Philadelphia in den Sitzungssaal des Senats ein, um eine Petition vorzutragen, in der die kompromisslose Politik der Regierung gegenüber Frankreich, mit dem die Flotte der USA damals einen militärischen Konflikt austrug, unterstützt wurde. Senator Humphrey Marshall war mit dem Vorgehen des Komitees jedoch nicht einverstanden, und es gelang ihm, eine Resolution zu erwirken, die es Individuen wie Delegationen verbot, künftig auf eine solche Art Petitionen einzubringen. Der erste Versuch einer Interessengruppe, als »pressure group« massiv auf parlamentarische Entscheidungen Einfluss zu nehmen, war damit gescheitert.

Auf nach Washington!

Nachdem Regierung und Kongreß zu Beginn des 19. Jahrhunderts die neue Hauptstadt Washington bezogen hatten, standen sämtliche Akteure, die Regierungsmitglieder und -beamten, die Senatoren und Repräsentanten sowie die Makler der Interessengruppen unter einer Art Kulturschock. Der Ort am Potomac River (District of Columbia) hatte weder den urbanen Charme der ersten Bundeshauptstädte New York und Philadelphia, noch das Flair europäischer Metropolen.

Washington war im Sommer staubig, heiß und von Malaria geplagt und im Winter feucht und kalt. Ein entwickeltes Sozial- oder gar Kulturleben gab es zunächst nicht. Die meisten Senatoren behielten deshalb den angestammten Wohnsitz und mieteten für die Sitzungsperioden ein Zimmer in der Umgebung des Kapitols. Ablenkung boten ihnen die nun zahlreich entstehenden Clubs, Bordelle und Spielhöllen.

In der 1. Hälfte des 19. Jahrhunderts entstand in Washington eine Atmosphäre, die für die »agents« der diversen Interessengruppen nahezu ideal war. Die fern ihrer Familien nach anregender Gesellschaft suchenden Kongreßabgeordneten waren allemal leicht für gutes Essen, flottes Amusement, geistige Getränke und vertiefende Gespräche zu gewinnen.

Begünstigt durch rasches Bevölkerungswachstum, die – auch – kriegerisch betriebene Ausdehnung des Territoriums und einen ungebremsten wirtschaftlichen Aufschwung durchdrang das kapitalistische Marktsystem den ganzen Kontinent. Mit Hilfe privater und öffentlicher Gelder wurden erste Eisenbahnlinien gebaut und die Kommerzialisierung der Landwirtschaft, vor allem im Mittleren Westen, vorangetrieben. Im Nordosten florierten die Handelsfirmen und die Finanzdienstleister; die New Yorker Wall Street-Banker versorgten die neu entstehenden Industriebetriebe mit Kapital. Der Außenhandel entwickelte sich, und die Reedereien spezialisierten sich auf eine vielversprechende Rückfracht von Einwanderern. Aufgrund des steigenden Bedarfs der Textilindustrie konnte sich die Baumwollproduktion des Südens stark entfalten. Zwischen 1820 und 1850 verzehnfachte sich der Baumwollexport, dehnte sich das Anbaugebiet vom Atlantik über das Mississippidelta bis nach Texas aus – und damit das System der Sklavenarbeit.

Die Sklaverei, die im britischen Empire seit 1833 verboten war, stieß im Norden der USA auf wachsende Ablehnung. Unter der Führung des Bostoner Journalisten William Lloyd Garrison und des geflüchteten Sklaven Frederick Douglass, die für die Emanzipation der Sklaven kämpften, formierte sich mit der »American-Anti-Slavery Society«, die erste US-Vereinigung gegen die Sklaverei, die 1838 über 200 000 Mitglieder zählte. Sie stieß weithin auf Ablehnung. Ihre vielen Petitionen und ihr sonstiges Lobbying gegenüber dem Kongreß fanden kaum Gehör.

1838 war zugleich das Jahr des fast 2000 Kilometer langen »Zugs der Trä-
nen« (trail of tears), zu dem die Cherokee unter Bewachung von Bundes-
truppen gezwungen wurden. Mehr als viertausend von ihnen kamen dabei
grausam ums Leben. Es war der beschämende Höhepunkt der Vertreibung
der amerikanischen Ureinwohner in wenig fruchtbare Gebiete jenseits des
Missouri. Einen Rückhalt für ihre Eigentumsrechte fanden die indiani-
schen Völker im Kongreß das ganze 19. Jahrhundert hindurch nicht.

Willst Herzen und Stimmen du gewinnen ...

Im Norden entstanden durch die rasante Urbanisierung und Industrialisierung zahlreiche (überwiegend religiös geprägte) Reformgruppen, die
den gesellschaftlichen Wandel im Sinne des republikanischen Ideals einer
gerechten Gesellschaft zu beeinflussen suchten. Sie bzw. ihre »agents«
warben in Washington für den Ausbau des öffentlichen Bildungswesens,
einen menschlicheren Strafvollzug, die Abschaffung der Sklaverei, die
Ächtung des Alkohols und – seit der Jahrhundertmitte – das Wahlrecht für
Frauen (women's movement). Der französische Historiker und Politiker
Clérel de Tocqueville (1805–1859), der 1831 die USA bereist hatte, berichtet
in seinem Werk *Die Demokratie in Amerika:*

»Die Amerikaner aller Altersgruppen, aller Lebensbedingungen, aller
Richtungen vereinigen sich ohne Unterlaß. Sie haben nicht nur Handels-
und Gewerbevereinigungen, an denen alle teilnehmen, sondern noch
viele Tausende anderer Art: solche religiöser und moralischer Natur, solche mit unbedeutenden, mit sehr allgemeinen und mit sehr besonderen
Anliegen, solche mit großen und kleinen Dimensionen; die Amerikaner
assoziieren sich, um Feste zu feiern, Anstalten zu gründen, Hotels zu
bauen, Kirchen zu errichten, Bücher zu verbreiten, Missionare in andere
Weltteile zu schicken; sie gründen auf diese Weise Hospitäler, Gefäng-
nisse und Schulen. Handelt es sich schließlich darum, eine Wahrheit ans
Licht zu bringen oder ein Gefühl mit Hilfe eines großen Beispiels zu entwickeln, so schließen sie sich zusammen.«[93]

Weit nachdrücklicher als diese sozialen und kirchlichen Interessengruppen agierten die Interessenvertreter der Landwirte und Fabrikanten. Ihre vielschichtigen Versuche gezielter Einflußnahme erreichten in
den frühen 1850er Jahren einen ersten Höhepunkt. Zu jener Zeit be-
mühte sich beispielsweise der Waffenfabrikant Samuel Colt ein Gesetz

durchzubringen, das sein Patent auf den Trommelrevolver um sieben Jahre verlängern sollte. Der Unternehmer ließ nichts unversucht, die noch unentschlossenen Senatoren durch diverse feucht-fröhliche und rauschende Feste für sein Anliegen zu gewinnen. Die dazu gebetenen Damen wurden durch Geschenke von der Wichtigkeit der Patentverlängerung für Colt »überzeugt« und taten das ihre, um die skeptischen Parlamentarier für die Interessen des Waffenfabrikanten zu gewinnen. Die eingespannten »agents« wiederum verteilten »hübsche Colt-Revolver« an Abgeordnete und deren Kinder.

Willst Herzen und Stimmen du gewinnen,
Laß' Köstliches durch die Kehlen rinnen.

So lautet das Epigramm, mit dem der später eingesetzte Sonderausschuß des Kongresses den Colt-Vorgang auf den Punkt brachte.[94] Der Bericht verwies übrigens auf eine Usance, die bereits in den ersten Jahren des Parlaments aufgekommen war: dass entgegen der Hausordnung Journalisten die Abgeordneten im Sinne ihrer Auftraggeber unter Druck setzten.

1865, nach dem Ende des vierjährigen Bürgerkrieges, setzten die siegreichen Nordstaaten – formell – die Abschaffung der Sklaverei durch (dreizehnte Ergänzung zur amerikanischen Verfassung). Zugleich kam der für die wirtschaftliche Entwicklung entscheidende Ausbau der kontinentalen und transkontinentalen Eisenbahnverbindungen nachhaltig auf die politische Agenda. Präsident Abraham Lincoln hatte bereits 1862 ein Gesetz unterzeichnet, das den privaten Gesellschaften erhebliche Subventionen für den Landerwerb gewährte. Und weil die Regierung darüber hinaus eine finanzielle Unterstützung für die Löhne der am Bahnbau beteiligten Arbeiter sowie weitere Subventionsmaßnahmen beschlossen hatte, ging es für die Wirtschaftsvertreter bald nur noch um die Frage, mit welche Methode man in der Hauptstadt Washington die meisten Fördergelder einheimsen konnte.

»Those damned lobbyists!« Diskrete Gespräche in der Lobby

»Was ist das? Es schlängelt sich herein und hinaus durch die lange, gewundene Passage im Kellergeschoß, es schleicht durch die Flure, zieht sich der schleimigen Ausdehnung nach von der Galerie bis zum Versammlungssaal der Ausschüsse und liegt schließlich zu voller Länge ausgestreckt auf dem Fußboden des Kongresses.«

»Dieses verwirrende Reptil,« so erläutert ein Zeitungsartikel von 1869, ist die »riesige, geschuppte Schlange der Lobby.«[95]

Nach dem Ende des Bürgerkrieges wuchs in Washington die Zahl der Interessenvertreter der Bahn- und Baugesellschaften sowie der vielen prosperierenden Industrieunternehmen sprunghaft an. Einen prägnanten Begriff für diese Personengruppe gab es inzwischen auch: Lobby. Ob damit eine Anspielung auf die Lobby des Capitols oder die eines Hotels verbunden war, ist im Grunde unerheblich. Die in den USA verbreitete Annahme, die Lobby des legendären Washingtoner Hotels »Willard« hätte Pate gestanden, hat jedenfalls – vor allem in anekdotischer Hinsicht – einiges für sich.

Das heute als »Willard InterContinental Washington« geführte Haus geht auf eine bereits 1816 etablierte Pension zurück, die 1850 von den Brüdern Henry und Edwin Willard erworben und zu einem luxuriösen Hotel in unmittelbarer Nähe des Regierungsviertels ausgebaut wurde. Es dauerte nicht lange, da war die imposante Lobby des »Crown Jewel of Pennsylvania Avenue« der zentrale Treffpunkt der politischen und gesellschaftlichen Elite, dessen Gästebuch große Namen von Abraham Lincoln bis Marin Luther King verzeichnet. Der große amerikanische Erzähler Nathaniel Hawthorne (1804–1864) beschrieb das Hotel zu Beginn der 1860er Jahre mit den Worten:

»Mit sehr viel größerem Recht als etwa Capitol, Weißes Haus oder State Department könnte dieses Hotel als Zentrum Washingtons und der Union bezeichnet werden. […] Man tauscht ein Kopfnicken mit Regierenden souveräner Staaten aus; man ist auf Tuchfühlung mit lauter illustren Menschen; man tritt Generälen auf die Zehen; man hört Staatsmänner und Redner in vertraulichem Ton sprechen. Man verkehrt mit Ehrgeizlingen, Strippenziehern, Erfindern, Künstlern, Dichtern, Prosaschriftstellern […], bis man unter ihnen die eigene Identität einbüßt.«[96]

Auch Präsident Ulysses S. Grant gehörte 1869 zu den Gästen. Nach einem langen Tag im »Oval Office« des Weißen Hauses sprach Grant in der

Lobby des Willard gern dem Brandy zu. Weit weniger behagte ihm die Ansprache von Personen aus dem so großen wie illustren Kreis der »would-be power brokers« (Möchtegern-Einflußmakler) bzw. der von Hawthorne erwähnten »wire pullers« (Strippenzieher). Sie pflegten in der Hotellobby ihre Kontakte zu den Politikern und kamen zuhauf, als sich herumgesprochen hatte, wo der Präsident abends zu finden war. Grant kommentierte das Geschehen mit der legendären Formulierung: »Those damned lobbyists!«[97]

Die »power-brokers« und »wire pullers« nahmen diesen Fluch nun insofern ernst, als sie sich fortan entschieden daran machten, ihm zu entsprechen. Spätestens in den 1870er Jahren wurde das professionelle Lobbying endgültig zu einem festen Bestandteil des amerikanischen Regierungssystems – und ist es bis heute geblieben. 1871 erfolgte übrigens auch die Gründung der legendären »National Rifle Association«. Erleichtert wurde das Lobbying durch das »spoils system«, die ständige Neubesetzung von Verwaltungsposten durch die jeweils siegreichen politischen Parteien.

Vor allem die zahlreichen privaten Eisenbahngesellschaften gaben ihren Lobbyisten immer höhere Vorschüsse, um bei den Regierungsstellen optimal vertreten zu sein. Jedenfalls meinte der Eisenbahnmagnat Collis P. Huntington, die Lobbyisten seien »verdammte Erpresser« und bekämen mehr Geld, als ihn der Erwerb des Hafens von San Francisco aus öffentlichem Besitz kosten würde.

Generell gingen nun alle, die in Industrie, Handel und Landwirtschaft den Ton angaben, dazu über, mit speziell verpflichteten Lobbyisten den Gang der gesetzgeberischen Dinge gezielt zu beeinflussen und zu lenken. Und weil die Verbindungen eines einzelnen Lobbyisten oftmals nicht weit genug reichten, beauftragten die Unternehmer gleich mehrere, ja hunderte von »wire pullers«. Collis P. Huntington zufolge beschäftigte einer seiner Eisenbahnrivalen während der Sitzungsperiode von 1876 bis 1877 zweihundert Lobbyisten. Die Spesen schlugen entsprechend zu Buche – nicht zuletzt die Kosten für die Bestechung von Politikern.

Bahnfreifahrtscheine für Senatoren und Kongreßmitglieder, die Übernahme von Hotelkosten, die Gewährung von »Belustigungen«, von Zigarren und edlen Getränken, ja selbst diskrete Geldgeschenke waren üblich.

Die Zeitschrift *The Nation* definierte 1869 den typischen Lobbyisten denn auch als eine Person, die als »notwendiges Übel« für diejenigen fungiert, die eine Gesetzesvorlage durchbringen wollen.

König der Lobby

Als der bei weitem berühmteste Lobbyist des 19. Jahrhunderts ist der Lebemann, Banker und Poet Samuel Ward (1814–1884) in die amerikanische Geschichte eingegangen. Zunächst in Diensten von Finanzminister Hugh McCullough, der nach dem Bürgerkrieg wieder Ordnung und Stabilität in die Finanzen des Landes zu bringen versuchte, gelang es ihm durch die Veranstaltung zahlreicher Galadinners, die Kongreßmitglieder für die von seinen Auftraggebern gewünschten Gesetze zu gewinnen.

Für Ward verlief der kürzeste Weg zwischen einem schwebenden Verfahren und der Zustimmung eines Kongreßabgeordneten über den Magen. Der diplomatisch begabte Lebemann sorgte deshalb für Abendgesellschaften mit erlesenen Speisen und Weinen, bei denen die einwirkende »Konversation« und andere Unterhaltungsangebote gewiss nicht zu kurz kamen.

Nachdem sich Samuel Wards Talent zur gezielten Einflußnahme auf politische Entscheidungen herumgesprochen hatte, nahmen ihn gleich mehrere bedeutende Unternehmen sowie einige ausländische Regierungen unter Kontrakt. Um seine Einflußmacht zu demonstrieren, benutzte Ward das Briefpapier von Kongreßausschüssen. Fast täglich war er in Welchers Restaurant anzutreffen, wo er dem Koch Anweisungen gab und für die Kongreßmitglieder unter den Stammgästen als inoffizieller *maître d'hôtel* fungierte.[98]

In den Augen kritischer Journalisten nahm das exzessive Lobbying in Washington eine äußerst bedenkliche Entwicklung. Sie machten 1875 auch die Vermutung publik, Samuel Ward hätte im Auftrag der Pacific Mail Steamship Company mehr als 100 000 Dollar verteilt, um Korrespondenten, Kongreßpförtner und Regierungsbeamte zu bestechen. Ein daraufhin gebildeter Untersuchungsausschuß des Kongresses lud Ward zu einer Anhörung. Der wortgewandte Lobbyist verteidigte sein Vorgehen in einer legendär-freimütigen Zeugenaussage. Sie gipfelte in der Passage:

»Dieses Geschäft des so genannten Lobbyings ist gerade so prekär wie das Angeln in der Gegend der Hebriden. Man hat alles vorbereitet, die

Boote fahren aus – da zieht plötzlich ein Sturm auf, und schon ist man abgetrieben … Wer sich in Washington auch nur ein klein wenig auskennt, weiß, daß zehnmal, ja fünfzigmal so viele Vorlagen scheitern wie durchgehen, doch hin und wieder entschädigt uns, die wir uns hier immerzu abmühen, ein angenehmer, kleiner, unverhoffter Gewinn für die vielen Enttäuschungen.

Ich schäme mich nicht; ich sage nicht, daß ich stolz darauf bin, aber ich schäme mich dieser Betätigung nicht. Sie ist überaus nützlich. In England stellt sie einen gesonderten Bereich des juristischen Berufsbildes dar; dort hat man parlamentarische Anwälte, die ausschließlich diesem Geschäft nachgehen. Dort tagen die Ausschüsse ganztägig, um diese Anwälte anzuhören, und abends sitzen sie im Parlament. Hierzulande dürfen die Ausschüsse lediglich eineinhalb Stunden tagen, so daß es sehr schwierig ist, in einer Sitzungsperiode viertausend Gesetzesvorlagen zu behandeln. Mir ist so manches angenehme Erfolgshonorar entgangen, nachdem alles schon recht gewinnträchtig und sicher ausgesehen hatte, und ich würde von keiner Gesetzesvorlage sicher sein, selbst wenn ich fünfzig Prozent bekäme, daß sie durch käme. […]

Man hat sich, nehme ich an, meiner Dienste versichert, weil der Ruf des Königs eine Stütze ist, und ich bin nun einmal als ›König der Lobby‹ bekannt … Wir, die wir der regulären Truppe angehören, wissen, wann wir geschlagen sind. Die Herren aber, die wenig Erfahrung haben, bleiben bis zum Ende einer Sitzungsperiode dabei und erkennen einfach nicht den Zeitpunkt, an dem es besser wäre, die Zelte abzubrechen. […]

Eine Gesetzesvorlage angemessen zu präsentieren; dafür zu sorgen, daß sie dem richtigen Ausschuß zugewiesen wird; darauf zu achten, daß ein Mitglied dieses Ausschusses sämtliche Vorzüge begreift; sich der Vorlage ganz zu widmen und sie im Auge zu behalten; an Beratungen teilzunehmen und sich vor dem Ausschuß für sie einzusetzen; dafür Sorge zu tragen, daß die Ausschußmitglieder nicht die Termine wichtiger Treffen verschlafen; Tag für Tag und Woche für Woche darauf zu achten, daß die Vorlage auch im Kongreß eingebracht wird; seine Leute wohl ein Dutzendmal zusammen zu trommeln und sie wohl ebenso oft zu enttäuschen; einen jener Stürme zu erleben, die in der Adria des Kongresses losbrechen, bis die eigenen Leute zunächst besorgt und dann verbraucht oder müde sind und sich schließlich sagen, daß sie heute nicht zum Kapitol hinaufgehen werden – und dann ist der Vogel plötzlich aufgeflogen, und sämtliche Vorbereitungen sind zunichte gemacht: das sind einige Erfahrungen des Lobbyings.«[99]

Nützliche Lobbyistinnen

Die klug-relativierende Argumentation des »Königs der Lobby« verweist auf ein Problem, dass gut ein Jahrhundert später von Margret Susan Thompson in ihrem Buch *The Spider Web. Congress and Lobbying in the Age of Grant* präzisiert wurde. Sie argumentiert, daß die zu Sündenböcken für Übelstände im Kongress gemachten Lobbyisten auch nützliche Dienste geleistet hätten. Vor allem deshalb, weil der Kongreß auf die gewaltigen wirtschaftlichen Veränderungen, die in der Nation vor sich gingen, nicht vorbereitet gewesen sei und also aller fachlichen Hilfe bedurfte, deren er habhaft werden konnte.[100]

In der Tat galt der Kongreß im späten 19. Jahrhundert als überfordert und leistungsschwach. Zugleich war die Fluktuation unter den Mitgliedern hoch und das Niveau parlamentarischer Erfahrung dementsprechend niedrig. Keines der beiden Häuser verfügte über eine formelle Leitung des Sitzungssaals. Es gab praktisch keinen Mitarbeiterstab – weder für die Ausschüsse noch für deren individuellen Mitglieder. Gleichzeitig nahm der Druck auf die Regierung stetig zu. Und je mehr sich die Tagesordnung füllte – mit Themen wie Finanzen, Industrie, internen Verbesserungen und internationalen Beziehungen –, desto mehr Interessen verlangten, gehört zu werden.

Nur welche Interessen wurden gehört? Zum einen verbesserten sich die Aussichten einer Interessengruppe, wenn sie einen oder mehrere Lobbyisten engagieren konnte, was natürlich Geld kostete (Vorschüsse von mehr als zehntausend Dollar waren nicht unüblich). Zum anderen konnten die Interessengruppen, die viel Geld zur Verfügung hatten, nicht nur die sachverständigsten Lobbyisten verpflichten, sondern sie engagierten – wenn es opportun erschien – gleich ganze Heerscharen.

Margaret Susan Thompson verdeutlicht in ihrer Studie, dass es für benachteiligte Gruppen praktisch nahezu unmöglich war, sich Zugang zum Kongreß zu verschaffen. Sie verweist darauf, dass von 1873 bis 1875 immerhin 2666 Pensionsanträge eingingen, jedoch nur 441 der Anträge

bewilligt wurden.[101] Die Mitglieder des Ausschusses für Erwerbsunfähig-
keitsrenten etwa befürworteten offenbar vornehmlich die Anträge, von
denen sie durch ihre persönlichen Kontakte zu Lobbyisten überredet
worden waren.

An Lobbyisten für einflußreiche Wirtschaftsinteressen fehlte es im
Washington des »vergoldeten Zeitalters« (Mark Twain) wahrlich nicht –
übrigens am lobbyierenden »sanften Geschlecht« nicht minder. Die Lobbyistinnen wirkten in den Salons der gehobenen Gesellschaft, wo sie
Senatoren und Abgeordnete freigiebig unterhielten. Darauf machte jedenfalls der populäre politische Korrespondent Benjamin Perley Poore
(1820–1887) aufmerksam, als er schrieb:

»Sie werden entsprechend instruiert, damit sie auf ausgesuchte Kon-
greßabgeordnete Einfluss ausüben. Um ihre Arbeit angemessen verrich-
ten zu können, verfügen sie über Salons, die mit Kunstwerken und Anti-
quitäten ausgestattet sind. […] Manche laden bevorzugte Gäste zu einem
Gesellschaftsspiel ein, und wenn es auf Mitternacht zugeht, wird der
Tagungsort dann ins Speisezimmer verlegt, wo man ein vorzügliches
Abendessen serviert: kalte Wildpastete, gegrillte Austern, ein bezau-
bernd gemischter Salat und eine oder zwei leichte Speisen, dazu eisge-
kühlten Champagner oder wohl temperierten Burgunder. Wer kann es
einem Kongreßabgeordneten verdenken, wenn er die schlechte Küche
seiner Unterkunft, in der es an jeglichem Komfort fehlt, verschmäht und
sich auf das Salonnetz einläßt, das die listige Lobbyistenspinne für ihn
webt?«[102]

In *Meyers* renommiertem deutschen Konversationslexikon hieß es
übrigens 1897 unter dem Stichwort Lobbyist: »Spöttische Bezeichnung
für jemand, der die Wandelgänge des Kongreßgebäudes in Washington
besucht, um Kongreßmitglieder zu beeinflussen oder zu bestechen. Das
Geschäft wird gewerbsmäßig (auch von Frauen) betrieben.«

Die schlauen Burschen mit den glatten Zungen

Gegen Ende des 19. Jahrhunderts hatten die Lobbyisten – wie spöttisch
auch über sie gesprochen wurde – die Zügel der Gesetzgebung fest in der
»hidden hand«. Über den größten Einfluss verfügten die professionellen
Lobbyisten. Sie arbeiteten im Auftrag mächtiger Industriebarone und der
sich gerade bildenden Konzerne, verfügten über unbegrenzte Geldmittel

und beschäftigten zumeist weitere gehaltsabhängige Lobbyisten, die ihnen zuarbeiteten. In der kritischen Berichterstattung der 1890er Jahre galten sie als »die schlimmsten« und als »die gefährlichsten«.

Als weniger effektiv erschienen den zeitgenössischen Beobachtern die »gelegentlichen« Lobbyisten, die punktuell nach Washington kamen, um eine bestimmte Gesetzesvorlage zu befördern, und anschließend wieder nach Hause fuhren. Und dann gab es noch einen als besonders zwielichtig empfundenen Typ des Lobbyisten, dessen Protagonisten von der Presse als »die schlauen Burschen mit den glatten Zungen«, beschrieben wurden. Diese cleveren Drahtzieher rühmten sich gegenüber politisch unerfahrenen potentiellen Auftraggebern ihrer intimen Vertrautheit mit allen Kongreßdingen. Wurden sie von einer Seite nicht gut genug bezahlt, wechselten sie in Windeseile die Partei, um sich anschließend wieder einem Konkurrenten anzudienen.

Auch in der schöngeistigen Literatur wurde das einflußreiche Wirken der Lobbyisten zu einem (Rand-)Thema. So erzählen Mark Twain und Charles Dudley Warner in dem gemeinsam verfaßten politischen Schlüsselroman *Das vergoldete Zeitalter* von den geschmacklosen Anstrengungen des Colonel Beriah Sellers, eine Gesetzgebung zu unterstützen, die ihm zu großen Reichtum verhelfen soll. Twain und Dudley sprachen bewusst von einem »vergoldeten« und nicht etwa »goldenen« Zeitalter, weil unter der glitzernden Oberfläche der von wilden Spekulationen und heftigem Konkurrenzkampf geprägten Gesellschaft die alten Ideale von Freiheit, Brüderlichkeit und Ehrbarkeit durch maßlose Habgier und Korruption verdrängt worden waren.[103]

In der Presse standen hingegen die »Lobbying Scandals« im Vordergrund, die seit den 1850er Jahren hin und wieder ans Tageslicht kamen. So enthüllte etwa der Skandal um die Bank Crédit Mobilier 1872, dass ein Lobbyist der Southern Pacific Railroad als Gegenleistung für ein Gesetzesvorhaben die Unterstützung von Senatoren und Abgeordneten mit Eisenbahnaktien erkauft hatte. Vier Abgeordnete mussten daraufhin ihr Mandat niederlegen; dem Reporter wiederum, der den Fall aufgedeckt hatten, erteilte der Kongreß Hausverbot.

Zu den Lobbytechniken des »vergoldeten Zeitalters« zählten neben Bestechung in jeder denkbaren Form auch das »normale« Handwerk, etwa dass die Lobbyisten die Reden von Senatoren und Abgeordneten vorformulierten oder ganz schrieben, dass sie Analysen vorbereiteten, persönliche Kontakte zu wichtigen Ausschussmitgliedern herstellten, Auftritte vor Ausschüssen arrangierten und auch veritable Kampagnen für oder gegen einen Gesetzesentwurf organisierten. 1876 veranlaßten die sich häufenden Machenschaften von Lobbyisten den Kongreß, sich zu Gegenmaßnahmen aufzuraffen,

Erste Reglementierungen

Vermutlich dienten bei dem historisch ersten Versuch des US-Kongresses, die Auswüchse des Lobbying zu begrenzen, die kurz zuvor im englischen Unterhaus eingeführten Regeln als Vorbild.

Der US-Kongreß entschied 1876, den Lobbyisten fortan aufzuerlegen, sich im Kongreßbüro registrieren zu lassen. Von 1879 an galt diese Regel auch für die Journalisten auf den Pressegalerien beider Kammern. Zudem wurden Zugangsregelungen eingeführt, die all jene Lobbyisten ausschließen sollten, die sich – aus Tarnungsgründen – als Journalisten ausgaben, und es erfolgte die Einrichtung eines ständigen Korrespondentenausschusses, um die Pressegalerien zu kontrollieren. Er besteht heute noch.

Um 1879 wurde eine weitergehende Einschränkung gefordert, die sich gegen die Lobbytätigkeit von Ex-Senatoren richtete. Diese Forderung hatte einen sehr konkreten Hintergrund: Die Zahl ehemaliger Abgeordneter, die sich als Lobbyisten anheuern ließen, war erheblich gestiegen, denn sie waren dank ihrer Verbindungen und intimen Kenntnisse des Gesetzgebungsprozesses für Lobbyarbeit geradezu prädestiniert. Nun wurde aber gefordert, dass alle lobbyierenden Ex-Senatoren, die Interesse an einem schwebenden Gesetzgebungsverfahren hatten, künftig von den Beratungen auszuschließen seien. Der Vorschlag wurde heftig diskutiert, kam aber nicht durch.

Lobbying der Giganten

Zu Beginn des 20. Jahrhunderts forcierte der private Industriekapitalismus in den Vereinigten Staaten die Bildung von »trusts«. (Der Trust besteht aus einer Dachgesellschaft, unter der eine straff organisierte Einheit von vormals selbständigen Unternehmen geführt wird.) 1904 gab es in den Staaten bereits 318 dieser marktbeherrschenden Wirtschaftsgiganten mit mehr als fünftausend Fabriken. Zu ihnen gehörten etwa die

United Fruit Company, die United States Steel Corporation und American Tobacco. Nicht zu vergessen den 1887 von John D. Rockefeller gegründeten Standard Oil Trust, der die Förderung, den Transport und den Handel von Erdöl äußerst profitabel kurzgeschlossen hatte.

»Lieber eine Stunde über Geld nachdenken, als eine Stunde für Geld arbeiten«, befand der wirtschaftlich und politisch einflußreiche Industrielle John D. Rockefeller, und das taten vor allem Finanziers wie John Pierpont Morgan, der nach der Gründung der Bank J. S. Morgan & Co. im Jahr 1864 zum mächtigsten Bankier der Welt aufstieg. Er war zugleich der erste bedeutende Investmentbanker und Wegbereiter des Wagniskapitals. Sein Aufstieg begann, als er Ende der 1880er Jahre die damals mehr als hundert US-Eisenbahngesellschaften zu sechs großen Unternehmen fusionierte und 1895 die amerikanischen Goldreserven durch eine 65 Millionen Dollar schwere Anleihe vor dem Ausverkauf rettete. 1901 betrieb Pierpont eine der größten Konzernfusionen der Geschichte – er kaufte Carnegie Steel, fusionierte es mit Federal Steel und anderern Wettbewerbern und schuf so den monopolistischen Stahlkonzern United Steel. Sein Bankhaus wickelte darüber hinaus die Finanzierung des Panamakanals ab und bewahrte den heute noch bestehenden Konzern General Electric vor dem Bankrott.

Diese Beispiele verdeutlichen ausreichend, welche neue Macht auf US-Regierung und Kongreß zur Jahrhundertwende einwirkte. Denn eines konnte sich »das große Geld« sozusagen aus der Portokasse leisten: ein so politisches beschlagenes wie effektiv abgestimmtes Team von professionellen Lobbyisten in Washington und in den Hauptstädten der Einzelstaaten. Im übrigen gab es noch keine staatsinterventionistischen Kartellgesetze, Planungsvorschriften, Kreditkontrollen und dergleichen mehr.

Keinesfalls zufällig druckte am 17. Februar 1906 der *Cosmopolitan* den ersten Artikel einer neunteiligen Serie ab, der mit den Sätzen anhob: »Verrat ist ein hartes Wort, aber es nicht zu hart, um die Situation zu charakterisieren, in der der Senat befangen ist. Der Senat ist ein beflissener, ressourcenstarker und unermüdlicher Agent von Interessen, die dem amerikanischen Volk mindestens so feindlich gegenüberstehen wie eine Invasionsarmee.«[104]

Der Verfasser dieser Zeilen (und der insgesamt neun Artikel unter dem

Titel *The Treason of the Senate*) war der große amerikanische Reporter und sozialkritische Schriftsteller David Graham Phillips (1867–1911; ermordet). Seine investigative Aufdeckung korrupter Strukturen im Senat gipfelte in der Nennung von Namen derjenigen Politiker, die besonders hohe Geldsummen für ihr Konzernlobbying eingestrichen hatten. Phillips beschuldigte zudem die beiden seit dem Ende des Bürgerkrieges fest etablierten Großparteien der Demokraten und Republikaner, sie seien längst verbündet, »um den industriellen und finanziellen Interessen der vermögenden Klasse des Landes zu dienen«.

Dem damaligen (republikanischen) Präsidenten Theodore (»Teddy«) Roosevelt, der bestenfalls als gemäßigter Kämpfer gegen die grassierende Korruption bezeichnet werden kann, gingen die Enthüllungen von David Graham Phillips zu weit. Er schuf den Begriff »muckraker« (Sensationsreporter), um das öffentliche Ansehen des Journalisten und seiner kritischen Kollegen zu beschädigen.

Dennoch setzte die interessierte Öffentlichkeit (kaum zu Unrecht) diverse Senatoren mit Banken und Konzernen praktisch gleich. Die Karikaturisten unterstrichen das, indem sie den Senat als einen Millionärsklub darstellten. Phillips' *Treason*-Serie verfehlte ihre Wirkung schon deshalb nicht, als sie die damals einsetzende Kampagne für eine Direktwahl der Senatoren stärkte. Gegen den Widerstand vor allem der Senatoren aus den Südstaaten, die eine Partizipation der schwarzen Bevölkerung fürchteten, erfolgte 1913 das erste Mal die Wahl der Mitglieder der ersten Kammer nicht länger durch Körperschaften, sondern in Vorwahlen direkt durch die wahlberechtigten Bürger.

Einen wesentlichen Anteil an dieser Reform hatte der 1912 gegen die republikanischen Kandidaten Roosevelt und Taft siegreiche Präsidentschaftskandidat der Demokratischen Partei, Thomas Woodrow Wilson. Als er 1913 sein Amt antrat, besaßen weniger als zehn Prozent der Bevölkerung über neunzig Prozent des Volksvermögens, hatte der extrem liberale Kapitalismus den »Captains of Industry and Commerce« zu immensem Reichtum und großer Macht verholfen.

Es wimmelt von Lobbyisten

Hoffnungsträger Wilson (1913–1921) nahm in der Folgezeit mit dem Programm des »New Freedom« einige Korrekturen am aus dem Ruder laufenden Wirtschaftssystem vor. Wilsons Regierung betrieb die staatliche Regulierung der öffentlichen Versorgungsbetriebe und erreichte eine Machtbeschneidung der monopolistischen Trusts, sie setzte aber auch das Verbot der Kinderarbeit und den Achtstundentag für Eisenbahner durch und sorgte für die Einführung des Frauenwahlrechts.

Gleich nach seinem Amtsantritt drängte Woodrow Wilson auf eine Senkung der Schutzzolltarife, mit deren Hilfe die USA bis dahin ihre imperialistische Expansions- und Welthandelspolitik wesentlich flankiert hatten. Die Konzerne und ihnen verbundene Verbände wie die »National Association of Manufacturers« setzten daraufhin umgehend ihre Lobbyheerschar auf die Senatoren und Abgeordneten an, um dieses Vorhaben zu torpedieren.

Präsident Wilson, der mit einem heftigen Widerstand gegen niedrigere Zölle gerechnet hatte, suchte nun vor allem die Unterstützung der breiten Öffentlichkeit, indem er argumentierte: »Selten hat man in Washington eine derart zahlreiche, emsig hinterlistige Gruppierung von Menschen gesehen. Die Zeitungen werden mit bezahlten Anzeigen gefüllt, die darauf zielen, nicht bloß das Urteil von Personen des öffentlichen Lebens, sondern auch die öffentliche Meinung des Landes selbst in die Irre zu führen. Es gibt alle möglichen Beweise dafür, daß schier unbegrenzte Geldsummen ausgegeben werden, um diese Lobby in Gang zu halten und den Anschein zu erwecken, als übe die öffentliche Meinung einen Druck aus, der einigen wesentlichen Punkten des Zollgesetzes zuwider läuft. [...] Für die Bevölkerung unseres Landes lohnt es sich allemal, dieses Problem zur Kenntnis zu nehmen. Nur die öffentliche Meinung kann es überprüfen und beheben.«[105]

Die Zolltariffrage war für die demokratische Partei von großer Bedeutung, weil die hohen Schutzzölle ihrer Meinung nach die Bildung von Trusts beförderten und zugleich ein unnötig hohes Preisniveau für Lebensmittel und andere Güter des täglichen Verbrauchs zementierten. Da die Zölle auch eine wichtige Einkommensquelle des Bundes waren, sah die Reform die Einführung einer (kleinen) kompensatorischen Einkommensteuer vor (federal income tax). Fehlte nur noch die Verabschiedung der dafür notwendigen Gesetze im Kongreß. Kurz bevor es soweit war, erklärte Wilson 1913 in einer – für die Geschichte des Lobbyismus denkwürdigen – Pressekonferenz:

WILSON: Ich denke, daß Sie es versäumt haben, eine ganze Menge von Geschichten über das Lobbywesen zu schreiben, das in dieser Stadt in unseren Tagen vor sich geht.

JOURNALIST: Aber es wird doch recht viel darüber geschrieben, Herr Präsident.

WILSON: Irgendwie haben Sie das Thema aber nicht so in den Griff bekommen, daß man im Land etwas davon merken konnte. In dieser Stadt wimmelt es dermaßen von Lobbyisten, daß man in keine Richtung einen Ziegelstein schmeißen kann, ohne einen von ihnen zu treffen. Es ist die am besten abgestimmte und die konzentrierteste Anstrengung, die – das darf ich wohl sagen – je unternommen wurde, um die Gesetzgebung der Regierung durch den Druck privater Interessen zu beeinflussen. […]

JOURNALIST: Ich denke, das Land weiß sehr wohl, daß hier Lobbyisten am Werke sind.

WILSON: Ich weiß, aber … Es ist jedenfalls noch sehr viel mehr im Gange, als gewöhnlich ins Blickfeld gerät.

JOURNALIST: Wollen Sie damit sagen, Herr Präsident, daß wir es hier mit einer korrupten Lobby zu tun haben?

WILSON: Ich wußte nicht, daß sie sich derartig an den Kongreß heran machen können, aber betrieben wird sicherlich die systematisch verzerrte Darstellung der Tatsachen.[106]

Woodrow Wilson bekam seine »Underwood Tariff cut rates« tatsächlich durch – beide Kammern des Senats stimmten der Reform mit großer Mehrheit zu. Ein Senator musste kurz darauf seinen Sitz räumen, weil er mit einem Lobbyisten der »National Association of Manufacturers« zu eindeutig gemeinsam taktiert hatte. Der Vorschlag des Untersuchungsausschusses, eine Registrierung der Lobbyisten nun zwingend vorzuschreiben, wurde jedoch vom Senat zurückgewiesen.

VI. Lobbyismus im deutschen Kaiserreich

Das Eingangstor der »Allgemeinen Electricitaets-Gesellschaft« (AEG) in Berlin.

Nach der Französischen Revolution setzte in Europa ein Modernisierungsschub ein, der schließlich auch das Heilige Römische Reich deutscher Nation erreichte. Dieses ehrwürdige Staatsgebäude erlag 1806 Napoleons Machtexpansion, an seine Stelle trat 1815, nach der endgültigen Niederlage des französischen Kaisers, der Deutsche Bund. Zugleich setzte in den einzelnen Bundesstaaten wie Österreich, Bayern und Preußen eine nachhaltige politische Zentralisierung und Bürokratisierung ein, verlor der Adel einige seiner Herrschaftsrechte und lösten Beamte die Fürstendiener ab. Alte Formen wirtschaftlicher und berufsständischer Zusammenschlüsse – wie der Zunftzwang der Handwerker – wurden weitgehend beseitigt.

Die bis dahin kaum formierten Wirtschaftszweige, wie die vom Industrialisierungsprozeß und kapitalistischer Produktionsweise unter Druck geratene Landwirtschaft, sahen sich zum verstärkten Einwirken auf die Politik gezwungen. Als 1807 in Preußen das grundherrschaftlich-bäuerliche Verhältnis der »Gutsuntertänigkeit« in eine bürgerlich-liberale Ordnung überführt wurde, die einer profitorientierten Landwirtschaft und zugleich dem Entstehen einer neuen Form des Großgrundbesitzes und eines Landproletariats den Weg ebnete, kam es zur Gründung zahlreicher Bauernvereine und landwirtschaftlicher Versammlungen, die über Landesökonomie-Kollegien den Kontakt zu den Ministerien institutionalisierten.

Die ersten Interessenorganisationen der Unternehmer bildeten sich im frühen 19. Jahrhundert auf zweierlei Weise heraus. Zum einen in Form der nach französischem Vorbild gestalteten Handelskammern, die eine Art halbamtliche Stellung einnahmen und auf Pflichtmitgliedschaft beruhten; zum anderen in Gestalt von freien Verbänden. Die Handelskammern waren für Gewerbetreibende, Fabrikanten und Kaufleute ebenso vorteilhaft wie für die Verwaltung. Ersteren garantierten sie eine fest institutionalisierte Einflußnahme auf den politischen Entscheidungsprozeß, letzteren einen stetigen Informationszufluß aus den Wirtschaftskreisen.

Schule des Unternehmertums

Die ersten freien deutschen Interessenverbände entstanden nach dem Ende der napoleonischen Kriege und als Folge der schweren Wirtschaftskrise von 1816/17. Als erster überregional wirkender Verband etablierte sich 1819 der »Deutsche Handels- und Gewerbsverein«. Die von Friedrich Lists Ideen angetriebene Organisation zählte bald an die zweitausend Mitglieder und forderte einen einheitlichen deutschen Binnenmarkt und die Einführung von Schutzzöllen. Sie richtete Petitionen an den Bundestag in Frankfurt, bearbeitete die Regierungen und Höfe der Einzelstaaten und scheute auch nicht den Einsatz von Bestechungsgeldern. Der Verein diente, wie Hans-Peter Ullmann feststellte, »als eine Art Schule, wo die Unternehmer erstmals die notwendigen Kenntnisse für den Aufbau von Interessenverbänden erwerben und erproben konnten.«[107] Allerdings hatte die organisatorisch recht schwerfällige Vereinigung kein langes Leben. Bereits 1821, in der repressiven Ära der »Karlsbader Beschlüsse«, wurde sie aufgelöst.

Der 1825 gegründete »Börsenverein des Deutschen Buchhandels« hielt sich besser – er besteht heute noch. Generell stieß die Verbandsgründung bis über die Mitte des 19. Jahrhunderts hinaus in den deutschen Einzelstaaten auf unterschiedliche politische Rahmenbedingungen. So förderten die Regierungen generell nur Verbände, die ihnen nützlich schienen oder die politisch ungefährliche Zwecke verfolgten; hingegen verfolgten und verboten sie Organisationen, die als gefährlich und tendenziell »demagogisch« eingeschätzt wurden. Darüber hinaus erschwerten die noch unterentwickelten Verkehrs- wie auch Postverhältnisse sowie auch mangelnde personelle und finanzielle Ressourcen den Aufbau überlokal und -regional wirkender Interessenverbände.

Zwischen Revolution und Reaktion

Zu einem kurzzeitigen Aufschwung des Verbandswesens kam es am Vorabend der 48er Revolution, in den 1840er Jahren, als vor allem die Wachstumsbranchen der Frühindustrialisierung ihre handelspolitischen Ziele formulierten. Vorausgegangen war 1834 die Gründung des achtzehn deutsche Bundesstaaten umfassenden »Deutschen Zollvereins«, der die Schaffung eines einheitlichen deutschen Wirtschaftsgebietes mit vorbereitete, um die Entstehung der neuen Industrien nach außen, insbesondere gegenüber England, zu schützen. 1841 entstanden der »Verein der Baumwoll-Fabrikanten des Zollvereins« und der »Ausschuß der Rübenzuckerfabrikanten«, die als frühe Branchenverbände im Rahmen der Zollvereinsstaaten agierten.

Mit dem Einsetzen der Reaktionszeit nach der gescheiterten Revolution von 1848/49, der 1851 die Einschränkung der Meinungs- und Pressefreiheit durch den Deutschen Bund folgte, breitete sich zunächst lediglich das Kammerwesen weiter aus. Da sich jedoch zugleich die industrielle Revolution in allen deutschen Staaten, vor allem im Kernland Preußen, durchsetzte, die Schwerindustrie sprunghaft wuchs und der Straßen- und Eisenbahnbau vorangetrieben wurde, konnten die auf Bezirksebene agierenden Handelskammern den binnenwirtschaftlichen Interessen des Industriebürgertums nicht ausreichend genügen. Als »Organ des gesamten deutschen Handels- und Fabrikantenstandes« bildete sich deshalb 1861 der als Dachverband fungierende »Deutsche Handelstag« heraus (er besteht in veränderter Form noch heute). Er vertrat die Interessen von Gewerbe und Industrie, Handel und Banken, erhielt ein Zentralbüro in Berlin und drängte gegenüber den einzelstaatlichen Regierungen vor allem auf wirtschaftliche Liberalisierung und nationale Einigung.

Kapital und Arbeit im Gründungsfieber

Die 1860er Jahre waren in mehrfacher Hinsicht für die Deutschen ein entscheidender historischer Zeitraum, sie legten den Grund zur deutschen Reichsgründung. Darüber hinaus wurde der Industrialisierungsprozeß durch den ab 1835 forcierten Ausbau des Eisenbahnnetzes (durch neu gegründete Aktiengesellschaften) vorangetrieben. Betrug die Streckenlänge 1840 rund 500 Kilometer, waren es 1870 bereits 20 000; die Personenkilometer entwickelten sich von 62 Millionen im Jahre 1840 auf über vier Milliarden in 1870; die Tonnenkilometer wuchsen von drei Millionen in 1840 auf knapp sechs Milliarden im Jahre 1870. Damit wurde das Wachstum aller Industriebranchen deutlich übertroffen. Die Eisenbahnen hatten einen Vorleistungscharakter für die anderen Branchen.

Ein zeitgenössischer Dichter fabulierte gar von den Eisenbahnschienen als »Hochzeitsbändern der deutschen Einheit«.

In den 1860er Jahren erfolgten zugleich die Gründung der sozialistischen Arbeiterbewegung und der Gewerkschaften. Ausschlaggebend für die Formierung der Arbeiterklasse war das wachsende Industrieproletariat. Es bildete sich vor allem aus ehemals selbständigen Handwerkern, den von ihren Zwergbesitzungen vertriebenen Bauern und den vom Zunftzwang gelösten Gesellen. Menschenunwürdige Lebensbedingungen sowie die – von Wirtschaftskrisen noch verschärften – lohndrückenden und ausbeuterischen Praktiken der »Fabrikherren« erhöhten die Streikbereitschaft und den Willen, sich einheitlich zu organisieren.

1863 wurde unter der Führung von Ferdinand Lassalle der »Allgemeine Deutsche Arbeiterverein« gegründet, der die Einführung des allgemeinen Wahlrechts und staatliche Kredite zur Gründung von Produktionsgenossenschaften forderte. 1864 folgte die Gründung der »Internationalen Arbeiterassoziation« als Reaktion auf das bereits über die Staatsgrenzen hinweg kooperierende Kapital. In dem von Karl Marx verfaßten Gründungsdokument wurde die Notwendigkeit des gewerkschaftlichen Kampfes und das Erringen der politischen Macht als wichtigste Ziele der Arbeiterklasse hervorgehoben. Praktisch verfolgte die auf die englischen *Trade Unions* gestützte I. Internationale die Organisierung von Streikunterstützung und die Abwehr von Streikbrechern.

1865 kam es in Sachsen zum Streik der Buchdrucker und Strumpfwirker, und es entstanden gleich mehrere gewerkschaftliche Zentralverbände: 1865 die Berufsgewerkschaften der Tabakarbeiter, 1866 die der Buchdrucker, 1867 die der Schneider und 1868 die der Bäcker und Holzarbeiter. Zugleich forcierte die liberale Bourgeoisie ihrerseits die Bildung von »wirtschaftsfriedlichen« Arbeiter- und Bildungsvereinen.

1869 wurde, zum Schrecken des besitzenden Bürgertums, der Monarchie und des Adels, in Eisenach die »Sozialdemokratische Arbeiterpartei« gegründet. Sie betonte in ihrem Programm den Zusammenhang des sozialen und politischen Kampfes der Arbeiterklasse, kennzeichnete das Privateigentum an den Produktionsmitteln als Grundlage jedweder Knechtschaft und forderte die Abschaffung aller Klassenherrschaft sowie der kapitalistischen Produktionsweise. Im gleichen Jahr formierte sich der erste – und somit älteste – Arbeitgeberverband, der »Deutsche Buchdruckerverein«.

Für die freien Wirtschaftsverbände wie auch für die etablierten Handelskammern ging es nun nicht nur um die Beeinflussung der Regierungen und Verwaltungen durch Denkschriften, Eingaben und persönliche Kontakte zu Entscheidungsträgern, sondern vor allem um die verstärkte Einflußnahme auf die in den Parlamenten vertretenen liberalen und konservativen Parteien.

Finanzielle Zuwendungen und die persönliche »Verpflichtung« einzelner Abgeordneter erwiesen sich als eine hilfreiche lobbyistische Einflußmethode auf das politische Geschehen. Dafür boten sich seit 1861 die Fortschrittspartei, seit 1866 die Freikonservative Partei und seit 1867 die Nationalliberale Partei an. Zudem förderte und stützte die Industrie- und Handelsbourgeoisie neue Förderverbände wie etwa den »Deutschen Nationalverein«, die mittels Flugschriften und anderer Propagandamethoden die als vordringlich erachtete Herstellung der staatlichen Einheit forcieren sollten.

Gründerzeit-Lobbyismus

Bis weit in die zweite Hälfte des 19. Jahrhunderts hinein hatte die Zersplitterung Deutschlands in viele Staaten eine politische und wirtschaftliche Entwicklung wie in England, den USA und Frankreich verhindert. Das änderte sich, als am 18. Januar 1871 in Versailles – mitten im Krieg gegen die französische Republik und ohne Beteiligung des deutschen Volkes – das deutsche Kaiserreich proklamiert wurde.

Die von Bismarck in Verbindung mit dem preußischen Militär- und Obrigkeitsstaat sowie den führenden Schichten des liberalen Bürgertums betriebene Schaffung eines deutschen Einheitsstaates war damit erreicht. Begünstigt durch die Annexion Elsaß-Lothringens und die Eintreibung von fünf Milliarden Goldfrancs beim Kriegsgegner feierte die deutsche Wirtschaft bis 1873 die wettbewerbsgetriebene »Gründerzeit«, in der zahlreiche neue Unternehmen, Aktiengesellschaften, Großbanken und erstmals auch schlagkräftige Lobbys entstanden.

Im neuen deutschen Nationalstaat etablierte sich ein Parlament und entwickelte sich neben den Honoratiorenparteien eine gut organisierte Sozialdemokratie, die ihre Anhängerschaft und ihren Wählerstamm kontinuierlich vergrößerte. Und noch etwas drängte nun zur nachhaltigen Entfaltung: ein ausgeprägtes System von Wirtschafts-, Agrar- und Sozialverbänden. Hans-Peter Ullmann bringt diese Entwicklung in seiner Studie *Interessenverbände in Deutschland* auf den Punkt:

»Das kaiserliche Deutschland gilt als Geburtsstunde der Interessenverbände. Das ist falsch und richtig zugleich: falsch, weil sich die Anfänge organisierter Interessenvertretung bis ins frühe 19. Jahrhundert zurückverfolgen lassen; richtig, weil die Interessenverbände erst nach der Gründung des Deutschen Reiches zu einem innenpolitischen Machtfaktor aufstiegen. Dazu trugen die Entfaltung eines Interessenverbandssystems und die Festigung der Verbandsorganisation ebenso bei wie Machtgewinn und Funktionszuwachs der Verbände im Herrschaftssystem.«[108]

Der frisch aus der Taufe gehobene deutsche Nationalstaat war keine Errungenschaft einer demokratischen Bewegung gegen die alten Mächte. Er blieb in vielem ein feudaler Obrigkeitsstaat – Machtzentrum des Reiches war das Königreich Preußen, dessen staatstragende Schichten auf die Monarchie eingeschworen waren: das Militär, die Beamtenschaft, die Vertreter der Staatskirche und die Bildungsschicht der Universitäts- und Gymnasialprofessoren, aber auch die neue Elite der Industriellen, Großbankiers und Großkaufleute.

Von erheblicher Bedeutung war der nach der Reichsgründung entstehende einheitliche Geld- und Kapitalmarkt, hatten bis dahin doch noch sieben verschiedene Münz-Rechensysteme bestanden. Die neu eingeführte Goldwährung stand unter der Überwachung der Reichsbank. Da im besten liberalen Sinne zugleich die Kapitalmarktregulierungen nahezu abgeschafft, die Konzessionspflicht für Aktiengesellschaften aufgehoben und die Börsen von staatlicher Einflußnahme verschont wurden, herrschten für das Industrie- und Finanzkapital fast perfekte gründerzeitliche Bedingungen.

Die Selbstzufriedenheit und den Egoismus der neureichen »Gründer«-Bourgeoisie karikierte der alte Hoffmann von Fallersleben in *Gründers Mittagslied*:

Ich bin ein Gründer, froh und frisch,
Schon heute setz ich mich zu Tisch,
Als dürft ich weiter mich nicht quälen,
Als meine Zinsen nur zu zählen.

Was gehet das Verdienst mich an?
Nur der Verdienst ist noch mein Mann,
Ich will mir flechten selbst zum Lohne
Aus Aktien eine Bürgerkrone.

Nach dem »Gründerkrach« im Sommer/Herbst 1873 und der dann folgenden ökonomischen Depressionsperiode nahmen die wirtschaftspolitischen Auseinandersetzungen im Kaiserreich deutlich zu und wurde die bis dahin gepflegte Trennung von staatlicher und wirtschaftlicher Sphäre problematisch. Dem »Laisser-faire-Kapitalismus« des dominanten Wirtschaftsliberalismus fehlten staatliche Interventionen – aus der Sicht des unter elenden Bedingungen existierenden Proletariats sowieso, aus der Sicht der konkurrenzkapitalistischen Kreise jedoch nicht minder. Offen blieb, welcher Art sie sein würden. Für die Wirtschaftsinteressenträger aller Branchen hieß es, sich in Fach-, Regional- und Spitzenverbänden zu organisieren, um eine nachteilige Gesetzgebung oder Nichtberücksichtigung bei Subventionsvergaben nach Kräften zu verhindern. Und wie reagierte die Arbeiterklasse?

Mann der Arbeit, aufgewacht!

Mitten in der Gründerkrise entschlossen sich die beiden Hauptrichtungen der deutschen Arbeiterbewegung, ihre ideologischen Zwiste zu begraben und sich zu vereinigen. Das geschah im Mai 1875, als in Gotha aus der Sozialdemokratischen Arbeiterpartei und dem Allgemeinen Deutschen Arbeiterverein die »Sozialistische Arbeiterpartei Deutschlands« hervorging, die sofort eine gesamtnationale Organisation schuf.

Zur selben Zeit verbündeten sich die zuvor divergenten wirtschaftspolitischen Interessen der Großindustriellen und der Agrarjunker. Vor allem die rheinisch-westfälische Schwerindustrie hatte ihren Produktionsausstoß nach der Reichsgründung so rapide gesteigert, dass ihr der Binnenmarkt allein nicht mehr ausreichte, zumal die Preise krisenbedingt sanken. Die Großagrarier wiederum, die sich zuvor als Freihändler geriert hatten, forderten aufgrund der anwachsenden Importe von preiswertem Getreide plötzlich Getreidezölle. Viele von den damals bereits mehr als tausend (kleineren) freien landwirtschaftlichen Vereinen unterstützten die Einführung von Schutzzöllen, hatten aber direkt nur wenig Einfluss auf die Entscheidungsträger im Kaiserreich.

Es war jedenfalls kein Zufall, als 1876 – neben zahlreichen anderen neu gegründeten Verbänden – von den Getreideproduzenten der »Verein der Wirtschafts- und Steuerreformer« und den Großindustriellen der »Centralverband Deutscher Industrieller« auf die historische Bühne gehoben wurden, die bei der Regierung und beim »Eisernen Kanzler« auf wirtschaftspolitische Interventionen und speziell auf die Einführung hoher Schutzzölle drängten.

Eine Art Privatministerium

Der »Centralverband Deutscher Industrieller« war das Ergebnis eines Konzentrationsprozesses im industriellen Bereich. Er entstand unter der Federführung des »Vereins Süddeutscher Baumwollindustrieller«, des »Vereins Deutscher Eisen- und Stahlindustrieller« und nicht zuletzt des 1871 gegründeten, legendären »Langnamvereins« – dem »Verein zur Wahrung der gemeinsamen wirtschaftlichen Interessen in Rheinland und Westfalen«. Der neue Spitzenverband sollte vor allem einen handels- und zollpolitischen Kurswechsel durchsetzen und pflegte deshalb intensive Kontakte zu Regierung und Verwaltung, die ihn bald zu einer Art Privatministerium machten. Natürlich stand er in engem Kontakt zu den beiden Dachorganisationen der Arbeitgeber, der »Hauptstelle Deutscher Arbeitgeberverbände« und dem »Verein Deutscher Arbeitgeberverbände«.

Protektionismus und hohe Schutzzölle waren nun einerseits den Liberalen ein Dorn im Auge und galten andererseits der gerade neu formierten Arbeiterbewegung als Kampfansage, da sie zu einer Verteuerung der Lebenshaltungskosten führen mussten. Bismarck, der wegen des »Kulturkampfes« gegen die katholische Kirche und die hinter ihr stehenden Kreise des süddeutschen Adels nicht auf die Stimmen der (katholischen) Zentrumspartei zählen konnte, steckte folglich in einem Dilemma. Gegen die Stimmen der Liberalen und Sozialdemokraten war eine Durchsetzung hoher Schutzzölle unmöglich. Als im Mai 1878 zwei Attentate auf Kaiser Wilhelm I. verübt wurden, nutzte Fürst Bismarck den Vorfall als willkommenen Vorwand für ein perfides politisches Manöver.

Der nützliche Staat

Obwohl die Arbeiterbewegung, wie sich später herausstellte, nichts mit den Attentaten zu tun hatte, ließ der Kanzler den Reichstag auflösen und Neuwahlen ausschreiben. Zwar verlor trotz dieser Sozialistenhetze die Arbeiterpartei nur wenige Wählerstimmen, die Nationalliberalen zeigten sich angesichts der vielbeschworenen »roten Anarchie« nun aber bereit, das von Bismarck eingebrachte »Gesetz gegen die gemeingefährlichen Bestrebungen der Sozialdemokratie« zu unterstützen.

Das Sozialistengesetz wurde im Oktober 1878 beschlossen und verbot – in einer eklatanten Verletzung liberalen Rechtsdenkens – Vereine, Druckschriften und Versammlungen, »die durch sozialdemokratische, sozialistische oder kommunistische Bestrebungen den Umsturz der bestehenden Staats- und Gesellschaftsordnung bezwecken«. Lediglich die Aufstellung von Kandidaten für die Parlamente des Reiches, der Länder und Städte blieb der Arbeiterbewegung weiterhin möglich.

Ein knappes Jahr später gelang es (dem vermögenden Gutsbesitzer) Fürst Bismarck, die Schutzzölle für Eisen und Getreide im Reichstag durchzubringen – wenn auch gegen die Stimmen eines Teils der Nationalliberalen. Der »Centralverband Deutscher Industrieller« hatte damit sein wichtigstes Gründungsziel erreicht.

Fürst Bismarck schwebten in diesen Jahren noch einschneidendere staatsinterventionistische Maßnahmen vor, die bei den freihändlerischen Liberalen auf entschiedenen Widerstand stießen. Er bereitete eine Sozialgesetzgebung vor, vordergründig, um dem wachsenden Einfluss der Sozialdemokratie das Wasser abzugraben, letztlich aber im Sinne einer Stabilisierung der bestehenden Ordnung durch das »Zuckerbrot« staatlicher Schutzmaßnahmen. Dem Schriftsteller Moritz Busch, der die Arbeit des Kanzlers publizistisch unterstützte, verdeutlichte er im Januar 1881 seine Gedanken:

»Doch da fällt mir ein, wenn Sie mein neues Arbeitsversicherungsgesetz freundlich besprechen wollten, so würde ich Ihnen sehr dankbar sein. Die Liberalen werden nicht recht daran wollen, und ihre Presse greift meine Vorschläge an. Die Regierung soll sich in solche Sachen nicht mengen, laissez aller. Die Sache muss, aber angeregt werden, und der jetzige Vorschlag ist nur ein Anfang, ich habe mehr vor. […]

Aber einmal musste ein Anfang gemacht werden mit der Versöhnung der Arbeiter mit dem Staate. Wer eine Pension hat für sein Alter, der ist viel zufriedener und viel leichter zu behandeln als wer darauf keine Aussicht hat. [...] Derartige Pläne würden zu ihrer Ausführung große Summen erfordern, wenigstens hundert Millionen Mark, wahrscheinlich aber zweihundert. Aber auch dreihundert Millionen würden mich nicht abschrecken. Es müssen die Mittel geschafft werden, staatlich freigebig zu sein gegen die Armut. Die Zufriedenheit der besitzlosen Klassen, der Enterbten, ist auch mit einer sehr großen Summe nicht zu teuer erkauft. Sie müssen einsehen lernen, daß der Staat auch nützlich ist, daß er nicht bloß verlangt, sondern auch gibt. Und wenn er die Sache in die Hand nimmt, der Staat, der nichts verdienen will, keine Verzinsung und keine Dividende erstrebt, so wird es schon gehen. [...]

Die Fortschrittspartei und Clique der Manchesterpolitiker, deren Vertreter des mitleidlosen Geldsacks, sind immer unbillig gewesen gegen die Armen, sie haben immer nach Kräften dahin gewirkt, daß der Staat verhindert werde, sie zu schützen. Laissez faire, möglichst viel Selbstregierung, Unbeschränktheit, Gelegenheit zur Aufsaugung des kleinen Geschäfts durch das Großkapital, zur Ausbeutung der Unwissenden und Unerfahrenen durch die Klugen und Geriebenen. Der Staat soll bloß Polizei sein, besonders für die Ausbeuter.«[109]

Im Laufe der 1880er Jahre setzte Bismarck seine Sozialgesetzgebungspläne zielstrebig durch. 1883 trat das Gesetz über die Krankenversicherung inkraft, 1884 das über die Unfallversicherung und 1889 das über die Invaliden- und Altersversicherung. (Es ist bemerkenswert, dass die Sozialdemokratie, die mit diesen Gesetzen politisch ausgehebelt werden sollte, ein gutes Jahrhundert später im Bündnis mit den Grünen damit begann, den Sozialstaat, »der keine Verzinsung und keine Dividende erstrebt«, von einschlägigen Verpflichtungen zugunsten des Finanzkapitals zu »entlasten«.)

So erfolgreich die Sozialgesetzgebung auch war; als Versuch, die Arbeiterbewegung zu schwächen, schlug sie fehl. So konnte die Sozialdemokratie 1884 die Zahl ihrer Abgeordneten verdoppeln. Im selben Jahr kam es zur Gründung der Zentralgewerkschaft »Allgemeiner Deutscher Metallarbeiterverband«, die vom Staat bereits 1885 mit Hilfe des Sozialistengesetzes wieder zerschlagen wurde.

Und auch die Unternehmerseite rüstete. Der machtvollste Streik des

19. Jahrhunderts, an dem sich im Mai 90 000 Bergarbeiter und 60 000 Steinkohlenarbeiter zur Durchsetzung der Acht-Stunden-Schicht, von Lohnerhöhungen und der Verbesserung der Arbeitsbedingungen beteiligten, verfehlte seine Wirkung auf das Industriekapital und seine patriarchalisch agierenden »Kapitäne« nicht. Hatte es 1888 erst vier Arbeitgeberverbände gegeben, so waren es 1890 bereits 29. Sie spezialisierten sich auf Streikversicherungen, Aussperrungen, Anwerbung von Streikbrechern, das Erstellen schwarzer Listen und die Erpressung von Gewerkschaftsaustritten.

Ganz anders waren die Interessen der aufstrebenden Fertigindustrie gelagert. Sie war exportorientiert und forderte langfristige Handelsverträge mit möglichst niedrigen Rohstoff- und auch Agrarzöllen. Auch beschäftigte diese Industrie deutlich mehr gelernte und gewerkschaftlich organisierte Arbeiter.

Betrieb die Schwerindustrie eine aggressiv gewerkschaftsfeindliche – wenn auch durch diverse »entgegenkommende« Sozialleistungen wie Arbeitersiedlungen gemilderte – und selbstherrliche Unternehmenspolitik, so konnte sich die Fertigindustrie dies nicht leisten. Sie setzte sich notgedrungen mit den Forderungen der Arbeiterbewegung auseinander. Das führte 1904 zur Gründung des »Vereins Deutscher Arbeitgeberverbände«, der dem ebenfalls 1904 gegründeten, industrielastigen Spitzenverband »Hauptstelle Deutscher Arbeitgeberverbände« konkurrierend gegenüberstand.

Krautjunker und Schlotbarone

Im Januar 1890 wurde die Verlängerung des Sozialistengesetzes im Reichstag abgelehnt, und die Sozialdemokratie ging aus den Februarwahlen als stärkste Partei hervor. Bismarck trat unter dem Druck des jungen Kaisers Wilhelm II. zurück. Neuer Reichskanzler wurde General von Caprivi, der sich als »Mann ohne Ar und Halm« anpries und den Export deutscher Industrieprodukte fördern wollte. Die Reaktion des alarmierten Großgrundbesitzes folgte prompt durch die Gründung des »Bundes der Landwirte« (1893), der innerhalb eines Jahres 180 000 Mitglieder gewann. Caprivi senkte den Zoll auf die Getreideeinfuhr und löste damit einen Preissturz von rund dreißig Prozent sowie eine zehnjährige Agrarkrise aus. Denn den sinkenden Preisen standen in der Landwirtschaft steigende

Kosten gegenüber: die beginnende Mechanisierung, der Einsatz künstlicher Düngemittel und auch die zu leistenden Sozialbeiträge erforderten höhere Finanzmittel, zudem hatten sich viele Landwirte mit Hypothekardarlehen verschuldet und standen somit bei rückläufigen Ertragswerten am Rande des Konkurses.

Die Junker kämpften in den 1890er Jahren mehr oder weniger um ihr wirtschaftliches wie auch politisches Überleben, und die Verteilungskämpfe wurden mit härteren Bandagen geführt. Immerhin konnten die Junker bei den Schwerindustriellen und deren Verbänden auf Unterstützung in der Zollschutzfrage hoffen. Und so entstand das Bündnis von »Roggen und Eisen« bzw. von »Krautjunkern und Schlotbaronen«, das über ein halbes Jahrhundert halten sollte.

Die reichsweit und zunehmend schlagkräftiger agierende Mitgliederorganisation »Bund der Landwirte« forderte vor allem die Förderung durch Subventionen und Verkaufsmonopole, sie verlangte hohe Agrarzölle und eine Einengung der Freizügigkeit der Landarbeiter, die ihr Heil zunehmend in den Industriebetrieben suchten. Eine Änderung der Zolltarife erfolgte aber erst im Jahre 1902 unter Reichskanzler Bülow (durch den Bülow-Tarif), als auch die bessere konjunkturelle Lage wieder für ein Durchatmen in der Landwirtschaft sorgte.

Der »Bund der Landwirte«, entstand zu einer Zeit, als sich die gesamtwirtschaftliche Bedeutung des Agrarsektors deutlich reduziert hatte. (Beschäftigte die Landwirtschaft um 1870 noch rund die Hälfte der arbeitsfähigen Bevölkerung, war es zu Beginn des 20. Jahrhunderts nur mehr ein gutes Drittel.) In der Hauptverwaltung des hervorragend organisierten Verbandes arbeiteten mehr als 350 Angestellte; diverse Einkaufsgenossenschaften offerierten den preisgünstigen Bezug von Waren; Zeitschriften und Zeitungen wie die *Deutsche Tageszeitung* sorgten für die publizistische Beförderung der Verbandsziele; ein Presse- und politischer Hilfsdienst, fest engagierte Wanderredner und die Organisation unzähliger Protest- und Propagandaveranstaltungen ergänzten die Lobbying-Palette. Kurz, der »Bund der Landwirte« sorgte für die Bereitstellung all dessen, was ihm geeignet schien, auf Öffentlichkeit, Parteien, Parlamente, Kanzler und Kaiser möglichst umfassend Einfluss zu nehmen. Die keineswegs unproblematische Verbandsideologie, mit welcher der »Bund der Landwirte« die geforderte Subventionspolitik begründete, ist von Hans-Peter Ullmann zusammengefasst worden. Der Verband beschwor die Solidarität aller Landwirte, ungeachtet der erheblichen Interessengegensätze zwischen Groß- und Kleinbesitzern, und er behauptete den Vorrang des Agrarsektors vor allen anderen Wirtschaftsbereichen. Zugleich betonte er die Einheit der Mittelstandsbewegung und verstand sich als ihr eigentlicher Kern. Der Bund, der sich als christlich-monarchische und antisozialistische Vereinigung präsentierte, huldigte auch einem militanten Antisemitismus, mit dem er an traditionelle antijüdische Feindbilder in der Landbevölkerung anknüpfte.[110]

Zur Jahrhundertwende hatte der »Bund der Landwirte« sein Ziel, vor allem die konservativen Parteien für seine Ziele einzuspannen, erreicht. Konnten 1898 erst 118 von 397 Reichstagsabgeordneten auf das Programm des »Bundes« verpflichtet werden, so waren es 1908 bereits mehr als die Hälfte. Insbesondere die Deutsch-Konservative Partei, als deren Hauptfinanzier der Bund agierte, sorgte in der Folgezeit dafür, dass sich die nationalistischen und antisemitischen Positionen vor allem im konservativen Lager im wachsenden Maße radikalisierten.

Neue Lobbys und Kurskorrekturen

Zu den Förderern der konservativen Parteien zählten seit den 1880er Jahren auch die Handwerker und Gewerbetreibenden, die nach der Reichsgründung mit ihren Verbänden keine wirksamen Lobbyerfolge erreicht hatten. 1883 nahm mit dem »Allgemeinen Deutschen Handwerkerbund« dann eine Interessenorganisation die Arbeit auf, die spektakuläre Massenversammlungen und Petitionskampagnen zu organisieren verstand. Nachdem sich der Handwerkerbund mit dem 1885 gegründeten »Zentralausschuß der Vereinigten Innungsverbände Deutschlands« auf gemeinsame Vorstöße bei Regierung und Reichstag geeinigt hatte, erfolgte im Laufe der 1890er Jahre auch die erwünschte »Kurskorrektur« der Politik.

Das Handwerksgesetz von 1897 sah die fakultative Zwangsinnung vor und sorgte durch die Einbindung der Handwerkskammern als Körperschaften öffentlichen Rechts für neue Selbstverwaltungsbefugnisse. Hinzu kamen die neuen Spitzenverbände der Kleinhändler – der »Zentralvorstand kaufmännischer Verbände und Vereine Deutschlands« (1888) und der »Deutsche Bund für Handel und Gewerbe« (1899). Letzterer kämpfte vor allem gegen den »unlauteren Wettbewerb« der Großunternehmen.

Mitte der 1890er Jahre begann in Deutschland eine Phase des beschleunigten wirtschaftlichen Aufschwungs. Das Deutsche Reich wurde nach den USA zur zweitgrößten Industrie- und nach England zur zweitgrößten Handelsmacht. Kennzeichnend für diese Phase war die Ausbildung von Kartellen. Existierten zur Reichsgründung keine zehn, gab es um 1911 bereits knapp sechshundert. So entstand im Bereich der Schwerindustrie 1893 das »Rheinisch-Westfälische Kohlensyndikat«, 1901 das »Oberschlesische Roheisensyndikat«, 1904 das »Roheisensyndikat« in Düsseldorf und 1910 schließlich der »Roheisenverband«, der bald darauf fast die gesamte Roheisenproduktion des Kaiserreiches beherrschte. Auch die jungen Industriezweige, die Chemie- und Elektroindustrie, vollzogen schon aufgrund ihrer hohen Aufwendungen für Forschung und Entwicklung einen raschen Konzentrationsprozeß. Siemens und AEG beherrschten den nationalen und internationalen Markt, und die sechs größten deutschen Chemiekonzerne schlossen sich bis 1908 zu zwei Monopolverbänden zusammen (die Vorläufer der 1925 konstituierten IG-Farben AG.) Die prosperierende chemische Industrie sowie die exportorientierte mittelständische Industrie fühlten sich übrigens im »Centralverband« nicht gut aufgehoben, war dieser doch von der an Schutzzöllen interessierten Montanindustrie dominiert. Die Mittelständler unterstützten deshalb die Gründung eines konkurrierenden Verbandes. Er nahm 1895 unter dem Namen »Bund der Industriellen« die Arbeit auf, fristete jedoch kaum mehr als ein Schattendasein (und verschmolz sich 1919 wieder mit dem »Centralverband«),

Die durch das Sozialistengesetz lange Jahre in ihrer freien Entwicklung gehemmte Arbeiterbewegung reagierte in den 1890er Jahren merklich auf die Monopolisierungstendenzen in der Wirtschaft. Allerdings war der gewerkschaftliche Organisationsgrad noch ziemlich gering – bis zur Jahrhundertwende betrug er kaum mehr als fünf Prozent. 1892 verständigten sich die Einzelgewerkschaften auf die Einrichtung eines nationalen Führungsgremiums: die »Generalkommission der Gewerkschaften Deutschlands«. Sie wurde unter der Führung von Carl Legien und mit mehr als 2,5 Millionen Mitgliedern im Jahre 1913 zur größten Arbeitnehmerorganisation in Europa (die »Christlichen Gewerkschaften« und der liberale »Hirsch-Dunkersche Gewerkverein« erlangten keine größere Bedeutung). Der Organisationsgrad stieg jedoch nur langsam. 1913 belief er sich auf rund zwölf Prozent.

Dem industriellen Konzentrationsprozeß entsprach mehr oder weniger zeitgleich die Entwicklung des deutschen Bankwesens. Waren bei der Reichsgründung die rund 1300 Kreditinstitute noch weit überwiegend unabhängige, von Privatbankiers bzw. Sozietäten geführte Banken, so wurde der Finanzmarkt kurz vor dem Ersten Weltkrieg bereits von fünf großen Konzernen beherrscht – nicht zuletzt von der Deutschen Bank AG.

Bankenlobby

Bemerkenswert ist, dass die Bankiers vor der Jahrhundertwende auf die großen wirtschaftspolitischen Entscheidungen so gut wie kein gezieltes Lobbying ausübten. So ging weder die Verstaatlichung der Eisenbahnen, von der viele Banken profitierten, von ihnen aus, noch protestierten sie wahrnehmbar gegen für sie so ungünstige gesetzliche Neuregelungen wie die Novellierung des Aktienrechtes 1884 oder gegen die 1885 eingeführten Börsensteuern und die 1896 erlassene starke Einschränkung des lukrativen Terminhandels. Das änderte sich, als die schwer zu organisierende Struktur hunderter miteinander konkurrierender Banken gleich doppelt unter Druck geriet. Der Finanzwissenschaftler Morten Reitmayer beschreibt es so:

»Mitte der 1890er Jahre kamen sowohl das deutsche Bankwesen als auch das Verhältnis zwischen Staat und Finanzwelt nachhaltig in Bewegung. Dies führte auf ganz unterschiedlichen Wegen zur Erosion der bislang dominierenden besitzindividualistischen Einstellung. Das Entstehen von Bankkonzernen schuf innerhalb eines recht kurzen Zeitraums – etwa zwischen 1895 und 1904 – aus den bestehenden, aber noch relativ losen Beziehungen ein System von direkten, hierarchisch organisierten und institutionalisierten Abhängigkeitsverhältnissen. Gleichzeitig wurde die Bankenwelt tief in die damaligen politischen Auseinandersetzungen verwickelt und sah sich mit massiven Forderungen nach staatlichen Interventionen in die Geld- und Kapitalmärkte konfrontiert.«[111]

Das neue Jahrhundert war gerade angebrochen, da sorgten die Manager der großen Aktienbanken für die Gründung des »Centralverbands des

Deutschen Bank- und Bankiergewerbes«, den sie dann auch beherrschten. Zwar fand der neue Spitzenverband unter den rund 3500 selbständigen Bankiers wenig Anklang, weil er ihrer Meinung nach nur den Interessen der Großbanken diente. Er gewann dennoch allmählich öffentliche (durch »Bankiertage«) wie auch parlamentarische Kontur.

Bei den Reichstagswahlen 1903 gewannen die ersten beiden Vertreter der Hochfinanz Sitze im Reichstag: Johannes Kaempf von der Darmstädter und Karl Mommsen von der Mitteldeutschen Kreditbank. Ihre parlamentarische Tätigkeit bestand fast ausschließlich aus gezieltem Lobbying, und dafür waren sie als »interne« Lobbyisten bestens gerüstet. Kaempf saß zugleich im geschäftsführenden Ausschuss der Freisinnigen Volkspartei, im Börsenausschuss des »Reichsverbandes der Deutschen Industrie« und wirkte als Präsident des »Deutschen Handelstages«; Mommsen war Mitglied im geschäftsführenden Ausschuß der Freisinnigen Vereinigung sowie im »Centralverband des deutschen Bank- und Bankiersgewerbes«. Beide wurden ab 1909 auch maßgeblich im »Hansa-Bund« aktiv, der noch vor dem Krieg zu einer deutlichen Machtverlagerung im bürgerlichen Lager beitragen sollte.

Der »Hansa-Bund« entstand, nachdem der Centralverband 1908 eine Novellierung des Börsengesetzes mitbewirkt und in der Bankenenquête von 1908/09 mit eigenen Vertretern so zahlreich vertreten war, dass er die geplanten staatlichen Interventionen abwehren konnte. Weil sich aber zeigte, dass die Interessen der »Krautjunker« und »Schlotbarone« mit den Interessen der Finanzindustrie nicht übereinstimmten – so konnte eine Mehrheit von Konservativen und Zentrumpolitikern eine neue Steuer auf den Bankverkehr durchsetzen –, verbündeten sich die Bankiers mit der Fertigindustrie. Heraus kam 1909 der »Hansa-Bund für Gewerbe, Handel und Industrie«, bei dem die Bankiers umgehend die entscheidenden Vorstandspositionen besetzten.

»Die Wahlkampffonds des Hansa-Bundes waren rund doppelt so hoch wie des Bundes der Landwirte und vor allem auch umfangreicher als die des Centralverbands Deutscher Industrieller. Von besonderer Bedeutung für die liberalen Parteien war dabei, dass diese Gelder den notorisch unterfinanzierten Linksliberalen und dem linken Flügel und der Mitte der Nationalliberalen zuflossen, die von den Zuwendungen des Centralverbands Deutscher Industrieller ausgeschlossen waren.«[112]

Die Erfolge des »Hansa-Bundes« bei den Reichstagswahlen von 1912 konnten sich sehen lassen. Im Haus des Abgeordneten Karl Mommsen, des Vorstandssprechers der Mitteldeutschen Creditbank, kam auch das Stichwahlabkommen zwischen Linksliberalen und Sozialisten zustande. Der Sieg der Sozialisten (die Kaiser Wilhelm II. sechs Jahre zuvor noch hatte »abschießen« lassen wollen) sorgte bei den bürgerlichen Parteien und Schichten für beträchtliche Unruhe. Vor allem gelang es so, die Versuche der konservativen Parteien, eine Börsenumsatz- und Dividendensteuer einzuführen, erfolgreich abzublocken.

Am Vorabend des Ersten Weltkrieges spielte die Finanzindustrie auf Verbands- wie auf politischer Ebene genauso entscheidend mit, wie in der deutschen Wirtschaft. Allein die vier – inzwischen auch international tätigen – »D-Banken«: Deutsche Bank, Disconto-Gesellschaft, Dresdner Bank und Darmstädter Bank (eigentlich: Bank für Handel und Industrie), kontrollierten zwei Drittel des Eigenkapitals aller deutschen Kreditbanken. Darüber hinaus waren sie mit den ebenso hoch konzentrierten wichtigen Industrien verflochten und in deren Aufsichtsräten maßgeblich vertreten.

Während die Zahl der Aktiengesellschaften stetig stieg – 1913 waren es knapp 6000 – beschäftigten bereits über sechshundert Unternehmen mehr als 1000 Lohnabhängige. Das entsprach gut einem Zehntel aller Erwerbstätigen. Die 1811 gegründete Gußstahlfabrik von Friedrich Krupp beispielsweise wurde 1903 in eine Aktiengesellschaft umgewandelt. Die berühmte »Kanonenschmiede« hatte zu dieser Zeit allein rund 45 000 Menschen auf ihren Lohn- und Gehaltslisten.

Kaisers Lobby braucht das Land?

Nun erwiesen sich für das Kapital, das nach Expansion strebte, die Grenzen des jungen deutschen Nationalstaates als hinderlich und stieg das Verlangen nach günstigen Bodenschätzen, an denen es Deutschland mangelte. Eben deshalb nahm in den 1890er Jahren unter dem frischgebackenen Kaiser Wilhelm II. jene »Weltpolitik« ihren Lauf, die, wie der Kaiser formulierte, den »deutschen Platz an der Sonne« erkämpfen sollte. Der Anspruch, eine Weltmacht zu sein, wurde von nationalistischen deutschen Professoren publizistisch unterstützt und von maßgebenden Spitzenverbänden im Reich gefördert, die im wohlverstandenen Eigeninteresse zur »volkswirtschaftlichen Grundlage der deutschen Weltpolitik« beitragen wollten. 1891 entstand als Speerspitze der nationalistischen Sammlungsbewegung der »Alldeutsche Verband«, der für die Errichtung eines mitteleuropäischen Reiches unter deutscher Führung warb, das sich zugleich ein Kolonialreich in Übersee errichten sollte. (Der Verband wurde im wesentlichen von Ruhrgebietsindustriellen um Emil Kirdorf und Alfred Hugenberg finanziert.)

Zum ersten großen Beispiel privater wie staatlich gelenkter Propaganda wurde der 1898 vom »Centralverband Deutscher Industrieller« und von einigen Reedern, Werftbesitzern und Kaufleuten ins Leben gerufene »Deutsche Flottenverein«. Er unterstützte die expansive Flottenpolitik Wilhelms II. und des Admirals von Tirpitz, sollte doch die Flotte als Garant des deutschen Weltmachtanspruchs fungieren. 1914 zählte der Flottenverein mehr als eine Million Mitglieder – sie stammten überwiegend aus dem städtischen Bildungs- und Besitzbürgertum, der hohen Bürokratie und den Landräten.

Kurze Zeit darauf nahm der von Deutschland und seiner Kriegszielpolitik maßgeblich mitverschuldete Erste Weltkrieg seinen verheerenden Lauf. Übrigens auch mit Unterstützung der Sozialdemokraten, deren Reichstagsfraktion am 4. August den Kriegskrediten zustimmte. Und damit erwies sich, so der Historiker Fritz Fischer, »daß am Ende der Wilhelminischen Epoche selbst die beiden ursprünglich oppositionellen Parteien, Links-Liberale und Sozialdemokraten, in die bestehende Ordnung weitgehend hineingewachsen waren …«[113]

Den Befürwortern der kapitalistische und imperialen Ausrichtung des Kaiserreichs konnte das nur recht sein. Sie hatten mit den von ihnen der Politik vorsichtshalber an die Seite gestellten Verbänden und Lobbyisten – trotz zum Teil heftiger interner Interessenkonflikte – die bestehende Ordnung im Griff. Fritz Fischer beschreibt die prinzipielle »Identität von Wirtschaft und Politik« wie folgt:

»Wie in der Schwerindustrie, so traten sowohl in der Bankwelt als auch im Handel an die entscheidenden Positionen Wirtschaftsführer, für die meistens eine betont ›vaterländische‹ Haltung kennzeichnend war. Diese neue meinungsbildende, die Regierung in steigendem Maße beeinflussende Schicht war für das neue Deutschland charakteristisch. Sie erhielt um so mehr Einfluss, je mehr sich in der deutschen Politik neomerkantilistische Maximen durchsetzten.

Charakteristisch für die deutsche Unternehmerschicht ist es, dass diese Männer keineswegs, wie so oft behauptet worden ist, vollkommen abseits von den politischen Belangen und Zielsetzungen der Reichspolitik standen, sondern dass sie aktiv in die politische Meinungs- und Willensbildung einzugreifen vermochten. Sieht man die Listen der Abgeordneten der Parteien im Reichstag und noch mehr die des Preußischen Abgeordnetenhauses, der Konservativen, Freikonservativen, der Nationalliberalen und des Zentrums durch, so scheint der hohe Prozentsatz interessengebundener Vertreter von Landwirtschaft, Industrie, Handel usw. fast eine Identität von Wirtschaft und Politik darzustellen (waren doch zum Beispiel die Vertreter der Interessengruppen in den meisten Fällen zugleich Abgeordnete, am häufigsten als Nationalliberale).

Das Verhältnis von Wirtschaft und Politik wurde im Laufe der ersten Jahre des neuen Jahrhunderts immer enger, und zwar je mehr die politischen Grundanschauungen der führenden Industriellen, Bankiers und Verbandssekretäre mit denen des Bildungsbürgertums, der hohen Bürokratie sowie der Armee und Marine übereinstimmten.«[114]

Die Zahl der reichsweit tätigen Zentralverbände lag 1914 bei weit über vierhundert. Insgesamt dürften damals weit mehr als tausend gut organisierte Interessenverbände und zusätzlich eine hohe Zahl ihnen angegliederter Zweigverbände bestanden haben (genaue Zahlen liegen nicht vor).

Der eingebaute Lobbyist

Im Kaiserreich konnte sich das Interessenverbandssystem nicht nur umfassend entfalten, es gewann in Politik und Staat auch entscheidend an Macht. Grundlegend dafür war die steigende Professionalisierung vor allem der Dachverbände und mitgliederstarken Organisationen, die Einrichtung von Geschäftsstellen bzw. der personell wie finanziell immer besser ausgestatteten Verwaltungen.

Zur Verstetigung der Verbandsarbeit trugen um die Jahrhundertwende vor allem fest angestellte Funktionäre bei. So stieg in den Zentralverbänden der Gewerkschaften die Zahl der hauptberuflichen Funktionäre von rund 100 im Jahre 1899 auf mehr als 1600 im Jahre 1907. In den großen Wirtschafts- und Landverbänden machten insbesondere die Geschäftsführer von sich reden – etwa Henry Axel Bueck vom »Central-

138

verband Deutscher Industrieller«, Gustav Stresemann vom »Bund der Industriellen« oder auch Gustav Roesicke vom »Bund der Landwirte«.

Anders als in den Vereinigten Staaten mit seinen überwiegend außerhalb des Parlaments angesiedelten professionellen Lobbyisten entwickelte sich im autoritär-unvollendeten Verfassungsstaat unter Kaiser Wilhelm II. eine besondere Spezies, die »eingebauten Lobbyisten«. Das waren die zahlreichen Funktionäre von Verbänden und Kammern, die als Abgeordnete im Reichstag direkt an Entscheidungen mitwirkten oder die durch Postenrotation in die Bürokratie bzw. aus ihr heraus in die Interessenorganisationen gelangten.

Zusätzlich zu den bereits bewährten Methoden der Beeinflussung wie persönliche Netzwerke, Geldzuwendungen, Denkschriften, Petitionen und öffentlichkeitswirksame Kampagnen kam nun eine Neuerung hinzu: die Aufforderung von Politik und monarchischer Exekutive an die Verbände, an der Ausarbeitung von Gesetzen und Verordnungen mitzuwirken sowie die institutionalisierte Abrufung von »Sachverstand« durch die Bürokratie in Form von Beiräten und Kommissionen, in denen wiederum Lobbyisten zum Zuge kamen.

Der Reichstag und die sich zu Massenorganisationen wandelnden größeren Parteien standen ohnehin im Fokus der Wirtschaftsverbände. Hans-Peter Ullmann beschreibt das nähere Vorgehen: »Der erste Einflußkanal, um auf die Gesetzgebung einzuwirken, lief direkt zum Reichstag. Dabei bildeten sich Einflußtechniken heraus, die seitdem im parlamentarischen Geschäft üblich geworden sind. Vor allem entstanden Lobbys, die Kommissionsmitglieder, einzelne Abgeordnete sowie die Fraktionsführungen vor wichtigen Abstimmungen bearbeiteten. Sie boten den Parlamentariern nicht nur sachliche Information, die ihnen wichtig war, sondern setzten diese auch massiv unter Druck. Da wurden Beziehungen ausgespielt, Hilfen im Wahlkampf zugesagt oder wieder zurückgenommen, kurz alle Register der Beeinflussung gezogen. Dies ließ die Abgeordneten nicht unbeeindruckt, und oft änderte sich dadurch ihr Abstimmungsverhalten.

Ein zweiter Weg ging über die politischen Parteien. [...]

Das Verhältnis von Parteien und Verbänden gestaltete sich im kaiserlichen Deutschland außerordentlich ambivalent. Auf der einen Seite leisteten die Verbände den Parteien wichtige Dienste, indem sie Wählerstimmen mobilisierten und Wahlkämpfe finanzierten. Damit machten sich die Verbände bei den Parteien unentbehrlich und konnten ihre Leistungen in politischen Einfluß ummünzen. [...] Auf der anderen Seite stellte der Verbandseinfluß die Parteien vor wachsende Probleme. Er verstärkte die Interessengegensätze und erschwerte ihren innerparteilichen Ausgleich. Das zeigte sich nicht zuletzt bei der Nationalliberalen Partei. Sie war massiven Zerreißproben ausgesetzt, da sowohl agrarische wie mittelständische als auch industrielle Interessenverbände ihren Kurs zu beeinflussen suchten.«[115]

Kein gewerkschaftliches Problem?

Generell repräsentierten die drei Parteien der Rechten, die Deutschkonservativen, Freikonservativen und Nationalliberalen, aber auch das katholische Zentrum die wirtschaftlich, gesellschaftlich und politisch entscheidenden, kriegsgewillten Kräfte im Kaiserreich.

Einflußreiche Kreise des deutschen Kapitals strebten den Status einer »Weltmacht« an – wie aber reagierte die Arbeiterbewegung? Sie hatte die aus den imperialistischen Kräftegegensätzen entstehende Kriegsgefahr durchaus erkannt, wie die auf verschiedenen Kongressen der II. Internationale verabschiedeten Resolutionen zeigen. So hieß es in der unter der Leitung von August Bebel verabschiedeten Resolution des Stuttgarter Kongresses von 1907:

»Droht der Ausbruch eines Krieges, so sind die arbeitenden Klassen und deren parlamentarische Vertretungen in den beteiligten Ländern verpflichtet, [...] alles aufzubieten, um durch die Anwendung der ihnen am wirksamsten erscheinenden Mittel den Ausbruch des Krieges zu verhindern.«[116]

Der von Carl Legien geleitete »Internationale Gewerkschaftsbund« (Legien war zugleich Vorsitzender der »Generalkommission der freien deutschen Gewerkschaften«) lehnte es jedoch ab, die Kriegsfrage auf die Tagesordnung zu setzen, weil sie kein »gewerkschaftliches Problem« sei. Zwar demonstrierten zwischen dem 25. und 30. Juli 1914 fast eine halbe Million Gewerkschafter und Sozialdemokraten gegen den drohenden Krieg, und kam es schon vorher zu spontanen Streiks, insbesondere unter den Werftarbeitern. Doch bereits einen Tag nach der Verkündung der Generalmobilmachung beschloss die »Generalkommission« am 2. August

1914, alle Streiktätigkeit sofort abzubrechen und die Gewerkschaftsmitglieder für den Kriegseinsatz zu motivieren.

Kurz nach der deutschen Kriegserklärung an Rußland verfügte eine Konferenz der gewerkschaftlichen Verbandsvorstände des weiteren, für die Dauer des Krieges solle (im Sinne des von Kaisertum und Reichstag propagierten »Burgfriedens«) jeglicher Klassenkampf unterbleiben, um die beste »militärische Schlagkraft« zu erreichen. Die »Generalkommission«, stellte daraufhin alle Lohnkämpfe und die Zahlung von Streikgeldern ein. Die Sozialdemokratische Partei, die unter Anwendung des Fraktionszwanges gegen die Position einer Minderheit um Karl Liebknecht und Hugo Haase den Kriegskrediten und damit dem Angriffskrieg im Reichstag zugestimmt hatte, ließ es geschehen. Die Folgen dieser Politik zeigten sich noch vor dem Ende des Ersten Weltkriegs: die Partei spaltete sich.

VII. Lobbyismus in Weimar und im NS-Staat

Urteilsverkündung gegen Friedrich Flick im Nürnberger Prozeß (24. Dezember 1947).

Der Erste Weltkrieg, die Novemberrevolution und die Gründung der Weimarer Republik blieben für das in der imperialen Hochzeit des Kaiserreichs entstandene Interessenvertretungssystem nicht folgenlos. Es expandierte kräftig, steigerte seinen Organisationsgrad erheblich und nutzte die sich neu bietenden Einflußkanäle zur Funktionsausweitung im Herrschaftssystem.

Während des Krieges griff der Staat immer stärker in den Wirtschaftsprozeß ein, um die Versorgung der knapper werdenden Rohstoffe und Lebensmittel sicherzustellen sowie die Produktion von Munition, Waffen und anderem Kriegsgerät zu forcieren. Zwar blieben unter der Kriegsverwaltungswirtschaft die Produktionsmittel in privater Hand; die Kartelle und Wirtschaftsverbände wurden aber zu hoheitlich-selbstverwalteten Kriegsgesellschaften umfunktioniert, in denen Staatsbeauftragte und Industrievertreter zusammenarbeiteten und damit die wesentlichen Wirtschaftszweige kontrollierten. Als ein zentrales Instrument der deutschen Kriegswirtschaft fungierte die dem preußischen Kriegsministerium unterstellte »Kriegsrohstoffabteilung«, die unmittelbar nach Kriegsbeginn auf Initiative von Walther Rathenau, dem Sohn des AEG-Gründers Emil Rathenau, geschaffen wurde. Neben Rathenau wirkten auch andere Großindustrielle (als Beiräte) in ihr mit, so Emil Kirdorf, Hugo Stinnes und August Thyssen. Diese Überbehörde verfolgte das Ziel, alle kriegswichtigen Rohstoffe für den Einsatz im Krieg verfügbar zu machen, dies auch durch massenhafte Requirierung von Rohstoffen in den okkupierten Ländern, womit sich das Deutsche Reich über die Normen des Völkerrechts hinwegsetzte. Ungeachtet aller Requirierungs- und Kontrollmaßnahmen trat der deutsche Rohstoffmangel im Kriegsverlauf jedoch immer deutlicher zutage; es gelang der deutschen Kriegswirtschaft zu keinem Zeitpunkt, den Ressourcen der Entente-Mächte auch nur entfernt Paroli zu bieten.

Die vor Kriegsbeginn in wirtschaftspolitischen Einzelfragen selten einigen und entsprechend rivalisierenden Verbände entschlossen sich zur Gründung eines gemeinsam getragenen »Kriegsausschusses der deutschen Industrie«. Unter seiner Aufsicht und Leitung übernahmen die bestehenden Fachverbände sowie eine wachsende Zahl speziell neu gegründeter Branchenverbände die mit der Kriegswirtschaft verbundenen Organisations- und Verteilungsaufgaben. Da sich durch diese Maßnahmen auch erwies, dass zum einen die Interessenunterschiede zwischen den einzelnen Industriezweigen durchaus vermittelbar waren, und zum anderen ein gemeinsames Vorgehen erheblich mehr Einfluss auf Staat und Politik sicherte, beschlossen die beiden Dachverbände der Industrie sowie der »Verein zur Wahrung der Interessen der chemischen Industrie Deutschlands«, ihre Zusammenarbeit nach Kriegsende zu verstetigen.

Durch die Funktionsübernahme staatlicher Aufgaben erhöhte sich der politische Stellenwert der Wirtschaftsverbände und der Einfluss ihrer Funktionäre. Aber auch die Gewerkschaften – von Staats wegen bis zum Kriegsbeginn bestenfalls geduldet – wurden nun zu einem wichtigen Partner bei dieser »Durchkapitalisierung des Staates«.

Hoheitliche Lobbyaufgaben

Nach dem chauvinistischen Taumel der ersten Kriegsmonate folgte bei vielen Soldaten und auch bei den Zivilisten im Lande die große Ernüchterung. Die grausamen »Materialschlachten« des Stellungskrieges – allein bei den Schlachten um Verdun (Frühjahr 1916) und an der Somme (Sommer und Herbst 1916) verloren fast zwei Millionen Soldaten auf beiden Seiten ihr Leben – verdeutlichten die Sinn- und Aussichtslosigkeit des Angriffs- und Erschöpfungskrieges.

In Deutschland verschlechterte sich 1916 die Versorgungslage rapide, auf dem Land brachen Hungerunruhen aus, in den Großbetrieben kam es vermehrt zu Streiks und in den Städten zu Protestmärschen. Die Oberste Heeresleitung plante jedoch ungerührt neue Aufrüstungsvorhaben und – zur Befriedung der Arbeiterklasse – das »Gesetz für den vaterländischen Hilfsdienst«. Da der damit verbundene Arbeitszwang jedoch nicht gegen die Gewerkschaften durchgesetzt werden konnte, sondierte die Oberste Heeresleitung im November 1916 die Lage in verschiedenen

Geheimverhandlungen mit den im Parlament vertretenen Parteien und den Gewerkschaftsvorständen.

Diese lobbyistische Maßnahme zahlte sich bald aus. Nach längeren Verhandlungen und Lesungen im Parlament wurde das »Knebelgesetz« verabschiedet. Es hob die Freizügigkeit aller männlichen Arbeitskräfte zwischen 17 und 60 Jahren auf. Zur Regelung der Arbeitsverhältnisse bestimmte das Gesetz betriebliche und regionale Ausschüsse, wobei in letzteren, und unter militärischem Vorsitz, Arbeitgeberverbände und Gewerkschaften paritätisch vertreten waren. Zudem wurde Alexander Schlicke, der Vorsitzende des Metallarbeiterverbandes, und als erster Gewerkschaftsfunktionär überhaupt, zum Vorsitzenden eines Unterausschusses des Kriegsamtes ernannt. Damit erfüllte nun auch die Gewerkschaftsbewegung hoheitliche Aufgaben, war sie als staatstragende Kraft anerkannt.

Im Frühjahr 1917 traten die USA in den Krieg ein, die Kriegsgegner verließen die Sozialdemokratische Partei und gründeten die Unabhängige Sozialdemokratische Partei Deutschlands (USPD), der vorangegangene »Steckrübenwinter« zog neue Streiks nach sich. Im Juli nahm die Mehrheit im Reichstag eine »Friedensresolution«, ohne allerdings die Bedingungen des befürworteten Verständigungsfriedens zu formulieren. Selbst die Funktionäre der freien Gewerkschaften lehnten nach wie vor »einen Frieden um jeden Preis« ab. Erst im September 1918 wurde – nach weiteren Streiks und Massendemonstrationen – auch in Verlautbarungen der Obersten Heeresleitung deutlich, dass der Krieg nicht mehr zu gewinnen sei. Am 3. November 1918 erhoben sich in Kiel die Matrosen und läuteten damit die Revolution ein. Sie entzog einer Kriegsverlängerung endgültig den Boden und bereitete dem deutschen Kaiserreich das Ende. Nachdem Kaiser Wilhelm II. das Weite gesucht hatte, begann das Ringen um die zukünftige Ordnung Deutschlands.

Die Begleitumstände dafür waren erschreckend. Über zwei Millionen Kriegstote und mehr als vier Millionen Verwundete beklagte das Land. Die Industrieproduktion war gegenüber 1913 um mehr als vierzig Prozent und die der Landwirtschaft um rund fünfzig Prozent zurückgegangen; die Ernährungslage war katastrophal; die Reallöhne lagen um ein Viertel unter Vorkriegsniveau, die Preise für Güter des alltäglichen Bedarfs waren um das bis zu Siebenfache gestiegen. Nur die Rüstungsindustriellen hatten extrem hohe Gewinne erzielt.

Ein Beispiel. Die »Kanonenschmiede« der Krupp Aktiengesellschaft hatte nach 1903 zielstrebig auch die internationalen Geschäfte ausgebaut. Das zeigte sich 1914, als Deutschland den Ersten Weltkrieg provozierte und sich herausstellte, dass Krupp dem britischen Unternehmen Vickers eine Lizenz zur Herstellung eines effektiven Granatzünders erteilt hatte. Mit dem englischen Kriegseintritt gab es nun ein Problem. Würde Krupp auch für den nun eingetretenen Ernstfall weiterhin Lizenzgebühren erheben können? Eine Überwachung der Vickersproduktion war nicht möglich. Dennoch fanden die Firmenvertreter beider Seiten für dieses Problem eine Lösung.

Während britische und deutsche Soldaten für die »nationale Ehre« ihrer Vaterländer in furchtbaren Stellungskämpfen ihr Leben ließen, einigten sich beide Rüstungsunternehmen darauf, dass Vickers für jeden im britischen Kampfabschnitt getöteten deutschen Soldaten je drei Pfund Sterling zu entrichten hätte. Und tatsächlich, sechs Jahre nach dem Krieg überwies Vickers dem Krupp-Konzern diesen abgemachten Betrag für die »Ehre«, mit Hilfe deutscher Technologie zur Niederlage des aggressiven deutschen Kaiserreichs beigetragen zu haben.

Mitbestimmung?

Während der Novemberrevolution forderten Arbeiter- und Soldatenräte die Vergesellschaftung des Produktivvermögens; wiederum aber versagte ihnen die »Generalkommission der freien Gewerkschaften« die Unterstützung. Sie lehnte eine sofortige Sozialisierung ab und verwies auf die Vordringlichkeit eines von Kapital und Arbeit gemeinsam betriebenen wirtschaftlichen Aufbaus und der Eingliederung der demobilisierten Soldaten.

Bereits am 9. November traten die reformistischen Gewerkschaftsführer (unter der Führung von Carl Legien) in Verhandlungen mit Vertretern der Unternehmerverbände (unter der Führung von Hugo Stinnes) ein. Nachdem einen Tag später unter der Leitung des SPD-Vorsitzenden Friedrich Ebert, der vom letzten Kanzler des Kaiserreichs, Prinz Max von Baden, die Regierungsgeschäfte übertragen bekommen hatte, die erste provisorische Regierung der Republik durch einen »Rat der Volksbeauftragten« gebildet worden war, dauerte es keine Woche bis zur Verabschiedung eines folgenreichen Abkommens.

Am 15. November 1918 hoben die führenden Industrieverbände mit den Gewerkschaften die »Zentralarbeitsgemeinschaft« (ZAG) aus der Taufe. Das Abkommen der ZAG beinhaltete die Anerkennung der Gewerkschaften als »berufene Vertreter der Arbeiterschaft« durch die Unternehmer und sicherte das »unbeschränkte Koalitionsrecht« zu. Es sah den Wiedereinstellungsanspruch von aus dem Militärdienst entlassenen Arbeitern vor, ermöglichte den Abschluss von branchenspezifischen Tarifverträgen, die Einführung des Achtstundentages ohne Lohnausfall und die paritätische Besetzung von Schlichtungsorganen.

Während die führenden Gewerkschaftsfunktionäre mit den Industrievertretern den »mitbestimmenden Einfluß der Arbeiterschaft« unter Beibehaltung des kapitalistischen Wirtschaftssystems aushandelten, hielt die Bewegung der Arbeiter- und Soldatenräte an; mithilfe der von Friedrich Ebert angeforderten Freikorps, in ihrer großen Mehrheit entschiedenen Gegnern einer Demokratisierung, wurden unter der Leitung des SPD-Ministers Gustav Noske die Rätebewegungen jedoch gewaltsam unterdrückt. Der Schriftsteller Peter Weiss hat die Vorgänge bei der Niederschlagung der Bremer Räterepublik im Februar 1919 in der *Ästhetik des Widerstands* eindringlich geschildert. Am 15. Januar 1919 wurden die beiden führenden Persönlichkeiten des Spartakusbundes, Rosa Luxemburg und Karl Liebknecht, von republikfeindlichen Soldaten in Berlin ermordet. Bis in den Mai 1919 hinein wütete eine Soldateska aus Freikorpsverbänden gegen echte und angebliche Anhänger der Münchener Räterepublik.

Zu einer grundsätzlichen politischen und gesellschaftlichen Neuordnung Deutschlands kam es in der Revolution 1918/1919 nicht. Zwar wurde die konstitutionelle Monarchie durch die parlamentarische Demokratie abgelöst, in der erstmals auch die Frauen Wahlrecht besaßen. Aber sowohl die dem Reichspräsidenten eingeräumten weitgehenden Befugnisse – zumal das Recht zur Reichstagsauflösung – wie auch die fehlende Verpflichtung der Parteien auf demokratische Grundsätze sollten sich bereits ein gutes Jahrzehnt später als verhängnisvoll erweisen.

Neben den (»Mehrheits«-)Sozialdemokraten und den Unabhängigen etablierte sich 1919 die Kommunistische Partei; die der SPD und den »konterrevolutionären« Gewerkschaften den Kampf ansagte; das Zentrum warb weiterhin für »bürgerliche Freiheiten im Rahmen christlicher Grundsätze«; die liberale Deutsche Demokratische Partei war gegen

»monopolartige Herrschaftsmacht« und trat mit Nachdruck für die Republik und den Frieden, ebenso für die Privatwirtschaft ein; die neu gegründete Deutsche Volkspartei vertrat den bäuerlichen und handwerklichen Mittelstand; die Deutschnationale Volkspartei als Nachfolgerin der beiden konservativen Parteien des Kaiserreichs warb nachdrücklich für die »Erneuerung des von den Hohenzollern aufgerichteten deutschen Kaisertums«, bekämpfte erbittert den Versailler Vertrag und wandte sich gegen »die Vorherrschaft des Judentums in Regierung und Öffentlichkeit«. Die seit 1921 von Adolf Hitler geführte NSDAP war zunächst eine Splittergruppe neben anderen »völkischen« Kleinparteien; sie agitierte lärmend für ihre extrem nationalistischen und antisemitischen, mörderischen Ziele.

Fortschreitender Abbau der Privatwirtschaft?

Das parlamentarische System mit seinen vielen, sich aus nachvollziehbaren Gründen zum Teil unversöhnlich gegenüberstehen Parteien, den sich immer neu bildenden Koalitionsregierungen in Reich und Ländern und den nun üblichen Listenwahlen potenzierte die Einwirkungsmöglichkeiten der Interessengruppen. Insbesondere die Listenwahl erschien den Verbänden als geeignetes Verfahren, um ihre Funktionäre direkt in den Parteifraktionen und Ministerien unterzubringen – nicht zuletzt mittels finanzieller Anreize.

Die freien Gewerkschaften erwarteten innerhalb der Weimarer Demokratie, die sie 1920 durch den Generalstreik gegen Kapp erfolgreich verteidigt hatten, günstige Bedingungen für eine soziale Partnerschaft mit den Unternehmern, von der sie sich einen »organisch« verlaufenden Weg »in der Richtung der Gemeinwirtschaft« erhofften und sogar den »fortschreitenden Abbau der Privatwirtschaft«. Der Industrielle Hugo Stinnes deutete die »Partnerschaft« mit den Gewerkschaftern allerdings anders: »Was wir brauchen ist eine Atempause, die unsere Arbeit ermöglicht, nachher wird sich alles von selbst regeln.«

Immerhin stieg in den ersten Nachkriegsjahren die Mitgliederzahl der nun »Allgemeiner Deutscher Gewerkschaftsbund« (ADGB) genannten freien Gewerkschaften auf fast sechs Millionen an. Hinzu kamen die assoziierten Mitglieder des »Allgemeinen freien Angestelltenbundes« und die des »Allgemeinen Deutschen Beamtenbundes«. Auch die beiden christlichen Gewerkschaftsgruppen schlossen sich (1919) zu einer Organisation, dem »Deutschen Gewerkschaftsbund«, zusammen. Sie hatten mehr als eine Million Mitglieder. Deutlich schwächer waren die bürgerlich orientierten »Hirsch-Dunkerschen Gewerkvereine« mit ca. 600 000 Mitgliedern. Nicht zu vergessen der berufsständische »Deutsche Beamten-Bund« mit rund einer Million Mitgliedern.

Dass die Sozialpartnerschaft von Arbeit und Kapital in der Tat bald nur mehr in einer rein formalen Gleichberechtigung bestand, schildert der heute noch faszinierende Schlüsselroman *Union der festen Hand* (1931) von Erik Reger (1893–1954). Der Autor, der eigentlich Hermann Dannenberger hieß, war ursprünglich Mitarbeiter der Presseabteilung des Krupp-Konzerns. Er beschreibt in seinem Roman am Beispiel der Risch-Zander-Werke (Krupp), zu welchen Mitteln die Großindustriellen und ihre Manager griffen, um letztlich Politik und Gesetzgeber auf ihre Interessen einzuschwören: durch Korrumpierung von Betriebsräten und Entlassung politisch unliebsamer Arbeiter, durch die »Bearbeitung« von ideologisch unsicheren Gewerkschaftern, Sozialdemokraten und Bürgerlichen, schließlich durch die Unterstützung der »völkischen« Bewegung.

Die *Union* steht als fiktives Gegenstück für den »Langnam«-Verein der Schwerindustrie, und der Protagonist Ottokar Wirtz für den einflußreichen und geschmeidigen Industriellen Hugo Stinnes. Und was Stinnes im Sinn hatte, wußte Erik Reger ebenso genau, wie was den im Roman Schellhase junior genannten Industriellen Thyssen umtrieb – die heimliche Aufrüstung:

Schellhase junior spitzte höhnisch den Mund: »Es ist vielleicht erklärlich, daß Herr Wirtz einen anderen Standpunkt vertritt als wir, die wir unsere Verantwortung für ererbte Werke tragen und mit unseren eigenen Schöpfungen verbunden sind.« [...] Bevor Wirtz (der sich übrigens nicht im geringsten kränkte) eine Zurechtweisung unternahm, wandte Schellhase junior sich unmittelbar und herausfordernd ihm zu mit der Frage, was er in der Sozialisierungskommission zu suchen gehabt habe? Kein Industrieller außer ihm sei persönlich hingegangen, jeder habe seine Beauftragten geschickt, nur Ottokar Wirtz habe eine sozialistische Einrichtung durch seine Mitwirkung anerkannt. »Überall paktieren Sie, das geht so nicht fort, wir kommen in ein schiefes Licht durch Sie!«

»Junger Freund«, antwortete Wirtz mit einer tiefen, ruhigen und über-
legenen Stimme, die zu Schellhases schriller Art effektvoll kontras-
tierte und diesen wie ein Peitschenhieb schmerzte, »junger Freund …
Ich bin in die Sozialisierungskommission gegangen, um die Sozialisierung zu verhindern […].

Wirtz fuhr fort: »Wir müssen mithelfen, damit im Wortlaut der Gesetze
die Ideologie der Zeit mit unserem Sinn für Gegenständlichkeit vereinigt wird … Wir können dazu beitragen, daß gewisse Gesetze dem
Namen nach durchkommen, ohne daß ihre Idee durchkommt … Die
Folge wird sein, daß diese Gesetze in der Praxis scheitern – dann können wir sagen: seht, es geht nicht, wir haben nicht umsonst vor über-
eilten Schritten gewarnt …«[117]

Zentralisierte Lobbyisten

Daran, dass nicht nur einige Gesetze, sondern auch die Weimarer Republik, die erste parlamentarische Demokratie in Deutschland, scheiterte,
waren die mächtigen Industrie-, Unternehmer- und Landwirtschaftsverbände gewiss nicht schuldlos. Erschwerend hinzu kam, dass ihnen relativ schwach entwickelte Parteien gegenüber standen.

Vor dem Krieg agierten mehr als vierhundert reichsweit tätige Unternehmerverbände. 1930 waren es fast doppelt soviele. Die zahlreichen
Verbände reagierten auf den Wirtschafts- und Sozialinterventionismus
des Weimarer Staates mit einer stärkeren Zentralisierung der Funktionen
und einer Festigung ihrer innerverbandlichen Strukturen. Zugleich gewannen sie viele neue Mitglieder. Auch die mittelgroßen Verbände hatten nun sämtlich gut ausgebaute Verwaltungen. Vor allem aber entwickelten sich im Laufe der 1920er Jahre in fast allen Wirtschaftssektoren
materiell und ideell schlagkräftige Spitzen- und Dachverbände.

Am erfolgreichsten erwies sich wiederum die Industrie. Ihr neuer Spitzenverband, der »Reichsverband der Deutschen Industrie«, zählte an die
achtzig Prozent der Unternehmen zu seinen Mitgliedern. Einen höheren Organisationsgrad wiesen nur die Handels-, Handwerks- und Landwirtschaftskammern auf, bei denen durch die Pflichtmitgliedschaft der Betriebe ein fast
hundertprozentiger Organisationsgrad gegeben war. Von den Agrarbetrie-
ben und Einzelhändlern waren hingegen lediglich um die fünfzig Prozent
den diversen in ihren Interessen tätigen Verbänden angeschlossen.

Als wichtige Anlaufadresse diente den Agrar- und Wirtschaftslobbyisten die Minsterialbürokratie. Sie hatte ihre Strukturen aus der Kaiserzeit in die Republik hinübergerettet und galt als »nicht parteipolitisch«. Während die Minister in der Weimarer Republik in raschem Wechsel kamen und gingen, blieben die Beamten in den jeweils zuständigen Ministerialabteilungen – etwa im Ministerium für Ernährung und Landwirtschaft – an ihren Schreibtischen kleben. Und je schwächer Parteien und Reichstag unter den späten Präsidialkabinetten wurden, desto mächtiger wurden die Ministerialverwaltung samt der bei ihr eingerichteten »Verbandsherzogtümer« (Eschenburg).

Da die Initiative zu Gesetzentwürfen in aller Regel von den Ministerien ausging, institutionalisierten die schlagkräftigen Verbände ihre Ministerialbeziehungen entsprechend. Seit 1924 sahen im Übrigen die Geschäftsordnungen von Reichsministerien und Reichsregierung ein Anhörungsrecht der Interessenverbände ausdrücklich vor. Die Inkorporierung der Verbände, die im Weltkrieg vorangetrieben worden war, sorgte in den – übrigens überhaupt nicht »goldenen« – Zwanzigerjahren jedenfalls dafür, dass bei der Formulierung und Umsetzung öffentlicher Entscheidungen die Interessenverbände einen hohen Anteil hatten. Dies wurde begünstigt durch die mangelnde Integrationsfähigkeit der Parteien, die Verbandsinteressen nicht zu kanalisieren vermochten, wie Hans-Peter Ullmann unterstreicht:

»Unter den Bedingungen eines parlamentarischen Systems führte dies zu erheblichen Problemen. Vor allem taten sich die Parteien schwer, die verschiedenen gesellschaftlichen Interessen nicht nur im Parlament und unter Umständen in der Regierung zu vertreten, sondern darüber hinaus in umfassende und langfristige politische Strategien umzusetzen, also auszugleichen und zu integrieren. Stärker noch als im Kaiserreich wirkten sich aus diesem Grund die Pressionen der Interessenverbände nachteilig aus. Sie verminderten die Integrationsfähigkeit der Weimarer Parteien.«[118]

US-Lobbyismus als Vorbild

Nach den Inflationsjahren 1922 bis 1924, die vor allem die Lohnabhängigen und den Mittelstand hart trafen (der mit den gezeichneten Reichsanleihen den Krieg mitfinanziert hatte und nun seine Rücklagen verlor), und eine Umverteilung des deutschen Nationaleinkommens zu Gunsten von Kapital und Staates beförderten, folgte bis 1928 eine Zeit der wirtschaftlichen Stabilisierung. Die Fabriken wurden durch ausländische Gelder und Investitionen modernisiert (Dawes-Plan) und durch amerikanische Rationalisierungsmethoden »fit« für den Wettbewerb gemacht. Der Export stieg wieder an.

Die Gründung von zwei großen Trusts erfolgte zu dieser Zeit nicht zufällig: der IG Farben (1925) mit 78 Betrieben und einem Aktienkapital von mehr als einer Milliarde Reichsmark sowie der Vereinigten Stahlwerke (1926), die vierzig Prozent der Eisen- und Stahlerzeugung und zwanzig Prozent der Steinkohlenförderung mit mehr als 200 000 Arbeitern auf sich vereinigte. (Die Werke wurden 1926 Mitglied des westeuropäischen Stahlkartells unter Führung von Fritz Thyssen.) Carl Duisberg, der Vorsitzende des Aufsichtsrates der IG Farben, wurde 1925 auch zum Vorsitzenden des »Reichsverbandes der deutschen Industrie« gewählt. Anlässlich einer Tagung von Großindustriellen machte er 1926 deutlich, welche mittelfristigen Lobbyingziele auf dem Plan standen:

»In der Behandlung wichtiger wirtschaftlicher Fragen muß, eine Änderung eintreten. Wie man es machen muß, kann man in Amerika sehen. Die ganze Politik wird dort von einem Gremium von Wirtschaftlern gemacht. Wenn größere Fragen zur Entscheidung stehen, dann treten sie zusammen, sprechen diese durch und setzen diese Richtlinien durch. Nach ihnen wird dann gearbeitet. Aber wie soll man die Sache in Deutschland machen? Alle diese Dinge werden im Reichstag entschieden. Darum können und müssen wir auf die Parteipolitik einwirken. Nur durch planmäßige Beeinflussung lassen sich alle Schwierigkeiten überwinden.«[119]

Diese Art der planmäßigen Beeinflussung erfolgte überwiegend durch eingebaute Lobbyisten. In fast allen Fraktionen der bürgerlichen Parteien – der Deutschen Demokratischen Partei, der Deutschen Volkspartei, dem (katholischen) Zentrum und der Deutschnationalen Volkspartei – wirkten Abgeordnete, die leitende Funktionen in der deutschen Industrie inne hatten. Einige von ihnen bekleideten auch höhere Ämter.

So wurde IG Farben-Aufsichtsrat Professor Moldenhauer 1929 Reichswirtschafts- und anschließend Finanzminister. Geheimrat Schmitz, einer der leitenden Manager der IG Farben, wirkte als wirtschaftspolitischer Berater des Reichskanzlers Brüning, während sein Neffe, Max Ilgner, die Verbindung zur NSDAP pflegte. Übrigens brachte Carl Duisberg

1931 zur Abwehr der mächtigen US-Konkurrenz bereits die Bildung eines »europäischen Wirtschaftsblocks von Bordeaux bis Odessa« ins Gespräch.

Der exzellent organisierte und personell besetzte »Reichsverband der Deutschen Industrie« pflegte alle klassischen Methoden des Lobbyings. Er veranstaltete in Berlin regelmäßig »parlamentarische Abende«, stellte unermüdlich einschlägige Wirtschaftsinformationen und Denkschriften bereit, verfasste zahllose Eingaben und lieferte fertige Gesetzentwürfe. Die Wahlkampffinanzierung überließ er Mitgliedsverbänden, um keine unnötigen Kontroversen zu entfachen. Natürlich festigte der Verband gezielt die Beziehungen zur Ministerialbürokratie und zum Auswärtigen Amt. Das erfolgte nicht zuletzt durch die Verpflichtung führender Beamter für die Leitung der Verbandsgeschäftsführung. In der Weimarer Zeit konnten alle Geschäftsführenden Präsidialmitglieder auf eine erfolgreiche Karriere in der hohen Reichsbürokratie zurückblicken.

Gewerkschaftserfolge

Die Gewerkschaften setzten in den Zwanziger Jahren weiterhin auf das partnerschaftliche Zusammenwirken in einer Republik, die sie als »Übergang vom Obrigkeitsstaat zur demokratischen Verfassung« auffassten. Neben der Lohnpolitik verlangten sie vor allem in der Sozialpolitik ein Mitspracherecht. Dabei setzen sie ihre Hoffnung auf die sozialdemokratische Reichstagsfraktion, die christlichen und konservativen Gewerkschaften auch auf die Fraktionen des Zentrums und der Deutschnationalen Partei. In der SPD-Fraktion waren immerhin rund ein Drittel der Mitglieder hauptberufliche Gewerkschaftsfunktionäre.

Als herausragenden Erfolg betrachtete der »Allgemeine Deutsche Gewerkschaftsbund« das nach langjährigem Lobbying im Oktober 1927 inkraft getretene »Gesetz über Arbeitsvermittlung und Arbeitslosenversicherung«. Es wies diese Aufgaben nun einer Reichsanstalt zu, die nach den Grundsätzen der sozialen Selbstverwaltung arbeitete. Die Beiträge wurden paritätisch durch Arbeiter, Angestellte und Unternehmen geleistet. Jeder Versicherte hatte dem Gesetz zufolge Anspruch auf Unterstützung und eine den jeweiligen persönlichen Fähigkeiten entsprechende Arbeitsvermittlung. Darüber hinaus garantierten aus gewerkschaftlicher Sicht die tarifpolitisch fixierten Mindestlöhne einen Schutz vor existenzieller Bedrohung.

Das neue Gesetz war vor und nach seiner Verabschiedung heftigsten Angriffen aus den Arbeitgeber- und den mit ihnen kooperierenden Wirtschaftsverbänden ausgesetzt. Sie konnten sich zunächst aber nur über die gelungene Abwehr der Versuche einer Wiederherstellung des Achtstundentages freuen. Diese gewerkschaftliche Forderung wollte der ADGB vor allem durch eine Änderung der Regierungsverhältnisse herstellen, und unterstützte deshalb vehement die SPD bei den Reichstagswahlen 1928, die im Mai dieses Jahres mit 153 Abgeordneten (darunter 60 führenden Gewerkschafter) in den Reichstag einzog. Unter der Großen Koalition des sozialdemokratischen Reichskanzlers Hermann Müller schienen die Zeiten für eine erweiterte Sozialgesetzgebung mehr als günstig. Doch es zeigten sich erste konjunkturelle Probleme, die Produktion war rückläufig und die Zahl der Kurzarbeiter und Arbeitslosen stieg auf über zehn Prozent.

In der Folge erlahmte der Schwung merklich. Bei der Arbeitslosenversicherungsanstalt zeichnete sich ein Defizit ab. Prompt forderten die Unternehmerverbände angesichts der angespannten Finanzlage eine striktere staatliche Ausgabenpolitik, ein Einspruchsrecht des Reichsfinanzministeriums in der Haushaltspolitik der Länder und Gemeinden, Abbau der Sozialabgaben, Kürzungen der Steuern zur Steigerung der Konkurrenzfähigkeit auf den Weltmärkten und dergleichen mehr.

Die Industriellen des »Langnam-Vereins« gingen seit 1927 dazu über, ihre als wirtschaftsliberal ausgegebenen Maßnahmen gegen die Demokratie mit allen Mitteln zu verschärfen. Sie wollten eine Entmachtung des Parlaments und zugleich der Gewerkschaften herbeiführen. Die 1928 bei den Arbeitskämpfen in der rheinisch-westfälischen Eisen- und Stahlindustrie von den Unternehmern vorgenommenen Massenaussperrungen waren ein erster großangelegter Versuch, die Kampfkraft der organisierten Lohnabhängigen zu brechen. Der Gewerkschaftsbund sah indessen keine Veranlassung, von der Taktik des »ruhigen Aushaltens und besonnenen Verhandelns« abzuweichen. 1928 wurden denn auch keine sechs Prozent der Gewerkschaftsgelder für Tarifauseinandersetzungen ausgegeben (1925 waren es noch mehr als zwanzig Prozent gewesen).

Weltwirtschaftskrise und Notverordnungen

Nach dem Zusammenbruch der New Yorker Börse setzte im Oktober 1929 die bis heute schwerste Krise des kapitalistischen Wirtschaftssystems ein. Sie traf in Deutschland die – erheblich kreditfinanzierte – Industrie mit voller Wucht und verstärkte die zuvor bereits eingetretene Agrarkrise. In der Folge stieg die Arbeitslosigkeit von 1929 im Jahresdurchschnitt knapp zwei Millionen auf mehr als sechs Millionen – rund 45 Prozent! – im Februar 1932 an. Die Arbeitslosenversicherung konnte die Ansprüche nicht mehr erfüllen.

Durch immer neue Notverordnungen wurden zwar die Beitragssätze erhöht, zugleich aber auch Leistungen zurückgenommen und der Kreis der Anspruchsberechtigten eingeengt. 1932 erfolgte eine Unterstützung nur mehr für sechs Wochen (statt der ursprünglich 26 Wochen), und lediglich ein Fünftel der Arbeitslosen erhielt sie überhaupt noch. An die dreieinhalb Millionen Erwerbslose waren auf die minimalen Leistungen der kommunalen Krisen- und Wohlfahrtsunterstützung angewiesen. Zudem wurden die Löhne und Gehälter für Arbeiter, Angestellte und Beamte gekürzt, kam es zur Vernichtung der Existenzen vieler Kaufleute, Handwerker und Bauern.

Ende des Jahres 1929 trat der »Reichsverband der Deutschen Industrie« mit einer Denkschrift an die SPD-geführte Regierung der Großen Koalition heran. Die Forderungen lauteten: Steuererleichterungen für die Industrie, Privatisierung öffentlicher Betriebe, Kürzung der Sozialausgaben, Beseitigung des Tarifvertragswesens und Anhebung der indirekten Besteuerung. Darüber hinaus verlangte die Industrie die Beschneidung der Rechte des Reichstages, eine umfassende Verwaltungsreform und die gezielte Anwendung des Artikels 48 der Weimarer Verfassung: »Ein Ermächtigungsgesetz kann vielleicht noch die einzige Hilfe sein …«, hieß es beschwörend.

Bereits Ende März 1930 musste die Regierung unter Hermann Müller zurücktreten. Es war die letzte auf parlamentarischer Basis gebildete Regierung der Weimarer Republik. Der Fraktionsvorsitzende der Zentrumspartei, Heinrich Brüning, wurde Reichskanzler im ersten der folgenden sogenannten Präsidialkabinette, die das parlamentarische System innerhalb von drei Jahren endgültig zerstörten.

Reichspräsident war zu jener Zeit der kaisertreue und großagrarisch gesonnene Generalfeldmarschall Paul von Hindenburg. Bezeichnenderweise hatte ihm die »Deutsche Wirtschaft« 1927 das Rittergut Neudeck in Ostpreußen zum 80. Geburtstag geschenkt (bzw. ihn damit bestochen). Das schon in der Kaiserzeit erfolgreiche »Bündnis von Roggen und Eisen« brauchte ihn schließlich als Verbündeten für den Schutz von »Kornkammer« und »Rüstungsschmieden« des Reiches. Wie sich zeigen sollte, war aus Sicht der Industriellen auf Hindenburg wie auch auf die »Grüne Front« der Landwirtschaftsverbände unter Führung des »Reichs-Landbundes« Verlass.

Den zunächst von der SPD tolerierten Notverordnungen des Reichskanzlers Brüning schloss sich auch der »Allgemeine Deutsche Gewerkschaftsbund« an. Die Gewerkschafter hofften auf eine Sicherung des »Parlamentarismus« und verzichteten auf Lohnkämpfe. Im Herbst 1930 folgte Brüning dennoch dem Verlangen des »Reichsverbandes der Deutschen Industriellen«. Er hob sämtliche gültigen Tarifverträge auf und verfügte eine Senkung der Tariflöhne um sechs Prozent. Auf diese Weise wurden für 14 Millionen Arbeitnehmer die Löhne gekürzt. Einige kleinere Streiks brachten keinen Erfolg. Kurt Tucholsky reagierte mit dem Gedicht über *Die freie Wirtschaft*:

Ihr sollt die verfluchten Tarife abbauen.
Ihr sollt auf euern Direktor vertrauen.
Ihr sollt die Schlichtungsausschüsse verlassen.
Ihr sollt alles Weitere dem Chef überlassen.
Kein Betriebsrat quatsche uns mehr herein,
Wir wollen freie Wirtschaftler sein!
   Fort die Gruppen – sei unser Panier!
   Na, ihr nicht.
      Aber wir.

Ihr braucht keine Heime für eure Lungen,
keine Renten und keine Versicherungen.
Ihr solltet euch allesamt was schämen,
von dem armen Staat noch Geld zu nehmen!
Ihr sollt nicht mehr zusammenstehn –
wollt ihr wohl auseinandergehen!

Keine Kartelle in unserm Revier!
Ihr nicht.
  Aber wir.

Wir bilden bis in die weiteste Ferne
Trusts, Kartelle, Verbände, Konzerne.
Wir stehen neben den Hochofenflammen
in Interessengemeinschaften fest zusammen.
Wir diktieren die Preise und Verträge –
kein Schutzgesetz sei uns im Wege.
  Gut organisiert sitzen wir hier ...
  Ihr nicht.
    Aber wir.«[120]

Das Kabinett der Barone

Die Gewerkschaften rückten die Forderung staatlicher Arbeitsbeschaffungsmaßnahmen in den Fokus. 1932 gipfelte das in der Aufforderung an die Reichsregierung, »unverzüglich Anordnungen zur Inangriffnahme öffentlicher Arbeiten und zur Vergebung öffentlicher Aufträge sowie zur Förderung geeigneter Privataufträge zu treffen in einem Umfange, dass eine fühlbare Entlastung des Arbeitsmarktes eintritt«.[121]

Reichskanzler Brüning reagierte auf die gewerkschaftlichen Vorschläge hinhaltend. Während die Gewerkschaftsführer weiterhin an der Leitvorstellung einer »Wirtschaftsdemokratie« festhielten, kehrten immer mehr Mitglieder dem ADGB den Rücken. Die Mitgliedszahlen sanken deutlich.

Im Mai 1932 entließ Hindenburg – dessen Wiederwahl der ADGB unterstützt hatte – Reichskanzler Brüning. Er hatte nicht »genügend nach rechts« regiert. Zum Nachfolger wurde Franz von Papen ernannt, der enge Beziehungen zu Schwerindustriellen und Großagrariern pflegte und der den bezeichnenden Spitznamen »der Herrenreiter« trug. Sein »Kabinett der Barone« verfügte in der Notverordnung vom 14. Juni 1932 die Senkung der Arbeitslosenunterstützung um 23 Prozent, der Wohlfahrtsunterstützung um 15 Prozent, eine Erhöhung der Massensteuern und andere soziale Abbaumaßnahmen mehr.

Darüber hinaus legten »die Barone« den Grundstein für einen »freiwilligen Arbeitsdienst« und hoben das Uniformverbot für SA und SS auf. Als von Papen am 20. Juli im »Preußenschlag« die von der SPD geführte preußische Regierung absetzte (und damit auch Forderungen der NSDAP nachkam) erwarteten die – von der KPD darin unterstützten – sozialdemokratischen und gewerkschaftlichen Organisationen unruhig den Aufruf ihrer Führungen zum Generalstreik. Diese verwiesen ihre Mitglieder jedoch auf die anstehenden Reichstagswahlen. Bei den Wahlen am 31. Juli 1932 verschob sich das Gewicht im Lager der Arbeiterparteien – die SPD verlor Stimmen, die KPD gewann sie hinzu.

Die fehlende Einheit im Lager der Linken verhinderte gemeinsam getragene, wirkungsvolle Gegenmaßnahmen bzw. einen Generalstreik wie zu Zeiten des Kapp-Putsches. Denn die Wahl hatte noch etwas ergeben: die NSDAP hatte gegenüber 1930 ihre Stimmen verdoppelt, indem sie vom bürgerlichen Lager – mit Ausnahme des Zentrums – Wähler für sich gewinnen und neue Wählerschichten erschließen konnte.

Wegbereiter der faschistischen Ideologie

Wie viele bürgerlich-liberale Politiker unterschätzten Sozialdemokraten und Gewerkschaftsführer die sich abzeichnende Gefahr einer nationalsozialistischen Machtübernahme. Vor allem aber unterschätzten sie die Politik der Verbände der Schwerindustriellen und auch die der Chemie- und Elektroindustrie. Die stritten sich hinter den Linien nur noch um die Details ihrer Konzeption einer Diktatur unter Einbeziehung der von Hitler geführten NDSAP. Und sie unterschätzten den zu Beginn der Zwanzigerjahre aus zwei Verbänden hervorgegangenen »Reichs-Landbund« sowie weitere Landwirtschaftsverbände wie die »Deutsche Bauernschaft«, die »Vereinigung der deutschen Bauernvereine« und den »Deutschen Landwirtschaftsrat«.

Die Landverbände bildeten 1929 die »Grüne Front« um – erfolgreich – Druck auf Regierung, Reichspräsident und Parteien auszuüben. Nicht zuletzt Brüning kam ihren Forderungen weit entgegen. Über den »Reichs-Landbund« hat die Historikerin Stephanie Merkenich eine umfangreiche Studie verfasst. Der hier folgende Auszug verdeutlicht, welche Rolle diese Interessenorganisation in der Endphase der Weimarer Republik spielte:

»Der Reichs-Landbund war als mitgliederstärkster Agrarverband mit hohen Mitgliedsbeiträgen eine auch finanziell potente Lobby-Organisation, die ihren Einfluß mit aggressiven Werbemethoden in der parlamentarischen Demokratie geltend zu machen wußte. Intensive Presse- und Rundfunkarbeit gehörte zum selbstverständlichen Instrumentarium der Beeinflussung der öffentlichen Meinung. Den Spielregeln des politischen Massenmarktes hatte sich der RLB exzellent angepaßt. (…) Der RLB war an der vulgär-nationalistischen Umformung des alt-preußischen Konservatismus maßgeblich beteiligt und somit ein Wegbereiter nationalsozialistischer Ideologie.«[122]

Der »Reichs-Landbund« (in dessen Vorstand auch NSDAP-Mitglieder wirkten und der antisemitisches Gedankengut verbreitete) trug nicht unerheblich dazu bei, den Nationalsozialisten zahlreiche Anhänger und Wähler aus Kreisen der klein- und mittelbäuerlichen Landbevölkerung zuzuführen, während er den direkten Zugang zum Reichspräsidenten pflegte um zugleich im Reichsminsterium für Ernährung und Landwirtschaft nachhaltig zu lobbyieren.

Viele führende Sozialdemokraten und Gewerkschaftsfunktionäre hofften dennoch auf bessere Zeiten.

Immerhin hatten die Nazis bei den Reichstagswahlen vom 6. November 1932 mehr als dreißig Sitze im Reichstag verloren (stellten aber nach wie vor die stärkste Fraktion). Noch am 1. Januar 1933 hieß es im Zentralorgan der SPD, dem *Vorwärts*: »Bei der Hochfinanz, bei Schwerindustrie und Großgrundbesitz hat der Hitlerismus schon seit längerer Zeit abgewirtschaftet. […] Der Mohr hat seine Schuldigkeit getan.«[123]

Noch am 22. Januar 1933 trug eine Abordnung des ADGB dem Reichspräsidenten Hindenburg zum wiederholten Mal und als »Notwendigkeit der Stunde« das Verlangen nach Arbeitsbeschaffung und gesetzlicher Arbeitszeitverkürzung zur Linderung der hohen Arbeitslosigkeit vor. Am 30. Januar handelte Hindenburg – einen Tag zuvor hatte ihn Franz von Papen dazu überredet, Hitlers Kanzlerschaft abzusegnen. Dies geschah nicht zuletzt im Auftrag der Wirtschaftslobby.

Spätestens ab 1931 hatten führende Großindustrielle, Großgrundbesitzer und Bankiers sich dem ihnen als »starker Führer« präsentierten Adolf Hitler angenähert. Dieser hatte sich bei Begegnungen mit Vertretern der Wirtschaft, u. a. in seiner Rede vor dem Düsseldorfer »Industrieclub« am 26. Januar 1932, in aller Deutlichkeit zu seinem »unerbittlichen Entschluss«, bekannt, den Marxismus »auszurotten«. Zu den Industriellen, die Hitler unterstützten, zählten der Werftbesitzer Rudolf Blohm, August Wilhelm von Hohenzollern, Carl Duisberg von der IG Farben, Carl Friedrich von Siemens, Florian Klöckner, Karl Hanisch, Robert Bosch, der Bankier Robert Pferdmenges, Walter Fahrenhorst von der AEG und Friedrich Flick. Ab 1931 wurde insbesondere der »Keppler-Kreis« für die »nationale Bewegung« der Nationalsozialisten aktiv. Der Kreis – benannt nach dem Chemie-Unternehmer und Hitler-Beauftragten Wilhelm Keppler – nannte sich offiziell vorsichtshalber »Studienausschuß für Wirtschaftsfragen«.

Zu den Mitgliedern gehörten Albert Vögler, Generaldirektor der Vereinigten Stahlwerke AG; August Rostberg, Generaldirektor der Wintershall AG; Ewald Hecker, Vorsitzender des Aufsichtsrates der Ilseder Hütte und des Peiner Walzwerkes; Hjalmar Schacht, Reichsbankpräsident a. D.; Friedrich Reinhart, Mitglied des Vorstandes der Commerz- und Privatbank; Emil Meyer von der Dresdner Bank, Kurt Freiherr von Schröder, Mitinhaber des Bankhauses J. H. Stein, und andere mehr.

Konsolidierung durch Zerschlagung und »Gleichschaltung«

Nachdem Reichspräsident von Hindenburg am 30. Januar 1933 Adolf Hitler mit der Bildung einer neuen Reichsregierung beauftragt hatte, diese aber über keine parlamentarische Mehrheit verfügte, setzte er für den 5. März 1933 Neuwahlen an. Erneut bot sich für Gewerkschafter, Sozialdemokraten und Kommunisten die Chance, eine Einheitsfront gegen den bereits eskalierenden Terror der Nazis zu bilden. »Hitler, das ist der Krieg«, prophezeiten die Kommunisten. »Organisation – nicht Demonstration ist die Parole«, wiesen die Führungen von ADGB und SPD den Vorschlag der KPD zurück, umgehend außerparlamentarische Gegenaktionen einzuleiten.

Zu einem demokratischen Wahlkampf kam es vor der Reichstagswahl nicht mehr. Kundgebungen der KPD wurden untersagt, Büros der Arbeiterparteien und der Gewerkschaften von SA- und Stahlhelmbanden überfallen. Der Reichstagsbrand vom 27/28. Februar 1933 lieferte den Nationalsozialisten den Anlass, etwa 10 000 Gegner – darunter auch Abgeordnete und kritische Publizisten – zu verhaften. Dazu gehörte auch Carl von Ossietzky, der Anfang der Dreißiger Jahre einen aufsehenerregenden Artikel über die illegale Ausbildung und Bewaffnung der Reichswehr veröffentlicht hatte.

Von der Öffentlichkeit unbemerkt hatte am 20. Februar in Berlin ein Treffen Hitlers mit zwanzig Industriellen überwiegend aus dem Ruhrgebiet stattgefunden. Unter ihnen befand sich auch der Vorsitzende des »Reichsverbandes der Deutschen Industrie«, Gustav Krupp von Bohlen. Dazu vermerkt George F. W. Hallgarten: »Vor einer Versammlung der prominentesten Industriellen und Bankiers, unter ihnen Schacht, Albert Vögler, Friedrich Flick, Krupp von Bohlen, Georg von Schnitzler und mehr als einem Dutzend anderer, verkündete Hitler als sein Ziel, totalitäre Kontrolle über das Reich zu gewinnen, das parlamentarische System zu zerstören, jede Opposition mit Gewalt niederzuwerfen und die Wehrmacht wiederherzustellen. Nachdem er gegangen war, schlug Dr. Schacht der Versammlung vor, einen Wahlfonds von drei Millionen Reichsmark aufzubringen. Das Geld wurde gespendet.«[124]

Am 28. Februar 1933 unterzeichnete Hindenburg die »Verordnung des Reichspräsidenten zum Schutz von Volk und Staat«, in der unter Berufung auf den Verfassungsartikel 48 alle Grundrechte aufgehoben wurden – das Recht der persönlichen Freiheit, das Recht der freien Meinungsäußerung, die Pressefreiheit, das Vereins- und Versammlungsrecht und das Brief-, Post- und Fernsprechgeheimnis. Diese Notverordnung blieb – wie rein verfassungsrechtlich übrigens auch die Weimarer Verfassung – bis 1945 in Kraft.

Bei den »Wahlen« am 5. März konnten die Arbeiterparteien – trotz der brutalen Repressalien der Nazis – ihre Position nahezu halten. Sie erhielten rund ein Drittel aller abgegebenen Wählerstimmen. Die beiden Regierungsparteien NSDAP und Deutschnationale erreichten mit zusammen knapp fünfzig Prozent nicht die gewünschte absolute Mehrheit, und bei weitem nicht die erstrebte Zweidrittelmehrheit für das geplante »Ermächtigungsgesetz«. Kurzerhand annulierten sie die 81 Reichstagsmandate der KPD und setzten das Gesetz am 23. März mit Hilfe des Zentrums und der anderen bürgerlichen Parteien gegen die Stimmen der SPD durch. Die Regierung konnte nun ohne Zustimmung des Reichstages Gesetze erlassen – dies war ganz im Sinne der republikfeindlichen Führungs- und Interessengruppen innerhalb der Industrie und Landwirtschaft, denen es vor allem darum ging, den gewachsenen Einfluss der Gewerkschaften, der Sozialdemokraten und der Kommunisten zu zerschlagen.

Der Reichsverband wird alles tun ...

Die Tinte unter dem »Ermächtigungsgesetz«, mit dem Hitler die Weimarer Verfassung aushebelte, war noch nicht trocken, da sandte der Industrielle Gustav Krupp von Bohlen und Halbach einen Brief an den neuen Machthaber.

Sehr geehrter Herr Reichskanzler!

Wir beehren uns, davon Kenntnis zu geben, daß das Präsidium des Reichsverbandes der Deutschen Industrie am 24. März 1933 unter dem Vorsitz des Herrn Krupp von Bohlen und Halbach zu einer Sitzung zusammentrat, in der zu der politischen Entwicklung Stellung genommen wurde. Das Präsidium vertrat einmütig folgenden Standpunkt:

Durch die Wahlen ist die Grundlage für ein stabiles Regierungs-Fundament geschaffen und es sind damit die Störungen beseitigt, die sich aus den ständigen politischen Schwankungen der Vergangenheit ergeben, und die wirtschaftliche Initiative stark gelähmt haben. Für den notwendigen tatkräftigen Wiederaufbau kommt es darauf an, die Sammlung und Mitwirkung aller aufbauwilligen Kräfte herbeizuführen. Die deutsche Industrie, die sich als einen wichtigen und unentbehrlichen Faktor für den nationalen Aufbau betrachtet, ist bereit, an dieser Aufgabe tatkräftig mitzuwirken, und der Reichsverband der Deutschen Industrie – als die wirtschaftspolitische Vertretung – wird alles tun, um der Reichsregierung bei ihrem schweren Werke zu helfen.[125]

Nicht nur die deutsche Industrie zeigte sich zum »nationalen Aufbau« bereit. Nachdem bereits Tausende Kommunisten, Sozialdemokraten Gewerkschaftsmitgliedern verhaftet worden waren, während in den Kasernen der SA gemordet und gefoltert wurde, rief die Gewerkschaftsführung unter dem Vorsitzenden Theodor Leipart zur Teilnahme an den Feiern zum 1. Mai auf, obwohl Hitler den traditionellen Kampf- und Feiertag der internationalen Arbeiterbewegung bereits zum »Tag der nationalen Arbeit« umdefiniert hatte.

»Der Bundesausschuß des Allgemeinen Deutschen Gewerkschaftsbundes begrüßt den 1. Mai 1933 als gesetzlichen Feiertag der nationalen
Arbeit und fordert die Mitglieder der Gewerkschaften auf, im vollen
Bewußtsein ihrer Pionierverdienste für den Maigedanken, für die Ehrung
der schaffenden Arbeit und für die vollberechtigte Eingliederung der
Arbeiterschaft in den Staat sich allerorts an der von der Regierung veranlaßten Feier festlich zu beteiligen. Der Bundesausschuß erinnert in diesem Zusammenhang die Regierung und die gesamte Öffentlichkeit erneut an die Notlage der arbeitslosen Massen und spricht die Erwartung
aus, daß die Regierung die gesetzliche Verkürzung der Arbeitszeit auf 40
Wochenstunden ohne Verdienstschmälerung für die Arbeiter baldigst
durchführen möge. Ebenso dringlich ist es, die Bemühungen der Regierung um Arbeitsbeschaffung und Siedlung mit allem Nachdruck weiter
gefördert werden. Die Gewerkschaften sind nach wie vor bereit, die Bemühungen mit allen Kräften zu unterstützen.«[126]

Obwohl die Erhebung des 1. Mai zum arbeitsfreien Tag zweifellos ein
geschickter Schachzug der neuen Machthaber war, stieß der Anbiede-
rungsversuch der ADGB-Führung auf die Ablehnung der meisten Mitglieder. In einer Reihe von Städten veranstalteten mutige Arbeiter während
der Maifeiern antifaschistische Gegendemonstrationen. Der Anpas-
sungsversuch der Gewerkschaftsspitze war schon deshalb zum Scheitern
verurteilt, weil die Führer der NDSAP von langer Hand Vorbereitungen
getroffen hatten, die Arbeiter von den »letzten marxistischen Fesseln zu
befreien« (so der Führer der »Deutschen Arbeitsfront«, Robert Ley).

Am 2. Mai besetzten SA- und SS-Angehörige sämtliche gewerkschafts-
eigenen Büros, Zeitungsbetriebe und Banken. Die Gewerkschaftsver-
bände (auch die christlichen) wurden aufgelöst und ihr Vermögen
beschlagnahmt. Viele führende Funktionäre und Angestellte kamen in
»Schutzhaft« und anschließend in Konzentrationslager. In der Folgezeit
übernahm die »Deutsche Arbeitsfront« (DAF) unter Robert Ley das
gesamte Gewerkschaftsvermögen.

Die DAF besaß keinerlei Zuständigkeiten in arbeitsrechtlichen oder
gar Tarifangelegenheiten. Dass der Lohnanteil am Volkseinkommen bis
1939 von 57 auf 52 Prozent zurückging, war folglich kein Zufall. Sie sollte
den »Arbeitsfrieden« sichern und die reibungslose »Betriebsgemein-
schaft« zwischen Lohnabhängigen und Unternehmern festigen. Ihr

164

schlossen sich die Mitglieder der sich auflösenden Arbeitgeberverbände ebenso an wie Gewerbetreibende und Handwerker.

Das Ende des freien Verbandssystems

Mit der Zerschlagung der Gewerkschaften hatten die Arbeiter und Angestellten das Koalitionsrecht verloren. Seit Mai 1933 waren Streiks verboten und die Tarifautonomie aufgehoben, seit Juli als einzige Partei nur noch die NSDAP zugelassen, seit September die agrarischen Verbände und Genossenschaften im »Reichsnährstand« zwangsorganisiert. Das seit 1870 in Deutschland stetig gewachsene, im Verfassungsstaat der Weimarer Republik ausdifferenzierte Verbands- und Interessenvertretungssystem hatte ausgedient. Tatsächlich aber nur im Hinblick auf die Arbeit. Für die Interessen des Kapitals sollte weiterhin gesorgt werden; Änderungen der kapitalistischen Wirtschaftsordnung, mit denen einige Gruppen innerhalb der NSDAP – der »sozialrevolutionäre« Flügel um Gregor und Otto Strasser sowie Kreise der SA – sympathisierten, wurden von Hitler und der ihm ergebenen Parteispitze aufs strikteste abgelehnt.

Das NS-Herrschaftssystem war auf eine gute Zusammenarbeit mit dem Kapital schon deshalb angewiesen, um rasch aufrüsten und den Krieg vorbereiten zu können. Neben den in viele Ämter und »Würden« aufsteigenden Nationalsozialisten profitierten die Unternehmer und die als »Wirtschaftsführer« eingesetzten technokratischen Manager vom faschistischen Regime. Sie konnten ihren Anteil am Volksvermögen deutlich ausbauen. (Die Reingewinne des Konzerns IG Farben zum Beispiel betrugen 1932 rund 48 Millionen Reichsmark. 1943 beliefen sie sich auf 822 Millionen Reichsmark.) Auch die Besitzer größerer Landwirtschaftsbetriebe waren Nutznießer der Politik des »Reichsnährstandes« – generell wuchsen die agrarischen Einkommen aber nicht so sehr wie die gewerblichen.

Bis zum Sommer 1934 verlief die »nationalsozialistische Revolution« recht chaotisch. Der Aufbau eines einheitlich-zentralistischen Machtapparates im Rahmen des »Führerstaates« wurde zunächst durch Konflikte zwischen den verschiedenen Flügeln innerhalb der faschistischen Bewegung sehr erschwert.

Dieser Prozess fand einen vorläufigen Abschluss im Juni 1934, als Ernst Röhm und andere SA-Führer und Parteimitglieder eliminiert wurden. Die Gruppe um den selbstbewußten SA-Stabschef Ernst Röhm wollte der wachsenden Unzufriedenheit in der Bevölkerung durch Reallohnerhöhungen und verstärkte Verbrauchsgüterimporte begegnen, was auf eine Verlangsamung der Aufrüstung hinausgelaufen wäre. Die in der Naziführung von Göring und Himmler vertretenen Anhänger einer forcierten Aufrüstung (darunter Fritz Thyssen) mochten das natürlich nicht hinnehmen. Hitler holte zum Schlag gegen die angeblichen Putschisten aus, bezeichnenderweise nachdem er sich am 28. Juni 1934 mit Gustav Krupp von Bohlen und Halbach über die Problemlage ausgetauscht hatte. Zwischen dem 30. Juni und 2. Juli wütete Hitler in den eigenen Reihen, ließ durch die SS sowie Kräfte der Reichswehr ca. tausend in »Ungnade« gefallene »Verräter« ermorden – vor allem SA-Funktionsträger und »sozialrevolutionäre« Parteimitglieder wie Gregor Strasser, aber auch konservative Politiker aus der Endzeit der Republik, so den General von Schleicher mit seiner Frau und mehrere Vertraute von Papens wie Edgar Julius Jung.

Nachdem der greise Reichspräsident von Hindenburg am 2. August gestorben war, erhob sich Hitler zum »Führer und Reichskanzler« und übernahm den Oberbefehl über die Reichswehr. Zwei Jahre später forderte er anlässlich der Verabschiedung eines Vierjahresplanes: »1. Die deutsche Armee muß in vier Jahren einsatzfähig sein; 2. Die deutsche Wirtschaft muß in vier Jahren kriegsfähig sein.«

Wirtschaftslobby und NS-Regime

Nachdem im Sommer 1934 Hjalmar Schacht den von der Industrie ungelittenen Wirtschaftsminister Kurt Schmitt ersetzt hatte, erfolgte die endgültige Ausrichtung der Organisationsstrukturen für die systemgerechte Einbindung der wirtschaftlichen Interessen. Im Januar 1935 nahm die neu geschaffene »Reichsgruppe Industrie« ihre Arbeit auf. Sie war hierarchisch nach Wirtschaftsgruppen gegliedert, denen sowohl fachlich wie auch regional zahlreiche Fach- und Fachuntergruppen mit Bezirks- und Zweigstellen unterstanden. Hinzu kamen diverse Beiräte und Ausschüsse.

Die »Reichsgruppe Industrie« war gegenüber dem Führer, der Partei und anderen NS-Organisationen als Beratungs- und Lobbyorgan der Industrie tätig, stellte aber den ihr angeschlossenen Unternehmen auch

Dienstleistungen zur Verfügung. Hans-Peter Ullmann beschreibt ihre Stellung im Herrschaftssystem:

»Ihre Spitze bildete die ›Reichswirtschaftskammer‹, die dem Wirtschaftsministerium unterstand. Sie umfaßte sechs, ab 1939 sieben Reichsgruppen: Industrie, Handwerk, Energie, Banken, Versicherungen und Handel sowie Fremdenverkehr. Als regionaler Unterbau der ›Reichswirtschaftskammer‹ arbeiteten 18, später 27 Wirtschaftskammern. Diese organisierten die Bezirksgliederungen der sechs bzw. sieben Reichsgruppen und verknüpften sie mit den 93 Industrie-, Handels- sowie 65 Handwerkskammern. Ihre Aufgabe war es, die besonderen Interessen der verschiedenen Wirtschaftsgebiete zu vertreten. [...]

Obwohl in diesem Mammutgebilde der ›Reichsverband der Deutschen Industrie‹ und die ihm angeschlossenen Verbände auf den ersten Blick völlig verschwunden waren, zeigen sich doch bei näherem Hinsehen organisatorische und personelle Kontinuitäten. Durch geschickte Anpassung gelang es den meisten Verbänden, innerhalb des neuen Rahmens unter anderer Bezeichnung fortzubestehen. So wurde der ›Verein Deutscher Eisen- und Stahlindustrieller‹ geschlossen in die ›Wirtschaftsgruppe Eisenschaffende Industrie‹ überführt, und der Chemieverein änderte nur seinen Namen in ›Wirtschaftsgruppe Chemische Industrie‹. Auch in personeller Hinsicht gab es Kontinuität. Knapp die Hälfte der Geschäftsführer sowie ein Drittel der Leiter der ›Reichsgruppe Industrie‹ und ihrer Gliederungen hatten bereits vor 1933 in ähnlichen Funktionen gearbeitet.«[127]

Zu den Verbandsmitarbeitern und -vorständen, die an dieser personellen Kontinuität nicht teil hatten, zählten zahlreiche Juden. Sie waren bereits im April 1933 aus ihren Ämtern gedrängt worden. Im »Reichsverband der Deutschen Industrie« etwa das Geschäftsführende Präsidialmitglied Ludwig Kastl. Darüber hinaus wurden sämtliche jüdischen Industriellen zum Austritt gezwungen. Sie erlitten dasselbe Schicksal wie die jüdischen Beamten, Richter und Hochschullehrer, die wenige Monate nach der Machtübernahme der Nazis ihrer Ämter enthoben worden waren (»Gesetz zur Wiederherstellung des Berufsbeamtentums«). Nach der Verkündung der »Nürnberger Gesetze« im September 1935 wurden dann nach und nach alle Maßnahmen umgesetzt, welche die Voraussetzungen für die »Endlösung« schaffen sollten: den Holocaust.

Bankenlobbyismus und der Aufstieg Hitlers

Wie gestaltete sich das Lobbying der Kreditwirtschaft in den Zwanziger Jahren und auch in den ersten Jahren nach der »Machtergreifung«? Wie gezeigt wurde, förderten führende (schwer-)industrielle Kreise und einige Bankiers gezielt den Aufstieg Hitlers und der NSDAP. In den Worten des amerikanischen Hauptanklägers Telford Taylor bei den Kriegsverbrecherprozessen in Nürnberg: »Ohne die Zusammenarbeit der deutschen Industrie und der Nazi-Partei hätten Hitler und seine Parteigenossen niemals die Macht in Deutschland ergreifen können, und das Dritte Reich hätte nie gewagt, die Welt in einen Krieg zu stürzen.«[128]

Dass Banken zu den Nutznießern und Erfüllungsgehilfen des NS-Regimes gehörten, ist unbestritten (und etwa in der ausführlichen Studie *Die Dresdner Bank im Dritten Reich* umfassend dargestellt). Wie aber verlief der Weg dorthin? Generell agierte das Lobbying der privaten Kreditwirtschaft in der Weimarer Republik wenig zielgerichtet. Und das war nicht zuletzt dem Umstand geschuldet, dass die meisten prominenten Bankiers sich mit den neuen Strukturen der parlamentarischen Demokratie nicht anfreunden mochten. Der Wirtschaftshistoriker Harald Wixforth verdeutlicht das:

»Ihre Forderungen wurden in der Anfangsphase in der Weimarer Republik nicht mehr gehört, da die alten persönlichen Netzwerke und ›Freundeskreise‹ erst einmal zusammengebrochen waren. Wer im Kaiserreich in den Clubs von Berlin eingeführt war und auf verschiedenen Ebenen der Berliner Gesellschaft Kontakt gehabt hatte, für den hatten vielfältige Möglichkeiten bestanden, nicht nur über die Verbandspolitik und die Interessenartikulation bei bestimmten Gesetzesvorhaben, sondern auch bei Diners, Herrenabenden und dergleichen bestimmte Interessen vorzubringen. Dieses spezifische soziale Netzwerk brach in Berlin am Anfang der Republik mit einem Schlag weg, da die Funktionsträger in der Politik ausgetauscht wurden. Und vielleicht war dies auch ein Grund dafür, daß sich die Bankdirektoren vom Weimarer System abwandten ...«[129]

Der 1901 gegründete »Centralverband des Deutschen Bank- und Bankierwesens« fügte sich zwar in das sich erweiternde Interessenverbandssystem der Zwanziger Jahre ein. Seine konservativ-monarchistisch geprägte Führungselite um den Vorsitzenden Jacob Rieser haderte jedoch zunächst mit der nun auch von Bankangestellten geforderten Mitbestimmung (es kam sogar zu Streiks) und »Sozialisierung«. Die von den Lobbyisten der Kreditwirtschaft zum Teil heftig vorgetragenen Rufe nach »Wiederherstellung der Ordnung und des Gleichgewichts im Reichshaushalt« und vor allem eines sofortigen »Endes der Sozialisierungsbestrebungen« wurden von der Politik jedoch lediglich zur Kenntnis genommen. Das Betriebsrätegesetz wurde eingeführt, und damit zogen erstmals Arbeitnehmer in die Aufsichtsräte der Großbanken ein.

Bei der in den ersten Nachkriegsjahren virulenten Problematik um die Lösung der Reparationsfrage arbeiteten die Finanzexperten und ihr Verband eng mit den wechselnden Reichsregierungen zusammen. Max Warburg und andere Bankiers nahmen an den Verhandlungen der deutschen Delegation federführend teil. Während der sich beschleunigenden Inflation hielten sich die prominenten Vertreter der Berliner Finanzwelt auffallend zurück. Sie und ihre Lobbyisten vom »Centralverband« verwiesen auf die ungelöste Reparationsfrage und auf die steigende Verschuldung der öffentlichen Haushalte; auf die tieferen Ursachen der Währungszerrüttung gingen sie jedoch – jedenfalls gegenüber der Öffentlichkeit – nicht ein. Harald Wixforth vermerkt:

»In dem Maße, wie es den Kreditinstituten und vor allem den Berliner Großbanken gelang, die Verhältnisse der Inflation auszunutzen, ja sogar selbst unter dem Aspekt der Substanzerhaltung von ihnen zu profitieren, verloren sie das Interesse, möglichst schnell eine Währungsreform durchzuführen. Warum sollten sie sich zu Befürwortern eines Währungsschnittes machen, wenn sie doch gerade damit begonnen hatten, die besonderen Bedingungen der Inflation zu ihren Gunsten auszunutzen?«[130]

Diese Geschäftspolitik der privaten Banken rächte sich nun insofern, als sich viele um ihre Ersparnisse betrogene Kleinanleger und mittelständische Kunden von ihnen abwandten und ihr Vertrauen den öffentlichen Sparkassen und Geldinstituten schenkten. Darüber hinaus verloren die Privatbanken einen Teil der Industriekundschaft, die auf die mit geringeren Zinsen versehenen Kreditofferten ausländischer Institute zurückgriffen. Die vehementen Forderungen der privaten Kreditwirtschaft nach einem »Rückzug des Staates« verhallten; der Staat protegierte weiterhin die öffentlichen Institute.

Darüber hinaus zeigten sich im Lager der Berliner Groß- und anderer bedeutender Privatbanken zunehmend Risse, weil die verschiedenen Unternehmensstrategien wenig übereinstimmten. Dem Vorstand des »Centralverbandes« fiel es immer schwerer, eine gemeinsam vertretene Linie für das Lobbying in der Reichsregierung und auch gegenüber der Reichsbank zu formulieren und umzusetzen.

Der Weltwirtschaftskrise folgte mit einiger zeitlicher Verzögerung im Sommer 1931 eine dramatische Krise der deutschen Banken, weil deren industrielle Großkunden wie etwa die Vereinigten Stahlwerke, Borsig und andere Konzerne in Zahlungsschwierigkeiten gerieten. Zudem weitete sich nach dem Erfolg der NSDAP bei den September-Wahlen 1930 der Abzug ausländischen Kapitals zu einer folgenreichen Kapitalflucht aus. So konnten die Dresdner Bank (und die dann mit ihr fusionierte) Danat-Bank sowie auch die Commerzbank nur mit staatlichen Geldern gerettet und saniert werden. Die Krise ereilte zugleich alteingessene Privatbankhäuser; zahlreiche Regionalbanken, Landesbanken und Kreditgenossenschaften standen fast reihenweise vor dem Bankrott. (Lediglich die Deutsche Bank und die Berliner Handelsgesellschaft überstanden die Krise relativ problemlos.)

Um den Zusammenbruch des deutschen Kreditwesens zu verhindern, wurden Abhebungen und Überweisungen beschränkt sowie Treuhänder eingesetzt. Reichsregierung und -bank gründeten im Juli 1931 die Akzept- und Garantiebank AG, um den in Not geratenen Banken und Sparkassen zu Hilfe zu kommen. Harald Wixforth resümiert:

»Der Kollaps des deutschen Bankensystems bedeutete auch eine Bankrotterklärung für die politische Einflußnahme und den Lobbyismus der Kreditwirtschaft. Das Bankwesen schien am 13. Juli 1931 nahezu in seiner Gesamtheit einen Offenbarungseid leisten zu müssen. Erklärungs- und Rechtfertigungsversuche prominenter Bankiers und Repräsentanten des Centralverbands wurden eher mit hämischer Kritik begleitet, als daß sie wirklich die Debatte über die Zukunft des deutschen Bankwesens beeinflußt hätten. [...]«[131]

Die Krise diente den Nazis als willkommener Anlass, ihre Hetze gegen die »verjudeten« und »raffenden« Großbanken zu verstärken. Als gleich nach der Machtübernahme in der NSDAP immer mehr Stimmen die Zerschlagung der Großbanken forderten, mobilisierte der »Centralverband des Deutschen Bank- und Bankierwesen« alle Kräfte, um genau das zu verhindern und bereitete sich entsprechend auf die Sitzungen eines Untersuchungsausschusses unter der Leitung von Hjalmar Schacht vor.

Schacht, den Hitler zum Reichsbankpräsidenten ernannt hatte, war zwar ein ergebener Diener der neuen Herren und befürwortete schärfere gesetzliche Bestimmungen für das Kreditwesen; er war jedoch kein Gegner der privaten Kreditwirtschaft und der sie dominierenden Großbanken. Der »Centralverband« erreichte mit seinem klug koordinierten Lobbying, dass die von Schacht eingeleitete Banken-Enquete zu dem Ergebnis kam, der Kreditzins sei »volkswirtschaftlich berechtigt«, die »Verteilung des Leihkapitals durch die Banken unumgänglich« und eine »Totalverstaatlichung der Großbanken« folglich abzulehnen. Die durch die Bankenkrise unter staatliche Kontrolle geratenen Großbanken waren 1937 denn auch wieder vollständig reprivatisiert. Da gab es den »Centralverband« allerdings nicht mehr.

Am 22. Februar 1934 hatten die Mitglieder des »Centralverbands« dessen Auflösung beschlossen und die vom NS-System erwartete Umwandlung in die Wirtschaftsgruppe »Privates Bankgewerbe als Unterabteilung der Reichsgruppe Banken« vorgenommen. 1936 umfaßte dieses in fünf Fachgruppen gegliederte Organ der »Selbstverwaltung«, rund tausend Privatbankiers, 236 Aktienbanken, 30 Hypothekenbanken sowie an die 500 amtliche und freie Börsenkursmakler.

Ihre Geschäftsinteressen wahrte die Kreditwirtschaft natürlich auch in der Folgezeit – zumal im Zuge der für sie profitablen Eroberungspolitik nach 1938, und Hjalmar Schacht erwies sich weiterhin als getreuer Vermittler gegenüber dem NS-Herrschaftssystem. Welche Interessen die Kreditwirtschaft nicht wahrte, verdeutlicht Harald Wixforth:

»Für die Erhaltung eines austarierten Interessengefüges zwischen Bankwesen und Partei waren die Kreditinstitute aber auch willfährig bereit, ihre jüdischen Direktoren und Angestellten zu entlassen. Die ›Entjudung‹ des deutschen Kreditgewerbes bildet das erste traurige Kapitel in der sich verstärkenden Allianz zwischen Großbanken und Herrschaftsapparat. Bei der Deutschen Bank, der Commerz- und Privatbank und der Dresdner Bank wurden jüdische Direktoren und Angestellte gezielt entlassen. [...] Erste Studien zeigen, wie rigide die Berliner Großbanken mit vorauseilendem Gehorsam vorgingen. Sowohl die Deutsche Bank als auch die Dresdner Bank scheuten sich nicht, verdiente Mitglieder des Vorstands und des Aufsichtsrats zu entlassen, nur weil sie Juden waren.«[132]

Wie sich das zutiefst inhumane faschistische System fortentwickelte und welche Grausamkeiten es im Zweiten Weltkrieg hervorbrachte, kann hier nicht nachgezeichnet werden. Dass die privatwirtschaftlichen Eliten eng mit dem NS-Regime verbunden und persönlich vernetzt, dass sie als Mittäter und Profiteure am Holocaust beteiligt waren, ist in zahlreichen, fundierten Studien nachgewiesen. Ein Vertreter der Industrielobby, Alfried Krupp von Bohlen und Halbach, fasste das 1946 bei den Kriegsverbrecherprozessen in Nürnberg in der Aussage zusammen:

»Wir hatten den Eindruck, daß Hitler uns eine gesunde Entwicklung bescheren würde. Tatsächlich hat er das getan. […] Nach den Jahren seiner Führung fühlten wir uns alle viel besser. Als ich über die antijüdische Politik der Nazis befragt wurde, und was ich davon gewußt habe, sagte ich, daß ich nicht von der Ausrottung der Juden gewußt habe und weiterhin, daß, wenn man ein gutes Pferd kauft, muß, man ein paar Mängel hinnehmen.«[133]

VIII. Lobbyisten unter Druck

Henry Ford vor einem seiner Automobile (1909).

In den USA herrschte nach dem Ausbruch der Weltwirtschaftskrise 1929 die »große Depression. Als Franklin D. Roosevelt 1933 mit Hilfe der demokratischen Wählerkoalition das Weiße Haus eroberte, lag die Arbeitslosigkeit bei 25 Prozent, zudem hatten große Teile der Mittelschicht Einkommen und Ersparnisse verloren.

Es harrten aber auch andere, systemimmanente politische Fragen einer Lösung. Nirgendwo sonst auf der Welt – mit Ausnahme des politisch zerrissenen Deutschlands – hatte die Arbeit einschlägiger Interessenträger eine ähnliche Dichte und Kraft wie in den USA erreicht. Schätzungen über die Washington tätigen professionellen Lobbyisten, die »Washington experts«, bewegten sich in den 1930er Jahren zwischen den Zahlen 400 und 6000; die große Spanne belegt, wie geschickt sich die Interessenvertreter einer statistischen »Erfassung« zu entziehen vermochten.

Die für eine schärfere Regulierung eintretende lobbykritische Bewegung erhielt 1929 neues Wasser auf ihre Mühlen, als die Zeitschrift *New York World* einem Politiker allzu enge Verbindungen zu einem Lobbyisten nachweisen konnte. Es zeigte sich, dass Senator Hiram Bingham den »expert« Charles L. Eyanson von der »Connecticut Manufacturer's Association« nicht nur als Angestellten auf die Gehaltsliste des Senats gesetzt, sondern ihn auch in geschlossene Sitzungen des Senatsfinanzausschusses mitgenommen hatte (der gerade ein neues Zollgesetz entwarf).

Nach einer Untersuchung durch den Gerichtsausschuß tadelte der Senat Bingham mit einem Votum von 54 gegen 22 Stimmen und verurteilte seine Handlungsweise als »gegenläufig zu den guten Sitten und der senatorischen Ethik«, sei sie doch geeignet, »den Senat in Schande und Verruf zu bringen«. Dieser neuerliche, großes Aufsehen erregende, Fall zog allerdings keine gesetzgeberische Reaktion nach sich.

Als 1935 die Lobbyisten der öffentlichen Versorgungsunternehmen massiv das »Wheeler-Rayburn-Gesetz« angriffen, mit dem die Dachgesellschaften der Monopolisten aufgebrochen werden sollten, bot sich eine Chance. Die Fülle von Briefen und Telegrammen, die im Frühjahr 1935 den Kongreß nahezu überschwemmten, ließ auf eine gut organisierte und orchestrierte Kampagne schließen, und das animierte den demokratische Senator Hugo La Fayette Black (1886–1971), den entschlossensten Anti-Lobbyisten, eine Untersuchung der näheren Umstände einzuleiten.

Betrügerische Hochleistungslobby

Die Anhörungen des Ausschusses (»Senate committee's investigation of lobbying practises«) machten Schlagzeilen, als Hugo Black von hohen Funktionären der »Western Union« erfuhr, dass alle 816 Telegramme, die ein Abgeordneter erhalten hatte, von einem Lobbyisten der »Associated Gas and Electric Company« diktiert und bezahlt worden waren. Auch konnte der Ausschuss aufdecken, daß hohe Geldsummen für Propaganda-Aktivitäten geflossen waren.

In einer Rundfunkansprache hielt Hugo Black 1935 mit seiner Meinung über diese Vorgänge nicht hinter dem Berg. Zwar hätten die amerikanischen Bürger ein durch die Verfassung garantiertes Petitionsrecht, das hieße aber nicht, dass eine »schmutzige oder machtvolle Interessengruppe«, berechtigt sei, ihre Anliegen so geschickt zu tarnen, dass die Identität dieser Gruppe wie »hinter einer Maske verborgen« bliebe. Black bezeichnete die Methode, mit »normierten Telegrammen, vorgefertigten Briefen und organisierten Besuchen in Washington« ungebührlichen Einfluß zu nehmen, als Tat einer »betrügerischen Hochleistungslobby«.[134]

Hugo Black war ein Anhänger von Franklin D. Roosevelt und unterstützte dessen sozialreformerische Politik des »New Deal«. Bevor Black 1937 an den Supreme Court berufen wurde, war er als Senator an den Gesetzesvorhaben für einen Mindestlohn und die 40-Stunden-Woche beteiligt. Die »Washington experts« dürften Senator Black in weniger guter Erinnerung behalten haben, setzte er doch mehrere Gesetze durch, die den Lobbyisten des Versorgungssektors und anderer Wirtschaftszweige eine Registrierungspflicht auferlegten.

In der Zeit bis zum Beginn des Zweiten Weltkrieges professionalisierte sich die – trotz aller Kritik – weiter wachsende Zahl der Lobbyisten nicht zuletzt durch die Gründung eigener »Berufs«-Verbände erheblich. Neben dem verbesserten Postwesen erleichterten die neuen Kommunikationsmittel – Telefon, Fernschreiber und Radio – die Mobilisierung großer Öffentlichkeitssegmente. Der Einsatz von Massenbrief- und Telefonkampagnen wurde von den 1930er Jahren an zu einem immer beliebteren indirekten Druckmittel. Es erhielt den noch heute gängigen Begriff: »grass-roots-lobbying«.

Präsident Roosevelt, der sich lange auf die Ankurbelung der Binnenwirtschaft konzentriert hatte, änderte Ende 1941 seine Außenpolitik schlagartig, als Japan Pearl Harbour angriff und Hitler und Mussolini den USA den Krieg erklärten. Nach Berichten von Albert Einstein über deutsche Atombombenpläne initiierte Roosevelt neben der nun unglaublich schnell vollzogenen Aufrüstung ein geheimes Nuklearprogramm.

Im Sommer 1943 begannen die Westmächte mit der Invasion Siziliens, während die UdSSR, von ihrem Bündnispartner USA mit Kriegsgütern gestärkt, von Osten her zum Angriff übergegangen war und bei Stalingrad den ersten entscheidenden Sieg über Hitler-Deutschland errang. Von da an war die deutsche Wehrmacht auf dem Rückzug, war der Sieg über den Faschismus nur mehr eine Frage der Zeit.

Lobbyisten im Visier

In den ersten Jahren nach dem Zweiten Weltkrieg, als Europa und Japan wirtschaftlich geschwächt waren, kam weltweit zunächst jedes zweite erwirtschaftete Gut und jede zweite Dienstleistung aus den USA. Ganz zu schweigen von dem enorm ausgeweiteten militärisch-industriellen Komplex der Vereinigten Staaten. Während der Regierung Harry Trumans entfaltete sich die Einflußnahme des professionellen Lobbyings ungeheuer.

Gewiss nicht zufällig sah sich der Kongreß bereits kurz nach Kriegsende gezwungen, erneut über die offenbaren Auswüchse des Lobbyismus zu debattieren. Zu Rate gezogene Denkfabriken (*think tanks*) wie die »American Political Science Association« plädierten für die Herstellung einer größeren Transparenz. Der Kongreß müsse solange an der Wahrnehmung seiner ureigensten Aufgabe scheitern, wie er sich den hartnäckigen Forderungen bestimmter Einzel- und Sonderinteressen nicht widersetze – hätten diese doch die Tendenz, den Gesetzgeber von genau den Fragen abzulenken, an denen ein breites öffentliches Interesse bestünde. Der Kongreß solle endlich »den Scheinwerfer der Öffentlichkeit auf die Aktivitäten der Lobbyisten richten«.

Auf Empfehlung des Paritätischen Ausschusses verabschiedete der Kongreß 1946 schließlich das erste Lobbygesetz auf Bundesebene, den *Federal Regulation of Lobbying Act* – es blieb bis 1995, als ein Nachfolgegesetz erlassen wurde, in Kraft. Mit dem »Lobbying Act« erfolgte nicht nur die historisch erste, gezielte Regelung des Lobbying, sondern zugleich auch dessen gesetzliche Anerkennung. Fortan galten die Lobbyisten als anerkannter, eigenständiger Berufsstand. Und das Gesetz lieferte die Beschreibung ihres Tätigkeitsfeldes gleich mit:

»Als Lobbyist gilt jede Person, die aus sich heraus oder durch Agenten oder Angestellte oder andere Personen [...], direkt oder indirekt, Geld oder geldwerte Leistungen einwirbt, sammelt oder erhält [...], um so die Annahme oder Ablehnung von Gesetzen durch den Kongreß der Vereinigten Staaten direkt oder indirekt zu beeinflussen.«[135]

Der »Lobbying Act« von 1946 verlangte, dass jede Person, die dieser Beschreibung entsprach, Namen, Anschrift, Einkünfte und Ausgaben beim Sekretariat des Senats und des Kongresses offenlegt; gefordert wurden darüber hinaus vierteljährlich erstellte Berichte über empfangene oder ausgegebene Mittel sowie über die Adressaten und den verfolgten Zweck, die Nennung von Zeitungen und Zeitschriften, in denen auf Veranlassung des Lobbyisten Artikel oder Leitartikel erschienen waren und die Benennung exakt der Gesetzesvorlage(n), für deren Beförderung oder Hintertreibung der Lobbyist engagiert worden war. Überdies waren die Lobbyisten gehalten, über sämtliche Zuwendungen an Kongreßmitglieder, sofern sie fünfhundert Dollar oder mehr betrugen, genauestens Buch zu führen.

Der Supreme Court bestätigte 1953 die Offenlegungspflicht der Lobbyisten in dem vielzitierten Fall: *U.S. vs. Harriss*. Das oberste Gericht legte das Gesetz allerdings eng aus, indem es beispielsweise befand, dass es auf solche Gruppen oder Individuen nicht anwendbar sei, die ihr eigenes Geld einsetzten, um im Kongreß zu lobbyieren. Zudem wurden all diejenigen Akteure, Firmen und Verbände, deren hauptsächliche Geschäftstätigkeit nicht im Lobbying bestand, von der Anwendung ausgenommen. Das Gericht betonte 1953 insbesondere die beiden folgenden Erwägungen:

Erstens: »Die heutige Gesetzgebung ist derart komplex, daß von den individuellen Kongreßmitgliedern nicht gut erwartet werden kann, eingehend die Myriaden von Druckausübungsformen zu untersuchen, denen sie regelmäßig ausgesetzt sind. Die vollständige Umsetzung des amerikanischen Ideals einer Regierung durch gewählte Abgeordnete hängt freilich in nicht geringem Maße von deren Fähigkeit ab, solchen Druck angemessen einzuschätzen. Anderenfalls würde die Stimme des Volkes allzu leicht übertönt von der Stimme jener speziellen Interessenverbände, die eine bevorzugte Behandlung erheischen, während sie sich als Verfechter des Gemeinwohls maskieren. Dies ist der Übelstand, zu dessen Verhinderung der Lobbying Act beitragen sollte.«

Zweitens: »Im Übrigen ging es dem Kongreß nicht darum, diese Pressionsversuche zu verbieten. Er hat von den dafür angeheuerten Beteiligten, die die Gesetzgebung beeinflussen wollen oder die spezielle Mittel dafür einwerben, nur einige wenige Informationen verlangt; er möchte nur wissen, wer angeheuert ist, wer das Geld dafür aufbringt und wieviel ...«[136]

Übrigens sind nur zwei Lobbyisten nach dem »Federal Regulation of Lobbying Act« von 1946 zur Rechenschaft gezogen worden. Das geschah 1956, als der republikanische Senator Francis Case angab, er hätte einen Wahlkampfbeitrag von 2500 Dollar nur deshalb erhalten, um sein Votum zu beeinflussen. Der Senat ließ den Vorfall untersuchen und stellte fest, dass zwei Lobbyisten der Superior Oil Company gegen das Gesetz verstoßen hatten. Sie wurden zu Geldstrafen von je 2500 Dollar sowie einer Bewährungstrafe von je einem Jahr verurteilt. Das Ölunternehmen musste eine Geldstrafe von 10 000 Dollar zahlen.

Die »fordistische Phase« stößt an ihre Grenzen

In den Nachkriegsjahrzehnten kam es bis Mitte der 1970er Jahre dies- und jenseits des Atlantiks zu hohen Zuwachsraten der Produktion sowie der Beschäftigtenzahlen (in regulären Arbeitsverhältnissen). Die bereits in den 20er Jahren eingeführte industrielle Massenerzeugung von hochverarbeiteten Endprodukten infolge der von Henry Ford geschaffenen Fließbandproduktion begründete diese »fordistische Phase« (Antonio

Gramsci) der kapitalistischen Wirtschaftsweise, die nicht zuletzt eine Hochphase der Industriegewerkschaften ermöglichte. Vor allem in Deutschland und Japan zog diese Entwicklung zugleich eine starke Exportorientierung nach sich, die in der Nachkriegszeit durch den Freihandel, wie er von internationalen Organisationen wie etwa dem GATT gefördert wurde, Unterstützung fand.

Demgegenüber wurde nach dem Zweiten Weltkrieg in verschiedenen Ländern der staatliche Einfluss ausgeweitet (in Frankreich und Großbritannien etwa ein größerer Teil der Wirtschaftssektors in öffentliches Eigentum überführt), Diese Politik, die auf sozialstaatliche Verfassungsnormen Bezug nahm, fand allerdings in der Etablierung stabilitätsorientierter, unabhängiger Zentralbanken ihre Grenze. Dessenungeachtet entwickelte sich in den ersten drei Nachkriegsjahrzehnten eine auch von den Einzelkapitalen (des Mittelstands wie auch der Großunternehmen) mitgetragene Form der Wirtschaftslenkung.

Zu den zentralen Bestandteilen dieser wirtschaftspolitischen Systeme gehörten: die Subventionierung der als wichtig erachteten Investitionen und Produktionen; die Stärkung der Weltmarktposition nationaler Unternehmen; die Finanzierung von öffentlicher und privater Grundlagenforschung (zumal des industriell-militärischen Komplexes); eine Beschäftigungs- und Qualifikationspolitik und nicht zuletzt der Ausbau sozial-, sport-, gesundheits-, bildungs- und kulturpolitischer Einrichtungen bzw. die staatliche Finanzierung von in diesen Bereichen tätigen Trägervereinen und -initiativen. In den USA wie auch in Europa, vor allem in der exportstarken Bundesrepublik Deutschland, herrschte zu jener Zeit ein von breiten gesellschaftlichen Schichten getragener Optimismus vor, der von einer weiteren Steigerung des erreichten relativen Massenwohlstand sowie des Interessenausgleichs der Sozialpartner ausging. Hansgeorg Conert resümiert:

»Flankiert bzw. ergänzt und untermauert wurden jene für die fordistische Phase des Kapitalismus kennzeichnenden Tendenzen zu rechtlicher, sozialer und materieller Stabilisierung der Lohnarbeitsbeziehungen und – damit der Gesellschaft überhaupt – durch eine sukzessiv realisierte, relativ dynamische und erweiterungsgerichtete Sozialpolitik.«[137]

Im Folgenden möchte ich den bundesdeutschen Lobbyismus während der industriellen Expansionsphase näher beleuchten. Da die Deutsche

Demokratische Republik bis 1989 unter völlig anderen Bedingungen stand (und nach der Vereinigung mit der Bundesrepublik Deutschland in deren Strukturen aufging), gehe ich auf die »realsozialistischen« Entwicklungen nicht weiter ein.

IX. Lobbyismus in der sozialen Marktwirtschaft

Bundeskanzler Konrad Adenauer und Bankier Robert Pferdmenges.

Nach der Bedingungslosen Kapitulation am 8. Mai 1945 wurde das Gebiet des ehemaligen Deutschen Reiches von alliierten Streitkräften besetzt und in Besatzungszonen aufgeteilt. Im »Potsdamer Abkommen«, das die Regierungschefs der Sowjetunion, der USA und Großbritanniens im August 1945 beschlossen (das aber von den autorisierten Organen der drei Siegermächte nie ratifiziert wurde), hieß es einleitend:

»Es ist nicht die Absicht der Alliierten, das deutsche Volk zu vernichten oder zu versklaven. Die Alliierten wollen dem deutschen Volk die Möglichkeit geben, sich darauf vorzubereiten, sein Leben auf einer demokratischen und friedlichen Grundlage von neuem wiederaufzubauen.«[138]

Massive Kriegszerstörungen in vielen Städten, die katastrophale Wohnungs-, Verkehrs-, vor allem aber Ernährungslage sowie eine zunächst weitgehend außer Kraft gesetzte Verwaltung bestimmten die unmittelbare Nachkriegssituation. Zugleich waren viele Millionen Menschen auf der Flucht von Ost nach West (bis 1948 mehr als 15 Millionen). Der Kontrollrat der Besatzungsmächte ordnete umgehend zahlreiche Maßnahmen an – die Auflösung aller deutschen Streitkräfte, der NDSAP und aller nazistischen und militärischen Organisationen, die Auflösung aller von Deutschland eingegangenen Verträge mit anderen Ländern, die Blockierung der Verfügung über das Eigentum des deutschen Staates und anderer Kategorien, die Auskunfts- und Gehorsamspflicht aller Behörden gegenüber alliierten Forderungen, die Aufhebung aller NS-Gesetze, die demokratische Umgestaltung des Rechtssystems, die Unterstellung der Wirtschaft unter die Kontrolle der Alliierten und anderes mehr. Auch sollten alle »Personen, die voraussichtlich undemokratische Traditionen verewigen würden, von allen ausschlaggebenden oder einflußreichen Stellungen« entfernt werden. Dazu kam es jedoch nur bedingt.

Wie sich bald zeigen sollte, verfolgten die Vertreter der westlichen Siegermächte entschieden andere Ziele als die Sowjetunion, die von Hitlers

Angriffskrieg und den furchtbaren Verbrechen der deutschen Okkupanten aufs härteste getroffen war, deren Diktator Josef Stalin andererseits aber nach dem Sieg über Nazi-Deutschland in seiner Machtstellung gefestigter war denn je. Die im März 1947 verkündete »Truman-Doktrin« leitete den Beginn des »Kalten Krieges« und zugleich die Spaltung des (durch Gebietsabtrennungen) verkleinerten Gebiets des ehemaligen Deutschen Reiches ein.

In dieser unmittelbaren Nachkriegszeit regierten Hunger und Not, bestimmten kräftezehrende Aufräum- und Wiederherstellungsarbeiten den Alltag. Immerhin waren – trotz aller »Fehlgriffe« – die von den Militärbehörden ausgesuchten deutschen Mitarbeiter und Amtspersonen zunächst überwiegend ausgewiesene Gegner der Nazis. Viele von ihnen setzten ihre im Sommer 1945 auf kommunaler oder regionaler Ebene begonnene Karriere später im Bundestag fort.

Nicht nur die ehemaligen »Führer« und Helfershelfer der NS-Organisationen schienen im Sommer 1945 wie vom Erdboden verschluckt, auch die Geschäftsleitungen des Mittelstands sowie Großunternehmen und Banken traten öffentlich zunächst nicht in Erscheinung. Die Nutznießer der Zerschlagung der Gewerkschaften, der »Arisierung« des Besitzes der Juden, der Aufrüstung, der Annexion von Wirtschaftsbetrieben und Rohstoffen überfallener Länder, der Verschleppung von Zwangsarbeitern hielten sich bedeckt.

Zu diesen ehemaligen Nutznießern und Parteigängern des NS-Regimes zählten z. B. die mehr als dreißig Manager aus nahezu allen bedeutenden Banken und Konzernen, die dem spendenfreudigen »Freundeskreis des Reichsführer SS Heinrich Himmler« von 1939 bis 1944 angehört hatten. Hier seien nur einige Namen genannt: Dr. Rudolf Bingel (Generaldirektor der Siemens-Schuckert-Werke AG); Karl Blessing (u. a. Vorstandsmitglied der Kontinentale ÖL-AG); Dr. Heinrich Bütefisch (SS-Obersturmbannführer und Vorstandsmitglied der IG Farben AG); Dr. h.c. Friedrich Flick (Inhaber des Flick Konzerns, vielfacher Aufsichtsrat); Dr. Karl Ritter von Halt (SA-Oberführer, Vorstandsmitglied Deutsche Bank AG); Prof. Dr. Dr. Emil Meyer (SS-Standartenführer, Vorstandsmitglied der Dresdner Bank und vielfacher Aufsichtsrat); Friedrich Reinhart (Staatsrat, Aufsichtsratvorsitzender der Commerzbank AG); Hellmuth Roehnert (Vorstandsvorsitzender der Rheinmetall-Borsig AG u. a.); Dr. Kurt Schmitt (SS-Brigadeführer,

Generaldirektor a. D. der Allianz AG, Aufsichtsratsvorsitzender der Münchener Rückversicherungs-AG); Dr. Albert Vögler (Generaldirektor der Vereinigten Stahlwerke, zahlreiche Aufsichtsratmandate); Hans Walz (SS-Hauptsturmführer, Generaldirektor des Bosch-Konzerns). Die Reihe ließe sich beliebig fortsetzen.

Eine Mehrheit der Konzernchefs, Großbankiers, mittelständischen Unternehmer und leitenden Manager saß seit dem Mai 1945 in Haft. Wie es schien, hatte diese Wirtschaftselite – unabhängig vom Ausgang der (Kriegsverbrecher-)Prozesse – schon deshalb keine Chance, jemals wieder ihre verhängnisvolle Macht und die damit verbundenen Positionen zu erobern, weil in allen sich wieder bildenden Parteien die Auffassung vorherrschte, der Kapitalismus habe ausgedient. Selbst die CDU forderte in ihrem »Ahlener Programm« vom Frühjahr 1947 die Verstaatlichung der Grundstoffindustrien und war sich in diesem Punkt sogar mit der SED einig.

Erste Bürgerinitiativen und Parteigründungen

Sozialdemokraten, Kommunisten und Gewerkschafter bildeten nach der Kapitulation umgehend »Antifaschistische Ausschüsse«. Diese ersten Bürgerinitiativen der Nachkriegszeit organisierten Aufräumungs- und Instandssetzungsarbeiten, belebten die Verwaltungen mit neuem Personal und verhinderten Plünderungen. Allerdings zeigten sich die Militärregierungen gegenüber dem spontanen Entstehen dieser meist sozialistisch orientierten Gruppen so unvorbereitet wie argwöhnisch; sie verboten sie im Sommer 1945. Hingegen standen die Besatzer der Gründung von Parteien nicht im Wege – SPD, KPD, CDU, CSU und die sich etwas später in der FDP vereinigenden liberalen Gruppen sowie die Zentrums- und Bayernpartei traten – im Rahmen der ihnen gewährten Spielräume durch die unterschiedlichen Besatzungsorgane – auf den Plan.

Dabei zeigte sich, dass die Partei- und Gewerkschaftsleitungen schon bald wieder voneinander abweichende Ziele verfolgten. In Berlin wählten die Sozialdemokraten Otto Grotewohl zum Vorsitzenden des Zentralkomitees; im westzonalen Hannover entstand eine inoffizielle Parteizentrale unter Führung von Kurt Schumacher, der dann 1946 zum Vorsitzenden der SPD in den Westzonen gewählt wurde (während sich in Berlin – unter Druck der sowjetischen Besatzungsmacht – SPD und KPD zur SED vereinigten).

»In Deutschland wird die Demokratie sozialistisch sein – oder sie wird gar nicht sein!«, befand Kurt Schumacher, der die Kommunisten aufs schärfste ablehnte, aber dessenungeachtet die »Verstaatlichung der Großindustrie, der Großfinanz und der Aufgliederung des Großgrundbesitzes« forderte. Die SPD errang 1946 bei den ersten Landtagswahlen in den Westzonen auch die Mehrheit der Stimmen. In der britischen Besatzungszone wurde das schon deshalb gern gesehen, weil in Großbritannien seit Juli 1945 mit der Labour Party eine Arbeiterpartei an der Macht war. Zu jener Zeit versprach selbst die CDU ihrer Wählerschaft: »Die Vorherrschaft des Großkapitals, der privaten Monopole und Konzerne wird gebrochen.«

Zu den frühen Mitgliedern der CDU gehörte der spätere Bundeswirtschaftsminister und Kanzler Ludwig Erhard (1897–1977), der sich in der NS-Zeit als Sonderberater für Fragen der Konsumgüterindustrie in der »Ostmark«, als Chef der Zivilverwaltung in Lothringen und ab 1942 als Betreiber des von ihm in Nürnberg gegründeten »Instituts für Industrieforschung« einen Namen gemacht hatte. Er pflegte enge Beziehungen mit der »Reichsgruppe Industrie« und führenden Großindustriellen und erhielt zahlreiche Aufträge. Stephan Lindner beleuchtet, worum es seinen Auftraggebern 1943 – nach der verlorenen Schlacht um Stalingrad – ging:

»Erhard wurde mit einer Studie beauftragt, wie man die enormen Kriegsgewinne aus den staatlichen Rüstungsaufträgen in die Nachkriegszeit retten könne. Dabei waren vielen Industriellen die revolutionären Unruhen der ersten Jahre nach dem verlorenen Ersten Weltkrieg noch in guter Erinnerung. Im März 1944 legte er der Reichsgruppe Industrie das Ergebnis seiner Arbeit vor. In der Schrift *Kriegskonsolidierung und Schuldenfinanzierung* schlug er vor, den enormen Kaufkraftüberhang, der sich aus Mangel an Konsummöglichkeiten bei den deutschen Sparern angehäuft hatte, in staatliche Zwangsanleihen zu verwandeln. Gleichzeitig sollte die deutsche Industrie mit großzügigen Krediten unterstützt werden, um den Wiederaufbau und die Produktionsumstellung auf eine Friedenswirtschaft zu fördern.«[139]

Nachkriegsplanungen der Wirtschaftslobby

Hitlers Absicht, Deutschland bis zur vollständigen Zerstörung im Krieg zu halten, war bei führenden Industriellen auf Unverständnis und Ablehnung gestoßen. Sie gründeten noch in der Endphase der nationalsozialistischen Herrschaft deshalb mit Experten der »Reichsgruppe Industrie« einen binnenmarktorientierten »Kleinen Arbeitskreis« sowie einen »Arbeitskreis für außenwirtschaftliche Fragen«, der von Karl Blessing geleitet wurde und dem auch ausgesuchte NS-Größen angehörten. Für die Deutsche Bank nahm Hermann Josef Abs an der Ausschussarbeit teil, der in der Nachkriegszeit eine bedeutende Rolle spielen sollte. Der erwähnte Karl Blessing übernahm 1948 (obwohl er Mitglied des Himmler-Freundeskreises gewesen war) erneut die Vorstandsposition der Margarine-Union, einer Tochter des amerikanischen Unilever Konzerns, und wurde später Präsident der Deutschen Bundesbank.

Bereits im August 1944, als sich in Straßburg Vertreter der Wirtschaft, der Wirtschaftsverbände und des Staatsapparates über Maßnahmen in der Nachkriegszeit besprochen hatten, nahmen die Industriellen eine Umstellung ihrer bis dahin verfolgten Unternehmenspolitik vor. Sie verlagerten Kapital und Wissen aus dem der Zerstörung anheimgegebenen Osten, dessen sowjetische Besetzung absehbar war, in die westlichen Teile Deutschlands, gründeten Zweigunternehmen durch nichtdeutsche Strohmänner, schafften Devisen in die Schweiz, meldeten Patente im Ausland an, intensivierten internationale Verbindungen und verlegten Stabsabteilungen in die Westhälfte des Reichs. Die Betriebe sollten schließlich, so formulierte der Industrielle Rudolf Stahl in einem Rundschreiben im Februar 1945, »zu wichtigen ›Ordnungsblocks‹ im Staatsgefüge der Nachkriegszeit ausgebaut werden«.

Nicht zu vergessen die »Reichsgruppe Industrie«. Die Unternehmerlobby bereitete sich einschließlich ihrer Fachgruppen gezielt auf die Zusammenarbeit mit dem Office of Military Government US-Zone (OMGUS) vor, und wurde – unter Mitnahme sämtlicher Akten und Unterlagen – umgehend nach der Kapitulation vom OMGUS in Eschenstruth bei Kassel angesiedelt.

Die Kapazitätsverluste der deutschen Industrie durch Kriegseinwirkungen und Demontagen betrugen in den westlichen Besatzungszonen im Jahr 1947 gegenüber 1936 lediglich um die 15 Prozent. Zwar lag die Wirtschaftstätigkeit am Boden, wurden zunächst Stahlkonzerne und der Ruhrkohlenbergbau sowie Aktien und Eigentumsrechte beschlagnahmt und einigen exponierten Kapitaleignern der Kriegsverbrecherprozess gemacht (Krupp, Flick, Röchling und anderen); zugleich erfolgte aber die Besetzung der speziell geschaffenen treuhänderischen Kontrollorgane im Westen mit deutschen Fachleuten und Direktoren aus der Industrie, wurden die Konzernleitungen durch Verfügungen ausdrücklich angewiesen, »auf ihrem Posten zu verbleiben und ihre Pflicht wie bisher zu erfüllen«.

Wiederzulassung von Interessengruppen

In den Westzonen reaktivierten die Alliierten umgehend die Industrie- und Handelskammern, deren Fachleute dem NS-Regime überwiegend unauffällig zugearbeitet hatten. Sie dienten im Rahmen der Bewirtschaftungsmaßnahmen zunächst als willkommene Mittler zwischen Besatzungsbehörden und Unternehmen. Da sie – trotz eindringlicher Gewerkschaftsforderungen – zu keiner paritätischen Besetzung ihrer Leitungsgremien verpflichtet wurden (und keine Kammerwahlen stattfanden), förderten die Kammern bereits 1945 nach Kräften die Bildung von zunächst lokal operierenden Arbeitgeber- und Fachverbänden.

Von 1946 an erlaubten die Regelungen in den drei westlichen Zonen die (Wieder-)Einrichtung von Interessenverbänden. Es gab zunächst recht strenge Auflagen – etwa die Wahl von entnazifizierten Funktionsträgern; auch wurde eine engere Zusammenarbeit der Verbände über die Zonengrenzen hinweg zumindest offiziell nicht gewünscht. Die Geschäftsführer der wieder etablierten Fachverbände in den Ländern planten bei gemeinsamen Treffen deshalb heimlich den Aufbau von überregionalen Lobbyorganisationen.

Die westlichen Besatzungsbehörden verfolgten ohnehin – bei allen Meinungsunterschieden und unterschiedlichen Verfahrensweisen – generell das Ziel, die privatkapitalistischen Verhältnisse aufrecht zu erhalten, also allenfalls eine »Sozialpartnerschaft« von Kapital und Arbeit herbeizuführen. Dafür sorgten zunehmend druckvoll vor allem die Amerikaner, weil die US-Konzerne, die auch während des Krieges in Deutschland Beteiligungen gehalten hatten (etwa an den Ford- und den zu General Motors gehörenden Opelwerken), die in der breiten Bevölkerung vorhandenen »Sozialisierungsbestrebungen« ablehnten. Im Zuge der Verschärfung des Kalten Krieges wurden auch die eher sozialdemokratisch gesonnenen Briten auf diese Haltung verpflichtet.

Worauf diese Politik hinauslief, wird in dem Bericht eines Arbeitgeber-ausschusses deutlich: »Schon in den ersten Monaten des Jahres 1946 fanden auf Veranlassung der britischen Militärregierung Besprechungen zwischen Vertretern der Arbeitgeberverbände Nordrhein-Westfalens und Vertretern des Deutschen Gewerkschaftsbundes, Herrn Dr. h. c. Böckler, über die Möglichkeiten einer Zusammenarbeit statt.«[140]

A propos Ford und Opel. Der – antisemitisch eingestellte – Tycoon Henry Ford gehörte vermutlich zu den finanziellen Förderern des deutschen Diktators (wohl deshalb zeichnete ihn Hitler 1938 mit dem Groß-kreuz des Adlerordens aus), während Irénée DuPont von General Motors dem »Führer« bewiesenermaßen Geldspenden zukommen ließ. Dass Kapital sich selbst dann verzinsen will, wenn Mutter- und Tochtergesellschaften durch politische Ereignisse zwischen ideologische und militärische »Frontlinien« geraten, läßt sich – wie im Falle von Krupp – auch am Beispiel der amerikanischen Autokonzerne zeigen.

Die beiden US-Unternehmen investierten seit den 1920er Jahren in Deutschland: Ford baute 1925 sein erstes deutsches Werk in Berlin und General Motors übernahm 1929 die Adam Opel AG in Rüsselsheim. Als Hitler die Aufrüstung Deutschlands massiv vorantrieb, leisteten die beiden US-Konzerntöchter ohne lange zu zaudern die erwünschte technische Hilfe. »An der Aufrüstung der Wehrmacht beteiligten sich Ford und Opel seit 1938,«, berichtet der *Spiegel*. »Gemeinsam fertigten sie 90 Prozent der Dreitonnen-Kettenfahrzeuge und gut zwei Drittel aller mittelgroßen Lastwagen. Darunter war auch der ›Opel Blitz‹, das sogenannte Rückgrat der Wehrmacht. […]

Die Ingenieure der Ford-Werke entwickelten zudem eigens das ›Maultier‹, einen Lastwagen mit hinterem Kettenantrieb. […] In einer geheimen Absprache mit Hitlers Oberkommando der Wehrmacht vereinbarte Ford 1939 zudem, in den Kölner Werken auch Munition herzustellen. Die Opel AG in Rüsselsheim stellte ihre Produktion ebenfalls teilweise um und baute Ju-88-Bomber und Düsentriebwerke für die Luftwaffe. James Mooney, bei General Motors verantwortlich für das Überseegeschäft, hatte dies persönlich mit Hitler vereinbart.«[141]

Erschwerte Bedingungen für Gewerkschafter

Die Bildung örtlicher Gewerkschaften war in allen vier Zonen zwar im August 1945 gestattet, zugleich aber an komplizierte Genehmigungsfragen gebunden worden. Die Hoffnung der zumeist von den Nazis verfolgten Mitglieder und Funktionäre, in kurzer Zeit einen freien deutschen Gewerkschaftsbund wiedergründen zu können, wurde enttäuscht. Die von den Alliierten der drei Westzonen erzwungene örtliche Isolation führte zu einer gut zweijährigen Verzögerung beim Aufbau von effektiven Strukturen auf Landes- und Zonenebene. Noch im September 1947 gab die amerikanische Militärregierung zu verstehen, dass ein einheitlicher deutscher Gewerkschaftsbund von ihr nicht gewünscht sei.

Welche Vorstellungen die ersten Gewerkschaftsbünde für die Zukunft hegten, wird deutlich in der Erklärung der zweiten Interzonenkonferenz der Gewerkschaften vom Dezember 1946: »Das Wohl der Werktätigen, die Sicherung des Friedens, die Freiheit der Persönlichkeit und die Demokratie können nur gesichert werden, wenn der Neuaufbau der deutschen Wirtschaft auf demokratischer Basis durch wirksamen, unmittelbaren Einfluß der Gewerkschaften und Betriebsräte erfolgt. Zwei Weltkriege haben den Beweis erbracht, daß die zum Krieg treibenden Kräfte in Deutschland in der Zusammenballung der Kapitalmächte in Monopolen, Kartellen, Konzernen und Trusts und in dem Mißbrauch ihrer wirtschaftlichen Vormachtstellung zu suchen ist.«[142]

Während die Gewerkschaften im Kern wieder an die Leitvorstellungen des ADGB in der Weimarer Zeit anknüpften und auf eine wirtschaftsdemokratisch gestaltete Gleichberechtigung von Kapital und Arbeit hofften, entstanden in den westlichen Zonen neue Wirtschaftsämter, die den Aufbau mitgestalten sollten. Sie rekrutierten leitende Angestellte, die größtenteils bereits im Reichswirtschaftsministerium tätig gewesen waren.

Darüber hinaus bildeten sich zu Beginn des Jahres 1946 lobbyistisch schon wieder sehr aktive Arbeitgeberverbände – in der britischen Zone etwa der »Arbeitgeberverband für die Eisen- und Metallindustrie des rheinisch-westfälischen Industriebezirks«. Mitbestimmung und paritätische Betriebsverfassungen lehnten diese »neuen« Verbände ab. Sie hatten auch ausreichende finanzielle und personelle Mittel, um Denkschriften, Gutachten und Broschüren zu produzieren, um ihren Forderungen gegenüber den Besatzungsmächten – und in Form von Betriebszeitungen – gegenüber den Arbeitnehmern Nachdruck zu verleihen. Der nach dem Krieg als Chefredakteur des Berliner »Tagesspiegels« tätige Schriftsteller Erik Reger verfolgte diese Entwicklung mit wacher Skepsis:

»Das Hauptkontingent der wirtschaftspolitischen und auch der rein politischen Propaganda stammte von jeher aus den industriellen Verbänden. [...] Die schleunige Auflösung der industriellen Verbände, die von Eisen und Stahl bis zu Draht und Hufeisen reichen (lauter ›wirtschaftliche Vereinigungen‹ natürlich), ist zur Reinigung der Atmosphäre unerläßlich. Ihre Mitglieder treffen sich in kleinen Gruppen an abgelegenen Orten, um die ›Lage zu besprechen‹. Sie nennen es auch ›Austausch von Erfahrungen und Anregungen‹. Erfahrungen mit den alliierten Kontrolleuren, mit Gewerkschaften, mit Betriebsräten, Anregungen, wie man diese Vorschrift umgehen könne und jene, mit wem man Bekanntschaften machen müsse, um dieses bewilligt zu bekommen und jenes, wie man Betriebsräte zu bestechen oder die eifersüchtige Animosität eines Betriebsrates gegen den von der Gewerkschaft in den Vorstand dirigierten ›Sozialdirektor‹ zu schüren habe. Diese Sitzungen sind auch der Nucleus der Kompensationsgeschäfte.«[143]

Nachdem in allen Ländern der Westzonen Parlamente und Regierungen gebildet worden waren, wuchs unter Arbeitern und Angestellten die Hoffnung auf eine baldige Verbesserung der bedrückenden Ernährungslage. Wider Erwarten verschlechterte sich die Situation jedoch. Zudem wurde immer offenbarer, dass Unternehmer, Händler und Bauern Güter zurückhielten, um sie für einträgliche Schwarzmarktgeschäfte zu nutzen.

Bereits 1947 kam es im Ruhrgebiet zu größeren Streiks – zum Teil auch gegen die Empfehlungen der Gewerkschaftsführer; 1948 weiteten sie sich aus. Die Ernährungslage verbesserte sich jedoch nicht, woran auch das im Februar 1948 vom »Wirtschaftsrat« verhängte »Speisekammergesetz« nichts änderte. Immerhin erreichte die Protestbewegung, dass einige Landtage Gesetze zur Überführung von Schlüsselindustrien in Gemeineigentum sowie Betriebsrätegesetze verabschiedeten.

Schattenregierung

Nachdem sich im Dezember 1946 die amerikanische und britische Besatzungszone zu einem gemeinsamen Wirtschaftsgebiet vereinigt hatten (die französische Zone trat erst 1948 bei), konstituierte sich im Juli 1947 der »Wirtschaftsrat« als neue und gesetzgebende Körperschaft für Wirtschaft, Finanzen, Ernährung, Post und Verkehr. Er bestand zunächst aus 52 Delegierten der Länderparlamente, ab 1948 aus weiteren 52 mehr. Die Wahlen in dieser »Schattenregierung« (*Der Spiegel*) brachten ausschließlich CDU-Vertreter in die quasi ministerialen Leitungsfunktionen. Darunter auch Dr. Günter Henle, Vorstand von Klöckner & Co., der als »jüdischer Mischling« keiner Naziorganisation angehört hatte, der Banker Robert Pferdmenges, der für die jüdischen Barone Oppenheim deren Bankhaus über Nazizeit und Krieg hinweg gerettet hatte, und 1948 Ludwig Erhard als Leiter der Verwaltung für Wirtschaft.

Was wunder, dass die SPD-Führung schon bald eine »antisozialistische Konzeption«, beklagte: »Im Laufe der ersten acht Monate der Tätigkeit des Wirtschaftsrates schälte sich diese Konzeption immer klarer heraus. In allen entscheidenden Fragen der Wirtschaftspolitik vertrat die CDU die Linie der kapitalistischen Restauration. […] Im übrigen ging die Absicht der CDU darauf hinaus, in Fällen, wo sie einer gesetzlichen Festlegung progessiver Gedanken aus propagandistischen Gründen nicht widerstehen konnte, zu verschleppen, wobei die von ihr kontrollierten Verwaltungen nach Kräften halfen.«[144]

Kurz, der wirtschafts- und finanzpolitische Kurs des Wirtschaftsrates tendierte weder dazu, die Großunternehmen in Gemeineigentum überzuführen, noch sah er eine Abkehr vom Kapitalismus vor. Parteiprogramme und politische Praxis, so wurde schon bald deutlich, stimmen selten überein; im Übrigen können Parteiprogramme an neue Zeiten und Erfordernisse angepaßt werden. Aber soweit war es 1947 noch nicht.

Konsequente Restauration

1947 war das Jahr, in dem sämtliche Entscheidungen fielen, die Deutschlands weiteren Weg (territorial bis 1989) bestimmten. Zwar herrschte in der deutschen Bevölkerung der Wille vor, einen gemeinsamen demokratischen deutschen Staat mit ausgeprägter Gemeinwirtschaft und ohne monopolistische Großkonzerne und Banken zu schaffen. Die führenden Politiker im Westen – Konrad Adenauer und Kurt Schumacher – hatten dieses Ziel aber wohl spätestens nach den im Frühjahr 1947 in Moskau gescheiterten Viermächte-Verhandlungen des Rates der Außenminister aufgegeben.

Ein Teilnehmer an den Moskauer Verhandlungen, der spätere stellvertretende US-Außenminister Robert D. Murphy, erklärte 1959 rückblickend: »Als unsere Delegation Moskau nach dem Fehlschlagen der Deutschlandkonferenz von 1947 verließ, vereinbarten die drei Westmächte mit den Westdeutschen die Errichtung der deutschen Bundesrepublik.«[145]

Während in der Bi-Zone auf kommunaler wie regionaler Ebene immer mehr Arbeitgeber- und Fachverbände entstanden – etwa die »Arbeitsgemeinschaft Eisen und Metall« – blieb die durch Bezugsscheine geregelte Versorgungslage dramatisch schlecht, verzweifelten Millionen Vertriebene, Flüchtlinge und Verschleppte, die nicht in ihre Heimat zurückkehren konnten, an den Verhältnissen. Erik Reger wunderte sich jedenfalls, warum sich die Verhältnisse einfach nicht besserten:

»Mit dem ›Fachmann‹ ist in Deutschland schon immer Unfug getrieben worden, jetzt aber dient das Argument ganz einfach der Restauration. Nicht, daß man den Nationalsozialismus wiederherstellen wollte. Natürlich nicht. Alle diese Industriellen, diese Syndici, die Prokuristen, diese Beamten wollen die Wiederherstellung ihrer anonymen politischen Macht. [...] Sie sitzen also seit zwei Jahren, erst ohne, dann mit bescheinigtem Freispruch, auf allen möglichen Posten, in Düsseldorf, in Dortmund, in Hagen, in Bielefeld, in Minden, und niemand scheint die Frage aufzuwerfen, warum bei so vielen Fachleuten dennoch nichts in Gang kommt. Niemand denkt: folglich könnte es, ersetzte man sie durch unbelastete Nichtfachleute, wohl auch nicht schlimmer stehen [...], weshalb registriert man nicht einmal diejenigen, die nun wirklich nichts mit der Hitlerei zu tun hatten, weshalb versucht man nicht herauszubringen, für welche Posten sie sich eignen, auf welchen Posten sie sich rasch einarbeiten könnten?«[146]

Der von den USA im Juni 1947 aufgelegte »Marshall-Plan« versprach jedoch wirtschaftliche Erleichterungen. Freilich hofften die Gewerkschafter nach wie vor, dass auch unter den Bedingungen des Marshall-Planes, dem auch ein Bundeskongress des in der britischen Zone tätigen Deutschen Gewerkschaftsbundes zugestimmt hatte, die »Sozialisierung nur vertagt«, aber nicht aufgegeben sei. Hingegen wies ein Berater der US-Regierung unmissverständlich darauf hin:

»Das deutsche Volk soll sich keinen Illusionen hingeben. Der Marshall-Plan ist die konsequente Restauration des Privateigentums. Mit ihm ist keine Art von Sozialismus zu vereinbaren.«[147]

Deutsche Wirtschaftspolitik wurde zunächst von Amerikanern gemacht und geschrieben. Der amerikanische Militärgouverneur General Clay ließ im Winter 1947/48 in den USA Geldscheine für die drei Westzonen drucken, die anschließend in Frankfurt, in den Kellern der seit März 1948 eingerichteten »Bank deutscher Länder«, deponiert wurden. Im Frühjahr 1948 wurden in einer Kaserne bei Kassel deutsche Währungsfachleute unter der Leitung eines US-Sonderbeauftragten zusammengezogen, um alle nötigen Gesetze, Durchführungsbestimmungen und Merkblätter für die geplante Währungsreform zu erarbeiten.

Diese Gruppe bestimmte auch den Tag X: es war der 20. Juni 1948, ein Sonntag, und damit der Tag, an dem jeder Deutsche in den drei Westzonen 40 Reichsmark in 40 Deutsche Mark umtauschen können sollte. Außerdem wurde allen Arbeitgebern ein Betrag von 60 DM je Beschäftigtem bewilligt. Bank- und Sparkassenguthaben, aber auch die Schulden wurden im Verhältnis 1:10 umgestellt.

»Ein Herzstück der Wirtschaftsreform«, vermerkt der Wirtschaftshistoriker Harm G. Schröter, »die Aufhebung der Preiskontrollen, ließ Erhard am Tag der Währungsreform im Rundfunk verkünden. Die meisten Preise wurden freigegeben, aber jene für Grundstoffe, Elektrizität, Mieten, Zinsen, die Hauptnahrungsmittel und andere wichtige Konsumgüter bleiben noch lange Zeit vorgeschrieben. Die Lohnbindung wurde im Oktober 1948 aufgehoben. Soziale Gerechtigkeit war kein Ziel der Reformen. Während Geldvermögen um den Faktor 10 reduziert wurde, blieben Produktivvermögen und Immobilienbesitz unangetastet. Auch der später durchgeführte Lastenausgleich korrigierte diese Schieflage nicht.«[148]

Es ist eine Legende, die Währungsreform hätte »jedem« die Chance zu einem Neubeginn gegeben. Sie vernichtete – wie bereits 1923 – die Ersparnisse der lohnabhängigen Bevölkerung. Die Eigentümer von Realvermögen, vor allem die Produzenten industrieller und landwirtschaftlicher Güter, waren im Übermaß begünstigt worden, zumal sie von 90 Prozent ihrer Verbindlichkeiten befreit wurden.

Die von amerikanischen Sachverständigen konzipierte Währungsreform sollte zu einer Wiederherstellung einer stabilen und inflationsfreien monetären Basis führen und zugleich die Grundlage für die geplante westdeutsche Staatsgründung auf marktwirtschaftlich-kapitalistischer Grundlage bilden. Die Aufforderung der drei Militärgouverneure an die Ministerpräsidenten der elf westdeutschen Länder, einen »Parlamentarischen Rat« zur Erarbeitung eines Verfassungsentwurfs zu gründen, erfolgte kurz nach der Währungsreform am 1. Juli 1948.

Am 8. Mai 1949 verabschiedete der Rat mit 53 gegen 12 Stimmen das »Grundgesetz für die Bundesrepublik Deutschland«. Damit war die Spaltung Deutschlands – zunächst – besiegelt (am 7. Oktober 1949 erfolgte die Konstituierung der Deutschen Demokratischen Republik in der sowjetisch besetzten Zone). Die in Westdeutschland in den frühen Nachkriegsjahren von der Bevölkerungsmehrheit geteilten Forderungen nach einer Vergesellschaftung von Bodenschätzen und der großen Betriebe waren damit gleichsam erloschen.

So akzeptierte der Gewerkschaftsführer Hans Böckler für den DGB in einem Schreiben an Konrad Adenauer ausdrücklich, »in den Grundrechtsteil keine näheren Bestimmungen über die Wirtschafts- und Sozialverfassung des deutschen Volkes aufzunehmen«. Es wurde seitens der Gewerkschaften also nicht länger auf der Verabschiedung von Artikeln zur Vergesellschaftung und Gemeinwirtschaft bestanden, und auch Forderungen wie »Recht auf Arbeit« oder »Garantie eines Mindestlohnes« nicht erhoben. Die Gewerkschaften behielten sich lediglich vor, »bei der Schaffung einer endgültigen Verfassung für Deutschland ihre grundlegenden Forderungen« für eine weitergefaßte Wirtschafts- und Sozialverfassung »zu unterbreiten«. (Diese Absicht geriet offenbar in Vergessenheit – sie wurde bei den Grundgesetzänderungen nach 1989 nicht verfolgt.)

Ein erstes Indiz für den neuen – sprich: alten – Kurs fand sich in den »Düsseldorfer Leitsätzen« der CDU vom Juli 1949, die das »Ahlener Programm« ablösten: »Die ›soziale Marktwirtschaft‹ steht im scharfen Gegensatz zum System der Planwirtschaft, die wir ablehnen. [...] Das System der Planwirtschaft beraubt den schaffenden Menschen seiner wirtschaftlichen Selbstbestimmung und Freiheit. Die Planwirtschaft bringt die Unternehmer in Abhängigkeit von der Staats- und Selbstverwaltungsbürokratie und verwandelt sie dadurch in Beamte und Kommissare. Sie schaltet den Einfluß der Verbraucher auf die Erzeugnisse aus und bringt damit auch den Arbeitern und Angestellten keine Vorteile.«[149]

»Alle Wege des Marxismus führen nach Moskau«, lautete einer der Wahlslogans der Christdemokraten bei den ersten Bundestagswahlen im August 1949, der in abgewandelter Form – »Knechtschaft durch den Bolschewismus« –auch von vielen Kanzeln zu hören war. Der eisige Hauch des mit der Berlin-Krise und -Blockade 1948 angelaufenen Kalten Krieges wehte durch den Wahlkampf, in dem die von Kurt Schumacher geführten Sozialdemokraten Adenauer und seinen Parteifreunden vorwarfen, sie machten sich zu Erfüllungsgehilfen der amerikanischen Politik. Allerdings wich auch die Sozialdemokratie konkreten Forderungen nach Änderung der Eigentumsverhältnisse aus.

Die Wähler entschieden sich bei den Wahlen für die erfolgversprechende Alternative – sie verschafften den nichtsozialistischen Parteien CDU/CSU, FDP und DP (Deutsche Partei) eine deutliche Mehrheit. Die SPD verlor gegenüber den vorangegangenen Landtagswahlen erheblich an Wählerzuspruch (sie erhielt 29,2 Prozent der Stimmen), die KPD nicht minder (sie fiel auf 5,7 Prozent zurück). Rudolf Augstein kommentierte den Wahlausgang unter dem Pseudonym Jens Daniel im *Spiegel* wie folgt:

»Die Würfel über die Sozialisierung sind gefallen. 246 mit Gewißheit sozialisierungsfeindliche Kandidaten sitzen im Bundestag 146 Sozialisten gegenüber, wenn man zehn Zentrumsstimmen als möglichen Zuzug für beide Gruppen beiseite läßt. Die erste verlorene Sozialisierungsschlacht auf westdeutscher Ebene wird auch die letzte sein. Denn umwälzende Strukturänderungen dieser Art sind erfahrungsgemäß ohne Revolution oder ohne ausländische Intervention nur zu bewerkstelligen, wenn die Zeiten turbulent und chaotisch sind, wie etwa dicht nach einem total verlorenen Krieg.«[150]

Es war die – bis heute – letzte Sozialisierungsschlacht. Der damals 73jährige Konrad Adenauer wurde Bundeskanzler und bestimmte nach Artikel 65 des neuen Grundgesetzes die Richtlinien der Politik der bürgerlich-liberalen Koalition. Andere Kräfte bestimmten sie für einige Zeit weiterhin mit – die westlichen Alliierten. Ihr Besatzungsstatut gewährte der Bundesregierung nur beschränkte Befugnisse, und die auch nur auf jederzeitigen Widerruf. Und dann gab es da noch die Lobby der Wirtschaft, die auf diese Ereignisse hingearbeitet hatte, die bestens vorbereitet und voller Erwartungen war.

Alte neue Wirtschaftslobby

Das Wirtschaftsministerium erhielt Ludwig Erhard. Sein Wahlkampf war von dem Unternehmer Dr. Werner Plappert, der in Heidenheim als Handelskammerpräsident und Oberbürgermeister wirkte, finanziert worden. Werner Plappert wurde kurz darauf Mitbegründer und Vorstandsmitglied des »Bundesverbandes der Deutschen Industrie«, der »Bundesvereinigung Deutscher Arbeitgeberverbände« sowie des »Deutschen Industrie- und Handelskammertages«.

Nachdem der im Winter 1949/50 begonnene Aufbau der notwendigen Ministerialbürokratie und Verwaltungsstellen eingeleitet worden war, bestellte Ludwig Erhard einen Finanzdirektor aus dem Kohlebergbau zum Staatssekretär im Wirtschaftsministerium. Er hieß Dr. Ludger Westrick und war von 1933 bis 1945 Generaldirektor der Vereinigten Aluminiumwerke AG gewesen. Die Werke hatten die für den Flugzeugbau wichtige Leichtmetallgewinnung und -verarbeitung in allen von den Deutschen besetzten Ländern kontrolliert und um 1944 eine Gesamtbelegschaft gehabt, die zu fast 80 Prozent aus Zwangsarbeitern bestand.

Ludger Westrick war übrigens nur einer von auffällig vielen, offenbar – also nicht nach dem »Persilschein« – schwer belasteten Beamten und hohen Funktionsträgern, die unter der Adenauer-Regierung politische Verantwortung übertragen bekamen. (1950 übernahm der Bund auch das Beamtengesetz aus dem Jahr 1937; seit Mai 1951 erhielten rund 150 000 Beamte und Angestellte, die aufgrund ihrer Tätigkeit im NS-Regime zunächst entlassen worden waren, ihre vollen Versorgungsansprüche zurück bzw. konnten erneut in den Staatsdienst treten.)

Zu Beginn der 1950er Jahre waren die Konzernmanager, Aufsichtsräte und Bankiers, die im »Reichsbund Industrie« von 1943 an die Nachkriegsplanung theoretisch vorangetrieben hatten, fast sämtlich wieder an den Hebeln der Industrie- und Bankenmacht. Die im Juni 1949 von den Alliierten aufgehobenen Kontroll- und Beschlagnahmemaßnahmen der Vermögenswerte von Nationalsozialisten, Kriegsverbrechern und hochrangigen Staatsbeamten sorgten für eine wirtschaftliche Anschubhilfe in Höhe von mehr als zweieinhalb Milliarden D-Mark.

Friedrich Flick war inzwischen vorzeitig aus der Haft, zu der er wegen Beteiligung an Kriegsverbrechen verurteilt worden war, entlassen worden und ging unverzüglich daran, sich in Unternehmen der Automobil- und Kunststoffindustrie einzukaufen. Kapital war vorhanden. Den Entflechtungsbestimmungen der Alliierten folgend hatte er sich zur Aufgabe seiner Kohlebergwerke entschlossen und durch deren Veräußerung seine Konten gut gefüllt. An Kontakten zur neuen Bundesregierung mangelte es ihm ohnehin nicht. Der Banker Robert Pferdmenges (und Treuhänder des Flick-Konzerns) war gerade als CDU-Abgeordneter in den Bundestag eingezogen und gehörte zu den engen Freunden des Kanzlers.

Im übrigen hatten auch die meisten anderen Industriekonzerne Führungskräfte, die über sichere Listenplätze für die CDU/CSU in den Bundestag eingerückt waren. Und die wenigen Großunternehmen, die nicht von einem Abgeordneten direkt im Parlament und in den Ausschüssen vertreten wurden, richteten in Bonn sogenannte Verbindungsstellen ein, um über geeignete Lobbyisten enge Kontakte zur Ministerialbürokratie und in für sie wichtige Ausschüsse und Beiräte herzustellen.

Unter neuen Namen auftretende, altvertraute Spitzenverbände wussten sie dabei wieder hochaktiv hinter sich: den im Oktober 1949 gegründeten »Bundesverband der Deutschen Industrie« (BDI) unter dem Vorsitz des Fabrikbesitzers Fritz Berg, den zur gleichen Zeit gegründeten »Deutschen Industrie- und Handelstag« (DIHT) sowie die bereits im Januar 1949 aus der Taufe gehobene »Bundesvereinigung der deutschen Arbeitgeberverbände« (BDA) unter dem Vorsitz von Walter Rymond, einem Vorstandsmitglied der Vereinigten Deutschen Metallwerke AG.

Über die vordringlichen Aufgaben des BDI herrschte Klarheit. Der Ruhrindustrielle Hermann Reusch brachte sie kurz so auf den Punkt: »Der Zweck der Spitzenorgansiation ist, eine geschlossene, möglichst alle Wirtschaftszweige umfassende schlagartige Vertretung der wirtschaftlichen und wirtschaftspolitischen Interessen der industriellen Unternehmer zu schaffen.«[151] Zu den konkreten Aufbau- und Arbeitszielen des damals fünfzig Fachspitzenverbände umfassenden BDI gehörten die »Entfaltung der freiheitlich-sozialen Marktwirtschaft«, die Konzeption der »europäischen wirtschaftlichen Zusammenarbeit«, die Freilassung der »in Haft und Internierung befindlichen Industriellen«, die

Unterstützung der Regierungskoalition und die Einnahme »klarer Positionen auf westlicher Seite«.

Die »Bundesvereinigung der Deutschen Arbeitgeberverbände« konzentrierte sich in erster Linie auf die lohn- und sozialpolitische Auseinandersetzung mit den Gewerkschaften. Und zwar auf der Grundlage des im April 1949 erlassenen Tarifvertragsgesetzes.

»Wir Wunderkinder«

Mit der Verabschiedung des Grundgesetzes herrschte (gemäß Artikel 9) für die Verbände wieder die uneingeschränkte Organisationsfreiheit. Was die Lizensierungspolitik der Alliierten zum Teil noch erschwert hatte, konnte nun wie Phoenix aus der Asche steigen: das bereits in der Weimarer Republik ausdifferenzierte Interessenverbandssystem. Es knüpfte schon deshalb an die vertrauten Strukturen aus der Vorkriegszeit an, weil überwiegend altgediente Führungskräfte und Funktionäre den Neubeginn gestalteten.

Es entwickelten sich jedoch parallel zu den in den 1950er Jahren entstehenden politischen Rahmenbedingungen auch neue, dem gesellschaftlichen Wandel gemäße Organisationsformen und Einflußmethoden. So entstanden in allen Wirtschaftsbereichen einheitliche Spitzenverbände, und stieg in allen Verbänden der Organisationsgrad nochmals an, was wiederum die innerverbandliche Bürokratisierung beschleunigte.

Mit dem Gründungskongreß des »Deutschen Gewerkschaftsbundes« (DGB) wurde im Oktober 1949 für die Bundesrepublik eine nahezu einheitliche Gewerkschaftsorganisation geschaffen. Nahezu einheitlich, weil sich 1949 in Hamburg die »Deutsche Angestelltengewerkschaft« (DAG) als selbstständiger Zusammenschluß der Angestellten konstituierte, die am alten Organisationsprinzip des Berufsverbandes festhalten wollte.

Der DGB entstand als Dachorganisation für die bereits konstituierten 16 Industrieverbände, die ihre Tarif- und Finanzhoheit behielten. Zum Vorsitzenden wurde in München Hans Böckler gewählt, der noch einmal daran erinnerte: »Es sollte niemals vergessen werden, daß wir es vor allem der Pflichttreue, der Disziplin und dem Anstand unserer deutschen Arbeitnehmerschaft zu verdanken haben, wenn Westdeutschland nach dem Zusammenbruch des Dritten Reiches nicht im Chaos versank.«[152]

Die auf dem Gründungskongreß verabschiedeten »wirtschaftspolitischen Grundsätze« hielten trotz des gerade an die Macht gekommenen bürgerlichen Lagers an Forderungen der ersten Nachkriegsjahre fest: »1. Eine Wirtschaftspolitik, die unter der Wahrung der Würde freier Menschen die volle Beschäftigung aller Arbeitswilligen, den zweckmäßigen Einsatz aller volkswirtschaftlichen Produktivkräfte und die Deckung des volkswirtschaftlich wichtigsten Bedarfs sichert. – 2. Mitbestimmung der organisierten Arbeitnehmer in allen personellen, wirtschaftlichen und sozialen Fragen der Wirtschaftsführung und Wirtschaftsgestaltung. – 3. Überführung der Schlüsselindustrien in Gemeineigentum, insbesondere des Bergbaus, der Eisen- und Stahlindustrie, der Großchemie, der Energiewirtschaft, der wichtigsten Verkehrseinrichtungen und der Kreditinstitute. – 4. Soziale Gerechtigkeit durch angemessene Beteiligung aller Werktätigen am volkswirtschaftlichen Gesamtertrag und Gewährung eines ausreichenden Lebensunterhaltes für die infolge Alter, Invalidität oder Krankheit nicht Arbeitsfähigen. Eine solche wirtschaftspolitische Willensbildung und Wirtschaftsführung verlangt eine zentrale volkswirtschaftliche Planung, damit nicht private Selbstsucht über die Notwendigkeiten der Gesamtwirtschaft triumphiert.«[153]

Die zentrale Gestaltung der Wirtschaft hatte im Adenauer-Kabinett Professor Dr. Ludwig Erhard übernommen, der als Verfechter der kapitalistischen Marktwirtschaft und des freien Unternehmertums auf Unterstützung der Wirtschaftskreise rechnen konnte. Der als »Vater der sozialen Marktwirtschaft« in die Geschichte eingegangene Wirtschaftsminister und seine Berater hatten alles andere als eine umfassende, staatliche Wirtschaftslenkung im Sinn. Auch ging es nicht um die Herstellung sozialer Gerechtigkeit, sondern um begrenzt ausgleichende und den Wettbewerb und die Wirtschaftsentwicklung fördernde Eingriffe in das Marktgeschehen.

Der marktradikale Volkswirt Friedrich August von Hayek erzählte 1983 in einem Interview, wie Ludwig Erhard den Begriff »soziale Marktwirtschaft« verstand: »Darf ich eine Geschichte erzählen? Als ich Ludwig Erhard zum letzten Mal sprach – wir waren einen Moment allein –, da sagte er zu mir: ›Ich hoffe, Sie mißverstehen mich nicht, wenn ich von sozialer Marktwirtschaft spreche. Damit meine ich, daß die Marktwirtschaft als solche sozial ist, nicht, daß sie erst sozial gemacht werden muss.‹«[154]

1950 lag die Arbeitslosenrate noch bei elf Prozent. Das änderte sich im Laufe der 1950er Jahre, als die mit dem Schlagwort »Wirtschaftswunder« bezeichnete Aufschwungphase mit ihren hohen Wachstumsraten ihre Wirkung entfaltete. Dieses für die deutsche Nachkriegsgeschichte äußerst bedeutungsvolle und in der Folgezeit mythisch überhöhte Phänomen war nun nichts Unbegreifliches, keineswegs ein Wunder. Er war das Ergebnis mehrerer Faktoren und verdankte sich primär der von den Westalliierten forcierten Bündnispolitik, der sogenannten »Westbindung« der Bundesrepublik. Auf einen weiteren, zweifellos wichtigen gesellschaftspolitischen Faktor verweist der Sozialwirt und Neoliberalismuskritiker Hansgeorg Conert:

auf das »1948 freigesetzte, allseitige und intensive Erwerbsstreben der großen Mehrzahl der Westdeutschen, und zwar aller Klassen, Schichten und sozialen Gruppen. Hatten die Unternehmer zum Beispiel unter Hitler glänzende Profite gemacht, so war doch ihre Verfügungsmacht über das Kapital und seine stofflichen Elemente eingeschränkt gewesen und sie waren nunmehr hoch motiviert, die Rekonstruktion der Unternehmen und Konzerne zu forcieren, frühere Kapitalverbindungen, nicht zuletzt mit dem westlichen Ausland, wieder aufleben zu lassen und kräftig zu akkumulieren. Millionen Deutsche hatten Haus- und Wohnungseigentum ganz oder teilweise eingebüßt und wollten es so rasch wie möglich erneuern. Durch Kriegs- und Nachkriegszeit hatte sich Anschaffungsbedarf angestaut, sei es an Kleidung, Schuhwerk, Gebrauchsgegenstände aller Art. (…)

Arbeiten und ›anschaffen‹ wurde zur Ideologie; Politik war nicht gefragt, zumal nicht kritische und nicht in der Rückschau. Man war überzeugt, sich durch ›Tüchtigkeit‹ bereits rehabilitiert zu haben. Schlechtes Gewissen war fehl am Platze: Jetzt stand man auf der richtigen Seite, der von Demokratie und Freiheit, gegen den roten Totalitarismus, gegen den auch der braune gekämpft hatte, was seine ›Fehler‹ doch wohl zumindest relativierte. Deren gab es zwei: Hitler hätte nicht gegen den Westen kämpfen und nicht die Juden vernichten dürfen. Alles andere war in Ordnung. Jetzt zeigte man der Welt, wozu die Deutschen friedlich imstande sind.«[155]

200

Erfolge der Wirtschaftslobby

Das eigentliche »Wunder« setzte um 1952 ein, als nicht zuletzt durch gezielte Investitionshilfegesetze Industrie, Energiewirtschaft, Schiff- und Wohnungsbau erheblich staatlich gefördert wurden – in der ersten Hälfte der 1950er Jahre erfolgten immerhin rund fünfzig Prozent aller Investitionen aufgrund staatlicher Förderung. Anders gesagt: die Lobbyisten der Wirtschafts- und Industrieverbände hatten in Bonn ihre Interessen hervorragend vertreten.

Zudem hatte der BDI die Bundesregierung auf seiner Seite, als es ab 1951 um die Lösung der noch offenen Dekartellisierungsfragen ging. Zwar kam die Alliierte Hohe Kommission nicht allen Wünschen nach – aber fast allen. Man vereinbarte einen Aktienumtausch, also die Sicherung der alten Eigentumsrechte, und trennte 24 neu gebildete Einheitsgesellschaften aus den mächtigen Montankonzernen heraus. Abgesehen von den Vereinigten Stahlwerken, die für immer verschwanden, wuchsen die übrigen in kurzer Zeit wieder zu größeren Konzernen unter den traditionellen Namen heran.

Das Vermögen des IG-Farben-Trusts, der eigentlich hatte liquidiert werden sollen, war auch nicht verloren. Es wurde – übrigens durchaus im Sinne der alten Konzernleitung, die das schon vor Kriegsende erwogen hatte – auf drei Nachfolgegesellschaften übertragen: Hoechst AG, Bayer AG und BASF AG. Auch die traditionellen deutschen Großbanken, die 1947/48 zunächst von den Alliierten aufgelöst worden waren – die Deutsche Bank, Dresdner Bank und Commerzbank – konnten ab 1957 ihre Geschäfte wieder im vollen Umfang aufnehmen.

Die Dekartellisierung sorgte sowohl für einen neuen Konzentrationsprozeß als auch für eine Modernisierung der Kapitalstrukturen, die schon bald erheblich zu den Exportüberschüssen beitrugen, die Westdeutschland wieder zu einem führenden hochindustrialisierten Land werden ließen. Der BDI-Präsident Fritz Berg hatte genau das im Sinn, als er 1949 forderte: »Als eine Grundvoraussetzung unseres wirtschaftlichen Aufstieges betrachte ich die eindeutige Wiederherstellung verletzter Eigentums- und Vermögensrechte, gleichgültig von wem die Verletzung ausgegangen ist.«[156]

Einer der während der NS-Zeit führenden Vorstandsmitglieder der

Deutschen Bank war Hermann Josef Abs. Er hatte während des Krieges das Auslandsgeschäft – sprich: die Geschäftsausweitung in den eroberten Gebieten – verantwortet und mehr als fünfzig Aufsichts- und Verwaltungsratsitze inne gehabt (bei Rüstungskonzernen, Energieversorgern, der IG Farben AG etc.). Nach der Befreiung folgte ein dreijähriges Entnazifizierungsverfahren, das Abs auf einem Landgut bei Remagen »absaß«, nicht ohne die freie Zeit für die Abfassung von Wirtschafts- und Finanzdenkschriften zu nutzen, die Konrad Adenauer beeindruckten. Er »adelte« den Bankier zu einem seiner wichtigsten Berater, und die Wirtschafts- und Finanzlobby hatte mit Abs in der Folgezeit für die Vertretung ihre grundsätzlichen Interessen einen strategisch und taktisch außerordentlich gewieften »Organisten an den Registern wirtschaftlicher Macht« (Günter Gaus).

Der 1901 geborene Hermann Josef Abs war deutlich jünger als Konrad Adenauer. Einig war er sich mit dem Kanzler offenbar in der Vision von »einer wirtschaftlich fundierten und vorangetriebenen deutschen Großmachtpolitik«.[157] Die beiden hatten bereits 1945 erste Kontakte geknüpft, von 1950 an gehörte Abs zu Adenauers engsten Beratern. 1952 führte er die westdeutsche Delegation bei der Londoner Schuldenkonferenz von 1951/52, bei der er einen für die junge Bundesrepublik günstigen Abschluss erzielen konnte. Der Bankier drängte zudem erfolgreich auf die Rücknahme der von den Alliierten beschlossenen Zerschlagung der Großbanken. 1957 belohnte ihn die »gerettete« Deutsche Bank AG mit dem Vorstandsvorsitz (den er zehn Jahre lang inne hatte).

Kanzler Adenauer suchte den Rat der – bereits in der NS-Zeit vielfältig vernetzten – Wirtschafts- und Finanzelite, und die wiederum beriet ihn allen wesentlichen Fragen für die Wiederherstellung einer durchkapitalisierten Marktwirtschaft. Von 1950 an erfolgten diese vertraulichen Beratungsdienstleistungen in Zwiegesprächen sowie in, um weitere Manager und Minister erweiterten, Tischrunden: dem »Wirtschaftskabinett« und dem »Kleinen Kreis«. Dieser versammelte Unternehmer und Manager wie Rolf Rodenstock, Ulrich Haberland von der Bayer AG, Wilhelm Haspel von Daimler-Benz, Richard Merton von der Metallgesellschaft und weitere mehr, hinzu gesellten sich Banker wie Abs und Robert Pferdmenges sowie Verbandsvertreter wie Fritz Berg vom BDI und Richard Uhlemeyer vom Zentralverband des Deutschen Handwerks. Gewerkschaftsvertreter wurden zu den Treffen nicht geladen.

»Wie eng das Netzwerk der wirtschaftlichen und politischen Elite in den ersten Jahrzehnten war«, beleuchten die Journalisten Cerstin Gammelin und Götz Hamann, »zeigt die Karriere des damaligen Vorstandsvorsitzenden der Phoenix-Gummiwerke AG in Hamburg-Harburg exemplarisch: Otto A. Friedrich arbeitete nicht nur als Manager, sondern engagierte sich im BDI-Präsidium. Später wechselte er auf den Präsidentenposten der Bundesvereinigung der deutschen Arbeitgeberverbände (BDA). Darüber hinaus wurde Friedrich während der Korea-Krise in den Jahren 1950/51 zum staatlichen Rohstoffbeauftragten ernannt. Wenn er gerufen wurde, beriet er die Bundesregierung auch im ›Kleinen Kreis‹, wo er auf Hermann Josef Abs traf, der ihn wiederum als Aufsichtsrat bei Phoenix kontrollierte.«[158]

Ein weiteres Beispiel für die politökonomische Netzwerkpflege ist die enge Zusammenarbeit von Robert Pferdmenges und Konrad Adenauer. Der Bankier Pferdmenges (Teilhaber des Bankhauses Oppenheim, das jüngst die BHF-Bank aufkaufte), der 1931 bereits zu den Beratern von Reichskanzler Brüning gehört hatte, bereitete mit Adenauer nicht nur die Gründung der CDU vor und diente ihm dann als Finanzberater; er rief zusammen mit dem BDI auch die »Staatsbürgerliche Vereinigung« ins Leben, über die bis in 1970er Jahre als verdeckte Parteienfinanzierung Unternehmensspenden in Höhe von mehr als 200 Millionen Mark an CDU, CSU und FDP geschleust wurden.

Kampfentschlossene Gewerkschaften?

Die »wirtschaftslobbyistische Nebenregierung« sorgte im Zusammenspiel mit der ordoliberalen Wirtschafts- und Finanzpolitik der gewählten Bundesregierung für einen prosperierenden »rheinischen Kapitalismus«. Sozusagen am Katzentisch trug dazu ein weiterer Erfolgsgarant bei: die Gewerkschaften bzw. das von ihnen – im internationalen Vergleich – lange tolerierte geringe Lohnniveau.

Der DGB verfolgte jedenfalls zunächst in erster Linie Mitbestimmungsziele. Im Mai 1950 brachte er einen Gesetzesvorschlag »zur Neuordnung von Wirtschaft und Gesellschaft« in die Debatte, der in Vorgesprächen von der Bundesregierung und den Spitzenverbänden der Wirtschaft aber zurückgewiesen wurde. Der DGB-Bundesvorstand reagierte darauf mit der Entschließung: »Kampfentschlossen für die Mitbestimmung! Die deutschen Gewerkschaften sind gewillt, zur Erreichung der Mitbestimmung der Arbeitnehmer in der Wirtschaft gewerkschaftliche Kampfmittel anzuwenden.«

Nachdem Fritz Berg im Namen des Industrieverbandes Bundeskanzler Adenauer in einem Telegramm davor gewarnt hatte, Entscheidungen zu treffen, die von der Industrie abgelehnt würden, und vor allem, nachdem bekannt geworden war, daß das Wirtschaftsministerium die neuen Montanunternehmen von einer paritätischen Beteiligung der Arbeitnehmervertreter frei halten wollte, entschieden die organisierten Metallarbeiter im November 1950, notfalls Arbeitsniederlegungen vorzunehmen.

Der Bundeskanzler, der zu dieser Zeit gerade die von großen Teilen der Bevölkerung abgelehnte Wiederbewaffnung auf die politische Agenda gesetzt hatte, konnte einen für seine Politik unkalkulierbar erscheinenden Streikverlauf nicht riskieren. Er stimmte neuen Verhandlungen über das geplante Mitbestimmungsgesetz zu. Im April 1951 wurde es für »Unternehmungen des Bergbaus sowie der eisen- und stahlerzeugenden Industrie« beschlossen.

Der DGB hatte damit für zwei Branchen die Mitbestimmung erreicht. Allerdings waren die Gewerkschafter ihrem Ziel, der Sozialisierung der Schlüsselindustrien und der staatlichen Wirtschaftsplanung, damit nicht näher gekommen. Die Freude über den Teilerfolg währte auch nicht lange. Die Bundesregierung legte kurz darauf den Entwurf eines Betriebsverfassunggesetzes vor, der eine wesentliche Verschlechterung des geltenden Rechtszustandes vorsah. Darin wurden Betriebsrat und Belegschaft zum betrieblichen »Burgfrieden« verpflichtet, die politische Tätigkeit in Betrieben untersagt, die Rechte der Betriebsräte auf Informationen und Einstellungsfragen beschränkt.

Die Absicht der Regierung war eindeutig. Sie wollte die Gewerkschaften auf eine rein tarifpolitische Mitwirkungsfunktion reduzieren.

Erneut kam es zu ausgiebigen Verhandlungen zwischen Regierung, Wirtschaftsverbänden und dem DGB. Erneut riefen DGB und Einzelgewerkschaften die Mitglieder »zum Kampf für ein fortschrittliches Betriebsverfassungsrecht als Grundlage der demokratischen Ordnung der Wirtschaft und Verwaltung« auf, erneut wiesen die Wirtschafts- und Arbeitgeberverbände die Gewerkschaftsforderungen zurück. Und zwar nicht nur in Gesprächen mit Kanzler und Wirtschaftsminister, sondern nun massiv auch mittels Zeitungskampagnen – eine in den USA längst übliche breitenwirksame Variante des Lobbyings. Sie beschrieben die Mitbestimmung als kommunistisch gelenkten Versuch zur Herstellung eines »Gewerkschaftsstaates« und kanzelten die anlaufenden Streikvorbereitungen als »kollektivistisches Machtinstrument« ab.

Trotz der publizistisch unterstützten Propaganda der Wirtschaftslobby demonstrierten im Mai 1952 in den Großstädten mehr als zwei Millionen Gewerkschaftsmitglieder gegen das geplante Betriebsverfassungsgesetz, kam es in vielen Betrieben zu kurzfristigen Arbeitsniederlegungen. Während Wirtschaftsminister Erhard, der ein entschiedener Gegner der Mitbestimmung war, die Unternehmer dazu aufrief, die Auseinandersetzung durchzustehen, schrieb Kanzler Adenauer einen Brief an den DGB-Vorsitzenden Christian Fette:

»Ich darf auch heute keinen Zweifel darüber aufkommen lassen, daß ich eine organisierte Schädigung der Volkswirtschaft durch Streiks, die nur unternommen werden, um der Parlamentsmehrheit den gewerkschaftlichen Willen aufzuzwingen, als einen Verstoß gegen das Grundgesetz und als eine gefährliche Störung der inneren Ordnung unseres Staatswesens ansehen muß.«[159]

Auf dem Höhepunkt der gewerkschaftlichen Protestaktionen – Ende Mai waren durch den Streik der Drucker zwei Tage lang keine Zeitungen erschienen – rief der DGB die Mitglieder auf, alle Aktionen einzustellen. Die DGB-Führung wollte die mit der Regierung neu vereinbarten Gespräche am 13. Juni 1952 nicht belasten. In der darauf folgenden zweiten und dritten Lesung des Betriebsverfassungsgesetzes im Bundestag versuchten gewerkschaftsnahe SPD-Abgeordnete zwar, die bürgerliche Mehrheit zu einigen Konzessionen zu überreden. Am 19. Juli 1952 wurde das Gesetz jedoch ohne jede Änderung vom Bundestag ratifiziert. Es klammerte übrigens im Gegensatz zu Kontrollratsgesetzen und Betriebsrätegesetzen der Länder den öffentlichen Dienst aus. Der Bundesausschuss des DGB nahm es hin; er sprach sich zudem ausdrücklich gegen die Wiederaufnahme von Protest- und Streikaktionen aus.

Im Funktionärsorgan des DGB, in der *Quelle*, hieß es resignierend: »Das Entscheidende ist, daß mit dem beschlossenen Gesetz die dringend notwendige Neuordnung und Demokratisierung der Wirtschaft, wie schon einmal in der Weimarer Republik, verhindert, an der grundsätzlichen

Struktur der kapitalistischen Wirtschaft nichts verändert wird und das alleinige Entscheidungsrecht der Unternehmer aufrechterhalten wird.«[160]

Konrad Adenauer, Ludwig Ehrhard und die hinter ihnen stehenden – in Wirtschafts- und Arbeitgeberverbänden gebündelten – Kapitalinteressen hatten einen großen Erfolg errungen. Der von klassenbewußten »linken« Gewerkschaftern und Sozialdemokraten angestrebte »dritte Weg« zwischen Kapitalismus und Kommunismus war abgewehrt, eine rechtsförmig-institutionelle Gleichstellung der Lohnabhängigen gegenüber den Besitzern der Produktionsmittel aus der Welt geschafft. Nach § 49 hatten die Betriebräte nun dem »Wohl des Betriebs und seiner Arbeitnehmer zu dienen und das Gemeinwohl zu berücksichtigen«. Auch wurde dem Betriebsrat jede Förderung von Arbeitskämpfen untersagt, musste er zum »die Arbeit und den Frieden des Betriebes« fördern und sich von jeder politischen Betätigung fern halten.

Die Stellungnahme der im BDA zusammengeschlossenen Arbeitgeber klang entsprechend: »Entscheidend für die Beurteilung dieses Gesetzes durch die Arbeitgeber ist die Tatsache, daß in ihm die Grundelemente der unternehmerischen Wirtschaft erhalten geblieben sind: Die Entscheidungsfreiheit des Unternehmers über die wirtschaftliche Führung seines Betriebes und die Freiheit unternehmerischer Initiative [...]. Niemand wird es der Unternehmerschaft verdenken können: Sie erblickt darin wirklich einen entscheidenden Erfolg.«[161]

Ellbogenritter

Der deutsche Schriftsteller Wolfgang Koeppen (1906–1996) hat in dem Roman *Das Treibhaus* die politisch restaurative Entwicklung in der provisorischen Bundeshauptstadt Bonn jener Jahre intensiv prosaisch beschrieben. Im Mittelpunkt des Romans steht der Bundestagsabgeordnete Keetenheuve, der die letzten NS-Jahre im Exil verbracht hat und nun für die Sozialdemokraten auf den Oppositionsbänken sitzt. In der Fraktion gilt der Lyrikliebhaber als schwarzes Schaf, weil er sich nicht dem Fraktionszwang unterwirft. Zudem muss er erkennen, dass die offizielle Linie seiner Partei reine Beschwichtigungspolitik ist, zumal sich die Bedingungen für eine Revolution verflüchtigt hatten. »Die Revolution war tot. Sie war verdorrt«, befindet Keetenheuve. »Sie hatte ihre Zeit gehabt. Ihre Möglichkeiten waren nicht genutzt worden.«

206

Wie der Roman endet, möchte ich hier nicht verraten – welche besondere Spezies Koeppen aber neben Dunkelmännern und (zum Teil korrupten) Entscheidungsträgern auch ins Blickfeld rückt, schon. Der Abgeordnete Keetenheuve nutzt den Nibelungenexpreß, um nach Bonn zu kommen: »Durch Godesberg und Bonn war man mal durchgerast. Jetzt hielt man. Die Interessenvertreter blockierten die Tür. Sie waren Ellbogenritter und die ersten in der Hauptstadt«, heißt es, und weiter:

Keetenheuve trat in den Gang hinaus. Viele Wege führten zur Hauptstadt. Auf vielen Wegen wurde zur Macht und zur Pfründe gereist. Sie kamen alle, Abgeordnete, Politiker, Beamte, Journalisten, Parteibüffel und Parteigründer, die Interessenvertreter im Dutzend, die Syndiken, die Werbeleiter, die Jobber, die Bestecher und die Bestochenen, Fuchs, Wolf und Schaf der Geheimdienste, Nachrichtenbringer und Nachrichtenerfinder, all die Dunkelmänner, die Zwielichtigen, die Bündlerischen, die Partisanwahnsinnigen, alle, die Geld haben wollten […], die Schnorrer, Schwindler, Quengler, Stellenjäger, auch Michael Kohlhaas saß im Zug und Goldmacher Cagliostro, Fememörder Hagen witterte ins Morgenrot, Kriemhild hatte Rentenansprüche, das Geschmeiß der Lobby lugte und horchte, Generäle noch im Anzug von Lodenfrey marschierten zur Wiederverwendung auf, viele Ratten, viele gehetzte Hunde und viele gerupfte Vögel, sie hatten ihre Frauen besucht, ihre Frauen geliebt, ihre Frauen getötet, sie hatten ihre Kinder in den Eisladen geführt, sie hatten dem Fußballspiel zugesehen, sie waren im Meßgewand dem Priester zur Hand gegangen, sie hatten Diakonissendienste geleistet, sie waren von ihren Auftraggebern gescholten worden, von ihren Hintermännern angetrieben, sie hatten einen Plan entworfen, eine Marschroute aufgestellt, sie wollten ein Ding drehen, sie machten einen zweiten Plan, sie hatten am Gesetz gearbeitet, in ihrem Wahlkreis gesprochen, sie wollten oben bleiben, an der Macht bleiben, beim Geld bleiben, sie strebten der Hauptstadt zu, der Hauptstadt der Kleinstadt, über die sie witzelten, und sie begriffen nicht das Wort des Dichters, daß die innerste Hauptstadt jeden Reiches nicht hinter Erdwällen liegt und sich nicht erstürmen läßt.

Freie Bahn dem Volksvertreter, Spott aus dem billigsten Ramschladen, schon zu Kaisers Zeit mit Bart verkauft [...]. Was meinte das Volk, und wer war das eigentlich, das Volk, wer war es im Zug, wer auf der Straße, wer auf den Bahnhöfen, war es die Frau, die nun in Remagen die Betten ins Fenster legte, Geburtsbetten Kopulationsbetten Sterbebetten, Granatsplitter hatten das Haus getroffen, war es die Magd mit dem Melkeimer, die zum Stall wankte, so früh schon auf so früh schon müde, war er, Keetenheuve, das Volk? Er sträubte sich gegen den simplifizierenden Plural. [...] Er gehörte einer Partei an, die auf die Mehrheit setzte. Was meinte also das Volk? Das Volk arbeitete, das Volk bezahlte den Staat, das Volk wollte vom Staat leben, das Volk schimpfte, das Volk frettete sich so durch. Es sprach wenig von seinen Deputierten. Das Volk war nicht so artig wie das Volk im Schullesebuch. Es faßte den Abschnitt Staatsbürgerkunde anders auf als die Verfasser. Das Volk war neidisch. Es neidete den Abgeordneten den Titel, den Sitz, die Immunität, die Diäten, den Freifahrtschein. Würde des Parlaments? Gelächter in den Schenken, Gelächter auf den Gassen.«[162]

Wohlstandszeiten

Auf den ersten Blick paradoxerweise entwickelte sich nach der durchgesetzten Restauration die Bundesrepublik nicht nur zu einem neben den USA und Japan führenden, hochindustrialisierten Land, sie wurde – an der Schnittstelle des Kalten Krieges – zugleich zu einem Wärme ausstrahlenden Sozial- und Wohlfahrtsstaat.

Die programmatisch-politische Neuausrichtung weg vom Klassenkampf und hin zu sozialreformerischen Aushandlungsprozessen fand ihren Niederschlag im »Godesberger Programm« der Sozialdemokraten von 1959 und im »Grundsatzprogramm« des DGB von 1963, mit dem sich die Gewerkschaft zur kapitalistischen Wettbewerbswirtschaft bekannte. Die alte Arbeiterpartei SPD verwandelte sich in eine »Volkspartei« und reduzierte ihre überkommenen engen Verbindungen zur Gewerkschaftsbewegung zu Beginn der 1970er Jahre auf die »Arbeitsgemeinschaft für Arbeitnehmerfragen«; der DGB verstand sich nun als »Motor des gesellschaftlichen Fortschritts«, als machtvolle Lobby der Arbeitnehmerschaft, und löste sich seinerseits tendenziell von der SPD.

Der zum »Wirtschaftswunder« verklärte Zeitraum zwischen der Gründung der Bundesrepublik und den »Ölpreisschocks« Mitte der 1970er Jahre war innen- wie außenpolitisch von weitreichenden Entscheidungen geprägt: Vom Eintritt in die Nato, der Wiederaufrüstung sowie der Anerkennung der Bundesrepublik als souveräner Staat (die Alliierten behielten sich nur für Gesamtdeutschland und Berlin besondere Rechte vor); 1957 folgte die Eingliederung des Saargebietes, die Aufnahme enger deutsch-französischer Beziehungen und der Beitritt zur Europäischen Wirtschaftsgemeinschaft (EWG); es kam zur Notstandsgesetzgebung und zur Protestbewegung der Studenten; schließlich bildete sich 1969 (erstmals in der zweiten Republik) eine sozialliberale Koalition unter Kanzler Willy Brandt.

Die Koalition setzte gegen erhebliche Widerstände von CDU/CSU sowie der Vertriebenenverbände die Ostverträge durch, die den Gewaltverzicht, die Anerkennung der bestehenden Grenzen und gleichberechtigte Beziehungen zwischen der BRD und DDR festschrieben. Zugleich entstand die Umweltschutzbewegung und bildete sich 1980 eine neue parteipolitische Kraft: »Die Grünen«.

Überschattet wurden die 1970er Jahre durch die terroristischen Anschläge der RAF, die 1977 mit den Morden an Generalbundesanwalt Siegfried Buback, dem Bankier Jürgen Ponto und Arbeitgeberpräsident Hanns-Martin Schleyer ihren Höhepunkt erreichten.

In wirtschaftlicher Hinsicht war die Zeit von 1953 bis 1975 zunächst von hohen Wachstumsraten gekennzeichnet – bis 1958 lagen sie jahresdurchschnittlich etwas über acht Prozent, bis Mitte der 1960er Jahre noch deutlich über fünf Prozent; es wuchsen Produktion und Produktivität bei gleichzeitigem Beschäftigungsanstieg. Die Exporterfolge polierten die Leistungsbilanz auf und sorgten für einen wachsenden Gold- und Devisenbestand der Bundesbank. Gegen Ende der 1950er Jahre waren nicht nur die Arbeitslosenreserve sowie die aus der DDR zugewanderten (gut ausgebildeten) Arbeitskräfte vom Arbeitsmarkt absorbiert, es nahmen auch mehr »Hausfrauen« eine Erwerbstätigkeit auf und es kamen ausländische Beschäftigte, »Gastarbeiter«, ins Land.

1961 wurde mit einer Arbeitslosenquote von unter ein Prozent praktisch die Vollbeschäftigung erreicht. Es war aber auch in diesen Zeiten ungehemmten Wachstums entschieden nicht alles Gold, was glänzte. Die Umwelt wurde erheblich geschädigt und belastet, der Bau von Atomkraftwerken stieß auf erhebliche Widerstände in der Bevölkerung. Darüber hinaus bildeten fusionierende Großunternehmen und Konzerne – erneut – eine oligopolistische Marktmacht, nahm die Kapitalkonzentration und –zentralisation gravierend zu, schufen die Großbanken mittels ihrer »Mitarbeit« in den Aufsichtsräten und den von ihnen kontrollierten Aktienbeständen die rheinisch-kapitalistische »Deutschland AG«. (Das 1958 mit dem von der Wirtschaftslobby zunächst scharf bekämpften »Gesetz gegen Wettbewerbsbeschränkungen« entstandene Bundeskartellamt änderte daran so gut wie nichts.)

Wie erfolgreich die Wirtschaftslobby im Sinne von Unternehmen bzw. Arbeitgebern auf die entscheidenden Rahmenbedingungen eingewirkt hatte, zeigte sich Mitte der 1960er Jahre. Die Statistiken ließen keinen Zweifel daran, dass sich das Verhältnis von Brutto- und Nettolöhnen aufgrund steuerlicher Maßnahmen seit den frühen 1950er Jahren ständig verschlechtert, das von Brutto- und Nettoeinkommen aus Unternehmertätigkeit und Vermögen hingegen ständig verbessert hatte (nicht zuletzt aufgrund umfassenderer legaler Möglichkeiten der Steuervermeidung). Einer von der Bundesregierung in Auftrag gegebenen Studie zufolge befanden sich 1966 mehr als 70 Prozent des privaten Produktivvermögens in der Hand von nicht einmal zwei Prozent der bundesdeutschen Haushalte.

Versorgungsstaat?

In sozialpolitischer Hinsicht sorgten hohes Wirtschaftswachstum und steigende Prosperität in dem laut Grundgesetz als »sozialen Bundesstaat« konstituierten deutschen Separatstaat für wachsende Verteilungsspielräume. Gleich nach seiner Wiederwahl im Jahre 1953 kündigte Bundeskanzler Konrad Adenauer denn auch eine »umfassende Sozialreform« an. Trotz der Bereitschaft zu sozialen Zugeständnissen fiel diese Reform zunächst aber eher dürftig aus, weil die Bedenken der Wirtschafts- und Arbeitgeberverbände – deren Funktionäre zahlreiche Abgeordnetenplätze in der CDU/CSU-Fraktion erobert hatten – groß blieben. Zu den Gegnern gehörte nicht zuletzt Wirtschaftsminister Erhard, für den ein »Versorgungsstaat der moderne Wahn« war:

»Die Blindheit und intellektuelle Fahrlässigkeit, mit der wir dem Versorgungs- und Wohlfahrtsstaat zusteuern, kann nur zu unserem Unheil

210

ausschlagen. Dieser Drang und Hang ist mehr als alles andere geeignet, die echten menschlichen Tugenden: Verantwortungsfreudigkeit, Nächsten- und Menschenliebe, das Verlangen nach Bewährung, die Bereitschaft zur Selbstvorsorge und noch vieles Gute mehr allmählich aber sich absterben zu lassen – und am Ende steht vielleicht nicht die klassenlose, wohl aber die seelenlos mechanisierte Gesellschaft.«[163] (Die von Erhard geforderte »Bereitschaft zur Selbstvorsorge« ist von CDU-Politikern nicht vergessen worden: 2006 brachte der Generalsekretär Ronald Pofalla »Verantwortungsgemeinschaften« ins Gespräch, womit gemeint ist, dass Arbeitslose möglichst von ihren erwachsenen Kindern unterstützt werden sollen.)

Die Entstehung einer »klassenlosen« Gesellschaft im Sinne der Aufhebung des Widerspruchs von Kapital und Arbeit stand folglich für Ludwig Erhard, den Vertreter einer reinen Marktwirtschaft, nicht zu befürchten. Er ging im Übrigen zu Unrecht als »Vater der *sozialen* Marktwirtschaft« in viele Geschichtsbücher ein, denn die sozialen Weichenstellungen erfolgten durch den Druck außerparlamentarischer Kräfte – durch die Interessenverbände. Jedenfalls wurden in der Folgezeit und in teilweise langwierigen politischen Aushandelsprozessen und unter Beteiligung diverser Lobbys all die Reformen und Sozialgesetze eingeführt, die aus Westdeutschland bis 1975 einen funktionalen Wohlfahrtstaat machten.

Einen ersten Höhepunkt bildeten die 1957 verabschiedeten Rentenreformen, die das aus Bismarcks Zeiten stammende Kapitaldeckungsprinzip durch ein modifiziertes Umlagesystem ersetzten. Hauptgewinner waren Arbeitnehmer mit einer kontinuierlichen Erwerbsbiographie. Durch die zugleich eingebaute Dynamisierung waren auch die Rentner automatisch an die positive Wirtschaftsentwicklung angekoppelt. Das »Gesetz über eine Altershilfe für Landwirte« sorgte für soziale Verbesserungen auch dieser Berufsgruppe. Und so wundert es nicht, dass die von Kanzler Adenauer geführte CDU/CSU bei den Wahlen im Herbst 1957 einen überwältigenden Wahlsieg erringen konnte.

Weitere Reformen folgten. 1961 das »Bundessozialhilfegesetz«, mit dem die öffentliche Fürsorge durch einen gerichtlich einklagbaren Rechtsanspruch auf Mindestsicherung ersetzt wurde, dann die Festschreibung der sechswöchigen Lohnfortzahlung im Krankheitsfall und 1969 das »Arbeitsförderungsgesetz«, das der »Bundesanstalt für Arbeit« eine aktive

Gestaltungsrolle in der Arbeitsmarktpolitik zuwies (durch Aus- und Fort-
bildungsmaßnahmen, Arbeitsbeschaffungsmaßnahmen etc.).

Die SPD/FDP-Koalition unter Willy Brandt verbesserte den Kündigungs-
schutz, schuf 1971 das »Bundesausbildungsförderungsgesetz« (BAFöG)
und sorgte 1972 für eine weitere Rentenreform (Gutschreibung eines
»Babyjahrs«, Einführung der flexiblen Altersgrenze, Herabsenkung der
Altersarmut durch zugrunde gelegte Mindesteinkommen etc.) Im Januar
1972 trat nicht zuletzt die Novelle des »Betriebsverfassungsgesetzes« in
Kraft.

Geschwür, das schwärt ...

1955 erschien eine kleine, aber aufsehenerregende Schrift mit dem Titel:
Herrschaft der Verbände? Verfaßt hatte sie der liberal gesinnte Politikwissenschaftler Theodor Eschenburg (1904–1999), und mit dem Lobbying
kannte er sich auch praktisch gut aus, hatte er doch während der NS-
Herrschaft in der Industrie als Verbandssyndikus gearbeitet und nach
1945 zunächst als Staatskommissar, später als Staatsrat von Württem-
berg-Hohenzollern einschlägige innenpolitische Erfahrungen gesammelt. (1952 übernahm er den Lehrstuhl für wissenschaftliche Politik an
der Universität Tübingen, pflegte aber weiterhin enge Kontakte mit Entscheidungsträgern in Bonn.) Eschenburg war ein Verfechter der »Staats-
autorität«, die für ihn zur Sicherung des Gemeinwohls ebenso wichtig
war wie deren Einbindung in einen modernen Verfassungsstaat.

Jedenfalls beklagte Theodor Eschenburg Mitte der 1950er Jahre Ent-
wicklungstendenzen »unseres jungen und daher traditionslosen Staates«, die kein rühmliches Licht auf die aus den Nachkriegsruinen wieder-
erstandenen Interessengruppen und Verbände warfen. Der Agrarlobby
wies er nach, dass sie erheblichen Einfluss auf die Einstellungspraxis der
zuständigen Ministerien genommen hatte und sich die ihnen nahestehenden Beamten »mehr als Kommissar ihres Interessenverbandes denn
als Sachverwalter des Staates« aufführten; dem »Gefälligkeitsstaat« warf
er vor, den Verbandsvertretern Tür und Tor für deren intensive Mitwirkung bei der Formulierung von Gesetzentwürfen geöffnet zu haben.

Diese »Duldung von Verfahrenswidrigkeiten«, so warnte Eschenburg,
führe zur »Verformung unseres öffentlichen Lebens«. In seinem 1989
erschienenen Band *Das Jahrhundert der Verbände* betonte er rückbli-

ckend erneut: »Die Stoßkraft des Verbandseinflusses war seit 1949 wesentlich stärker als in der Weimarer Zeit.« Einige seiner anekdotischen Belege seien hier gekürzt wiedergegeben:

»Das Wort ›Kanzlerdemokratie‹, auf Adenauer gemünzt, hat nicht erst die Historie erfunden; schon die zeitgenössischen Medien hatten es gebraucht. Dementsprechend war für Adenauer seine Partei in erster Linie ein Kanzlerwahlverein. Aber auf sie war kein Verlaß; allein konnte sie nicht genügend Wähler bei der Stange halten und nicht noch mehr gewinnen. Die Hilfstruppe waren die bürgerlichen Interessenverbände, deren Mitglieder mußten für die Wahl mobilisiert werden; sie verfügten gleichsam über ein Stimmenpaket. [...] Systematisch wurde den Interessen der Gewerkschaften, der Bauern, der Vertriebenen und Rentner, aber auch der Beamten Rechnung getragen, ebenso der geldspendenden Wirtschaft, die nicht Stimmen in zu Buche schlagender Quantität liefern, aber dazu verhelfen konnte, sie zu gewinnen. Adenauer wußte um die gegenseitige Eifersucht der Verbände. Keiner der großen durfte ausgelassen werden.

Eine typische Form der Verbandsrepression zeigten die ärztlichen Organisationen. Die Kassenärztliche Bundesvereinigung, die eine öffentlich-rechtliche Körperschaft mit Pflichtmitgliedschaft ist, wie es die Handelskammern sind, lehnte den Entwurf einer Krankenkassenreform ab [...]. Diese Bundesvereinigung mit ihren rund 52 000 Mitgliedern startete 1958/59 eine Aktionsgemeinschaft der Kassenärztlichen Landesvereinigungen unter ihrer Führung zu einer öffentlichen Großkampagne gegen den Gesetzentwurf. In Wartezimmern fanden sich Plakate mit einer vehementen Polemik gegen Bundesarbeitsminister Blanck und gegen die CDU als alleinige Regierungspartei. [...] Das Arbeitsministerium als Aufsichtsbehörde schritt nicht ein, um die Aktion zu stoppen – aus Angst vor Adenauer, der die Propaganda im Hinblick auf die nächsten Wahlen fürchtete. Unter Umgehung des zuständigen Fachministers ließ er sich auf direkte Verhandlungen mit der Bundesvereinigung ein und stellte ihr, von Sachkenntnissen ungetrübt, weitgehende Konzessionen in Aussicht, und die Bundesvereinigung hielt diese für Zusagen. [...] Immerhin wurden die parlamentarischen Verhandlungen über die Krankenkassenreform 1961 eingestellt – ein Sieg der Kassenärztlichen Bundesvereinigung. Adenauer hatte durch seine Direktverhandlungen ohne

213

und gegen die zuständigen Fachminister, eben durch den Aufbau einer Fronde gegen sie, den Großverbänden starken Auftrieb in deren Machtansprüchen gegeben. Das blieb nicht ohne Folgen, was dieser an sich belanglose Vorgang zeigt.«[164]

Dem Zeitzeugen Theodor Eschenburg entgingen auch andere gelungene Einflußnahmen auf die Politik unter Kanzler Adenauer nicht, die bezeichnend genug sind, um hier ins Licht gerückt zu werden:

»Zur Dämpfung der überhitzten Konjunktur, um Anfänge einer Inflationsgefahr zu bannen, drängte Erhard mit seinem Ministerium auf eine Aufwertung der D-Mark, was Erhöhung der Export- und Senkung der Importpreise bedeutete. Dabei stieß er bei den Banken und der Industrie, insbesondere deren Verbänden, auf erbitterten Widerstand. […] Auf einer Pressekonferenz begründete der Bundesverband der Deutschen Industrie sehr scharf seine Ablehnung. Dessen Präsident Berg, ein mittelständischer Unternehmer, nannte im Herbst 1960 die Aufwertung ›eine Katastrophe für die gesamte deutsche Wirtschaft‹. Aber, so sagte Berg in Gegenwart von Korrespondenten großer deutscher Zeitungen, ›ich brauche nur einmal zum Kanzler zu gehen, und die ganze Aufwertung ist endgültig vom Tableau‹. Weder berief der Bundesverband Berg sofort ab, noch verbot Adenauer dessen Präsidenten sein Haus. Die Aufwertung unterblieb und erfolgte erst ein Jahr später; so muße es erscheinen, als ob die Lobbys regierten. […]

Fest steht, daß mindestens dreimal Adenauers politische Haltung von der Sorge vor einer Spendenlahmheit des Bundesverbandes der Deutschen Industrie und dessen Mitgliedern sich bestimmen ließ: einmal vor den Wahlen 1953, als der Bundestagsausschuß die Beratung des Kartellgesetzentwurfs Erhards, den der Bundesverband scharf bekämpfte, durch intensives Drängen Adenauers auf die folgende Legislaturperiode vertagte. Das dann nach den Wahlen 1957 verabschiedete Kartellgesetz wich stark vom Entwurf Erhards ab. […]

Im Dezember 1955, also noch vor dessen Verabschiedung, schrieb Erhard in einem Brief an den Bundeskanzler von Informationen, die ihm zugegangen wären, wonach ›Aktionen in Vorbereitung wären, die Sie unter dem Druck der Entziehung von Wahlgeldern dazu bewegen sollen, gegen Maßnahmen der Wirtschaftspolitik Stellung zu nehmen oder diese zu vereiteln‹. Das zweite Mal war es in der sogenannten Gürzenichaffäre

214

1956. Da hatte Adenauer in einer Rede vor den Wahlen 1957 auf einer Veranstaltung des Bundesverbandes, bei der die Presse zugegen war, die scharfen Attacken des Präsidenten Berg gegen Maßnahmen von Schäffer und Erhard, die nicht anwesend waren, bestätigt und angekündigt, daß diese sich vor dem Kabinett zu rechtfertigen hätten. Das war geradezu ein Kotau vor dem Interessenverband.«[165]

Ludwig Erhard, der 1963 dem damals 87jährigen Konrad Adenauer als Kanzler folgte, bezeichnete die Lobbyisten als »Geschmeiß« und die immer zahlreicher werdenden Interessengruppen als »Geschwür, das in unserer Gesellschaft schwärt«.

Als Kanzler stieß Ludwig Erhard mit seinen – untergründig vor allem auf Beschäftigte und Gewerkschaften gemünzten – Maßhalteappellen in der ersten Rezession der Nachkriegszeit bald auch in der eigenen Partei auf Widerspruch. Nachdem die Arbeitslosenzahl über die Marke von zwei Prozent gestiegen und sich erste Defizite in den Haushalten bemerkbar machten, geriet er ins Abseits. Im Dezember 1966 war seine Zeit abgelaufen, entstand die erste Große Koalition der zweiten Republik unter Führung von Kurt-Georg Kiesinger.

Erfolgreiche Agrarlobby

Zu den besonders einflußreichen Verbänden, die ab Beginn der 1950er Jahre nachhaltig auf Regierung, Gesetzgebung und Verwaltung Einfluss nahmen, gehörten neben den Arbeitgeber-, Wirtschaftsfach- und Spitzenverbänden und den von der Pflichtmitgliedschaft geprägten Industrie- und Handelskammern über einen längeren Zeitraum hinweg die Vertriebenenverbände, die sich, wie der »Bund der Heimatvertriebenen und Entrechteten«, zum Teil sogar zu Parteien fortentwickelten.

Als besonders erfolgreich erwies sich das wirkungsvoll lobbyierende Interessenverbandswesen der Landwirtschaft. Und das, obwohl die Bedeutung der Landwirtschaft in den Jahren des starken Wachstums zwischen 1949 und 1975 gegenüber dem sekundären und tertiären Sektor rapide abnahm. So sank in der Bundesrepublik die Anzahl der landwirtschaftlichen Betriebe zwischen 1949 und 1970 um ein gutes Drittel, waren von den 1949 bestehenden knapp zwei Millionen Betrieben im Jahr 1997 nur mehr rund eine halbe Million vorhanden; zugleich nahm die Zahl der Erwerbspersonen in der Landwirtschaft von 1949 rund sechs

Millionen auf 1,5 Millionen im Jahr 1975 ab (1997 waren es nur mehr eine Million).

Das »Wirtschaftswunder« war nun insofern tatsächlich ein Wunder, als es der Politik nicht nur gelang, den gravierenden Strukturwandel und die mit ihm verbundenen sozialen Spannungen abzufedern, sondern – entgegen aller Lippenbekenntnisse – in der vielbeschworenen Marktwirtschaft eine Planwirtschaftsinsel zu etablieren.

Kurz, und in den Worten des Wirtschaftshistorikers Schröter: »Ein vollkommen geordneter Markt entstand im Agrarsektor. (...) Noch vor Mitte des Jahrzehnts gelang es ihrer Lobby, die Märkte für nahezu alle Produkte in eine staatlich geregelte Bewirtschaftung zu überführen. Obwohl sich die Schwerpunkte der Agrarpolitik, auch nachdem sie von der EWG stark beeinflußt wurde, änderten, ist als Konstante die Abkopplung vom eigentlichen Marktgeschehen erhalten geblieben.«[166]

Die Agrarlobby konnte nach der Gründung der Bundesrepublik schon deshalb eine große und erfolgreiche Rolle spielen, weil sie ihre historisch gewachsenen und im »Reichsnährstand« des NS-Regimes verfestigten Organisationsstrukturen beibehalten konnte. Die drei wichtigsten Säulen, die Verbände, Kammern und Genossenschaften, waren Ende der 1940er Jahre in den westlichen Ländern und Zonen sämtlich wieder in Funktion. 1948 entstand der »Deutsche Bauernbund« (DBV), 1949 der »Deutsche Raiffeisenverband« (DRV) und der »Verband der Landwirtschaftskammern« (VLK) als öffentlich-rechtliche Körperschaft mit Zwangsmitgliedschaft. Als vierte Organisation und koordinierendes Gremium gesellte sich der »Zentralausschuß der Deutschen Landwirtschaft« hinzu.

Nachhaltig erfolgreich war die Agrarlobby vor allem deswegen, weil sie erstens den christdemokratischen Parteien ein fest kalkulierbares Wähler- und Stimmenpotential bot, zweitens ihre Funktionäre in Form sogenannter »Verbandsinseln« sofort und gezielt in allen wichtigen Bundestagsausschüssen unterbrachte und drittens in der Ministerialbürokratie, den Beiräten und vor allem im »Ministerium für Ernährung, Landwirtschaft und Forsten« ein »Verbandsherzogtum« herstellte. Es kam, zumal unter Adenauer – und kommt bis heute – so gut wie kein Gesetzentwurf zustande, an dem Interessenvertreter des Agrarbereichs nicht federführend mitgearbeitet hätten.

Unterschiedlich erfolgreich waren in der Nachkriegszeit die traditionsreichen Interessengruppen des Handwerks und des Einzelhandels. »Es gelang den bereits im September 1945 zugelassenen Handwerkskammern, bei der Militärregierung eine zoneneinheitliche Handwerksordnung durchzusetzen. Sie stellte eine Meisterleistung der in allen rechtlich-bürokratischen Kniffen erfahrenen Handwerksfunktionäre dar. Unter dem Vorwand, das vor 1933 geltende Handwerksrecht wiederherzustellen, konnten sie den Militärbehörden einen Gesetzentwurf unterschieben, der zwar auf Zwangsinnung, Führerprinzip und Ehrengerichtsbarkeit verzichtete, im Übrigen aber die Gesetzgebung der NS-Zeit in allen wesentlichen Punkten beibehielt.«[167]

Diese Erfolgsgeschichte setzte sich nach der 1949 erfolgten Gründung des »Zentralverbandes des Deutschen Handwerks« fort. Trotz zunächst immenser interner Rivalitäten konnte der Verband 1953 mit Hilfe der um den Mittelstand besorgten bürgerlichen Koalition einen Gesetzentwurf in den Bundestag einbringen, der eine einheitliche Handwerksordnung festschrieb. Zwar wollten die Alliierten dagegen ein Veto einlegen, weil insbesondere die Amerikaner die Gewerbefreiheit bedroht sahen. Eine persönliche Intervention von Kanzler Adenauer, der eine Überprüfung des Gesetzes durch das Verfassungsgericht in Aussicht stellte, beruhigte aber die Hohe Kommission. Im Herbst 1953 trat das Gesetz in Kraft und schrieb die Sonderstellung des Handwerks auch in der zweiten Republik fest.

Weniger erfolgreich agierte die 1949 gegründete »Hauptgemeinschaft des Deutschen Einzelhandels«. Vor allem gelang es ihr nicht, eine für die Mitglieder vorteilhafte Berufsordnung entsprechend der Handwerksordnung durchzusetzen. Im übrigen blieb der Organisationsgrad der »Hauptgemeinschaft« relativ gering – er kam nie über 50 Prozent hinaus –, und es dominierten, wie bereits in der Weimarer Zeit, schon bald wieder die Großbetriebe, Einzelhandelsketten, Discounter und Warenhauskonzerne das Geschehen innerhalb des Einzelhandelsverbands.

Befestigte Gewerkschaft

Die Zeiten des hohen Wachstums zwischen 1953 und 1975 brachten ein sich immer mehr ausdifferenzierendes Interessengruppensystem in der Bundesrepublik hervor. Zu Beginn der 1970er Jahre gab es (ohne West-Berlin) mehr als 3600 überwiegend auch bundesweit tätige Verbände, von denen 1974 beim Bundestag 635 als Lobby »akkreditiert« waren. Sie übten – wie gezeigt wurde – auf den Bundeskanzler Druck aus, nahmen auf die Besetzung von Ministerposten Einfluss, sorgten für Brückenköpfe in die jeweils wichtigen Ministerien und versicherten sich der »Verbandsloyalität«, entscheidungsmächtiger Beamter. Die großen Verbände setzten sich in Bundestagsausschüssen fest und nutzten die als hervorragenden Einflußkanal geltenden Beiräte der Bundesministerien (von 203 Beiräten waren 1969 mehr als 130 mit Verbandsvertretern besetzt).

Auch die Spitzenverbände der Freien Wohlfahrtspflege, die seit der Gründung der Bundesrepublik den staatlichen Behörden und Ämtern im Sinne des Subsidiaritätsprinzips weitreichende soziale Mitgestaltungsaufgaben abnehmen, nutzten von Beginn an einschlägige lobbyistische Einflußmethoden und -kanäle zur Einbringung ihrer – freilich überwiegend werteorientierten – Interessen. Das gilt insbesondere für die Verbände der »Arbeiterwohlfahrt« (AWO), der »Deutschen Caritas«, des »Diakonischen Werkes« und des »Deutschen Roten Kreuzes«, aber auch für den »Paritätischen Wohlfahrtsverband«, die »Zentralwohlfahrtstelle der Juden in Deutschland« und andere mehr.

Die Gewerkschaften nahmen in der »verbandspluralistischen« bundesrepublikanischen Nachkriegsgesellschaft nun genau die Stellung ein, die der Sozialwissenschaftler Goetz Briefs in seinen einflußreichen Arbeiten der 1950er Jahre (etwa: *Das Gewerkschaftsproblem gestern und heute*) skizziert hatte. Seine Konzeption von einer »befestigten Gewerkschaft«, die als »Organ der Sozialordnung« unentbehrliche Aufgaben zur Sicherung des Bestandes und der störungsfreien Entwicklung der kapitalistischen Marktwirtschaft zu leisten habe, ohne dabei die Autonomie des demokratischen Staates als Sachverwalter des Gemeinwohls in Frage zu stellen, wurde vom DGB übernommen. Im europäischen Vergleich gab es während der Wachstumsphase in der Bundesrepublik jedenfalls außerordentlich wenig Streiks und entspannte sich das nur mehr von rituellen Drohgebärden begleitete Verhältnis zwischen Kapital und Arbeit.

Auf der Grundlage zahlreicher direkter Abkommen zwischen den Unternehmerverbänden und Einzelgewerkschaften entstanden wirksame Schlichtungsverfahren für Tarifkonflikte, die nicht zuletzt dazu beitrugen, Arbeitskämpfe zur absoluten Ausnahme werden zu lassen. Auch die »politisch amputierten« Betriebsräte bzw. Arbeitnehmervertreter unterstützten – von einigen Ausnahmen abgesehen – dieses Kooperationsverhältnis in den Aufsichtsräten und Betriebsleitungen.

Die Jahre des »Wirtschaftswunders« wurden unter systemstabilisierender Mitverantwortung der Gewerkschaften zu einer Hochzeit arbeits- und sozialrechtlicher Regulative. Das immer enger geflochtene soziale Netz kam aber auch deshalb zustande, weil die Gewerkschaften – zusammen mit den großen freien und kirchlichen Wohlfahrtsverbänden – bei bestimmten Gesetzesvorhaben hohen außerparlamentarischen Druck entfalteten. Hansgeorg Conert erhellt:

»Regelungsdichte und intensive Nutzung der eingeräumten Rechte durch Gewerkschaften und Betriebsräte, gefördert nicht zuletzt durch breite, systematisch und zeit- wie personalaufwendige Bildungs- und Schulungsaktivitäten des DGB und der Einzelgewerkschaften, ferner Einsatz der Position der Aufsichtsratvertreter der Gewerkschaften und Belegschaften zur Aushandlung einer Vielzahl unternehmensinterner Sozialleistungen, stärkten im Verlauf der ›fordistischen Phase‹ der 1950er und 1960er Jahre durchaus die soziale, materielle und interessenpolitische Position der Lohn- und Gehaltsabhängigen, vor allem der Stammbelegschaften der Großunternehmen, aber auch im verarbeitenden ›mittelständischen‹ Sektor, im Baugewerbe und im Öffentlichen Dienst. Allerdings erwies sich auch in diesen Jahren, dass das Maß der Erfolge in den Lohnarbeitsbeziehungen vor allem von der Wirtschaftslage abhängig war: zunehmender Arbeitskräftemangel bei prosperierenden Märkten waren für die Konzessionsbereitschaft der Unternehmer letztlich ausschlaggebend.«[168]

Obwohl einige führende Gewerkschafter wie etwa Otto Brenner von der IG Metall schon Ende der 1950er Jahre darauf hinwiesen, dass verstärkte Automation und technischer Fortschritt »den Zug zum Groß- und Mammutunternehmen und damit in der kapitalistischen Wirtschaft die Machtzusammenballung in den Händen weniger« fördere, überwog in den Gewerkschaften die Zahl derer, die eine »neue Gesellschaft« herannahen sahen: eine Gesellschaft mit höheren Löhnen und Kaufkraft, einer Reduzierung der Arbeitszeit zumindest auf 35 Stunden, weitgehenden Garantien für gleiche Bildungschancen, Vollbeschäftigung und Wohlstand. Diese Hoffnung wurde auch nicht weiter getrübt, als sich mit der Rezession der Jahre 1966/67 die erste dunkle Wolke dazwischen schob. Die Krise wurde schnell überwunden.

Während sich in Bonn die erste Große Koalition aus CDU/CSU und SPD etablierte und unter anderem das Stabilitätsgesetz verabschiedete, stiegen im Laufe der Jahre 1968 und 1969 erneut die Wachstumsraten des Sozialprodukts deutlich an und sank die offizielle Arbeitslosenquote wieder auf unter ein Prozent. Allerdings wurde dieser von starker Außennachfrage getragene Wirtschaftsboom von einer steigenden Inflation begleitet. Weil dadurch auch die Nominallöhne schneller von der Steuerprogression erfaßt wurden und gleichzeitig die Preise stiegen, erhöhte sich merklich die Streikbereitschaft. Gewerkschaftliche aber auch »spontane«, die Friedenspflicht ignorierende Streiks, nahmen merklich zu; erste Massenaussperrungen der Arbeitgeber ebenso.

Diese auch von den spektakulären Aktivitäten der Studentenbewegung und der »Außerparlamentarischen Opposition« (APO) sowie der Neugründung linker Parteien (»Deutsche Kommunistische Partei«, 1968) begleitete Phase resultierte zu Beginn der 1970er Jahre in einem Rückgang der Profitrate auf der Unternehmensseite und einem relativ weit ausgenutzten »Verteilungsspielraum« für Lohnerhöhungen und staatliche Transferleistungen seitens der Lohnabhängigen.

Konzertierte (Fehl-)Aktion

Die Regierung der Großen Koalition setzte ihre Hoffnungen in dieser Zeit auf die von ihr als plan- und steuerbar angesehene wohlfahrtsstaatliche Politik. 1967 wurde das unter der Leitung von Wirtschaftsminister Professor Karl Schiller entstandene »Gesetz zur Förderung der Stabilität des Wachstums und der Wirtschaft« eingeführt, um mittels der sogenannten Globalsteuerung und mit den Methoden der keynesianischen Wirtschaftspolitik ein gleichmäßiges Wachstum bei Vollbeschäftigung zu erzeugen. Die Parameter Preisstabilität, stetiges Wachstum, außenwirtschaftliches Gleichgewicht und Vollbeschäftigung sollten ein »magisches Viereck« bilden; die Einrichtung der »Konzertierten Aktion« – die Zusammenarbeit von Unternehmerverbänden, Gewerkschaften und Regierung – dazu beitragen, die von der Bundesregierung jährlich vorgegebenen Orientierungsdaten entsprechend umzusetzen (was im Kern auf eine Einschränkung des Handlungsspielraums der Tarifpartner hinauslief).

Im Winter der Jahre 1973/74 folgte der erste wirtschaftliche Dämpfer in Form des »Ölpreisschocks«. Zwar bremste die Bundesbank die Inflationsgefahr erfolgreich aus, förderte damit gleichzeitig aber eine spürbare Abschwächung der Konjunktur. Prompt geriet die Bundesrepublik 1974/75 in die zweite Wirtschaftskrise der Nachkriegszeit (die von der zugleich ausgebrochenen Weltwirtschaftskrise noch verstärkt wurde), und erstmals seit dem Krieg überstieg die offizielle Arbeitslosigkeit wieder die Millionengrenze.

Auch die Tage der »Konzertierten Aktion« waren gezählt. Als 1976 vom Bundestag das neue *Gesetz über die Mitbestimmung der Arbeitnehmer* (für Großunternehmen) verabschiedet wurde, das u. a. den Arbeitnehmern Einfluss auf die Bestellung des Arbeitsdirektors einräumte und ein Zwei-Drittel-Quorum im Aufsichtsrat bei der Wahl von Vorstandsmitgliedern einführte, riefen die darüber empörten Arbeitgeber das Bundesverfassungsgericht an. Der DGB und seine Mitgliedsgewerkschaften werteten diesen Versuch der juristischen Aushebelung eines von der Mehrheit der im Bundestag vertretenen Parteien beschlossenen Gesetzes als Provokation und verließen die »Konzertierte Aktion«. (1979 wies das Bundesverfassungsgericht die Beschwerde der Arbeitgeber ab, wobei es die vom Grundgesetz geforderte »Sozialpflichtigkeit des Eigentums« heraushob.)

Was zunächst als eine der »üblichen« Konjunkturkrisen des Kapitalismus erschien – das zeigt der Rückblick aus dem 21. Jahrhundert –, erwies sich zugleich als Wendepunkt der in der Bundesrepublik bis dahin entwickelten korporatistischen Regulierungsformen. Die im »rheinischen Kapitalismus« gepflegten Institutionen und Verfahren zur Steuerung von Markt, Wachstum, Wettbewerb unter weitreichendem Einbezug von Verbänden und Gewerkschaften, kurz: der Versuch eines relativen Ausgleichs der widerstreitenden Interessen von Kapital und Arbeit, standen zur Disposition.

Zwar konnten die Gewerkschaften Mitte der 1980er Jahre mit der durch Streikmaßnahmen durchgesetzten Arbeitszeitverkürzung bei vollem Lohnausgleich noch einmal ihre große Kampfkraft demonstrieren. Von großer Dauer waren die erzielten Erfolge jedoch nicht. Seit den 1990er Jahren verlieren die Interessenorganisationen der Lohnabhängigen Mitglieder und Durchsetzungsmacht, bzw. versuchen Betriebsräte und Funktionäre nur mehr, wenigstens einen Teil jener Privilegien für die noch dauerhaft beschäftigten Arbeitnehmer zu bewahren, den sie in den vier Nachkriegsjahrzehnten erkämpft hatten.

Das in dem kleinen historischen Zeitfenster der sozialen Marktwirtschaft von den Gewerkschaften hierzulande etablierte System der Konfliktregelung mit den Kapitalinteressen, zu dem vor allem die Tarifautonomie mit Flächentarifregelungen, eine relativ ausgeweitete Mitbestimmung und die Selbstverwaltung der sozialen Sicherungssysteme gehörten, steht zur Disposition. Die in diesem kurzen historischen Zeitraum erreichte Planbarkeit und Sicherheit für die überwältigende Mehrheit der Bevölkerung ist Geschichte. In den Worten des Gewerkschaftsrates der Dienstleistungsgewerkschaft »ver.di« ausgedrückt:

»Gegenwärtig wird die Arbeitsgesellschaft in Zonen unterschiedlichen Schutzes und unterschiedlicher Integration gespalten: In einem kleinen Segment werden für hochqualifizierte SpezialistInnen Spitzengehälter gezahlt. Daran schließt sich ein vom Normalarbeitsverhältnis geprägter Bereich mit einem von den Gewerkschaften erkämpften hohen Schutz- und Integrationsniveau an, der jedoch selbst auch von Erosion bedroht ist. Die hier Arbeitenden befürchten, in eine Zone verminderten Schutzes abzusinken, die von Zeit- und Leiharbeit, Scheinselbständigkeit, befristeter Beschäftigung, Mini- und Midijobs, Saisonarbeit und nicht zuletzt 1-€-Jobs gekennzeichnet und die wegen des abnehmenden Schutzes auch ›Zone der Verwundbarkeit‹ genannt wird. Diejenigen schließlich, denen der Zugang zur Erwerbsarbeit versperrt ist, bleiben zumeist ohne wirksamen Schutz und ohne wirkliche Teilhabechancen dauerhaft ausgegrenzt.«[169]

Zeitenwende

Für den Mitte der 1970er Jahre eingeläuteten Abschied vom (übrigens auch durch relativ geringe Kapitalrenditen geprägten) »rheinischen Kapitalismus« gibt es eine Reihe von Ursachen (der Ölpreisschock war nur ein Anlass), von denen fünf besonders ins Auge fallen:

Erstens hatte in den hochindustrialisierten kapitalistischen Volkswirtschaften die Arbeitsproduktivität inzwischen einen so hohen Stand erreicht, dass der Abbau klassischer Normalerwerbsarbeitsplätze selbst bei tendenzieller Arbeitszeitreduzierung nicht länger zu verhindern war; zweitens setzte gerade die auf mikroelektronischen Erkenntnissen basierende Informations- und Telekommunikationstechnologie zu ihrem Siegeszug um die Welt an, die eine Revolutionierung der Produktionsstrukturen und die internationale Zergliederung von Arbeitsprozessen nach sich zog; drittens hatte die öffentliche Hand entgegen der keynesianischen Regel auch zu Zeiten der Prosperität die Schuldenaufnahme für Investitionen hochgetrieben, also nicht mehr aus laufenden Steuereinnahmen gedeckt; viertens hatte der »Club of Rome« 1973 die von der Natur gesetzten Grenzen des ökonomischen Wachstums identifiziert; fünftens verlegte sich die Politik der führenden Industrieländer (G-7) unter dem Druck der kapitalistischen Ökonomie bzw. ihrer lobbyistischen Vorhut auf eine weltweit wirksame außenwirtschaftliche Liberalisierung bei gleichzeitig vorangetriebener innerstaatlicher Deregulierung.

Die weltweit forcierte Liberalisierung und Deregulierung blieb für die sozialstaatliche Entwicklung der Bundesrepublik ebenso wenig folgenlos wie die von der »dritten industriellen Revolution« freigesetzten Rationalisierungs-, Automatisierungs- und Auslagerungspotentiale.

Ein Ende der Um- und Abbauphase sozialstaatlicher Leistungen ist zurzeit (2006) nicht abzusehen. Sie begann 1975 mit dem »Gesetz zur Verbesserung der Haushaltsstruktur«, das erste Kürzungen im Bereich des Bildungswesens und der Bundesanstalt für Arbeit vornahm. Seitdem hat der inzwischen mehr als »dreißigjährige Feldzug gegen den Sozialstaat« (Friedhelm Hengsbach) Hochkonjunktur, tragen immer neue Leistungskürzungen »Züge einer sozialpolitischen Zeitenwende, wie es sie zuletzt am Ende der Weimarer Republik gab« (Christoph Butterwegge). Gesenkt wurde – und wird weiterhin – das Leistungsniveau der Gesetzlichen Kranken- und Rentenversicherung (zum Nutzen der Privatkassen und Versicherungskonzerne), erhöht wurde – und wird weiterhin – der Druck auf Arbeitslose und Sozialgeldbezieher(innen), ungeschützte und nicht auskömmlich bezahlte Beschäftigungen aufzunehmen, stetig ausgehöhlt wird das Prinzip der Beitragsparität zwischen Arbeitgebern und Arbeitnehmern, stetig abgebaut werden Arbeitnehmerrechte und die Rechte der sozial Bedürftigen, stetig erhöht werden die Verbrauchssteuern bei gleichzeitiger Senkung der Einkommens- und anderer direkter Steuern bzw. deren Abschaffung (etwa der Vermögenssteuer). Und so weiter und so fort.

Diese Entwicklung ist nicht zuletzt ein Beleg dafür, dass seit 1975 sowohl die klassischen Vermittlungsagenturen zwischen Gesellschaft und Staat, die zu mitgliederschwachen und von immer weniger Wählern unterstützten »Volksparteien« mutierten christdemokratischen und sozialdemokratischen Parteien, als auch das als »pluralistisch« verortete, ergänzende System der Interessengruppen und -verbände, jeweils spezifische Anpassungsleistungen vorgenommen haben.

Korporatismus ade!

Christoph Butterwegge hat die Phasen der sozialstaatlichen Entwicklung der Sozialsysteme in Deutschland skizziert; er unterscheidet eine Konstitutionsphase (1870/71 bis 1914), eine am Ende durch das NS-Regime negativ beeinflusste Konsolidierungsphase (1914 bis 1945), eine Rekonstruktions- und Ausbauphase (1945 bis 1974/75) sowie eine Um- bzw. Abbauphase (1975/76 bis heute).[170] Diese Periodisierung trifft spiegelbildlich auch auf die Entwicklung des deutschen Lobbyismus zu. Er entfaltete sich im jungen, liberalen Nationalstaat, konsolidierte sich in der Weimarer Republik, rekonstruierte und erweiterte sich in der Blütezeit der Bonner Republik und befindet sich seitdem in einer Um- und Abbauphase. Im wachsenden Maße nimmt seit gut drei Jahrzehnten der politische Einfluss großer Wohlfahrtsverbände und Gewerkschaften ab, dagegen nimmt der Einfluss der Wirtschaftsverbände und Konzernlobbyisten sowie der ihnen zuarbeitenden Beratungsagenturen und lobbyierenden Anwaltskanzleien kontinuierlich zu.

Die in den vom wirtschaftlichen Wachstum bestimmten Nachkriegsjahrzehnten scheinbar gelingende Einbindung sämtlicher organisierter Interessen in die staatlichen Steuerungsmodi und die gemeinwohlorientierte Konsensbildung ist gescheitert (und damit auch die bis dahin vorherrschende Korporatismusforschung). Der Misserfolg der diversen »Bündnisse für Arbeit« machte das endgültig deutlich. Gleichzeitig, und das beschreibt die »Umbauphase« des Lobbyismus, hat sich die Zahl der auf die Politik einwirkenden bzw. auf sie einwirken wollenden Interessengruppen seit Mitte der 1970er Jahre erheblich vervielfältigt. So waren 1974 beispielsweise beim Bundestag lediglich 635 Interessengruppen in der »Lobbyliste« verzeichnet, inzwischen sind es rund 2000.

Den schwächer werdenden traditionellen Interessenverbänden, vor allem denen der ihrer revolutionären Utopien verlustig gegangenen

Arbeiterbewegung, stehen heute unzählige Gruppen aus dem breiten Spektrum der neuen sozialen Bewegungen gegenüber (und zum Teil zur Seite), die den Lobbyismus der Gegenwart mit prägen. Generell hat seit Mitte der 1970er Jahre die Ausdifferenzierung der gesellschaftlichen Interessen und damit die Zahl der Interessengruppen deutlich zugenommen, was übrigens auch den Begriff Lobbyismus hierzulande erst gängig gemacht hat. Die Warnung vor der »Herrschaft der Verbände« (Theodor Eschenburg) wurde abgelöst von dem Befund: »Lobbyismus als fünfte Gewalt« (Thomas Leif/Rudolf Speth).

Die intermediäre Klasse

Seit ihrem historischen Auftreten übt die ökonomische Oligarchie die politische Macht nicht direkt aus. Das überläßt sie der intermediären Klasse, die durch bürgerliche und sozialdemokratische bzw. neuerdings grüne Politiker, Beamte, öffentliche Meinungsmacher und nicht zuletzt durch die vielen ihren Interessen dienenden Lobbyisten gebildet wird.

Die ökonomische Oligarchie bindet die Angehörigen der intermediären Klasse mittels verschiedenartiger Techniken an ihre Interessen. Finanzielle Gratifikationen spielen dabei eine gewichtige Rolle. Die wohlgesinnten Parteien werden mit erheblichen Spenden und Großspenden unterstützt. (A propos Großspenden: 2005 erhielten laut dem Bundestagspräsidenten Spenden in Höhe von jeweils über 50 000 Euro: CDU/CSU rund 900 000 Euro von Deutscher Bank AG, Arbeitgeberverband Südwestmetall, DaimlerChrysler AG, Verband der Chemischen Industrie und Allianz AG; die SPD empfing 210 000 Euro von Allianz AG und DaimlerChrysler AG; die Grünen 60 000 Euro von der Allianz AG; die FDP 50 001 Euro von der Allianz AG.[171]) Hinzu kommen individuelle finanzielle und andere Zuwendungen an aktive Berufspolitiker durch die Vergabe von Aufsichtsratsplätzen, Gutachten, Vorträgen etc. – von eindeutig korrupten Belohnungen wie Urlaubsreisen, Preisnachlässen etc. ganz zu schweigen. Ausgeschiedene Berufspolitiker wie auch Beamte werden mit gehobenen Positionen in Unternehmen und Wirtschaftsverbänden bzw. als Konzernlobbyisten gelockt und »belohnt«.

Die Meinungsmacher der privaten Medien sind direkt oder indirekt lohnabhängige Beschäftigte der Wirtschaftsunternehmen bzw. heutzutage selbst Unternehmer (auch wenn sie für die öffentlich-rechtlichen

Medien tätig sind). Das gilt für Intellektuelle, die den »Gesetzen des Marktes« gegenüber aufgeschlossen sind und davon zum Teil erheblich profitieren, ebenso wie für die steigende Zahl der Professoren, die – wenn nicht aus ideologischen – dann aus finanziellen Gründen der freien Wirtschaft zuarbeiten bzw. von ihr in Denkfabriken und privaten Forschungsinstituten beschäftigt werden.

Zu den traditionell wichtigen Intermediären, die von der ökonomischen Oligarchie als Instrumente zur Durchsetzung der branchen- und unternehmensspezifischen Interessen genutzt werden, zählen die Wirtschafts- und Bauernverbände, Handelskammern und Beratungsagenturen. Dazu gehören seit den frühen Tagen der liberalen Demokratie auch die religiösen und karitativen Vereinigungen, die überwiegend implizit die kapitalistische Wirtschaftsordnung akzeptieren und des weiteren viele Organisationen, die nur auf den ersten Blick hin nicht die Ziele der Oligarchie verfolgen: Patriotische Gruppen, National-, Veteranen- und Vertriebenenverbände, doch auch Sport- und Wandervereine, Fanclubs und Vereinigungen, die gegen den Missbrauch von Alkohol und Tabak kämpfen, sind willkommen.

Natürlich gibt es innerhalb des großen Spektrums dieser letztgenannten Interessengruppen auch Organisationen, die autonome und wirkliche Bedürfnisse der Mitglieder ausdrücken und sich gegen die Interessen der ökonomischen Oligarchie richten. Hinzu kommen traditionell die Gewerkschaften. Dazu später mehr.

Und was ist mit den Massen, den Wählern, die in freien Wahlen und angesichts des Pluralismus der Parteien dem offiziellen, kapitalistischen Wertesystem eine Absage erteilen könnten? Die Massen- und ihnen nahestehende Parteien haben sich seit dem Aufkommen der liberalen Demokratie der Ideologie verschrieben, dass die politischen Freiheiten unlösbar mit den wirtschaftlichen Freiheiten des Kapitalismus verbunden sind.

Mit Ausnahme der Zeit der faschistischen Massenparteien und der dann folgenden faschistischen Herrschaft über weite Bereiche Europas, in der Teile der ökonomischen Oligarchie auf eben diese politischen Kräfte setzten, kann sich die Oligarchie bis heute auf die grundsätzliche Unterstützung der bürgerlichen und sozialdemokratischen Parteien und ihrer Wählermehrheiten setzen. Und zwar selbst zu Zeiten der immer wieder auftretenden Wirtschafts- und Finanzkrisen. Im Zweifelsfall wendet sich dann das Misstrauen vieler Wähler nicht gegen den Kapitalismus, sondern gegen Abgeordnete, Parteien, Parlament und Regierung.

Die von der ökonomischen Oligarchie behauptete Harmonie zwischen ihrem Gewinnerzielungsinteresse und den gemeinwohlorientierten allgemeinen Interessen ist seit den frühen Tagen der liberalen Demokratie von der Mehrzahl der Wähler nie grundsätzlich bezweifelt worden. Das heißt jedoch nicht, dass die Oligarchie die Gruppen der intermediären Klasse, die Politiker, Beamten, Meinungsmacher und Lobbyisten wie Marionetten benutzen kann.

Berufspolitiker müssen gewählt und wiedergewählt werden, manche können freilich durch ihre Popularität für Oligarchen »ungemütlich« werden; Beamte, Lehrer und Professoren stützen sich – in vielen Ländern Europas – auf die Staatsidee und können aufgrund ihrer Unkündbarkeit im Prinzip eine gewisse Unabhängigkeit wahren; die sozialdemokratischen Parteien können mit den sie wählenden Massen und Gewerkschaften den Unternehmern soziale Zugeständnisse abringen; die Medien können durch kritische Berichterstattung korrupte Machenschaften, Ausbeutungspraktiken, gesundheitsgefährliche Produkte etc. anprangern. Selbst die zahlreichen der Wirtschaft nahestehenden Verbände folgen nicht allesamt vorbehaltlos den Vorgaben der ökonomischen Oligarchie. Dennoch – und das gilt zumal für die an die Stelle der liberalen Demokratie getretene Technodemokratie der jüngeren Vergangenheit – fungiert die intermediäre Klasse als weit überwiegend williger »Sozialpartner« der ökonomischen Oligarchie.

Oligarchie und Technodemokratie

Der Begriff Technodemokratie stammt von Maurice Duverger. Als 1973 sein Buch über die *Demokratie im technischen Zeitalter* erschien, diskutierten die Intellektuellen und Teile der Studentenbewegung über die Probleme des »Spätkapitalismus«, wurden die selbstzerstörerischen Tendenzen der kapitalistischen Überflußgesellschaften, die voranschreitende Umweltzerstörung, die Defizite im Bildungs- und Ausbildungsbereich, die Gefahren des Ost-West-Konflikts, die Ausbeutung der »Dritten Welt« etc. auch in sozialdemokratischen Kreisen und in den Gewerkschaften intensiv diskutiert. »Duvergers Buch«, schrieb damals Kurt

Sontheimer im Vorwort, »gibt auch eine interessante Würdigung der Protestbewegung der jungen Generation gegen die Ungereimtheiten und Unvollkommenheiten des westlichen Systems. Obwohl er nicht verkennt, daß der anarchische Charakter des Protests und die Wiederbelebung eines utopischen Sozialismus die Rebellion der Jungen unter den gegebenen Bedingungen notwendig zum Scheitern verurteilen, beurteilt er gewisse Züge der Protestbewegung weitaus positiver, als das gemeinhin geschieht.«[172]

Die in den 1970er Jahren von der europäischen Linken gepflegten Vorstellungen einer sozialistischen Transformation spätkapitalistischer Gesellschaften, die von Gewerkschaftern thematisierte Investitionslenkung sowie die Protestaktionen der Studenten und großen Demonstrationen der Friedensbewegung verebbten im Laufe der 1980er Jahre. Allerdings entstanden seitdem zahlreiche neue soziale Bewegungen, die jedoch hierzulande – mit relativer Ausnahme der Umwelt- und Verbraucherschutzbewegung – bisher keine massenwirksame Interessenpolitik entfalten konnten.

Und das hat viel mit dem politischen System zu tun, das von Maurice Duverger als Technodemokratie gekennzeichnet wird, in dem die Konzentration der ökonomischen Macht schneller voranschreitet und stärker ist, als die der politischen Macht und nicht zuletzt die des Nationalstaates zu Zeiten der liberalen Demokratie.

Die Entwicklung der Technodemokratie nahm nach dem Zweiten Weltkrieg ihren Lauf und entspricht seitdem dem durch neue wissenschaftliche Erkenntnisse, Organisationsmethoden und Informations- und Kommunikationstechnologien angetriebenen Wandel der Produktivkräfte. »Alle diese technischen Fortschritte«, schreibt Maurice Duverger, »führen zur Entstehung großer kollektiver Organisationen, seien es Riesenfirmen, Massenparteien, Gewerkschaften, machtvolle Interessengruppen, große Bürokratien und so weiter.

Die zeitgenössische Produktion kann sich nur im Rahmen einer solchen Größenordnung und ihr entsprechender Strukturen voll entfalten. So verwandelt sich auch die wirtschaftliche Oligarchie. Sie vereinigt nicht mehr ausschließlich die Besitzer von Produktionsmitteln und ihre Beauftragten. Sie umfaßt neben diesen auch eine größere soziale Gruppe, nämlich die Techniker, die Verwaltungsfachleute, die Organisatoren, kurz, die Führungsstäbe. [...] Selbst wenn sie noch nicht die volle Macht im Besitz haben, spielen sie doch eine nicht zu übersehende Rolle. Im übrigen hat die Oligarchie ihre Verbindungen mit dem Staat und seinen Herrschaftsmitteln vervollkommnet. Die Entwicklung der Massenmedien erlaubt eine vollständige Beeinflussung der Bürger durch Werbung und Propaganda, so daß ein allgemeinerer und tiefergehender Konsensus entsteht, wenngleich er einen künstlichen Charakter hat.«[173]

Die Technodemokratie ist gekennzeichnet durch kollektive Leitungsprozesse in großen Wirtschaftsunternehmen und staatlicher Administration. Die Vielzahl der komplexen Informationen, die zu verarbeiten sind, die notwendige vorausschauende Planung, Forschung und Entwicklung und die Absicherung von Absatzmärkten und Investitionen haben in den Industrie- und Finanzkonzernen die Zusammenfassung von Spezialisten ganz unterschiedlicher Berufe in Führungsgruppen notwendig gemacht. Auch die durch eine stetig steigende Zahl von spezifizierten Gesetzen und Verordnungen, die wiederum bestimmter Kontrollmaßnahmen bedürfen, beschäftigten Verwaltungen werden von mit Experten besetzten Führungsgruppen geleitet. Damit nun die von gewissen staatlichen Entscheidungen abhängigen Technostrukturen der Wirtschaft mit denen der Verwaltung kompatibel bleiben, bedarf es einer engen Kooperation. Die stellt sich nun gleichsam automatisch her, wie Duverger erhellt:

»Die Entwicklung der Technostruktur in den Industriefirmen begünstigt deren Kollaboration mit der öffentlichen Verwaltung. Man findet in der Tat hier wie dort Experten, Technologen und Wissenschaftler, die an den Entscheidungen in gleicher Weise teilhaben. Da sie dieselbe Ausbildung haben, dieselbe Sprache sprechen, können sie sich leicht verständigen. Sie haben auch die gleichen Interessen. Technologen aus dem Bereich der Privatwirtschaft und dem des Staates haben beide den Wunsch, ihre Macht zu verstärken, was wiederum ihrem Prestige und manchmal ihrem Einkommen zugute kommt, wobei das Prestige von einer gewissen Einkommenshöhe und sozialen Lage ab zum wesentlichen Faktor wird.«[174]

Das gilt – seit längerem – auch für den übernationalen »Staat« Europäische Union, worauf ich noch zurückkomme. Im übrigen ist die in Deutschland von der öffentlichen Verwaltung inzwischen umfassend vorgenommene Einführung der doppelten Buchführung (also die Abkehr von der staatswirtschaftlichen Kameralistik) und die Ausgründung unzähliger Verwaltungsbereiche in Personengesellschaften mit beschränkter Haftung ein Beleg für die kapitalorientierte Verbetriebswirtschaftlichung auch der öffentlichen Dienste.

Mythos Wachstum

Grundsätzlich beruht die Kontrolle der ökonomischen Oligarchie über die staatlichen und überstaatlichen Verwaltungen und Organisationen auf der beiderseits gepflegten Zielsetzung des ungebrochenen wirtschaftlichen Wachstums. Diese Zielsetzung zwingt die Politiker, ihren Wählern beständig einen ökonomischen Fortschritt in Aussicht zu stellen, den sie selbst freilich nur sehr bedingt garantieren können. Die Zuweisung von Finanzmitteln für Investitionen bzw. die Gewährleistung von Dienstleistungen und die Produktion hängt von den Privatunternehmen ab, mithin die Sicherung der Wachstumsraten. Die Kontrolle über die Währungsstabilität wiederum obliegt bekanntlich den politisch unabhängigen Zentralbanken, deren Führungsgruppen eng mit der ökonomischen Oligarchie kooperieren.

Wie aber sucht die ökonomische Oligarchie in der Technodemokratie die politische Meinungs- und Willensbildung der Bevölkerungsmehrheit, die schließlich die führenden Mitglieder der intermediären Klasse durch das Mittel der allgemeinen Wahl bestimmen und abberufen kann, zu kontrollieren (übrigens sind auch die innergewerkschaftlichen Leitungsgremien und die vieler Verbände durch demokratische Wahlen bestimmt)? Eine große Rolle spielt zweifellos die Sicherung eines relativ hohen Lebensstandards – insbesondere der technokratischen Führungsgruppen (Techniker, Wissenschaftler, Beamte, Berater, Geschäftsleute etc.), aber auch der mittleren und unteren Mittelschichten (Angestellte, Facharbeiter, Einzelhändler, Landwirte etc.). Mindestens ebenso wichtig ist jedoch die direkte oder indirekte Kontrolle der Massenmedien, die ohne Werbung bekanntlich ebenso wenig existieren können wie die Privatwirtschaft selbst.

Was Maurice Duverger für die Blütezeit der sozialen Marktwirtschaft vermerkt, trifft für die Massenmedien nach wie vor zu: »Eine Analyse von Fernsehen, Rundfunk und Massenpresse in den westlichen Nationen

230

würde ergeben, daß sie unablässig die Themen von der Überlegenheit der kapitalistischen Produktion behandeln, daß sie dauernd von den Gefahren des Sozialismus sprechen, von der Notwendigkeit der Konzentration der Unternehmen, von der Kompetenz und Ernsthaftigkeit der Männer der Wirtschaft, von der Inkompetenz und Unzuverlässigkeit der Politiker, vom schlechten Zustand und den zu hohen Kosten der öffentlichen Verwaltung, von der Schädlichkeit jeder Ideologie (was nichts anderes meint als jede Vorstellung einer Gesellschaft, die unterschieden ist von der gegenwärtigen) [...].

Der oberflächliche Erotismus und die infantile Sexualität der Werbung wickeln diese Botschaft etwas pikanter ein, ohne ihren im Grunde konservativen Charakter zu verändern. Sie ist ganz auf die Rechtfertigung der ökonomischen Oligarchie ausgerichtet. Ihre Durchschlagskraft ist um so größer, als sich das Ganze in einer Gesellschaft abnehmender kultureller Intensität vollzieht. Presse, Radio und Fernsehen führen zur Akkumulation einer Masse von Informationen, bei denen das Sensationelle über das Wesentliche triumphiert, bei denen die Beziehungen zwischen den dargestellten Tatsachen nicht klar vermittelt werden, bei denen die Gesamtheit an Information nicht rational geordnet, sondern entsprechend dem Grad des vermuteten Interesses beim Publikum klassifiziert wird.«[175]

Dem ist – zumal in Zeiten des zusätzlich zur Verfügung stehenden Internets mit seinen überwiegend von Werbung finanzierten Informationsangeboten – nichts hinzuzufügen.

Zum Kennzeichen der Technodemokratie gehört seit längerem die wachsende Zahl multinationaler bzw. transnationaler Unternehmen, Konzerne und Finanzdienstleister, die die Macht der ökonomischen Oligarchie im späten 20. Jahrhundert noch einmal deutlich verstärkt hat. Konzerne wie etwa Wal-Mart oder Toyota sind von einzelnen Regierungen und Staaten schon lange nicht mehr nennenswert beeinflussbar. Sie sind dem Umsatz nach heute mächtiger als so mancher respektable »alte« Industriestaat. Zu den hundert größten Ökonomien der Welt zählen neben den großen Volkswirtschaften an die fünfzig private Wirtschaftsunternehmen.

In dieses Bild gehört nun eine Entwicklung, die die Technodemokratie inzwischen weltweit verankert – globalisiert – hat, was wiederum dem Teil der intermediären Klasse, aus dem sich die professionellen Lobbyisten rekrutieren, neue Wirkungsmöglichkeiten eröffnet hat. Dass in der entwickelten Technodemokratie Lobby nicht gleich Lobby ist, zeigt das Bild auch. Die zunächst weitreichende Einbindung der Gewerkschaften in die technokratischen Strukturen von Staat und Wirtschaft wird gegenwärtig schrittweise reduziert. Nun hat der von ihnen erkämpfte relative Wohlstand der Lohnabhängigen zwar zu einem sozialen Konsens beigetragen, der nicht zuletzt eine bemerkenswerte Abschwächung des Klassenkampfes bewirkte und folglich die Herrschaft der ökonomischen Oligarchie erleichterte. Wenn dieser soziale Konsensus aber immer brüchiger wird, was dann?

Die aus der Fusion von Einzelgewerkschaften hervorgegangene Dienstleistungsgewerkschaft »ver.di«, die trotz erheblicher Mitgliederverluste zu den größten Einzelgewerkschaften in der Welt zählt, charakterisiert sich unter den gegenwärtigen politischen Bedingungen so:

»ver.di versteht sich als zivilgesellschaftlichen Akteur in demokratischen Prozessen. Wir bieten für Studierende und Auszubildende, für Erwerbstätige und Arbeitslose, für Rentnerinnen und Rentner, eine Plattform zur Meinungsbildung und Durchsetzung ihrer Interessen, wir entwickeln gemeinsam mit ihnen Leitbilder für die Zukunft, um sie mit den Mitteln der Tarifpolitik, der Lobbyarbeit und der politischen Mobilisierung durchzusetzen. Als parteipolitisch unabhängige, aber durchaus politische Organisation wollen wir eine demokratische und solidarische Gesellschaft mitgestalten, in der Vielfalt ermöglicht und Diskriminierung verhindert wird. Dafür suchen wir Bündnispartner in Verbänden, Initiativen und Bewegungen, in Wissenschaft, Wirtschaft und Politik, dafür wollen wir unsere Präsenz und unseren Einfluß in der Gesellschaft, in den Medien und in den politischen Parteien stärken.«[176]

»ver.di« möchte die ökonomische Oligarchie zukünftig national wie international und »entlang aller Wertschöpfungsketten« wieder auf die sozialmarktwirtschaftlichen Modi der Zusammenarbeit verpflichten. Nicht zuletzt durch »Lobbyarbeit«. Die Frage, ob der Imperativ des Profits der von den Finanz- und Industriekonzernen dominierten ökonomischen Oligarchie nicht prinzipiell einer »demokratischen und solidarischen« Gesellschaft im Wege steht, wird von den Gewerkschaften hierzulande nicht gestellt. Von den anderen Teilen der intermediären Klasse, insbesondere den sogenannten Volksparteien, auch nicht. Bleibt die Frage, welche technodemokratischen Bedingungen die Lobbyarbeit in der Gegenwart eigentlich vorfindet.

Stichwort Globalisierung

Die hochentwickelten Länder des kapitalistischen Zentrums haben sich aus historischer Sicht noch nicht lange, sukzessive seit dem späten 18. Jahrhundert, zu demokratisch verfaßten und souveränen Nationalstaaten entwickelt; die absolutistischen Staatsgebilde sind Geschichte. Auch haben ihre Regierungen in jeweils unterschiedlicher Weise und unterschiedlicher Ausprägung in die kapitalistische Marktwirtschaft ihres Hoheitsbereiches regelnd eingegriffen. So wurden in allen Industrieländern im Laufe des 20. Jahrhunderts mehr oder weniger ausgebaute Wohlfahrtssysteme etabliert.

Die liberal-kapitalistischen Zeiten im späten 19. und frühen 20. Jahrhundert, während derer die deutsche Arbeiterbewegung und die ihr verbundenen Parteien der ökonomischen Oligarchie eine gewisse wirtschaftliche Umverteilung abtrotzen konnten, sind vorbei. Inzwischen geht es um die große »soziale Frage des 21. Jahrhunderts«. Wolfgang Engler skizziert sie, bezogen auf die deutschen Verhältnisse, wie folgt:

»Die moderne Erwerbsarbeitsgesellschaft [...] bewegt sich seit den frühen 1970er Jahren auf absteigender Linie. Symptome des seither kritischen Verlaufs sind Massenarbeitslosigkeit, Krise des unbefristeten Vertrags, Differenzierung zwischen Kernbelegschaften und Peripherie, poröse Arbeitsbiographien, prekäre Arbeitsverhältnisse in finanzieller, sozialer oder rechtlicher Hinsicht oder in all diesen Aspekten zugleich. [...]

Was aber, wenn die Krise zur Normalität wird? [...] Wenn die Arbeitslosigkeit sowohl in Phasen der wirtschaftlichen Depression als auch in solchen allgemeiner Euphorie grassiert? Wenn, mit anderen Worten, immer mehr Menschen nicht nur zeitweise, sondern dauerhaft zu Kostgängern des Sozialstaates werden? Wenn der typische Empfänger sozialer Leistungen nicht mehr der ist, der zurückerstattet, sondern derjenige, der empfängt und empfängt und empfängt? Dann verliert die staatliche Daseinsfürsorge ihr bisheriges Fundament und ihre Überredungskraft. Dann wird der Konsens brüchig, nicht zuletzt der zwischen Arbeitsbesitzern und Nichtbesitzern. Dann wittert der Liberalismus eine neue Chance. Dann droht die Reprivatisierung der Fürsorge, ihre Regression zur ungebundenen Nächstenliebe. Und damit sind wir gegenwärtig konfrontiert.«[177]

Während in der Bundesrepublik Deutschland von der herrschenden Politik, von den Wirtschaftsverbänden und diversen zu »Prominenten« ausgerufenen Managern, Professoren und Fernsehmoderatoren neue Kürzungen von sozialen Leistungen, sprich: Reformen gefordert werden, gerät in Vergessenheit, dass das Wort Reform die *Verbesserung* des Bestehenden beschreibt.

Ist die wachsende Lastenverschiebung zugunsten von Privatwirtschaft und Vermögenden eine Verbesserung? Sind die öffentliche Unterfinanzierung von Bildung, Wissenschaft und Kultur und der laufende Ausverkauf öffentlichen Eigentums, sind Lohnabbau, Einkommenssteuersenkungen, verlängerte Arbeitszeiten und verkürzte Arbeitslosengeldbezugszeiten, Zuzahlungen im Gesundheitssystem, Mehrwertsteuererhöhungen und dergleichen mehr tatsächlich eine Verbesserung?

In der jüngeren Vergangenheit sind neben dem Begriff *Reform* zwei weitere Worte in den gesellschaftlichen Diskurs gedrückt worden: *Globalisierung* und *Standort*. Weltweit stehen die Völker vor der Frage, ob es weiterhin möglich sein wird, den Lebensstandard dort zu heben, wo er menschenverachtend niedrig ist, und dort ökologisch anzupassen, wo er nach langen Kämpfen um Demokratie und Menschenrechte im sozialstaatlichen Sinne etabliert werden konnte.

Weltweit sind die Regierungen der Nationalstaaten mit globalen Problemen konfrontiert, die mit überkommenen nationalstaatlichen Politiken offenbar nicht in den Griff zu bekommen sind. Die Schädigung der Ökosysteme nimmt weltweit zu und der Klimawandel bedrohliche Ausmaße an; es steigen die Lebensmittelrisiken; es wächst die Zahl der Konflikte und Kriege in sogenannten Risikoregionen; terroristische Anschläge, aber auch Virenepidemien erweisen, dass es auch in mächtigen Industrieländern keine uneingeschränkte Sicherheit gibt; Nanotechnologie und Genforschung treiben die »Zweite Evolution« voran und werfen ungeahnte ethische Probleme auf; es erhöht sich die Volatilität, also die unberechenbare Wechselhaftigkeit der absolut globalisierten Finanzmärkte.

X. Lobbyismus im entgrenzten Kapitalismus

Elektronisch gesteuerte Montage eines Ford Fiesta (1988).

Das warenproduzierende System hat im Laufe seiner Geschichte verschiedene Ausprägungen angenommen. Wie die rund ein Vierteljahrhundert während Epoche nach dem Zweiten Weltkrieg zeigte, ließ es sich sogar durch die freie Konkurrenz hemmende, gleichsam einhegende Regelungen bedingt domestizieren. In der Bundesrepublik Deutschland entstand ein Kompromiss zwischen Gewerkschaften, Sozialdemokratie und dem expandierenden Kapital, der auf einen staatlich vermittelten sozialen Ausgleich hinauslief.

Dieser Kompromiss wurde Mitte der 1970er Jahre durch einen radikalen Kurswechsel der Kapitalvertreter in der internationalen wie westdeutschen Politik zunächst aufgeweicht und zu Beginn der 1990er Jahre – nach dem Ende des Kalten Krieges und der Vereinigung der beiden deutschen Staaten – aufgekündigt.

Welche Folgen diese Aufkündigung in der um Ostdeutschland erweiterten Bundesrepublik nach sich gezogen hat, dokumentiert Christoph Butterwegge in seinem Werk *Krise und Zukunft des Sozialstaats*.[178] Jedenfalls wurden dem Forscher zufolge seit 1975 »insgesamt Hunderte, ja sogar Tausende von Paragraphen, Gesetzesbestimmungen und Verwaltungsvorschriften mit dem (erwünschten) Resultat neu eingeführt, gestrichen oder geändert, daß der Wohlfahrtsstaat, wie man ihn bis dahin kannte, heute nicht mehr oder nur noch rudimentär existiert. Er hat keineswegs aufgehört, als institutionelles Ensemble von Arrangements zu bestehen, durch die Standardrisiken im Lebensverlauf abgefedert werden, aber seinen sozialen Charakter, das heißt die Fähigkeit, allen Gesellschaftsmitgliedern ein Höchstmaß an Sicherheit und Planbarkeit ihrer Biographie zu garantieren, im Rahmen eines lang anhaltenden Transformationsprozesses eingebüßt«.[179]

Dieser – von den gesellschaftlich einst als »mächtig«, betrachteten Gewerkschaften und Wohlfahrtsverbänden offenbar nicht verhinderte –

Transformationsprozeß begann nicht zufällig zu einem historischen Zeitpunkt, als das stockende Wachstum die Profitabilität und Rentabilität des Kapitals bedrohte. Der Kapitalismus war, zumal nach den drastischen Erhöhungen der Mineralölpreise zu Beginn und am Ende der 1970er Jahre, gezwungen, seine Modi der Akkumulation und Regulation anzupassen.

Nachdem bereits 1962 Milton Friedman und andere gleichgesinnte Theoretiker die »neoliberale Konterrevolution« ausgerufen hatten, kamen 1979 mit Margaret Thatcher in Großbritannien und ein Jahr später mit Ronald Reagan in den USA Politiker an die Macht, die willens waren, die von den neoliberalen Denkfabriken und Wirtschaftslobbys gelieferten »Blaupausen« für eine von möglichst allen Fesseln befreite Marktwirtschaft umzusetzen. In der alten Bundesrepublik folgte die ab 1982 unter Helmut Kohl regierende CDU/CSU/FDP-Koalition mit einer unauffälligen Politik der kleinen Schritte, die dann unter der rot-grünen Regierung bis 2005 mit größeren Schritten kräftig vorangetrieben wurde. Auch unter der 2005 an die Regierungsmacht gekommenen Großen Koalition zeichnet sich kein Kurswechsel ab.

Der Neoliberalismus zielt darauf, die (kapitalistisch gefaßte) Wirtschaft eines Landes im Rahmen der Weltwirtschaft unter allen Umständen funktions-, und vor allem konkurrenzfähig zu halten. Dem Staat kommt aus dieser wirtschafts- und sozialphilosophischen Sicht die Aufgabe zu, über marktkonforme Maßnahmen das Privateigentum, die Privatinitiative, die Vertragsfreiheit und den freien Wettbewerb zu garantieren sowie die Geldwertstabilität zu gewährleisten. Interventionen des Staates, etwa umverteilend eingreifende Maßnahmen zur Herstellung von sozialer Gerechtigkeit und Chancengleichheit, werden von Wirtschaftsradikalen als unnötige Korrekturen abgelehnt. Zulässig sind aus ihrer Sicht lediglich gewisse Regelsetzungen zur Verhinderung von Monopolen und die Qualifizierung der Menschen zur »Marktfähigkeit«.

Kurz, und in den Worten eines deutschen Wirtschaftswissenschaftlers: »Ökonomische Ungleichheit darf somit nicht als eine beklagenswerte Fehlleistung des Marktes angesehen werden, sondern ist vielmehr als eine höchst erfreuliche, ja notwendige Konsequenz individuellen wirtschaftlichen Handelns zu konstatieren.«[180]

Freie Fahrt dem Spekulationskapital

Das kapitalistische Wirtschaftssystem unserer Tage erweist sich nun schon deshalb als wirkmächtiges Weltsystem, weil sich seit den 1970er Jahren das Finanzkapital ungehindert global bewegen kann. Jedenfalls wäre den neoliberalen Theoretikern und ihren Schülern die inzwischen breitenwirksame Vermarktung und Durchsetzung ihrer radikalen Sozialstaatskritik wahrscheinlich schwerer gefallen, hätten die Regierungen der USA und Europas 1973 nicht ihren seit 1944 bestehenden Währungspakt aufgelöst und Wechselkurse und den internationalen Kapitalverkehr freigegeben. Harald Schumann beschreibt die Folgen:

»Der Zusammenbruch des Bretton-Woods-Systems machte den Weg frei für den explosiven Aufstieg eines Wirtschaftszweiges, der wie kein anderer das Schicksal der Menschheit beeinflußt: die globale Finanzindustrie. Befreit von allen Grenzkontrollen, entwickelten Banken, Versicherungen, Fondsgesellschaften sowie die Finanzabteilungen der transnationalen Konzerne den Handel mit Devisen und Wertpapieren zum mit Abstand umsatzstärksten Gewerbe der Welt.«[181]

Seit der Freigabe der Wechselkurse nehmen die grenzüberschreitenden Kapitalströme und mit ihnen die Spekulationsgewinne und spekulativen Blasen an den Wertpapiermärkten immens zu, kommt es tendenziell zu einer – von Analysten und privaten Rating-Agenturen noch verstärkten – Verselbständigung der monetären gegenüber der realwirtschaftlichen Sphäre. Zwischen 1975 und 2000 hatten sich jedenfalls die weltweit erfaßten Kapitalströme bereits verdreißigfacht, hingegen das Welthandelsvolumen nicht einmal vervierfacht und das zusammengefaßte reale Bruttoinlandsprodukt aller Länder lediglich etwas mehr als verdoppelt. Gegenwärtig übertrifft das zirkulierende Kapital den Wert sämtlicher weltweit jährlich produzierter und verfügbarer Güter und Dienstleistungen um fast das Zwanzigfache.

Seit der Demontage des Weltwährungssystems von Bretton Woods kommt es in schneller Abfolge zu dramatischen Finanzkrisen: 1982 zur Schuldenkrise in Mexiko und Lateinamerika, 1987 zum Börsenkrach in New York, 1992/93 zur Krise des Europäischen Währungssystems, 1994/95 erneut zu einer Mexiko-Krise, 1997/98 zur Asienkrise, 1998 zur Rußlandkrise, 1998/99 zur Brasilienkrise und 2001/02 zur Argentinienkrise.

An begrenzteren Finanzkrisen seien erwähnt die Sparkassenkrise in den USA, die Immobilienkrisen in Japan und Schweden, das Debakel am Neuen Markt der Deutschen Börse sowie die folgenreichen Zusammenbrüche der Banken BCCI und Barings.

Finanzkrisen produzieren unzählige Verlierer und einige wenige Gewinner. Zu den Verlierern gehören weltweit vor allem lohnabhängige und arme Menschen, deren Lage sich aufgrund steigender Arbeitslosigkeit und teurer werdender Lebenshaltungskosten deutlich verschlechtert. Zu den Gewinnern gehören die vermögenden Personengruppen, die Besitzer ausländischer Währungen und größerer Sachvermögen, die nicht von Arbeitseinkommen abhängig sind, sowie die strategisch vorgehenden institutionellen Investoren.

Die seit Jahren von der internationalen Gipfelpolitik zugesagte große Reform des internationalen Finanzsystems steht immer noch aus. Die Finanzkapitalbesitzer und ihre Lobbyisten verstehen ihr Geschäft offenbar bestens. Sie nutzen Runde Tische und andere Zirkel (etwa das 1999 gegründete »Forum für Finanzstabilität«) um mit Vertretern von Weltbank, IWF, OECD und anderen zwischenstaatlichen Organisationen eine tatsächliche Neuordnung des internationalen Finanzsystems zu blockieren. Der Ökonom Jörg Huffschmid vermerkt illusionslos:

»Die umfangreiche Thematisierung der Finanzmärkte sollte […] nicht darüber hinwegtäuschen, daß die Behandlung sich weitgehend aus dem Bereich relevanter politischer Gestaltung ausgeklinkt und Reformdiskussionen in exklusive informelle Gremien verlagert hat. […] Der ›Runde Tisch‹ für eine neue Finanzarchitektur versammelt aber keine Reformkräfte, sondern die Banker und Finanzanleger und Behörden, die ihnen in der Vergangenheit durch Deregulierung und Liberalisierung das Terrain freigeschossen haben, auf dem sie sich jetzt austoben. Diese Befreiung der Finanzmärkte wird nach wie vor – Finanzkrisen hin oder her – als der große historische Fortschritt gefeiert, der unter keinen Umständen wieder rückgängig gemacht werden dürfe.«[182]

Die weltweit zunehmende Anwendung der neuen Finanzinstrumente und -techniken ist mit erheblichen Liquiditäts- und Währungsrisiken verbunden. Die Zahl der Experten, die – wie zum Beispiel der erfahrene Spekulant George Soros – vor der Gefahr eines globalen Finanzkrachs warnen, nimmt seit Jahren zu.

»Wir sollten unsere Haltung gegenüber Finanzinnovationen sehr viel gründlicher überdenken als bisher. Innovation wird als eine der größten Leistungen freier Märkte betrachtet, doch da Finanzmärkte schon an sich instabil sind, können Finanzinnovationen diese Instabilität noch verstärken [...]. Eine genaue Anpassung der jeweiligen Neuerungen fällt [...] schwer, weil die besten Köpfe von der Selbstregulierungskraft der Finanzmärkte ausgehen [...]. Die Gefahren [...] werden ignoriert, eben weil man der Illusion anhängt, Märkte korrigierten sich von allein. Hinzu kommt, daß weder Regulatoren noch Marktakteure die innovativen Papiere und Verfahren bis ins letzte verstehen – auch darum sind sie eine Bedrohung für die Stabilität.«[183]

Die globalen Finanz- und Währungsmärkte bergen noch eine weitere Gefahr. Die überwiegend in nicht regulierten »Offshore«-Finanzzentren (Steueroasen) angesiedelten Hedge-Fonds, Investment-Fonds und Private Equity-Fonds sind außerordentlich liquide und jederzeit in der Lage, in die reale Ökonomie, also in Unternehmen zu investieren. Zudem bilden ihre spekulativ erzielten hohen Renditen inzwischen die Messlatte für die Unternehmen der Realökonomie – und Profitraten von mindestens zehn bis zwanzig Prozent kommen ohne erhebliche Rationalisierungsanstrengungen auf Kosten von Arbeitsplätzen bzw. von Arbeitsplatzsicherheit nicht zustande.

Wenn die Finanzanleger in Unternehmen investieren – und das tun sie seit längerem vor allem in mittelständischen Unternehmen – geht es nicht darum, Arbeitsplätze zu mehren, sondern schlicht darum, durch einschlägige Restrukturierungs-, Outsourcing- und andere Maßnahmen die Gewinne innerhalb kurzer Zeitspannen deutlich zu erhöhen. »Im schlimmsten Fall«, vermerkt der Ökonom Rudolf Hickel, »werden Unternehmen gekauft, filetiert und die profitablen Teile mit Mehrwert verkauft. Damit zeichnet sich eine gefährliche Entwicklungsetappe ab: Das Spekulationskapital übernimmt ohne Rücksicht auf die mittelfristige Existenzsicherung der Unternehmen die Herrschaft über das produktive Kapital.«[184]

Dazu tragen auch die von privaten Rentenversicherungen angesammelten Gelder bei. Die den zukünftigen Pensionären und Rentnern in Aussicht gestellten hohen Verzinsungen müssen schließlich irgendwo her kommen. Hohe Realzinsen verlangen aber grundsätzlich nach hohen

Wirtschaftswachstumsraten – die Frage ist nur, wie lange es diese in einer Welt geben kann, deren fossilen Energieträger und andere, für die Steigerung von Produktivität und Wachstum benötigten Ressourcen, täglich knapper werden.

Von Standort zu Standort

Deutlich zugenommen haben seit 1975 zugleich der durch drastisch gesunkene Transportkosten erleichterte Welthandel und die Internationalisierung der Unternehmen. Sie produzieren streng nach dem ökonomischen Renditekalkül dort, wo die Standortbedingungen günstig und/oder der Absatzmarkt groß ist. Die arbeitsintensive Produktion wird zunehmend weiter in Richtung der noch wachstumsgetriebenen Länder Asiens ziehen; das gleiche gilt für Teile des Dienstleistungsbereiches (Indien bietet bereits heute jede wissensbasierte Dienstleistung deutlich kostengünstiger und effektiver an).

Die durch finanzmarktgetriebene Fusionen und Firmenübernahmen vorangetriebene Verflechtung grenzüberschreitender Unternehmen schreitet voran, und damit auch die Vertiefung der globalisierten Produktions- und Dienstleistungsnetzwerke – einschließlich der Forschungs- und Entwicklungsapparate (fachsprachlich »innovation offshoring« genannt).

Vor allem die »Multis«, die transnationalen Konzerne, die in mehreren Ländern Niederlassungen betreiben, Unternehmen kontrollieren und zudem in mehrere Geschäftsbereiche involviert sind (einschließlich Forschung und Entwicklung, Herstellung, Handel und Vertrieb), nehmen an Zahl und Größe zu. Zählten die UN-Statistiker 1970 rund 7000 transnationale Konzerne, so sind es seit dem Millenium mehr als sechzigtausend mit ca. 800 000 Auslandsniederlassungen. Sie kontrollieren rund zwei Drittel des Welthandels, und die zweihundert größten unter ihnen (darunter General Electric, Toyota, Wal-Mart) allein rund ein Viertel des Weltsozialprodukts.

Die großen Konzerne können mit ihren Investitions- oder Devestionsentscheidungen zweifellos einen ganz erheblichen Druck auf die jeweils betroffenen nationalen Regierungen und Regionen ausüben. Wenn ihre Cheflobbyisten heutzutage um einen Termin bei Regierungschefs, einem Wirtschaftsminister oder auch der EU-Kommission bitten, hat das eine andere Bedeutung als noch zu Beginn der 1970 er Jahre. Von der Möglichkeit einer gezielten steuerumgehenden Politik durch die Gründung von Holdinggesellschaften in Niedrigsteuerländern und Finanzoasen und anderer finanztechnischer Gestaltungsmöglichkeiten mehr ganz zu schweigen.

Der sich in diesem Zusammenhang anbietende Begriff *Globalisierung* ist nun nicht umstandslos verwendbar, weil es für ihn keine klare Definition gibt, weil er von Kritikern wie Befürwortern zur Beschreibung völlig verschiedener Phänomene genutzt wird. Dem etwa 1996 erschienenen Bestseller *Die Globalisierungsfalle* von Hans-Peter Martin und Harald Schumann – Untertitel: *Der Angriff auf Demokratie und Wohlstand* – stehen inzwischen diverse Publikationen gegenüber, die weniger die Schattenseiten als vielmehr die vermeintlichen Vorteile des verschärften internationalen Wettbewerbs im Sinne des Smithschen »Wohlstands der Nationen« herausstellen.

In den Worten des politisch einflußreichen Konzernmanagers Percy Barnevik: »Unter Globalisierung würde ich verstehen, daß meine Gruppe die Freiheit hat zu investieren, wo und wann sie will, zu produzieren, was sie will, zu kaufen und zu verkaufen, wo sie will, und dabei möglichst wenigen arbeits- und sozialrechtlichen Vorschriften zu unterliegen.«[185]

Ich verstehe (in Anlehnung an Elmar Altvater) unter Globalisierung den Prozeß der Beschleunigung von Produktion und Reproduktion bei gleichzeitiger Entgrenzung der kapitalistischen Expansion. Diese Entgrenzung erfolgt in geographisch-räumlicher Hinsicht allerdings insoweit in Grenzen, als sie Weltregionen vernachlässigt, die für das Kapital (jedenfalls noch) nicht von Bedeutung und Wert sind. Nicht wenige Länder und Regionen in Afrika und auf anderen Kontinenten sind auf der Landkarte der globalisierten Welt schlicht nicht vorhanden. In ihnen leben mehr als eine Milliarde Menschen, denen lediglich ein Prozent des weltweiten Einkommens zur Verfügung steht und deren Lebenserwartung sich auf weniger als 40 Jahre beläuft.

Die wissenschaftlich gestützte Steigerung der Produktivität erfolgt wesentlich durch die profitable Einsparung von immer mehr Arbeitszeit und die Beschleunigung sämtlicher mit der Produktion verbundenen Teilprozesse – der Entwicklung, der Kommunikation, der Zulieferung etc. Sie setzt sich fort in der knappen lohnarbeitsfreien Zeit des »Humankapitals«, in der Zeit und Raum stetig verdichtet werden.

Politische Hilfestellungen

Auch unter dem Vorzeichen der Globalisierung kommt die kapitalistische Ökonomie ohne politische Hilfestellungen, Subventionen und internationale Vermittlungsregime nicht aus. Die herrschende Politik sorgt deshalb unter dem »beratenden« Druck der ökonomischen Oligarchie sowie der ihr verbundenen technokratischen Elite bzw. der von ihr finanzierten Verbände, professionellen Konzernlobbyisten und Denkfabriken für angemessene Rahmenbedingungen. Dazu gehören etwa die Vereinheitlichung von Industrienormen, die Deregulierung von Handels- und anderen Hemmnissen, Meistbegünstigungsregeln, die Privatisierung öffentlicher Leistungen etc.

Die von Kapital und Politik weitreichend einvernehmlich betriebene Entgrenzung der einstmals auf national eingehegte Volkswirtschaften und Produktions- und Forschungsstandorte verwiesenen Oligarchie hat weitreichende Folgen, sie verändert, wie Elmar Altvater hervorhebt, nachhaltig »das Verhältnis von Ökonomie und Politik, von Souveränität, Macht und Sicherheit«:

»Die Deregulierung und Liberalisierung von Märkten wird von den internationalen Organisationen ebenso wie von den meisten Regierungen, vom wissenschaftlichen Sachverstand der think tanks und von den Medien zum Prinzip erhoben und durchgesetzt: auf den Gütermärkten durch die Welthandelsorganisation, auf den Kapitalmärkten durch den Internationalen Währungsfonds oder die Bank für internationalen Zahlungsausgleich, auf den Arbeitsmärkten durch nationalstaatliche Regierungen, die internationalen Empfehlungen oder Regeln der ›Flexibilisierung des Arbeitsmarktes‹ folgen. Öffnung nationalstaatlicher regulierter Märkte gegenüber dem globalen Wettbewerb gehört zu den Regeln der ›good (global) governance‹, zu denen sich die Regierungen verpflichten. [...] Es wird also ein globaler Raum des Wettbewerbs geschaffen.«[186]

Die Welthandelsorganisation WTO löste 1994 das GATT ab. Sie hat sich der Liberalisierung des weltweiten Handels mit Waren, Dienstleistungen, Kapital und patentähnlichen Rechten verschrieben und kann bei Verstößen erhebliche Sanktionen verhängen. Der in Lausanne ansässigen WTO gehören rund 150 Mitgliedsstaaten an. Da die USA, Kanada, die EU-Staaten und Japan 80 Prozent des Welthandels kontrollieren, sind die

Kräfteverhältnisse bei den Verhandlungen (den sogenannten Runden) eindeutig.

Eine mysteriöse Instanz- Ausschuss 133

Am Sitz der WTO wird laufend über Zölle, Patente etc. verhandelt, werden neue Welthandelsrunden vorbereitet. Das geschieht in Unter- und Oberausschüssen, die dem Allgemeinen Rat Vorschläge machen. Letzterer setzt sich aus den in Genf akkreditierten Botschaftern der Mitgliedsstaaten zusammen. Der Sonderberichterstatter der UN-Menschenrechtskommission, Jean Ziegler, schildert die näheren Umstände:

»Über eines muss, man sich vollkommen im Klaren sein, wenn man auf die politischen Entscheidungen der WTO abhebt: Gewiss sind es die Vertreter von Staaten, die dort verhandeln, aber sie tun es meistens im Namen der transkontinentalen Gesellschaften, die in ihrer jeweiligen heimischen Wirtschaft eine beherrschende Stellung einnehmen. Die institutionellen Mechanismen sind verwickelt. Nehmen wir zum Beispiel die EU! Ihr Chefunterhändler heißt Pascal Lamy. [...] Als Handelskommissar der EU verhandelt er offiziell im Namen ihrer Mitgliedsstaaten, die ihre Position vorher festgelegt haben.

Aber die Mitgliedsstaaten der EU bestimmen nicht frei über ihr Verhandlungsmandat. Die Unterlagen werden vielmehr von einer ziemlich geheimnisvollen Instanz vorbereitet, dem ›Ausschuß 133‹, der im Wesentlichen aus hochrangigen Beamten aus den Mitgliedsstaaten der EU besteht. In diesen ›Ausschuß 133‹ – dessen Zusammensetzung variiert – haben sich die Beauftragten der transkontinentalen Gesellschaften eingenistet. Und der Ausschuß unterliegt keinerlei Kontrolle. Da er sich auf seinen rein ›technischen‹ Charakter beruft, ist jede Frage nach der Motivation seiner Mitglieder von vornherein ausgeschlossen. [...] Wenn ich also schreibe, ›die USA verhandeln‹ oder ›die EU verhandelt‹, mache ich mich eigentlich der Beihilfe zur Verdunkelung schuldig. Denn in Wirklichkeit sind es die mächtigsten transkontinentalen Gesellschaften des Planeten, die den Ton angeben – jene, die zusammen über 25 Prozent des Weltsozialprodukts kontrollieren. Aus diesem Grund dominiert in den Verhandlungen der WTO immer die Rationalität der transkontinentalen Privatgesellschaften, niemals das Interesse der Völker und ihrer jeweiligen Staaten.«[187]

Die Finanz- und Industriekonzerne bestimmen faktisch die Regeln im entgrenzten Kapitalismus. Vor allem mittels der demokratisch schwer kontrollierbaren zwischenstaatlichen Institutionen wie WTO, Weltbank, IWF, OECD und UNO, aber auch direkt mittels intensiver Lobbyarbeit gegenüber den Regierungen der Einzelstaaten bzw. der Europäischen Union. Die Strukturen der die internationalen Regeln setzenden Institutionen sind für lobbyistische Einflußnahmen wie geschaffen. Übrigens auch für die Einflußnahme von NGOs (Non-Governmental-Organizations) – und zwar vor allem der von den technokratischen Eliten bevorzugten, die Regeln der schier endlosen Verhandlungsmarathons befolgenden nichtstaatlichen Vertreter. Ich komme darauf zurück.

Wie weitreichend die Abhängigkeit der mächtigen US-Regierung von der ökonomischen Oligarchie (schon seit längerem) ist, belegt aktuell u. a. die Verbindung von George W. Bush, Vizepräsident Cheney, Ex-Verteidigungsminister Rumsfeld, der Außenministerin Condoleezza Rice und auch dem Sonderbeauftragten für Afghanistan, Zalmay Khalizad: sie alle waren zuvor Generaldirektoren bzw. Manager von Erdölkonzernen, die wiederum massiv ihren Wahlkampf finanzierten. In der Europäischen Union mit ihren 27 Mitgliedsstaaten sind die Verhältnisse zwar weniger offensichtlich und verwickelter, aber für das gezielt nachhaltige Lobbying der ökonomischen Oligarchie mindestens ebenso gut wie in den USA.

Die Lobby der anderen Art

Was Deregulierung und Privatisierung, was die Öffnung regulierter Märkte konkret bedeuten, läßt sich anhand der jüngeren Entwicklung der 1957 gegründeten Europäischen Wirtschaftsgemeinschaft (EWG) zur Europäischen Union (EU) nachvollziehen. Wobei die derzeitige politische Form der Europäischen Union nicht zuletzt ein Beleg dafür ist, dass für die Interessen der ökonomischen Oligarchie der von der liberalen Demokratie gepflegte Nationalstaat längst zu einem zweit- oder auch drittrangigen Gehäuse bzw. einer notwendigen Instanz zur Kontrolle der vom Kapital nicht mehr benötigten Bevölkerungsgruppen geworden ist.

Das gezielte Lobbying der Oligarchie und ihrer Verbände und Denkfabrik-Wissenschaftler hat jedenfalls für eine Europäische Union gesorgt, die über weitreichende Steuerungspotentiale verfügt. Allerdings nicht im

Sinne einer demokratisch legitimierten, der menschlichen, gesellschaftlichen und die Natur schonenden Entwicklung dienenden europäischen Wirtschafts- und Sozialpolitik.

Als in den späten 1970er Jahren das wirtschaftliche Wachstum in Deutschland und in anderen europäischen Ländern spürbar stagnierte und sich die internationalen Handelskonflikte zwischen Europa, den USA und Japan verschärften, beklagten europäische Industrielle und ihnen nahestehende Politiker die »Eurosklerose«. Die führenden europäischen Unternehmen benötigten dringend neue Absatzmärkte und Rationalisierungsmöglichkeiten.

Die Europäische Wirtschaftsgemeinschaft (EWG) hatte bis dahin für die Wirtschaft zwar leidlich funktioniert, aber viel mehr als die Vergabe nationaler Quoten für die Landwirtschaft und die Abschaffung diverser Zollbarrieren nicht erreicht. Der von den USA und Japan ausgehende Entwicklungsdruck im Bereich der Informations- und Kommunikationstechniken ließ zudem in europäischen Wirtschaftskreisen die Befürchtung wachsen, dem Technologiewettkampf nicht gewachsen zu sein. Eben deshalb forderte die ökonomische Oligarchie samt ihrer lobbyistischen Vorhut der Spitzen- und europäischen Dachverbände mehr »Angebotsorientierung« sowie die Aufhebung nationaler Marktabschottungen, um ihr Marktpotential erhöhen zu können.

In der 1980 in Brüssel vorgelegten Denkschrift eines Global Players der Elektroindustrie: *Europa und Philips – Ansichten und Vorschläge eines europäischen Unternehmens,* wurde gewiss nicht zufällig bereits jene Wirtschafts- und Währungsunion gefordert, die inzwischen besteht. Und weil ein Konzern allein auf europäischer Ebene nur bedingt ausreichend Druck erzeugen kann, gründete 1983 der damalige Volvo-Vorstand Per Gyllenhammar den »European Round Table of Industrialists« (ERT), der seitdem – in wechselnden personalen Zusammensetzungen – bemerkenswert aktiv ist. Diese »Lobby der anderen Art«, wie der Gründer seine »Tischrunde« treffend nannte, bestand zunächst aus 17 europäischen Konzernchefs, 2006 gehörten Vertreter von 45 Konzernen aus 18 Mitgliedstaaten dazu (die Mitgliederliste beginnt bei Akzo Nobel und geht über Bayer, Deutsche Telekom, Nokia, Philips, SAP bis hin zu Volkswagen.[188])

1985 sorgte die gerade aus der Taufe gehobene europäische Tischrunde zunächst einmal für eine nachdrückliche Erinnerung an die Philips-Vorgaben. In der von ihr vorgelegten *Agenda for Action – Europe 1990* formulierte sie genau das Programm, das kurze Zeit später als »Weißbuch« zum Binnenmarkt von der EU-Kommission vorgelegt wurde. Die Forderung der Industriemanager, die Politik möge sie aus dem zu eng gewordenen Korsett nationaler Märkte und Industriegrößen befreien und die vielfältigen nationalen Einfuhrerschwernisse, Grenzabfertigungsmethoden und Normen endlich abschaffen, trafen nicht auf taube Ohren. Der Europäische Rat, also die versammelten Regierungschefs, stimmte den Forderungen zur Vollendung des Binnenmarktes zu.

Übrigens ließ das »Weißbuch« niemanden, der Klarheit haben wollte, über die Bedingungen am Ziel im Zweifel. Einmal angekommen sollte der Europäischen Kommission zufolge sichergestellt sein, »daß der Markt flexibel ist, so daß Ressourcen, sowohl menschliche als auch materielle, Kapital- und Investitionsmittel den wirtschaftlich rentabelsten Bereichen zufließen«. Das ist heute offenbar der Fall.[189]

Das 1993 vom damaligen Kommissionspräsidenten Jacques Delors vorgelegte »Entwicklungs-, Wettbewerbs- und Beschäftigungsprogramm« – in welchem u. a. flexiblere Arbeitszeiten gefordert wurden – entsprach keinesfalls zufällig einem zur selben Zeit vorgelegten Strategiepapier vom ERT. Und weil Erfolg beflügelt, setzten die »Lobbyisten der anderen Art« in der Folgezeit auch noch das industriedienliche Europäische Verkehrswegeprogramm, die Privatisierungen im Telekommunikations- und Energiesektor sowie – auf der Ebene der Nationalstaaten – weitere »wettbewerbsfördernde« Maßnahmen, vor allem Steuersenkungen, durch.

Die Mitglieder des »European Round Table« repräsentieren einen Jahresumsatz von ca. einer Billion Euro und »vertreten« einen erheblichen Teil der europäischen Industriearbeitsplätze. Sie verfügen schon deshalb über einen privilegierten Zugang zu den politischen Entscheidungsträgern der EU wie auch der Mitgliedsstaaten.

Gemäß dem Motto: »Wenn wir darauf warten, daß die Regierungen etwas unternehmen, dann warten wir ewig« (so der ehemalige ERT-Vorsitzende und Philips-Vorstandschef Wisse Dekker), beraten die Konzernmanager regelmäßig in speziellen Ausschüssen und Arbeitsgruppen, welche Ziele die europäische und nationale Politik verfolgen sollte. Die konkrete Formulierungsarbeit leistet ein hochqualifizierter Stab, der wiederum auf die detaillierte Expertise diverser privatwirtschaftlicher

Organisationen und Denkfabriken zurückgreifen kann, die mit dem ERT kooperieren. Die Ergebnisse aus den Arbeitsgruppen finden schließlich ihren Niederschlag in »Working Papers« oder »Reports«, die dann der EU-Kommission oder dem EU-Rat zugehen.

Mit welchen Themen sich die »Lobby der anderen Art«, beschäftigt, ist kein Geheimnis. Es gibt Arbeitsgruppen über die Steuersysteme Europas, die außenwirtschaftlichen Beziehungen, die industriellen Beziehungen, die Forschung und Entwicklung, die Umweltstandards und Gentechnik, die Wettbewerbsfähigkeit europäischer Unternehmen und andere mehr. Denkschriften liegen vor über die Vereinheitlichung des europäischen Bildungssystems, die Wettbewerbsfähigkeit, die Notwendigkeit des Ausbaus der privaten Rentensysteme und weitere mehr. Darüber hinaus ging 1987 aus dem ERT eine weitere Lobbyorganisation hervor – die der anderen finanziellen Art: »Association for a Monetary Union of Europe« (AMUE). Sie versammelte wirtschaftlichen und finanzpolitischen Sachverstand, um die Einführung der gemeinsamen Euro-Währung im Sinne der Finanz- und Industriekonzerne gezielt zu begleiten, was auch mit erheblichem Aufwand geschah.

Ein EU-Kommissar spricht

»Die sogenannte Globalisierung ist maßgeblich von Europa vorangetrieben worden. Sie war und ist heute noch ein Projekt der westlichen Industriestaaten. Die Öffnung der Märkte, der Abbau von Zöllen und anderen Handelshemmnissen hat Europa unter dem Strich bisher wirtschaftliche Vorteile gebracht. Das muss, sich keineswegs ändern, aber Europa muss, sich auf mehr und härteren internationalen Wettbewerb einstellen. China, Indien und Lateinamerika, dazu eine Reihe von Staaten in Südostasien sind auf dem Sprung zu ernsthaften Wettbewerbern auch bei hochwertigen Gütern und Dienstleistungen. Diese Regionen begnügen sich schon jetzt nicht mehr mit der Rolle von billigen Zulieferern. [...]

Europa kann den Wettbewerb nicht über den Preis gewinnen, sondern nur über die Qualität. Nur mit Spitzenleistung, die den anderen immer ein Stück voraus ist, kann Europa seinen Vorsprung halten. So klar die Lage ökonomisch ist, so problematisch ist sie politisch. Die sich beschleunigende und vertiefende Globalisierung führt in Europa zu einem permanenten Anpassungsdruck, der sich dann als Strukturwandel manifestiert. Strukturwandel ist eines dieser harmlos klingenden Wörter, hinter denen sich dramatische Entwicklungen verbergen können. Makroökonisch gilt Strukturwandel als förderlich und heilsam, mikroökonomisch schafft er Probleme, die von der Politik nur schwer und in langen Zeiträumen zu bewältigen sind. Arbeitsplätze, die in vom Strukturwandel betroffenen Regionen und Sektoren verloren gehen, entstehen erst mit großer Zeitverzögerung neu. Für die betroffenen Menschen bedeutet das ein hartes Los. Sie müssen mit einem hohen Arbeitsplatzrisiko leben – oder aber Mobilität aufbringen, entweder etwas Neues lernen oder in eine andere Gegend ziehen.

Gestaltung des Strukturwandels ist politisch die wichtigste Aufgabe bei der Bewältigung der Globalisierung. Neue Technologien, neue Dienstleistungen und neue Wachstumsmärkte können Entlastung bringen. […] Die Handlungsspielräume der nationalen Regierungen sind begrenzt, und sie werden eher kleiner als größer. Im Jahr 2000 hatte die Europäische Union sich das ehrgeizige Ziel gesetzt, bis zum Jahr 2010 die wettbewerbsfähigste, auf Wissen gegründete Region der Welt zu sein. Dieses Ziel ist nicht mehr zu erreichen. Aber es ist richtig, anspruchsvolle Ziele zu haben.«[190]

Warum dieses längere Zitat? – Zum einen stammt es vom SPD-Politiker Günter Verheugen, der als Mitglied der Europäischen Kommission von 1999 bis 2004 für die Erweiterungsverhandlungen zuständig war und seitdem als Vizepräsident und Kommissar für Unternehmen und Industrie in der EU-Kommission wirkt, also eine wichtige »Regierungs-«Funktion bekleidet. Zum anderen verdeutlicht es, welche Zielsetzungen die treibend-gestaltenden politischen Kräfte in der EU verfolgen: Wettbewerb um jeden Preis und im Ringen mit aller Welt.

»Für die betroffenen Menschen bedeutet das ein hartes Los,« bekennt der Sozialdemokrat und verheißt gleichsam tröstend »neue Wachstumsmärkte« als Entlastungsbringer. Was aber passiert, wenn all die »neuen« wirtschaftlichen Errungenschaften und Märkte zu einer menschenwürdigen Arbeits- und Lebensqualität in den einzelnen Mitgliedsländern immer weniger beitragen? Wenn der Wohlstand für die Mehrheit der Bevölkerung bei weiter wachsenden Rationalisierungs- und Automatisierungspotenzialen und anhaltender Profitmaximierung der (Groß-)Unternehmen doch auf der Strecke bleibt?

Das von Günter Verheugen angesprochene »ehrgeizige Ziel« aus dem Jahr 2000 geht auf das Gipfeltreffen der Staats- und Regierungschefs in Lissabon zurück. Seitdem verfolgt die Europäische Union die sogenannte »Lissabon-Strategie«. Sie gipfelt in dem strategischen Ziel, die EU bis 2010 »zum wettbewerbsfähigsten und dynamischsten wissensbasierten Wirtschaftsraum der Welt zu machen – einem Wirtschaftsraum, der fähig ist, ein dauerhaftes Wirtschaftswachstum mit mehr und besseren Arbeitsplätzen und einem größeren sozialen Zusammenhalt zu erzielen«.[191] Das klingt nun zum einen sehr ambitioniert, und zum anderen vielversprechend – bessere Arbeitsplätze und ein größerer sozialer Zusammenhalt sind sicherlich erstrebenswert.

Die »Lissabon-Strategie« beinhaltet die Elemente: Vollendung des Binnenmarktes und der wirtschaftlichen Liberalisierung; Herstellung der Informationsgesellschaft; Ausbau von Innovation, Forschung und Entwicklung; Schaffung effizienter und integrierter Finanzdienstleistungen; Förderung günstiger Rahmenbedingungen für Unternehmen; Ausrichtung auf eine nachhaltige Entwicklung; Vollbeschäftigung. Von der Etablierung einer Sozialgemeinschaft ist zwar nicht die Rede, angestrebt wird angeblich aber die Teilhabe aller Gesellschaftsschichten am wirtschaftlichen Fortschritt.

Nun zeichnet sich seit dem Lissabon-Gipfel selbst in der Beschäftigungs- und Sozialpolitik, in denen die einzelnen EU-Mitgliedsstaaten bislang eine größere Souveränität für sich reklamieren und auch haben, eine – wenn auch weiche, also nicht rechtlich gesteuerte – Kompetenzverschiebung hin zur EU-Ebene ab. Angesichts der erheblichen Entwicklungs- und Sozialsystemgestaltungsunterschiede zwischen den 27 EU-Mitgliedstaaten ist eine umfassende institutionelle Angleichung ohne enorme finanzielle Ausgleichsmaßnahmen durch die Staatengemeinschaft freilich schwerlich möglich. Und selbst dann wäre sie in absehbarer Zeit nur zu erreichen, wenn kein wettbewerbsgetriebenes Sozialdumping zugelassen würde.

Koordinierungspolitik

Der Teufel steckt wie immer im Detail. Denn die Regierungschefs der Mitgliedstaaten verabredeten auch, die jeweiligen nationalen Sozialsysteme zunehmend durch EU-Koordinierungspolitiken in Übereinstimmung zu bringen. Zunächst wurden dafür »gemeinsame Ziele zur Bekämpfung der Armut und der sozialen Ausgrenzung« erarbeitet und auf dem Gipfeltreffen in Nizza im Dezember 2000 verabschiedet. Diese Ziele sehen u. a. die »Förderung der Teilnahme am Erwerbsleben für alle arbeitsfähigen Frauen und Männer« vor, sehen vor, »daß jedem die für ein menschenwürdiges Dasein notwendigen Mittel zur Verfügung stehen« und vor allem »die Hindernisse bei der Aufnahme einer Beschäftigung überwunden werden und sichergestellt ist, daß die Beschäftigungsaufnahme mit einem höheren Einkommen einhergeht und die Beschäftigungsfähigkeit gefördert wird«.[192] Die »besseren Arbeitsplätze« übersetzen sich in diesem Beschluss folglich als wie auch immer geartete »Beschäftigungen«.

Zugleich verständigte sich der Europäische Rat auf eine Überwachung und Koordinierung dieser sozialpolitischen gemeinsamen Ziele. Konkret verpflichteten sich die Mitgliedsstaaten, in bestimmten Abständen »nationale Aktionspläne« zu erstellen. Sie lagen im Juni 2001 auch von allen Ländern der Europäischen Kommission zur Sichtung und Bewertung vor. Nachdem der Europäische Rat von Stockholm im Jahr 2001 die Koordinationsziele um die Bereiche Bildung, Gesundheit, Pflegevorsorge und Renten erweitert hatte, forderte er in Barcelona 2002 die Mitgliedstaaten auf, ihre »Steuer- und Leistungssysteme« so anzupassen, dass »Arbeit lohnt und Arbeitssuche gefördert wird«.

Darüber hinaus erging an die nationalen Instanzen die Forderung, die »Aufgabengebundenheit der Leistungen, die Anspruchsberechtigung, die Leistungsdauer, die Lohnersatzquote, die Existenz von Lohnergänzungsleistungen, die Gewährung von Steuererleichterungen, die Verwaltungssysteme und die Managementeffizienz« zu überprüfen.[193] Auch wurde die Erstellung aktualisierter nationaler Aktionspläne verabredet.

Ein Jahr später lieferte die EU-Kommission einen vom Rat angeforderten Bericht, in dem mehr als deutlich wurde, dass es weniger um »bessere Arbeitsplätze« als vielmehr um die Etablierung eines neuen politischen Sozialmodells geht. Gefördert werden soll in allen EU-Mitgliedstaaten – zumal vor dem Hintergrund der in vielen Regionen hohen Arbeitslosigkeit – grundsätzlich »Arbeit, die sich lohnt«. Was damit gemeint ist, präzisiert die EU-Kommission wie folgt:

»Der Begriff ›Arbeit, die sich lohnt‹ dient als Etikett für Maßnahmen, die auf eine Reform der Steuer- und Sozialleistungssysteme abzielen. Sie soll bewirken, daß ausreichende finanzielle Anreize dafür geschaffen werden, daß Menschen eine Beschäftigung aufnehmen, erwerbstätig bleiben, mehr Arbeit leisten und in allgemeine und berufliche Bildung investieren.«[194]

Ute Behning, Leiterin der Forschungsgruppe »European Welfare Politics«, verdeutlicht, dass die sozialpolitischen Vorstellungen von EU-Rat und Kommission umgehend in der deutschen Politik ihren Niederschlag fanden und dass die vom Bundestag beschlossenen »Reformen« der letzten Jahre auf einen übergeordneten politischen Prozeß zurückgehen:

»Erst nachdem 2002 auf europäischer Ebene beschlossen wurde, daß die Mitgliedstaaten Sozialstaatsreformen einleiten sollen, beauftragte die Bundesregierung die Hartz-Kommission. Die rasante Reformpolitik wurde durch die Regierungserklärung von Bundeskanzler Schröder im März 2003 mit der Agenda 2010 angekündigt. Ihre Proklamation erfolgte kurz vor der Verabschiedung des ›Nationalen Aktionsplanes 2003–2005‹ durch den Bundestag, in dem das Hartz-IV-Gesetz als Beitrag zur europäischen Koordinierungspolitik angekündigt ist. Die Agenda 2010 und der bundesdeutsche Aktionsplan spiegeln die neue europäische Philosophie – ›Arbeit, die sich lohnt‹ – wider, die zurzeit die Grundidee des nationalstaatlich zu etablierenden neuen europäischen Sozialmodells in der EU darstellt. […] Auch das Presse- und Informationsamt der Bundesregierung weist darauf hin: ›In Deutschland leistet die Bundesregierung mit der Agenda 2010 ihren Beitrag zum Gelingen der Lissabon-Strategie.‹«[195]

Die hierzulande durch die Agenda 2010 angestoßene Schwächung des Sozialstaats erfolgt derzeit in allen Mitgliedsländern der EU. Wobei es, wenn die Stellungnahmen der EU-Kommission nicht trügen, zwar weiterhin einerseits eine minimale Existenzsicherung geben soll, andererseits aber offenbar davon ausgegangen wird, daß der Arbeitsmarkt für viele EU-Bürgerinnen und Bürger, die eine auskömmlich bezahlte Arbeit suchen, verschlossen bleiben wird. So heißt es in dem Kommsissionspapier zur »Modernisierung des Sozialschutzes« aus dem Jahre 2003:

»In Anbetracht der Tatsache, daß mehr als 50 Prozent aller Menschen über 25 Jahren außerhalb des Arbeitsmarktes stehen, sollte auch mehr getan werden, um die Menschen auf ein sinnvolles Leben in Würde außerhalb des Arbeitsmarktes vorzubereiten. Mangelnde Kenntnisse werden Männern wie Frauen bei der Haushaltsführung, bei der Wahrnehmung elterlicher Pflichten, beim Umgang mit Geld oder Schulden, in Bezug auf Gesundheitsrisiken im Haushalt und sachkundige Pflege von Kranken und alten Menschen sowie in den Bereichen Kultur und staatsbürgerliches Engagement nachgesagt. Da diese äußerst wichtigen Kompetenzen weder durch die Schulen noch in den Familien zuverlässig vermittelt werden, stellt sich eindeutig die neue Herausforderung, allen Menschen Möglichkeiten für ein lebenslanges Lernen zu bieten.«[196]

Für immerhin weit mehr als ein Drittel der EU-Bürgerinnen und Bürger im erwerbsfähigen Alter – so wird hier deutlich – ist politisch nur mehr vorgesehen, dass sie »lebenslanges Lernen« einüben. Sie sind – so unterstellt die Kommission offensichtlich – für einen wissensbasierten, dynamischen und wettbewerbsfähigen Wirtschaftsraum nur im Sinne einer Ruhigstellung und am Rande des Existenzminimums sozial zu berücksichtigen. Die europäische Politik sieht das grundlegende Problem mangelnder und auskömmlich bezahlter Erwerbsarbeitsplätze (von »besseren« Arbeitsplätzen ganz zu schweigen) nicht als eines der doch sonst so angebotsfixierten Wirtschaft beziehungsweise des kapitalistischen Wirtschaftssystems, sondern vielmehr als ein Problem zum einen der Arbeitslosen selbst und zum anderen als eines der hochentwickelten nationalen Sicherungssysteme.

Der zunehmend krasser werdende Konflikt zwischen Arbeit und Kapital wird durch die neue von der EU getriebene Politik einer »Arbeit, die sich lohnt« schlicht negiert. Stattdessen wird er zu einem Konflikt zwischen denen, die (noch) eine auskömmlich bezahlte Erwerbsarbeit haben, und denen, die sie nicht mehr haben, ummodelliert. Arbeitslos gewordenen Erwerbsfähigen, denen es unter den hiesigen Hartz-IV-Regelungen in einem Jahr nicht gelingt, wieder im ersten Arbeitsmarkt unterzukommen, droht eine erhebliche, dauernde Verarmung – auch im Hinblick auf die Rente – bzw. eine Verpflichtung zu Ein-Euro-Jobs, die daran so gut wie nichts ändert.

Hauke Brunkhorst weist vorsorglich darauf hin: »Es könnte sein, daß die Bürger Europas sehr bald merken, daß die jeweilige Einzelstaatsregierung, auf die sie heute noch gebannt wie das Kaninchen auf die Schlange starren, gar nicht die Schlange ist, sondern nur noch eine

Attrappe, während die Masse der Normen, die sie zur Attrappe macht, längst jenseits der Staatsgrenzen produziert wird. Spätestens mit dem Ende europäischer Prosperität, aber auch mit anhaltenden Regierungsblockaden im Zuge der EU-Osterweiterung, griffe jedenfalls die Auskunft zu kurz, durch ihren effektiven *output* legitimiere sich die Union von selbst.«[197]

Konkret: Zwar zeichnen, wie es scheint, die Bundesregierung, Parlament und Bundesrat für die hiesige Gesetzgebung und die sogenannten Reformen verantwortlich. Aber in der Mehrzahl verbergen sich dahinter von der EU erzwungene, zuweilen mehr schlecht als recht durchgeführte, Umsetzungsmaßnahmen von Verordnungen und Richtlinien aus Brüssel. Und nicht nur das.

Neben dem harten Nachvollzug supranationaler Gesetzgebung in nationales Recht gibt es zusätzlich einen nicht zu unterschätzenden weichen Bereich, den der inzwischen auch sozialpolitisch ausgerichteten EU-Koordinierungspolitiken. Sie werden von allen Regierungen der EU-Mitgliedstaaten, den jeweilig zuständigen nationalen Ministern und Ministerialbeamten sowie von der EU-Kommission, die unter dem »Feuer« der ökonomischen Oligarchie steht, gestaltet. Und das heißt eben auch, dass die Bundesregierung auf diese Politiken nur einen begrenzten Einfluss nehmen kann, weil sie nur eine von 27 mitgliedsstaatlichen Regierungen ist, und die Interessen anderer Regierungen in vielen Fragen nicht mit denen der Bundesregierung übereinstimmen.

Im Fadenkreuz der Lobbyisten- die EU-Technokratie

Das erste große Ziel der Europäischen Gemeinschaft bestand in der Schaffung eines hindernisfreien Binnenmarktes. Diesen haben die Europäische Kommission und die Bürokratie durch erhebliche gestalterische Eingriffe bekanntlich hergestellt. Etwas anderes ist die Anbahnung und Herstellung eines EU-weiten verbindlichen Konsenses über ein sozial geprägtes Verhältnis von Markt, Union und europäischer Zivilgesellschaft. Denn noch, so vermerkt Jürgen Habermas, »besteht keine europäische Öffentlichkeit, keine grenzüberschreitende Bündelung von Themen, keine gemeinsame Diskussion«.[198]

Es wird auch nicht leicht sein, einer europäischen Öffentlichkeit den Weg zu bahnen: Die europäischen Völker haben jeweils ihre eigene

254

Geschichte und Kultur, sie sprechen in vielen verschiedenen Sprachen und hängen an unterschiedlichen Religionen. Und solange den Abgeordneten des Europäischen Parlamentes nicht das Recht auf eigene Gesetzesinitiativen eingeräumt wird, gibt es nicht einmal eine demokratisch legitimierte politische Öffentlichkeit (und ein solches Recht sieht auch der neue Verfassungsentwurf nicht vor). Die äußerst geringe Wahlbeteiligung der Bevölkerungen anlässlich der Wahlen zum Europaparlament im Jahre 2004 spricht für sich. Sie betrug 43 Prozent. Ist ein Parlament, das nicht einmal die Hälfte der Stimmen der Wahlberechtigten hinter sich hat, tatsächlich demokratisch legitimiert?

Der größte Teil der EU-Gesetzgebung schlägt durch bis hinunter zu den kommunalen Aufgabenfeldern – initiiert von der EU-Kommission. Anders, als in der Bundesrepublik zwingend vorgeschrieben, bringen in Brüssel nicht das Parlament oder die Regierung (bzw. der EU-Rat) Gesetzesentwürfe ein, sondern die Europäische Kommission. Die Entscheidungsstrukturen erweisen sich jedenfalls als mehr oder weniger undurchschaubar. Zudem erstaunt die Art und Weise, wie Ministerrat und Europäische Kommission in Brüssel Verordnungen – sprich Gesetze – erlassen können. Sie werden nicht etwa nach der alten Lehre des Barons von Montesquieu von einem Parlament, sondern vom EU-Ministerrat erlassen.

Vorbereitet werden sie von der EU-Kommission in Brüssel, die freilich keine bessere Legitimation hat. Tausende Gesetze, die inzwischen das Leben der europäischen Bürgerinnen und Bürger bestimmen, wurden in Brüssel ohne parlamentarische Grundlage erlassen. Trotz der inzwischen geringfügigen Verbesserung der Stellung des europäischen Parlamentes – es kann nun in bestimmten Bereichen, und in einem äußerst komplizierten Verfahren, Gesetzesvorlagen abschließend ablehnen – sind in Brüssel Entscheidungsstrukturen entstanden, die zwar dem Lobbyismus wie auf den Leib geschneidert sind, für demokratische Prozeduren aber völlig unhaltbar sind.

So wurde die Stellung des Kommissionspräsidenten im Amsterdamer Vertrag sogar noch verstärkt – er hat seitdem ein Mitspracherecht bei der Auswahl der EU-Kommissare und diesen gegenüber die Richtlinienkompetenz. Gewiss: die Europaabgeordneten wählen den (formal von den EU-Regierungschefs vorgeschlagenen) Kommissionspräsidenten, und haben auch bei der Hälfte des Haushalts das letzte Wort (die Agrarausgaben sind nach wie vor für die EU-Abgeordneten außen vor); die Schlüsselfunktionen halten jedoch der Europäische Rat der Regierungschefs und die technokratische EU-Kommission besetzt.

Der Rat der Europäischen Union (Ministerrat) entscheidet als »Gesetzgeber« über die Leitlinien, die Kommission fungiert als Exekutivgewalt, als »Wächterin der Verträge« und als Initiatorin von Gesetzen (im EU-Deutsch Verordnungen und Richtlinien genannt). Die vielschichtigen, als Mehrebenensystem verstandenen Entscheidungs- und Beschlussverfahren der wichtigsten EU-Organe sind eine Geschichte für sich und füllen Bücher.[199] Entscheidend ist, dass die Generaldirektionen der Kommission unter Ausschluss der Öffentlichkeit Gesetzesvorschläge entwerfen, die Kommission sie mit einfacher Mehrheit beschließt und anschließend einhellig im Sinne des Kollegialprinzips vertritt.

Das EU-Parlament verfügt zudem in den wichtigen Bereichen für Teile der Agrar-, Steuer-, Innen- und Rechtspolitik über keine Einflußmöglichkeiten. Immerhin wurde im Frühjahr 2006 nach vielen öffentlichen Protesten und Debatten im EP ein Kompromiss für die »Dienstleistungsrichtlinie« gefunden. (Sie muss bis 2009 in nationales Recht umgewandelt werden.) Entgegen den ersten Entwürfen der Kommission bleibt das Arbeitsrecht tabu; auch Gesundheitsdienste, Jugend- und Altenpflege sind – erst einmal – davon ausgenommen. Dennoch wird das große Ziel der Kommission, das liberale Regime offener Märkte in allen gesellschaftlichen Bereichen durchzusetzen, weiterhin verfolgt werden.

So will die Kommission beispielsweise in den kommenden Jahren den Markt für Investmentfonds in der EU beleben. Die Branche sei noch »zu zaghaft«, ließ der Binnenmarkt-Kommissar verlauten, und stellt sich damit gegen die Forderung nicht zuletzt einiger deutscher Regierungspolitiker (und ihrer Warnung vor der Gefahr der »Heuschrecken«), die eine strengere Aufsicht für Betreiber hochriskanter Fonds fordern. Die eingeleitete große Überprüfung des europäischen Investmentmarktes wird eines Tages neue Gesetzentwürfe nach sich ziehen, die auf weitere Deregulierungsmaßnahmen hinauslaufen. Ein Weißbuch ist bereits in Arbeit und zahlreiche Anhörungen und Stellungnahmen von Unternehmen, Anlegern und Aufsichtsbehörden werden folgen. Eines steht aber schon fest. Die Kommission fühlt sich in ihrer Planung durch drei Studien zu den Bereichen Kleinanleger-Fonds, Hedge-Fonds und Private-Equity-Gesellschaften bestätigt, die in ihrem Auftrag von Expertengruppen erstellt wurden.

Zu diesen Gruppen gehörten u. a. die Allianz-Versicherung, das Bankhaus Morgan Stanley und der Finanzdienstleister Goldman Sachs. Dass diese finanzstarken Unternehmen sich für den Abbau national-einengender Vorschriften stark machen, um den grenzüberschreitenden Markt für Investments nachhaltig zu öffnen, ist nicht weiter verwunderlich. Bemerkenswert ist jedoch, wie eng die von EU-Deregulierungen profitierenden Unternehmen bereits in die entscheidende Entstehungsphase von Gesetzesentwürfen einbezogen sind. Und zwar an genau dem Ort, an dem seit längerem der entscheidende Gesetzgeber für das Wohl und Wehe der Menschen in der Union wirkt – das EU-Viertel in Brüssel.[200]

Weitreichende Vollziehungskompetenzen hat die EU-Kommission insbesondere in den Bereichen Wettbewerbs- und Landwirtschaftspolitik. Auch die Aushandlung internationaler Abkommen (etwa mit der WTO) erfolgt durch sie, wobei sie aber an das Mandat des Rats gebunden ist. In der EU-Kommission wirken zurzeit 25 (für fünf Jahre ernannte) Kommissare, die niemandem rechenschaftspflichtig sind. Die Leitung obliegt dem Kommissionspräsidenten und seinen fünf Vizepräsidenten. Die in Generaldirektionen verfolgten Aufgabenbereiche der Kommissare bestehen aus: Institutionelle Beziehungen; Unternehmen und Industrie; Verkehr; Verwaltung und Rechungsprüfung; Justiz, Freiheit und Sicherheit; Informationsgesellschaft und Medien; Umwelt; Wirtschaft und Finanzen; Regionalpolitik; Fischerei; Haushalt; Wissenschaft, Forschung und Entwicklung; Bildung, Jugend und Kultur; Gesundheit und Konsumentenangelegenheiten; EU-Erweiterung; Entwicklungshilfe; Energie und nukleare Sicherheit; Wettbewerb; Landwirtschaft; Außenbeziehungen; Binnenmarkt und Finanzdienstleistungen, Arbeit und Soziales; Handelspolitik; Steuern und Zollunion.

Die als Superexekutive tätige EU-Kommission vergibt die (vorher vom Rat gebilligten) Finanzmittel für eine Vielzahl von Programmen, Projekten und Fördervorhaben. Sie beschäftigte im Jahre 2005 rund 14 000 Beamte für die konkrete politische Arbeit und weitere 8500 Mitarbeiter für technische Dienste (Übersetzungen, Sekretariatsarbeiten etc.) Der für knapp 500 Millionen Europäer(innen) tätige Beamtenapparat ist folglich kleiner als der einer beliebigen europäischen Großstadt wie etwa Rotterdam. Die Generaldirektionen bestehen aus jeweils rund 400 Mitarbeitern. Hinzu kommen zehn Abteilungen für interne Dienste, sowie interne Policy-Units, die jeweils an die 20 Experten beschäftigen.

Da dieser Apparat die immer umfangreicher wie vielfältige Vorbereitung für europäische Gesetzesentwürfe nicht allein bewältigen kann, werden externe Fachleute in Expertenausschüsse geladen. Zur Zeit arbeiten mindestens 1800 dieser Ausschüsse (so genau weiß das niemand) mit mindestens 80 000 Fachleuten, von denen die eine Hälfte sich aus den Regierungsapparaten der Mitgliedsstaaten rekrutiert und die andere aus privaten Organisationen – weit überwiegend der Wirtschaft. (Auf das »hoheitliche«, also selbstverständliche Mitwirken bzw. Lobbying der Vertreter der Mitgliedsstaaten gehe ich nicht weiter ein.)

Die Ausschüsse arbeiten alle dem »Chef de Dossier« der jeweils zuständigen Policy Unit zu und sind an der Erarbeitung von »Grünbüchern« (die einen Handlungsbedarf definieren) und »Weißbüchern« (die die Maßnahmen beschreiben) sowie von Rechtsakten beteiligt. Da mehr als zwei Drittel der Rechtsakte wegen bereits vorangegangener Rechtsakte der Kommission obliegen, leitet sie ca. 450 Ausschüsse, in denen die konkrete Arbeit erfolgt: die Komitologie.

Der verbleibende kleine Teil der Vorschläge für Rechtsakte muss von EU-Ministerrat und Parlament angenommen werden. Dafür unterhält der Ministerrat wiederum rund 300 Arbeitsgruppen und ernennt das Parlament Haupt- und Nebenberichterstatter. An Einfallstoren für Lobbyisten mangelt es in Brüssel folglich gewiss nicht. So steht es auch in einem *Bericht über die Rolle der europäischen Industrieverbände bei der Festlegung der politischen Maßnahmen der Union,* der Ende 2003 von dem EDP-Abgeordneten und Berichterstatter Hans-Peter Martin für das Europäische Parlament erstellt wurde. In der Begründung heißt es:

»Interessenvertreter und Lobbyisten sind in den gegenwärtigen Demokratien zur Selbstverständlichkeit geworden. Gerade für die Industrie wurden sie zum unverzichtbaren Sprachrohr. Inzwischen fallen nach übereinstimmenden Angaben von Beobachtern aus Industrie, Wissenschaft und Politik etwa 80 Prozent aller wirtschaftspolitisch wichtigen Rahmenentscheidungen für den EU-Raum in Brüssel. Rat, Kommission und Parlament haben damit eine überragende Bedeutung gewonnen. Auch 80 Prozent der jeweils nationalen Gesetzgebung basiert auf europäischen Weichstellungen.

Dies spiegelt sich folgerichtig auch bei den Aktivitäten der industriellen Interessensvereinigungen und Unternehmen wider. Etwa 2600 Interessengruppen verfügen in Downtown Brüssel über ein ständiges Büro, davon sind etwa ein Drittel europäische Handelsvereinigungen, zehn Prozent Unternehmen. Die meisten EU-Interessensvereinigungen sind nationale Vereinigungen, große Firmen oder beides. [...] Gegenwärtig sind jedenfalls 500 Großunternehmen über Vertretungen präsent, mehr als 200 transnationale Firmen unterhalten Büros und 130 Law Firms haben sich in Brüssel auf europäische Rechtsfragen spezialisiert. Jährlich kommt es so zu 70 000 individuellen Kontakten zwischen Lobbyisten und Mitgliedern des Europäischen Parlaments.

Untersuchungen zufolge sind die effektivsten Lobby-Organisationen jene, die sich in Geschäftsfeldern bewegen, die durch vergleichsweise wenige Mitbewerber gekennzeichnet sind. Klarer ausgedrückt: In Bereichen mit hoher Marktkonzentration sind die verbliebenen Wettbewerber oft außergewöhnlich erfolgreiche Lobbyisten, was sicherlich auch Fusionen und Firmenübernahmen in Märkten beflügelt, die noch nicht so wenige Marktteilnehmer aufweisen. Außerdem ist zu beobachten, daß Großunternehmen sich keineswegs nur selbst über eigene Lobby-Büros vertreten, sondern sich auch in zahlreichen allgemeinen Interessensvertretungen eine immer beherrschendere Rolle gesichert haben. Demgegenüber fällt es Vertretern von kleinen und mittelständischen Unternehmen weiterhin schwer, ihre Anliegen entsprechend zu Gehör zu bringen, im Gegensatz zu ihrer beschäftigungs- und sozialpolitischen Bedeutung für ganz Europa. Wie so häufig stehen da die öffentlichen Bekenntnisse aus der Politik im klaren Widerspruch zu Abläufen und Handeln innerhalb der EU-Institutionen. [...]

Unter erfahrenen Interessensvertretern gilt jenes Lobbying als am erfolgsversprechendsten, das schon einsetzt, bevor zu einem anstehenden Sachbereich überhaupt ein Dokument zu Papier gebracht wird. So wird etwa in der Kommission schon auf die Gestaltung von Grün- und Weißbüchern Einfluss genommen, bevor diese überhaupt geschrieben und die Fragestellung der Kommission einem größeren Publikum bekannt wird. Lobbying im Rat erfolgt mit Vorliebe über die nationalen Regierungen und auch in Brüssel über die nationalen Ständigen Vertretungen, die sich selbst als Bewohner von Elfenbeintürmen charakterisieren und Lobbying gerade von Großunternehmen offen begrüßen. Diplomaten werden so zu Lobbyisten der Lobbyisten.

In der Kommission ist zu beobachten, daß Interessensvertreter [...] noch mehr an Einfluß gewonnen haben. So wird von Beamten berichtet, die Richtlinienvorschläge direkt von Industrielobbyisten übernommen haben. Andererseits ist aus dem Parlament zu erfahren, daß sich Abgeordnete sogar Berichte von Kommissionsbeamten verfassen haben lassen. Die Übernahme von Änderungswünschen aus der Industrie an vor allem legislativen Vorhaben als wortidente, eigene Anträge ist eine vielfach beschriebene Praxis. Manche Abgeordnete bekennen sich auch selbstbewußt dazu und outen sich derart als direkte Interessenvertreter der Industrie. [...]

Im Vergleich zum globalen Mitbewerber USA erweist sich die EU in ihrer Verfaßtheit [...] als intransparent. Während der ›Lobbying Disclosure Act of 1995‹ aus der 104. Sitzungsperiode des US-Kongresses sehr detaillierte Vorgaben zur Offenlegung bei Lobbyisten, deren Aktivitäten und Kontakten macht, gibt es bislang in der EU nur beim Europäischen Parlament eine an gewisse Formalien gebundene Akkreditierung. Hier besteht dringend Verbesserungsbedarf.

Gleiches gilt für die Qualität des Lobbying, das von Verantwortungsträgern in allen EU-Institutionen als unzureichend dargestellt wird. Dies gilt sowohl für Zeitpunkt, persönliches, oft viel zu aggressives Auftreten und inhaltliche Qualifikation eines Großteils der Lobbyisten. Selbstredend wird von Interessensvertretern keine unabhängige Darstellung eines Problems und entsprechender Lösungswünsche erwartet. Doch ihre Argumentation sollte sich zumindest auf nachprüfbare Fakten stützen können und seriös sein.

Die Problematik von Geschenkannahmen ist schon vielfach beleuchtet worden. Zu wenig beachtet werden aber sicher noch individuelle Verflechtungen mit Industrieinteressen. Zwar sorgte der unmittelbare Wechsel des Kommissars Martin Bangemann in die Telekommunikationsbranche Ende der 1990er Jahre für Schlagzeilen, doch das systematische Lobbying der EU-Institutionen durch ehemalige Kommissare oder

Parlamentsmitglieder wird oft übersehen. Der ehemalige Handelskommissar Leon Brittan, der als Vorsitzender der LOTIS-High-Level-Group bei der britischen Regierung und in der Kommission seine eigene frühere Generaldirektion im Interesse des Finanzplatzes London lobbyiert, ist so ein Beispiel. [...]

Immer häufiger wird auch die Praxis, die Kommission und den Rat via Parlament zu lobbyieren. [...] Insgesamt wird bei der Tätigkeit von Interessensvertretern im Parlament aber eine der strukturellen Schwächen des Hauses deutlich: Auch Abgeordneten, die sich lieber selbst ein Urteil bilden und unabhängigen Sachverstand einbinden möchten, fehlen dazu die erforderlichen finanziellen Mittel. Dazu gehört auch, daß die verschiedenen Forschungsmöglichkeiten im Haus zu wenig bekannt sind, aber vor allem die im Vergleich zu anderen Parlamenten dürftige Möglichkeit, entsprechende eigene Expertisen zu finanzieren.«[201]

Brüsseler Lobbykratie

Die europäischen Institutionen sind das Herzstück jener Technodemokratie, die das Leben der europäischen Bürgerinnen und Bürger bestimmt. Die EU-Kommission ist für die Aufgaben, die sie an sich gezogen hat und machtbewußt weiterhin zieht, in jeder Hinsicht personell und fachlich unterbesetzt, und solange sich daran nichts ändert, wird sie weiterhin die Rundum-Beratung von externen Stellen, sprich von professionellen Lobbyisten, die dafür von den Auftraggebern in Brüssel angesiedelt wurden, in Anspruch nehmen müssen. Auch die sogenannte Komitologie, das völlig unüberschaubare Ausschusswesen, bedarf dringend einer Verschlankung und Korrektur. Grundsätzlich stellt sich die Frage, ob der in Brüssel kafkaesk gewachsene und von der ökonomischen Oligarchie kontrollierte Rechtsetzungsapparat für eine menschengerechte Demokratie überhaupt von Nutzen ist. Die Tatsache, dass Wissenschaftler heute 400 Seiten lange Studien veröffentlichen, in denen sie die Rolle der »gesellschaftlichen Akteure in dem werdenden Mehrebenen-System Europa« zu fassen versuchen, spricht in diesem Zusammenhang Bände.[202]

Bemerkenswert ist vor allem, dass die EU-Institutionen die Interessengruppen nicht nur offen bitten, ihre Anliegen durch in der Regel als Experten ausgewiesenen Lobbyisten vorzutragen, sondern sie damit zugleich zu einem festen Bestandteil der Technokratie machen. Inwieweit es da noch Sinn macht, zwischen Lobbyisten, Fachleuten, Beamten und Abgeordneten zu unterscheiden, ist die Frage.

Der Lobbyismus – also die öffentlichkeitsferne vorparlamentarische Einflußnahme auf politische Entscheidungsprozesse – gedeiht in Brüssel schon deshalb über alle vorstellbare Maßen, weil das Europäische Parlament nicht die volle Souveränität über die europäische Gesetzgebung hat. Auch werden die Rechte der Mitgliedsländer nicht in einer zweiten Gesetzgebungskammer, sondern lediglich durch einen institutionell »gebremsten« Ministerrat vertreten.

Das größte Problem besteht in der – vom Lobbying der ökonomischen Oligarchie offenbar nicht unbeeindruckten – Regierungs- bzw. EU-Ratspolitik. Wenn die im Rat und Ministerrat versammelten Staats- und Regierungschefs und Fachminister der Mitgliedsstaaten weiterhin einer von neoliberalen Dogmen geprägten marktradikalen Ausrichtung der Union den Vorzug geben, helfen Bürokratieumbauten wenig. Denn dann werden weiterhin automatisch die Wirtschaftsinteressen vorrangig berücksichtigt werden, die organisatorisch in Brüssel schon seit langem bestens vertreten sind. Zumal die technokratische Elite der EU-Institutionen traditionell mit der Wirtschafts-Elite macht- und einflußsichernde Beziehungen pflegt – und eben deshalb zuweilen die Arbeitsplätze tauscht.

Quartier Léopold – in der Zitadelle der Euro-Lobbyisten

Im Quartier Léopold, einem von der EU quasi beschlagnahmten vier Qudratkilometer großen Viertel in Brüssel, arbeiten rund 90 000 Menschen. Soweit sie nicht hochbezahlte »Eurokraten« sind, rekrutieren sie sich aus den ca. 15 000 zumeist hochbezahlten Lobbyisten bzw. aus den hoheitlichen Vertretern der Mitgliedsstaaten. Insgesamt erzielen die Lobbyisten nach Kommissionsschätzungen zwischen 60 und 90 Millionen Euro an jährlichen Einnahmen.

Es gibt keine Wirtschaftsbranche, die keine Lobbyisten in Brüssel beschäftigt, die Gewerkschaften sind dort ebenso vertreten wie zivilgesellschaftliche Gruppen, Kirchen und NGOs (Non-Governmental-Organizations). Gut zwei Drittel der in Brüssel fest einquartierten Interessen repräsentieren die der Wirtschaft – ihrer Verbände, Unternehmen und

Denkfabriken. Allein der europäische Dachverband der Chemieindustrie, CEFIC, beschäftigt mehr Lobbyisten als alle Umweltschutzgruppen zusammen.

Dem regelmäßig aktualisierten Handbuch *Lobbying in the European Union* zufolge wirkten 2005 in Brüssel: 825 internationale und europäische Dachverbände der Wirtschaft (von AAC wie »Association of the European Starch Industries of the EU« bis YES wie »Junge Unternehmer für Europa«); 213 NGOs und andere zivilgesellschaftliche Interessengruppen (von ACA wie »Academic Co-operation Association« bis YFJ wie »European Youth Forum«); 7 Kirchenverbände (von APRODEV wie »Association of World Council of Churches related Development Organisations in Europe« bis RCE wie Rabbinical Center of Europe«); 246 spezialisierte Rechtsanwaltsfirmen (von »A & L Goodbody« bis »Zepos & Yannopoulos«).

Hinzu kommen zahlreiche Arbeitgeberverbände, Handels- und Industriekammern, Gewerkschaftsvertretungen und Regionalvertretungen aus allen Mitgliedsstaaten bzw. deren europäische Dachorganisationen. Zu den bedeutenden branchenübergreifenden europäischen Organisationen zählen u. a.:

UNICE (»Vereinigung der nationalen Dachverbände von Industrie und Arbeitgebern«);

EUROCHAMBRES (»Vereinigung der nationalen Dachorganisationen der Industrie- und Handelskammern«);

EUROCOMMERCE (»Vereinigung des europäischen Handels«);

CEEP (»Vereinigung öffentlicher Unternehmen«);

COPA (»Europäische Vereinigung der nationalen Bauernverbände«);

EGB (»Vereinigung der nationalen Dachverbände der Gewerkschaften«).

Die mehr als 2600 Interessengruppen, die in Brüssel ein festes Büro unterhalten, und die insgesamt mindestens 15 000 Lobbyisten, die professionell auf die EU-Technokratie einzuwirken versuchen, wollen natürlich gehört werden. Bei zentralen Themen und Gesetzgebungsvorhaben kommt es deshalb zu Bündnissen, um den Druck auf die Beamten zu erhöhen. An Expertenausschüssen, die sich wiederum mit anderen Expertenausschüssen austauschen, fehlt es ebenso wenig wie an der gezielten Einbindung von Pressevertretern.

Natürlich haben alle großen Konzerne – europäische, amerikanische und asiatische – eine Vertretung im Quartier Léopold. Mit Hilfe der mit ihnen eng kooperierenden Branchen- und Unternehmerverbände, der privaten Denkfabriken und Rechtsanwaltskanzleien sorgen sie für eine möglichst industrie-, handels- und finanzmarktfreundliche EU-Politik. Das gelingt natürlich nicht immer in gewünschtem Ausmaß. So folgte der Deregulierung der nationalen Märkte in den 1990er Jahren eine gewisse Re-Regulierungspolitik auf ökologischen, arbeitsrechtlichen und bürgerrechtlichen Feldern (Umweltschutzgesetze, Antidiskriminierungsgesetze etc.) An der gravierenden strukturellen Asymmetrie zwischen negativer und positiver Integration, zwischen ökonomischer Vermachtung und sozialer Gerechtigkeit hat sich freilich nichts geändert.

Grenzenlos

Die herrschende Politik der Europäischen Union konfrontiert die Unionsbürger(innen) täglich mit zum Teil äußerst komplizierten politischen, wirtschaftlichen und sozialen Tatsachen sowie Zusammenhängen und Prognosen, die manchmal völlig sinn-entleert klingen. So sollen die Mitgliedsländer einerseits grenzenlos zusammenwachsen, die in ihnen lebenden Unionsbürger(innen) andererseits aber ihren jeweiligen Wirtschaftsstandort gegen alles und jeden verteidigen und stärken. Standortpolitik, so legen die Reden vieler Landespolitiker nahe, kommt vor europäischer Solidarität.

Regierungs- und Landespolitiker erweisen sich als Garanten betriebswirtschaftlicher Kalkulationen, indem sie darum wetteifern, mit »ihren« jeweiligen Standorten möglichst alle Bedingungen der Konzerne und größeren mittelständischen Unternehmen zu erfüllen. Als demokratisch gewählte Entscheidungsträger können sie zudem in vielen existentiell wichtigen wirtschafts- und sozialpolitischen Fragen darauf verweisen, sie seien dafür letztlich nicht (mehr) verantwortlich. Das wäre von der EU so entschieden, oder ein Versagen des Marktes, oder von mächtigen Lobbyisten heimlich durchgesetzt oder oder. Im Hinblick auf das gegenwärtige europäische Organgerüst liegt ihr Versagen, wenn nicht ihre Unfähigkeit, allerdings offen. Ulrich Beck und Edgar Grande beleuchten es wie folgt:

»Die europäische Gemeinschaftsbildung weist von Beginn an einen gravierenden Konstruktionsfehler auf: Durch die Übertragung von Hoheitsrechten auf die supranationale Ebene verloren die demokratisch gewählten nationalen Parlamente einen Teil ihrer Kontroll- und Gestaltungsmöglichkeiten, ohne daß die supranationalen Organe selbst über eine ausreichende demokratische Legitimation verfügten. Dieses europäische Demokratiedefizit wurde in der Vergangenheit zwar ständig beklagt, aber nie grundsätzlich beseitigt. So wurden die Kompetenzen des Europäischen Parlaments inzwischen zwar mehrfach ausgeweitet, sie sind aber noch immer unzureichend. Der Europäischen Kommission fehlt die demokratische Legitimation nach wie vor völlig, und auch der Europäische Rat ist lediglich indirekt demokratisch legitimiert. Das Hauptproblem bei der Demokratisierung Europas ist – neben der Asymetrie von Mitgliedschaftsformen und -rechten, die sich aus seiner variablen Geometrie ergibt – die eigentümliche Organisation der Macht.

Im europäischen Mehrebenensystem ist die politische Macht nicht konzentriert und zentralisiert, sondern mehrfach fragmentiert. In den meisten Politikbereichen sind an politischen Entscheidungen mehrere Ministerien in den Mitgliedstaaten, der zuständige Rat der Fachminister in Brüssel, die Europäische Kommission mit diversen Kabinetten und Generaldirektionen, die nationalen Parlamente und das Europäische Parlament sowie zahlreiche Ausschüsse, Unterausschüsse, Arbeitsgruppen und Task Forces beteiligt. Wie ist Demokratie unter solchen Bedingungen möglich?«[203]

Wenn diese Frage gestellt werden kann und womöglich negativ beantwortet werden muss, so liegt das in erster Linie an der Politik und höchstens bedingt an den auf sie nach Kräften wirkenden Lobbyisten. Davon sollten die in Deutschland wie auch auf EU-Ebene seit einiger Zeit aufgekommenen Transparenz-Diskussionen nicht hinwegtäuschen.

Aber das ist ein anderes, in diesem Buch letztes Kapitel.

XI. Transparenz in der Technodemokratie?

Brüssel, Sitz der Europäischen Union.

Im Zeitalter des finanzmarktgetriebenen Kapitalismus und des ihn austarierenden technodemokratischen politischen Systems leistet der Lobbyismus die systemisch unverzichtbare, so reibungslose wie regelgeleitete, unauffällige Mitarbeit an sämtlichen sozioökonomischen Steuerungsleistungen. Zum Einsatz kommen umfangreiche Expertisen, wissenschaftliche Gutachten, Forschungsergebnisse, vorformulierte Gesetzes- und Richtlinienentwürfe bzw. Änderungsanträge, linear fortgeschriebene Zukunftsszenarien, öffentlichkeitswirksame Medien- und Internetkampagnen etc. Die Aushandlungen erfolgen in Gesprächskreisen, Arbeitsgruppen, Beiräten und Kommissionen, auf Gipfeltreffen sowie in kleinen Gesprächsrunden mit Vertretern der Administration und politischen Macht.

Die differenzierten und vielschichtig gestalteten, sich überlappenden politischen Entscheidungsprozesse auf einzel- und zwischenstaatlicher Ebene sind in den Händen von Administratoren, Technikern, Managern, Politprofis, wissenschaftlichen Experten und Spezialisten, die über eine exzellente Ausbildung verfügen und eine technokratische Elite bilden. Wer heute zu diesem Elitenzirkel gehört, kann zwar schon morgen ein professioneller Lobbyist sein (andersherum funktioniert das selten); an der Tatsache, daß sich damit lediglich Büroadresse und Telefonnummer wandeln, nicht jedoch die so eingeschliffenen wie informellen Praktiken der Zusammenarbeit, ändert das nichts.

Da regierungsverantwortliche Politiker von Wiederwahlen abhängig sind und somit zumeist nicht langfristige Partner sind, suchen und pflegen professionelle Lobbyisten hierzulande grundsätzlich den Kontakt mit den Beamten der Ministerialbürokratie und der gleichsam übergeordneten EU-Kommission (bzw. deren 36 Generaldirektionen). Der Beamtenapparat der EU hat sich mit einem Dschungel aus Arbeitsgruppen und Beratungsgremien umgeben, in dem vor allem die wirtschaftslobbyistischen Netzwerke fein verästelt wachsen.

Von den mehr als 23 000 Gesetzen und Verordnungen, die von 1998 bis 2004 in Deutschland in Kraft getreten sind, stammten lediglich 4250 – ein knappes Fünftel – aus dem Bundestag, vier Fünftel aus Brüssel, und stets waren Lobbyisten an ihrer Entstehung beteiligt. Bezeichnend ist in diesem Zusammenhang die Klage des EU-Kommissars und Vizepräsidenten Günter Verheugen, die 15 000 Beamten der Kommission hätten inzwischen eine so große Machtfülle bei ihren Verhandlungen mit EU-Parlament oder Mitgliedsstaaten, dass für die Kommissare »manchmal die Kontrolle über den Apparat« verloren ginge. Für die hohen Beamten seien die auf Zeit gewählten EU-Kommissare nur mehr »Hausbesetzer«.[204]

Diffuse Macht?

Diffuse Macht ist der vorherrschende Grundtenor, der seit längerem mit dem Lobbyismus verbunden wird. Zwei von Thomas Leif und Rudolf Speth herausgegebene Sammelbände bezeichnen den Lobbyismus als »stille Macht« bzw. als »fünfte Gewalt« (nach der Legislative, Exekutive, Judikative und den Medien).[205] Die beiden Politikwissenschaftler begründen das mit dem Befund:

»Das Lobbying nutzt den seit einigen Jahren anhaltenden Trend, daß Politik sich zunehmend aus dem Parlament heraus in ›graue Entscheidungsbereiche‹ [...] verlagert, die nicht mehr kontrollierbar sind. In diesen vorgelagerten Runden Tischen und Kommissionen werden wichtige Entscheidungen getroffen, die vom Parlament letztlich nicht mehr grundsätzlich verändert werden können. Lobbyisten haben in diesem vorparlamentarischen Raum und durch den Trend zur Informalisierung der Politik weiter an Einfluß gewonnen. Damit hängt ein weiteres wesentliches Kennzeichen des Lobbyings zusammen: Es vollzieht sich abseits der öffentlichen Aufmerksamkeit.

Sein informeller Charakter bringt es mit sich, daß keiner der Beteiligten ein Interesse daran hat, seine Tätigkeit öffentlich werden zu lassen. Weder besteht eine Informationspflicht seitens der Regierung und der Ministerien, welche Kontakte die Mitarbeiter pflegen, noch gibt es bei den Lobbyisten ein ausgeprägtes Interesse, den Medien und damit der Öffentlichkeit mitzuteilen, mit welchen Teilen der Regierung oder des Parlaments sie gerade Kontakt haben. Lobbying stellt damit in jeder Demokratie eine Herausforderung dar, weil jede Demokratie den

Anspruch hat, größtmögliche Transparenz über das Handeln der Regierung zu schaffen und Machtstrukturen sichtbar werden zu lassen. Gerade weil niemand der an Lobbyprozessen Beteiligten an Öffentlichkeit interessiert ist, entsteht der Eindruck einer heimlichen Macht starker ökonomischer Interessengruppen und eines erheblichen Einflusses solcher Gruppen auf politische Entscheidungen.«[206]

Die meisten Lobbyisten arbeiten im Auftrag von Verbänden oder Unternehmen und beziehen für ihre Tätigkeit Gehälter oder Honorare. »Verbandsvertreter sind heute professionell geschulte Dienstleister, die von ihren Organisationen mit großen Gestaltungsspielräumen ausgestattet werden«, unterstreicht der Verbändeforscher Martin Sebaldt. »Denn der einzelne Lobbyist kann nur Erfolg haben, wenn er als eigenverantwortlicher und mit Verhandlungsmasse ausgestatteter Treuhänder für seine Klientel tätig wird.«[207] Auch wenn professionelle Lobbyisten im Sinne ihrer Auftraggeber möglichst geräuschlos und jenseits der Öffentlichkeit auf politische Gestaltungsprozesse Einfluss zu nehmen trachten, stellen sie meines Erachtens weder eine »stille« noch eine »heimliche Macht« dar. Das gilt im Übrigen auch für die Vertreter von nichtstaatlichen Organisationen und sozialen Bewegungen, insoweit sie nicht ausschließlich mit öffentlichen Kampagnen außerparlamentarischen Druck ausüben.

Der Lobbyismus selbst ist keine Macht, er ist ein Instrument zur Einbringung, Wahrung und Durchsetzung partikularer Interessen, die entweder mächtig und damit je nach den gegebenen historisch-gesellschaftlichen Verhältnissen durchsetzungsstark oder schwach oder gar ohnmächtig sind. Und zwar keinesfalls zufällig seit dem Aufkommen des Parlamentarismus, den Ferdinand Lasalle schon 1862 als spezifische Herrschaftsform der bürgerlichen Klassengesellschaft charakterisierte.

Nun weisen Thomas Leif und Rudolf Speth mit Fug darauf hin, dass die herrschende Politik des Informationszeitalters dazu übergegangen ist, wichtige Gesetzgebungsprojekte in den vorparlamentarischen Raum zu verlagern, was den Interessensvertretern zweifellos entgegenkommt. Darüber hinaus hat das Parlament für das Gemeinwohl entscheidende Gesetzgebungs- und Gestaltungskompetenzen an übergeordnete Instanzen wie die Europäische Union, die WTO und andere supranationale bzw. zwischenstaatliche Organisationen mehr abgegeben. Das Problem, so scheint es, sind folglich weniger die partikulare Interessen repräsentierenden Lobbyisten als vielmehr die vom Volk gewählten Mandatsträger in den Parlamenten bzw. die mit »Sachzwängen« argumentierende herrschende Politik. Der Präsident des Bundesverfassungsgerichts, Hans-Jürgen Papier, verdeutlicht das:

»Die Verlagerung wichtiger politischer Vorentscheidungen in außerparlamentarische Gremien etwa ist ein Politikstil, den ein Parlament hinnehmen, der ihm aber nicht aufgezwungen werden kann. Auch zur kritiklosen Übernahme von Argumentationsmustern oder gar Papieren ambitionierter Lobbyisten wird kein Abgeordneter gezwungen. Wenn deshalb von Macht- oder Bedeutungseinbußen der Parlamente gesprochen wird, so handelt es sich, jedenfalls in Teilen, auch um selbst verursachte. Und wenn eine Stärkung und Erneuerung des Parlamentarismus gefordert wird, so muss, diese nicht zuletzt von den Parlamenten und den Parlamentariern selbst ausgehen.«[208]

Der instrumentelle »Politikstil« des heutigen Parlamentarismus besteht offenbar darin, für die Verlegung der Entscheidungsbefugnisse vom Parlament in nicht öffentlich tagende Exekutivorgane der technokratischen Eliten zu sorgen. Und das heißt zugleich, dass die Mehrheit der Parlamentarier bestimmten partikularen Interessen gegenüber aufgeschlossener ist als dem allgemeinen Interesse, dass sie offenbar mit den grundlegenden Forderungen der ökonomischen Oligarchie größtenteils übereinstimmt. »Vom Volk gewählt und dem Volk verantwortlich sind nicht mehr oder weniger prominente Lobbyisten oder Mitglieder von Gremien und Kommissionen, sondern die Mandatsträger in den Parlamenten«, schreibt Hans-Jürgen Papier.[209] Wenn die Mehrheit der Abgeordneten der bürgerlichen und sozialdemokratischen Parteien sich freilich als »heimliche« (zuweilen dafür bezahlte) parlamentarische Partner der Lobbyisten der ökonomischen Oligarchie versteht, ist der Verweis auf die Verantwortung gegenüber dem Volk müßig.

Nun läßt sich, wie der Politologe Kurt Lenk anmerkt, »vom normativen Anspruch des klassischen Demokratiemodells her leicht nachweisen, daß weder die derzeitige Gesellschaftsstruktur noch die demokratischen Prozesse, wie sie sich in Wahlen, Kandidatenaufstellung und im Verhältnis von Parlament und Regierung darstellen, mit dem übereinstimmen, was einmal der Anspruch von Demokratie gewesen ist«.[210] Erinnert sei an

Helmut Schelskys 1961 formulierte These von der Unvereinbarkeit von Demokratie und technokratischem Staat.[211] Die technologischen »Sachzwänge«, entheben demnach das Volk jedes Willenbildungsprozesses – jedenfalls solange die Technokratie halbwegs gut funktioniert. Da immer mehr Informationen und verwissenschaftliche Sachzwänge berücksichtigt werden müssen, um überhaupt noch zielführende Entscheidungen treffen zu können, und dadurch die politische Urteils- und Willensbildung erschwert wird, verfestigt sich die Tendenz zur Entpolitisierung der Bürgerinnen und Bürger. Unter den von der ökonomischen Oligarchie behaupteten Systemzwängen herrscht seitens der Beherrschten »ein eher pragmatisches Sichanpassen an die Gegebenheiten vor, die mehrheitlich vor allem deswegen bejaht werden, weil es sich unter ihnen leben läßt: das stillschweigende Einverständnis darüber, daß der Spatz in der Hand besser ist als die Taube auf dem Dach«. [212]

Von der Demokratie zur Apathie

Die in Deutschland deutlich zurückgehende Wahlbeteiligung, die als personalisierte Schaukämpfe massenmedial inszenierten und konsumierten Wahlkämpfe, die nur vordergründigen, ideologisch entkernten Streitinszenierungen der »Volksparteien« zur Vertrauenswerbung um die benötigten »Kunden« aus den noch für eine Stimmabgabe aktivierbaren Ober- und Mittelschichten, verweisen auf ein systemkonformes Grundmuster politischer Apathie, das mit der Demokratie, der Herrschaft des Volkes, wenig gemein hat. David Riesmann charakterisierte das Verhaltensmuster dieser außengeleiteten »Gleichgültigen neuen Stils« 1950 in seiner berühmten Studie über *Die einsame Masse*: »Sie ist in hohem Grade die Gleichgültigkeit von Menschen, die genug von der Politik erfahren haben, um sie abzulehnen, genügend politische Information besitzen, um sie sich vom Leibe zu halten, und genug über ihre Pflichten als Staatsbürger wissen, um sich ihnen zu entziehen.«[213]

Nach der gescheiterten 1848er Revolution hatte der Wiener Dichter Franz Grillparzer seinen berühmten, pessimistischen wie prophetischen Satz geprägt: »Der Weg unserer Bildung geht von Humanität über Nationalität zur Bestialität.« Heute könnte man Grillparzers Aphorismus sinngemäß abwandeln: »Der Weg unserer Gesellschaft geht von Demokratie über Technokratie zur Apathie.«

Nur noch eine kleine Lobby?

In sämtlichen Technodemokratien der hochindustrialisierten kapitalistischen Länder sind die Eigentums- und damit Machtverhältnisse klar geregelt, gesetzlich weitgehend abgesichert und im Prinzip allen Bürgerinnen und Bürgern hinlänglich bekannt (was natürlich nicht heißt, dass sie nicht bewusstseinsmäßig verdrängt werden können). Der Widerspruch von Kapital und Arbeit löste zu Beginn des liberalen industriellen Kapitalismus die Entstehung von Gewerkschaften aus, die sich seitdem als Interessenvertretung der Lohnabhängigen bzw. Arbeitnehmer im wirtschaftlichen und politischen Prozeß verstehen. Zunächst erzwangen sie – auch durch die Unterstützung bürgerlicher Sozialreformer – Zugeständnisse, um dann in der fordistischen Phase als systemstabilisierender und organisationsmächtiger Faktor im kapitalistischen Wirtschaftsprozess zum sozialen Fortschritt beizutragen. Diese Funktion steht inzwischen zur Disposition und damit auch die relative Verhandlungsmacht der Interessen einer Mehrheit – der Lohn- und Gehaltsempfänger und auch vieler abhängig freiberuflich tätiger Menschen.

Auffällig ist zudem, dass in den meisten bedeutenden Technodemokratien die Gewerkschaften erhebliche Mitgliederverluste verzeichnen, was wiederum ihre Organisations- und Finanzkraft deutlich einschränkt. (In den USA und in Frankreich sind nur mehr rund ein Zehntel der in der Privatwirtschaft beschäftigten Arbeitnehmer gewerkschaftlich organisiert; in Großbritannien wie hierzulande ist es bestenfalls noch jeder sechste Beschäftigte.) Anstatt sich gegen die Zumutungen des entgrenzten Kapitalismus zu wehren, schwächen die Arbeitnehmer ihre Verhandlungsposition durch Austritt. Aber warum?

Walther Müller-Jentsch benennt folgende Ursachen: »Natürlich ist die zunehmende Diskrepanz zwischen dem strukturellen Wandel der Arbeitnehmerschaft – der Tertiarisierung, Feminisierung und Prekarisierung der Arbeitsmärkte – und der traditionellen Gewerkschaftsorientierung an Strategien und Praktiken, die auf die männliche Industriearbeitschaft abgestellt waren, eine Ursache für die abnehmende Attraktivität der Gewerkschaften; eine weitere ist die gewerkschaftsfeindliche Umwelt der wirtschaftlichen und politischen Eliten; eine dritte die (territorial ungleich verteilte) Massenarbeitslosigkeit. Man kann es auf die Formel bringen: Die

Unteren finden sich in den Gewerkschaften nicht wieder – die Oberen benötigen sie nicht mehr. Im rekursiven Prozeß schwächen beide Faktoren die Gewerkschaften, und deren Schwächung erhöht wiederum die Wirksamkeit beider Faktoren.«[214]

Die seit dem Ende der sozialen Marktwirtschaft fortschreitende Schwächung der organisierten Arbeitnehmerinteressen korrespondiert mit der Entstehung einer Vielzahl neuer Interessengruppen. Seit einem guten Vierteljahrhundert erweitert sich das Spektrum der als Lobby im Vorfeld politischer Entscheidungen agierenden Interessengruppen und Interessenvertreter deutlich. So etablierte sich neben den traditionellen Verbänden von Kapital, Arbeit, Wohlfahrt, Kultur und Religion eine rapide ansteigende Zahl von Gruppen und Bewegungen, die sich für den Frieden, die Menschen- und Bürgerrechte, die Rechte der Frauen, die volle gesellschaftliche Anerkennung von Schwulen und Lesben, den Umwelt- und Verbraucherschutz, Maßnahmen gegen die Globalisierung usw. engagieren. Neben dieser Vielzahl von Bürgerlobbies (im weitesten Sinne) bauten insbesondere die Großunternehmen ihre »Politikabteilungen« und ihr spezifisches Lobbying erheblich aus. Schon bald nach der Vereinigung der beiden deutschen Staaten erweiterte sich zudem das von CDU/CSU, SPD, FDP und den Grünen dominierte Parteienspektrum um die PDS/Die Linke.

Die Tatsache, dass heutzutage Tausende von mehr oder weniger professionellen Lobbyisten im Namen ihrer Auftraggeber, den Arbeitgeberverbänden, Unternehmerverbänden, Konzernen und bedeutenden Mittelstandsunternehmen, Gewerkschaften, aber auch dem ADAC, den Verbraucherverbänden, Steuerzahler- und Mieterbünden, Kinderschutzgruppen, Tierschutzverbände, Umweltschützern und anderen mehr Politik und Gesetzgebung zu beeinflussen suchen, ist aus Sicht der Anhänger des Pluralismus ein willkommener Beleg für das Funktionieren der Demokratie. Ulrich von Alemann etwa glaubt: »Der Lobbyismus regiert ein bißchen mit. Und das ist gar nicht übel. [...] Die Effizienz des Lobbyismus und seiner Organisationsformen gilt es immer neu zu überprüfen. Gerade Verbände verkrusten leichter als Unternehmen. Insgesamt muss, die Partizipation im Pluralismus breit gestreut bleiben. Dann droht weder der ›Verbändestaat‹, noch die ›Unregierbarkeit‹.«[215]

Die etablierte Pluralismusforschung, so scheint es, betrachtet die

Gesellschaft als einen Jahrmarkt mit ständig wechselnden Situationen, Verhältnissen und Besuchern. Regierung und Parlament bilden das alle Akteure magisch anziehende Karussell, auf dem mitfahren kann, wer sich an bestimmte Spielregeln und Eintrittspreise hält. (Konzepte von der »Erlebnis-« oder »Risikogesellschaft« ergänzen dieses Bild.) Dass moderne Gesellschaften wie die der Bundesrepublik zuvörderst von der Beschaffenheit des Arbeitsmarktes abhängig sind, gerät da leicht aus dem Blick. Der Volksvertreter und -wirt Herbert Schui verdeutlicht, worauf dies hinausläuft:

»Die mittlerweile von einer großen Koalition vertretene neoliberale Agenda [...] schafft die Voraussetzung für individuelle Verantwortlichkeit. Die Welt, in der es diese Verantwortung geben kann, ist nicht die Wirklichkeit. Sie wird als Schein inszeniert. Wir finden sie vor uns ausgebreitet in einer Mischung aus Alltagsverständnis und falscher Wirtschaftstheorie. Die Stichworte ›Eigenverantwortung‹, ›aktivierender Sozialstaat‹, ›Generationenvertrag und Bevölkerungswachstum‹ und Ähnliches mehr setzen sich vor unseren Augen zu einem Bild der Wirtschaft zusammen, wie wir dies aus den ersten Kapiteln von Kellers *Grünem Heinrich* kennen, nämlich eine bäuerlich-handwerkliche Gesellschaft. Oder, um noch einen Schritt zurückzugehen: In einer vorzeitlichen Bauernwirtschaft, in der es genug Land zum Urbarmachen gibt, muss sich niemand aushalten lassen, der als arbeitsfähig gilt. Hier benötigt man kein abstraktes Raisonnement, das uns erklärt, warum Produktionsmöglichkeiten ungenutzt und Menschen arbeitslos sind, obwohl sie gerne arbeiten und produzieren würden, um besser leben zu können. Hier trifft noch zu, daß es für alle Arbeitsfähigen eine Arbeit gibt und dass es in der Verantwortung des Einzelnen liegt, eine Arbeit aufzunehmen. Diese Welt aber aber ist heute nichts als eine Fiktion. Je entwickelter eine Wirtschaft ist, umso weniger nutzt ›Eigeninitiative‹, umso mehr haben wir es mit Vorgängen zu tun, die völlig außerhalb der Reichweite *individueller* Initiative und Verantwortung liegen.«[216]

Die pluralistische Wahrnehmung und versuchte Durchsetzung von Interessen ist in einer parlamentarischen Technodemokratie eine zwar legitime und, wie es scheint, selbstverständliche Normalität. Die gegenseitige Durchdringung der politischen und ökonomischen Technostruktur sorgt in der Praxis jedoch für eine – wenn auch durch gewisse sozialpoliti-

275

sche Kompromisse abgefederte – allzeitige Kontrolle der ökonomischen Oligarchie über die Gesamtwirtschaft, also über alle Dienstleistungs- und Produktionsapparate, von denen die materielle Existenz der Menschen abhängt. Im harten Schlaglicht der Realität, verdeutlicht Maurice Duverger, »ist die Handlungsweise der Technostrukturen von Natur aus antidemokratisch. Sie tendiert zu einer oligarchischen Regierung, welche die Herrschaft des Kapitalismus begünstigt, der sich innerhalb von Kommissionen, Arbeitsgruppen und Ausschüssen, die ihre Entscheidungen hinter verschlossenen Türen fällen, viel leichter entfalten kann als im hellen Licht der Volksdebatten und der parlamentarischen Auseinandersetzungen.«[217]

Für Ethik und Transparenz

Trotz aller Schattenseiten wird das technodemokratische Regime von einer Mehrheit der Bevölkerung nicht in Frage gestellt. Allerdings stehen die gegenwärtigen Technostrukturen, und mit ihnen die Lobbyisten, seit einigen Jahren im Mittelpunkt einer von Politikwissenschaftlern, kritischen Journalisten, NGOs und Bürgerrechtlern forcierten Debatte, die transparentere Entscheidungsverfahren, ethische Selbstverpflichtungen (Verhaltenskodexe) und die Offenlegung von Budgets etc. verlangt. Cerstin Gammelin und Götz Hamann fordern beispielsweise:»Ministerien und Parlament müssen dokumentieren, wie jedes Gesetz entsteht – und kenntlich machen, welche Vorschläge sie von Lobbyisten übernehmen [...]. Minister und Beamte müssen auf Pensionsansprüche verzichten, wenn sie zu Unternehmen wechseln, die von ihren politischen Entscheidungen betroffen waren [...]. Lobbyisten müssen offenbaren, für wen sie arbeiten und wie viel Geld sie dafür bekommen. Die US-Regierung hat für Lobbyisten – von Unternehmen bis zu Nichtregierungsorgansiationen und Bürgerbewegungen – einige Transparenzregeln verfügt.«[218]

Von den Regelungsversuchen im »Mutterland« des professionellen Lobbyings, in den USA, war bereits im VIII. Kapitel die Rede. Da die 1946 eingeführten Transparenzanforderungen 1995 erweitert wurden und seitdem als vorbildlich und nachahmenswert gelobt werden, empfiehlt sich ein genauerer Blick auf das Geschehen.

276

Neue Regeln, altes Spiel

Rufe nach einer Verschärfung der Lobbyingregulierung wurden in den USA bis zur Neufassung des »Lobbying Disclosure Act« im Jahre 1995 zwar einige Male laut, die sich dafür einsetzenden Abgeordneten konnten jedoch keine Mehrheit hinter sich bringen. Daran änderte 1976 weder die »Koreagate«-Affäre etwas, bei der ein koreanischer Lobbyist unzulässige Geschenke an Kongreßmitglieder verteilt hatte (drei Abgeordnete wurden verwarnt, zwei wurden angeklagt), noch die »Keating Five«-Affäre von 1990, bei der es um die unzulässige Finanzierung einer Kampagne ging (ein Senator wurde verwarnt).

Immerhin fuhr das »Senate Governmental Affairs Committee« fort, Anhörungen zur Registrierungsfrage der Lobbyisten vorzunehmen und neue Regulierungsansätze zu debattieren. Anlässlich der Zweihundertjahrfeierlichkeiten der Senatskammer im September 1987 unterstrich Senator Robert C. Byrd in einer aufsehenerregenden Rede, wie virulent das Lobbying trotz der 1946 eingeführten Transparenzregeln geworden war. Er benannte das (typisch amerikanische) Problem der Geldbeschaffung für Wahlkämpfe durch »Political Action Committees«, die steigende Zahl von bereits durch Lobbyisten und wissenschaftliche Denkfabriken fertig vorformulierten Gesetzentwürfen, er verwies auf die immer bessere Vernetzung der Lobbyisten und ihrer Auftraggeber durch die elektronischen Medien und rügte die ausufernden »grass-roots-Feldzüge« mittels Anrufen, Briefen und vorgedruckten Postkarten. Senator Byrds Rede gipfelte in der Passage:

»Die ›Jagd nach dem Geld‹ ist außer Kontrolle geraten, und die Praxis, als Gegenleistung für den Zugang zum politischen Entscheidungsprozeß Beiträge zu den Wahlkampfkosten zu leisten, hilft ganz bestimmt nicht, das lädierte Image auf zu polieren, das die legitime Seite der Interessenvertretung überschattet. Ein weiteres Problem besteht darin, daß der Einfluß, den spezielle Interessengruppen ausüben, oft in keinstem Verhältnis zu ihrer Repräsentation in der allgemeinen Bevölkerung steht. Diese Abart des Lobbying ist nicht gerade eine Aktivität im Sinne der Chancengleichheit. ›Eine Person, eine Stimme‹ – das gilt nicht mehr, wenn die große Masse der Bürger im Vergleich zu den wohl finanzierten, hochgradig organisierten Interessengruppen in den Fluren des Kongresses unterrepräsentiert ist, mögen die Ziele dieser Lobbys auch oft ein-leuchten.«[219]

Ob die 1995 (und 1998) verschärften Transparenzregelungen an der »Abart des Lobbying« etwas zu ändern vermochten, ist sicherlich eine spannende Frage. Aufgrund des erweiterten »Lobbying Disclosure Act« von 1995 gibt es jedenfalls im Hinblick auf den Lobbyismus gegenüber dem Kongreß (und auch gegenüber den Parlamenten der Bundeststaa-ten) eine durchaus erstaunliche Fülle von allgemein zugänglichen Informationen. Wer wen in wessen Auftrag lobbyiert ist ebenso nachvoll-ziehbar, wie die Gelder, die dafür eingesetzt werden. Zwar müssen sich Verbände und Initiativen, die »grass-roots-Lobbying« betreiben, im Nor-malfall nicht registrieren lassen, alle anderen Lobbyisten, die zu Abge-ordneten oder Regierungsstellen Kontakt aufnehmen, aber schon.

Organisationen, die Lobbyisten beschäftigen, sind melde- und nach-weispflichtig, wenn sie in einem halben Jahr mehr als 24 500 US-Dollar dafür aufwenden bzw. wenn die von ihnen beschäftigten Lobbyisten im Halbjahr mehr als 20 Prozent ihrer durchschnittlichen Arbeitszeit für die professionelle Interessenwahrnehmung aufwenden (was insbesondere auf die großen Law firms zielt). Zudem schreibt das Gesetz vor, daß sämt-liche Registrierungsangaben sowie die vorgeschriebenen Halbjahresbe-richte über Kunden, Ausgaben und lobbyierte Gesetzgebungsprojekte zu veröffentlichen sind. Darüber hinaus regeln diverse Ethikgesetze (»Ethics in Government Act« etc.) den Übergang von Bundesangestellten, Abge-ordneten und Regierungspolitikern in Lobbyfirmen durch Abkühlungs-und Kontaktsperren. Sie sind jedoch zeitlich – auf ein oder zwei Jahre – befristet. Hinzu kommen einschlägige Bewirtungs- und andere zur Kor-ruptionsabschreckung dienende, mehr oder weniger restriktive Regeln, sowie Selbstregulierungen bzw. Ethik-Kodizes der Berufsverbände der Lobbyisten und Public Affairs-Berater.

Den zahlreichen Watchdog-Gruppen und interessierten Journalisten mangelt es in den Vereinigten Staaten nicht an Zahlen, Daten und Namen, mit denen Lobbying-Prozesse detailliert nachgezeichnet wer-den können. Der US-Senat hat allein zwischen 1995 und 2005 mehr als 20 Kubikmeter Aktenmaterial angehäuft und zum Teil ins Internet gestellt, aus denen etwa hervorgeht, wann welche Abgeordneten oder Bundesbe-dienstete bei welchen Lobbyfirmen angeheuert haben (sogenannte

»revolving-door lobbyists«) und was sie verdienen, zu welchem Zeitpunkt welche Bundesbehörden von wem lobbyiert wurden und um welche Gesetze es ging und so weiter und so fort.[220]

Da allein auf Bundesebene rund 4000 professionelle Lobbyagenturen mit circa 27 000 für sie tätigen Lobbyisten mehr als 22 000 Firmen, Verbände, Kirchen etc. vertreten, wächst die Flut der registrierten Daten im »Senate Office of Public Records« rasant weiter an. Nach Angaben der investigativen Journalisten des »Center for Public Integrity« fehlten im Januar 2006 allerdings rund 14 000 Dokumente, die eigentlich hätten zugänglich sein müssen. Auch hatten 49 der 50 größten auf das Lobbying spezialisierten Unternehmen die vorgeschriebenen Berichtspflichten seit sechs Jahren ignoriert.[221]

Immerhin: für das Jahr 2004 konnten Journalisten beispielsweise ausrechnen, dass die professionellen Lobbyisten in Washington mehr als zweieinhalb Milliarden US-Dollar damit verdienten, gezielt auf die Gesetzgebung und Einfluss zu nehmen. Zu ihren bedeutenden Kunden gehörten die US-Handelskammer, Wirtschaftsprüfungsunternehmen, Ärzteverbände und sämtliche Großunternehmen – Exxon-Mobil, Philip Morris, GM, Ford etc.[222] Die Pharmaindustrie um Pfizer, Johnson & Johnson und Merck & Co. beispielsweise beschäftigte 2004 rund 1300 Lobbyisten (von denen die Hälfte vormals in der Administration tätig gewesen waren) und gab dafür nach offiziellen Angaben 123 Millionen US-Dollar aus.[223] Lobbyisten erhalten übrigens rund doppelt soviel Geld wie die Politiker bzw. die »Political Action Committees« für die Wahlkampagnen. Zwischen 1998 und 2005 nutzten wiederum an die 80 Kongreßmitglieder die Dienste von Lobbyisten für ihre Wiederwahlkampagnen.

Martin Thunert, der eine konzise Übersicht über das *Lobbying in den USA* verfaßt hat, resümiert: »Die in den Vereinigten Staaten zur Anwendung kommenden gesetzlichen und freiwilligen Regularien setzen weniger auf Einschränkung des Lobbyismus als auf Verfahrenstransparenz, Verhinderung von Vetternwirtschaft und Korruption sowie der Offenlegung von Abhängigkeitsverhältnissen. Ziel ist nicht das interessengruppenfreie, an einem wie immer definierten Gemeinwohl orientierte Regieren durch überparteiliche Beamte, sondern das ›saubere Regieren‹ von auf Zeit bestellten Mandatsträgern und ihren Mitarbeiterstäben. Wer im Mutterland des Lobbyismus restriktive Maßnahmen zur Unterbindung von Interessenpolitik sucht, wird nicht fündig werden. Lobbyisten werden als legitime Interessenvertreter und oft auch als fachkundige Experten geschätzt – weniger von der Öffentlichkeit als von einigen der Lobbyierten selbst. Die gesetzlichen Regularien tragen wenig zur Herstellung von Ressourcengleichheit unterschiedlicher Interessen bei, sondern versuchen Einflußkanäle offen zu legen und überprüfbar zu machen.«[224]

Im übrigen werden die im »Lobbying Disclosure Act« bestehenden Grauzonen nach Kräften ausgenutzt, etwa über die Einschaltung gemeinnütziger Organisationen und Denkfabriken. Auch verhindern die – kurzen – Abkühlungsfristen nicht den Überwechsel von Kongreß- und Regierungsmitgliedern sowie Staatsbediensteten in Lobbyfunktionen. »Von den hundert höchstrangingen Angehörigen der Clinton-Administration einschließlich der Minister, die bis zum letzten Tag im Amt geblieben waren,« vermerkt Martin Thunert, »arbeiteten mehr als die Hälfte ein Jahr nach ihrem Ausscheiden für Unternehmen oder Lobbyisten, zu deren Geschäftsbereich die frühere Tätigkeit des Regierungsmitarbeiters zählt.«[225] Dass die Transparenzregeln zuweilen von kriminellen Machenschaften außerkraft gesetzt werden, gehört auch in dieses Bild.

Lobbyisten auf Abwegen

»Ich bekenne mich schuldig, Euer Ehren. Und ich werde meine Taten für den Rest meines Lebens bereuen. Ich bitte Gott den Allmächtigen um Vergebung.« Dieses – für viele Beobachter überraschende – Geständnis leistete im Januar 2006 der als einflußreich gerühmte Lobbyist Jack Abramoff vor einer Washingtoner Bezirksrichterin. Es bildete den Auftakt für einen der größten Korruptionsskandale in der Geschichte der Vereinigten Staaten. (Wobei die Existenz erheblich krimineller polit-ökonomischer Strukturen bereits im Zusammenhang mit den 2001/2002 aufgedeckten Bilanzmanipulationen der Konzerne Enron und Worldcom deutlich geworden war.[226])

Es geht um Betrug, Bestechung und Steuerhinterziehung in unglaublichem Ausmaß. Gegen mehr als sechzig Abgeordnete, Senatoren und deren Mitarbeiter hat das FBI Ermittlungen aufgenommen. Aus den bereits belegten Fällen, die (bis zum Sommer 2006) publik geworden sind, ergeben sich Rückschlüsse auf eine so beachtliche wie verwerfliche Netzwerkkonstruktion. Die ersten Fäden knüpfte der »Casino Jack« gerufene Jack Abramoff, als die Republikaner 1994 die Mehrheit im US-Abgeordnetenhaus gewannen. Er suchte umgehend Kontakte zu führenden Republikanern und auch Demokraten und schuf in der Folgezeit mit Hilfe anderer Lobbyisten und zahlreichen Gönnern aus der Politik die sogenannten »Abramoff Galaxy«. Sie bestand aus Kanzleien und Lobbyfirmen (Preston Gates & Ellis, Greenberg Trading), Familienstiftungen (Capital Athletic Foundation, Eshkol Religious Academy), Instituten (American International Center, National Center for Public Policy Research), Glücksspielunternehmen und Restaurants (Sun Cruz Casino Line; das Washingtoner Restaurant »Signature«), Kunden (Commonwealth of the Northern Marina Islands, Organisationen der Choctaw-, Saginaw- Chippewa- und anderer Indianerstämme) sowie aus Politikern und Ministerien.

Das von Jack Abramoff aufgebaute Lobby- und Geschäftsimperium geizte weder mit Geldspenden noch mit anderen Vergünstigungen wie Reisen, Nebenjobs und Bewirtungen von Kongreß-Abgeordneten. Zwischen 2001 und 2004 flossen mindestens vier Millionen US-Dollar an überwiegend republikanische Kandidaten und Abgeordnete, die im Gegenzug für vorteilhafte Regulierungen und Lizenzvergaben zu sorgen hatten (und das im Falle einer Casino-Lizenz auch nachweislich taten). Darüber hinaus unterstützte Abramoff 2004 die (Wieder-)Wahlkampagne von George Bush. Was schon im Enron-Skandal ans Tageslicht kam, belegen auch die Praktiken der »Abramoff-Galaxy«: die Unternehmen nehmen mit Hilfe von ihnen bezahlter Lobbyisten gezielt Einfluss auf die auf private Wahlkampffinanzierung angewiesenen Politiker. Denn deren Bedarf an Mitteln zur Finanzierung eines erfolgreichen Wahlkampfes ist hoch. Die durchschnittlichen Kosten, die mit der Erringung eines Sitzes im Senat verbunden sind, betragen mindestens um die fünf Millionen US-Dollar. Und so verwundert es nicht, dass Reporter der amerikanischen Presse zu der Einschätzung kommen:

»Es ist an der Tagesordnung, daß Abgeordnete Spenden von Unternehmen entgegennehmen – obwohl sie die dazugehörige Branche im Interesse des Volkes regulieren. Zwar ist das US-Wahlkampfspendengesetz erst kürzlich überarbeitet worden. Ohne Zweifel werden die Änderungen jedoch in absehbarer Zeit schon wieder umgangen. Die Unternehmen, die in Washington am meisten zu verlieren haben, werden sich auch weiterhin den direkten Zugang zur Macht zu sichern wissen – in der Hoffnung, daß sie dem Kongreß über großzügige Finanzspritzen die Gesetzestexte diktieren können. […] Bis jetzt haben die amerikanischen Wähler gutgläubig darauf vertraut, daß der Kongreß zumindest das Nötigste unternimmt, um die Macht der großen Konzerne zu regulieren und die Öffentlichkeit vor Schaden zu bewahren. Nun aber müssen sie feststellen, daß der Kongreß seit langem von der Wirtschaftslobby beherrscht wird. […] In der Tat hat sich in Amerika keine der beiden großen Parteien dem Einfluß der Wirtschaftslobby erfolgreich entzogen. Dadurch haben die Bürger ihr Vertrauen in den US-Kongreß und in die politischen Parteien verloren …«[227]

Die Vereinigten Staaten zeichnen sich durch eine äußerst geringe Wahlbeteiligung aus – im Durchschnitt nehmen kaum mehr als 50 Prozent der Wahlberechtigten an den Wahlen teil. Nun gilt der Wahlakt in repräsentativen Demokratien als Kern demokratischer Legitimität, wobei jede Stimme im Sinne von »One man, one vote« gleich viel gelten soll. Wenn sich jedoch die Hälfte der Bevölkerung an einer Wahl nicht beteiligt (darunter viele Bürger sogenannter bildungsferner und marginalisierter Schichten), dann erweist sich das demokratische Versprechen an Beteiligungsgleichheit als Leerformel, gibt es bestenfalls noch eine halbe Demokratie.

Im kapitalistischen Musterland sind die Durchschnittslöhne heute niedriger als 1973, ist eine Arbeitsstelle allein für viele Menschen längst nicht mehr ausreichend, um der Armut zu entkommen. Die stagnierenden Löhne vermögen die laufenden Kosten für Gesundheitsversorgung, Altersvorsorge, Kindererziehung und den täglichen Bedarf kaum mehr zu decken – mehr als 46 Millionen US-Bürger haben keine Krankenversicherung. Die offizielle Armutsrate liegt gegenwärtig bei rund 13 Prozent der Bevölkerung, und jedes fünfte amerikanische Kind gilt offiziell als arm. Gleichzeitig vergrößert sich der Abstand der Vermögenden zu den Durchschnittsverdienern gravierend. 1962 verdiente in den USA ein Vorstandsvorsitzender zwanzigmal so viel wie ein Arbeiter, 1989 bereits sechsundfünfzigmal so viel und gegenwärtig mehr als einhundertzwanzigmal so viel. Eine kleine Gruppe von Managern und Vermögenden bereichert in unglaublichem Ausmaß ihr Geldvermögen.

Der politische und institutionelle Rahmen des Lobbyismus in den USA ist mit den Verhältnissen in der Bundesrepublik oder auch in der Europäischen Union zwar gewiss nicht deckungsgleich. Auffällig ist dennoch, dass die ökonomische Oligarchie in den Vereinigten Staaten trotz ausgefeilter Transparenzregeln und einem im Vergleich zu Deutschland und zumal der EU wahrlich gläsernen Lobbyismus so effektiv wie eh und je mit den politischen Technostrukturen verbunden ist. Die Tatsache jedenfalls, dass die US-Bevölkerung im Prinzip vollständig darüber informiert ist, mit welch hohem finanziellen, organisatorischen und netzwerkpflegenden Aufwand die Wirtschaftslobby gezielt die Gesetzgebung zum Nutzen und Frommen des Kapitals und der mit ihr verbundenen gesellschaftlichen Eliten gestaltet, hat an den Machtverhältnissen nichts geändert. Wie sie gestaltet sind, zeigt sich eindrucksvoll am Beispiel des polit-ökonomischen Beziehungsgeflechts, das im Zuge des Enron-Bilanzfälschungsskandals offenbar wurde:

Die Enron Corporation war in den Jahren ihres Bestehens ein ungemein spendenfreudiges Unternehmen. Mehr als zwei Drittel aller Mitglieder des US-Senats, rund die Hälfte der Abgeordneten im Repräsentantenhaus – die sich seitdem in Ausschüssen mit den Hintergründen der Pleite befassen – sowie andere bekannte Politiker erhielten von dem Konzern Zuwendungen. Von 1989 bis 2001 spendete Enron fast sechs Millionen Dollar an die beiden großen Parteien, drei Viertel der Gelder flossen dabei an die Republikaner. Enron-Gründer Kenneth Lay ist (oder war?) ein alter Familienfreund der Bushs, er sponserte ebenso den Ex-Präsidenten George Bush wie zuletzt den Junior. Insbesondere George W. Bushs Wahlkämpfe als Gouverneur in Texas (wie auch unlängst um die Präsidentschaft) wurden von »Kenny-Boy« Lay großzügig finanziell unterstützt.

Nun sind hohe Partei- und Wahlkampfspenden in den USA seit langem üblich und auch legal. Daß die Politiker sich bei Konzernen und vermögenden Einzelpersonen anbiedern müssen, um ihre Wahlkämpfe finanziert zu bekommen, liegt ebenso in der Natur der Sache wie die von den Spendern an ihre Großzügigkeit geknüpfte Erwartungshaltung, dass sie in der Technostruktur angemessene Plätze zugewiesen bekommen. Wer reichlich spendet, kann viel Einfluss auf vermeintlich demokratische Entscheidungen nehmen, wer wenig spendet entsprechend geringeren.

Die Rangliste der wichtigsten Geldgeber der beiden Parteien und Berufspolitiker wird seit Jahren von den großen Energiekonzernen angeführt. Im Laufe des Präsidentschaftswahlkampfes 2000 war die Enron Corporation der mit Abstand größte Spender: 2 387 848 US-Dollar steuerte sie bei, gefolgt von Exxon Mobil mit 1 374 200 US-Dollar. (Die kleinste Spende der zwanzig bedeutendsten Öl- und Gasunternehmen kam von der Dygney Inc. mit 372 550 US-Dollar.) Kurz: Kein Unternehmen in den Vereinigten Staaten stand George W. Bush näher als Enron. Für die Feiern zu seiner Amtseinführung steuerte der Konzern aus Houston zusätzlich 100 000 US-Dollar bei.

Dem Team, das die Amtszeit von George W. Bush vorbereitet hat, gehörten wenigstens zwanzig Manager und Gesellschafter von führenden US-Energiekonzernen an. Zu den besonders einflußreichen Vertrauten von George W. Bush zählt(e) zweifellos Kenneth Lay. Er wirkte maßgeblich am deregulierungsfreundlichen neuen Energieprogramm des Vizepräsidenten Dick Cheney mit (die beiden trafen sich 2001 sechsmal zu Gesprächen über die Energiepolitik), der lange Jahre Vorstandschef von Halliburton gewesen war, des weltgrößten Materialzulieferers für die Ölindustrie, wo wiederum George W. Bush eine Zeitlang beschäftigt war. Einige enge Mitarbeiter des Präsidenten kommen auch nicht zufällig aus der Energiewirtschaft. Seine Sicherheitsberaterin Condoleeza Rice war von 1991 bis 2000 Vorstandsmitglied des Ölkonzerns Chevron und als solches mit Fragen der Geschäftspolitik in Zentralasien betraut; die als Top-Strategen gehandelten Herren Karl Rove (Wirtschaftsberater) und Larry Lindsay (innenpolitischer Berater) figurierten vor ihrem Wechsel nach Washington als Enron-Großaktionäre, Lindsay diente dem Konzern zudem als Berater. Die Liste ist noch länger. Justizminister John Ashcroft wurde bei seinem letzten Wahlkampf von Enron mit rund 57 000 US-Dollar unterstützt, der Handelsbeauftragte Robert Zoellick erhielt noch im Jahr 2000 Aufsichtsrattantiemen aus Houston, Marc Racicot, der neue Generalsekretär der Republikanischen Partei, war bis zu seinem Amtsantritt Lobbyist für Enron, und so weiter und so fort.

Der Direkteinfluss der texanischen Ölmilliardäre auf die Familie Bush kommt nicht von ungefähr. Es geht um die Kontrolle des internationalen Ölgeschäfts, und nicht zuletzt um die profitable Ausbeutung der mittelöstlichen und zentralasiatischen Vorkommen. So bietet sich der 2001 vereidigte Präsident von Afghanistan, Hamid Karsai, schon deshalb als Gesprächspartner an, weil er in den Jahren zuvor als Berater des Unternehmens Unocoal, das eine Erdöl-Pipeline von Turkmenistan nach Pakistan legen wollte, tätig war. Die Pipeline sollte durch Afghanistan verlaufen. Jean Ziegler, der UNO-Sonderbotschafter für das Recht auf Nahrung, vermerkt über ein Gespräch mit dem Editorial Board der *New York Times*: »Ich stand Rede und Antwort. Am Gesprächsende stellte ich meinerseits eine Frage: ›Wie soll man als Europäer die gegenwärtige Strategie der Administration Bush in Zentralasien verstehen?‹ Roger Normand vom Center for Social and Economic Rights, der ebenfalls am großen, runden Holztisch saß, antwortete: ›It's Oil and the military.‹ Alle Anwesenden nickten zustimmend.«[228] Die Vorgänge im Irak bestätigen diese Einschätzung nicht minder.

Lobbyarbeit ist willkommen

Die in den USA bestehenden Offenlegungspflichten für professionelle Lobbyisten, die vielfältigen freiwilligen Ethikregeln und Verhaltenskodizes der Unternehmen und Lobbyverbände wurden zwar von den Technokraten in Deutschland und in der Europäischen Union zur Kenntnis genommen, aber bis heute nicht in vergleichbarer Weise gesetzlich vorgeschrieben und implementiert. (Vielleicht auch aus der Kenntnis heraus, wie wenig die einen hohen bürokratischen Aufwand erzeugenden Regelungen an den gängigen technokratischen Verfahrensweisen und der Zusammenarbeit von mit Expertenwissen aufwartenden Wirtschaftslobbyisten zu ändern vermögen.) Das soll sich im Laufe der kommenden Jahre freilich ändern.

Damit die Bürgerinnen und Bürger der EU besser verstehen, wer in Brüssel über was und wie entscheidet und welche Interessengruppen auf die Politik Einfluss nehmen, hat Verwaltungskommissar Siim Kallas 2006 eine erste einschlägige Anregung publiziert, das *Grünbuch Europäische Transparenzinitiative*. Die nun folgenden Auszüge verdeutlichen, was die für das Wohl und Wehe von mehr als 470 Millionen Menschen so entscheidungsmächtige EU-Kommission über den Lobbyismus offiziell befindet.

»Im Rahmen der ›Strategischen Ziele 2005–2009‹, mit denen eine ›Partnerschaft für die Erneuerung Europas‹ ins Leben gerufen wurde, hat sich die Europäische Kommission unter anderem dazu verpflichtet, Interessengruppen aktiver in die EU-Politikgestaltung einzubinden. In diesem Zusammenhang betonte die Kommission insbesondere, daß Konsultation und Beteiligung ›unverzichtbare Bestandteile der Partnerschaft‹ seien. Ebenso hob die Kommission hervor, wie wichtig ›ein hoher Grad an Transparenz‹ sei, denn die Union müsse ›für öffentliche Überprüfung offen sein und für ihre Arbeit zur Rechenschaft gezogen werden können‹.

Nach Ansicht der Kommission muss sich jede moderne Verwaltung durch ein hohes Maß an Transparenz legitimieren. Die Bürger Europas dürfen zu Recht effiziente, rechenschaftspflichtige und dienstleistungsorientierte öffentliche Einrichtungen erwarten.

Ebenso sollten sie davon ausgehen können, daß die den politischen und öffentlichen Einrichtungen anvertrauten Entscheidungsbefugnisse und Ressourcen sorgfältig gehandhabt und niemals aus persönlichem Gewinnstreben mißbraucht werden. Vor diesem Hintergrund gab die Kommission im November 2005 den Startschuß für die ›Europäische Transparenzinitiative‹ (ETI). Die Initiative soll auf einer Reihe von Transparenz-Maßnahmen aufbauen, die von der Kommission bereits eingeführt wurden. [...]

In diesem Grünbuch werden mit ›Lobbyarbeit‹ alle Tätigkeiten bezeichnet, mit denen auf die Politikgestaltung und den Entscheidungsprozeß der europäischen Organe und Einrichtungen Einfluß genommen werden soll. Demzufolge sind mit ›Lobbyisten‹ Personen gemeint, die Lobbyarbeit betreiben, und die in einer der zahlreichen Organisationen tätig sind, z. B. in Beraterorganisationen für öffentliche Angelegenheiten, Anwaltskanzleien, Nichtregierungsorganisationen, Denkfabriken, Wirtschaftsverbänden oder Unternehmenslobbys (›In-house-Vertreter‹).«[229]

Wie nun auf der EU-Ebene eine aus der Sicht der Kommission »sinnvolle Lobbyarbeit« geleistet werden kann, hängt nicht zuletzt davon ab, wie sie den technokratischen Rahmen für die Beziehungen zwischen den EU-Organen und den Lobbyisten definiert. Nach Ansicht der Kommission sind dabei vor allem die folgende Punkte von Bedeutung:

»1. In einem demokratischen System hat Lobbyarbeit durchaus ihre Berechtigung. Dabei spielt es keine Rolle, wer diese Lobbyarbeit betreibt: einzelne Bürger bzw. Unternehmen, Organisationen der Zivilgesellschaft oder andere Interessengruppen bzw. Firmen, die Dritte vertreten (Berater für öffentliche Angelegenheiten, Denkfabriken und Rechtsanwälte).

2. Lobbyisten können die europäischen Organe und Einrichtungen auf wichtige Themen aufmerksam machen. In manchen Fällen stellt die Gemeinschaft finanzielle Unterstützung bereit, damit bestimmte Interessengruppen auf europäischer Ebene Gehör finden (z. B. Verbraucher, Behinderte, Umweltschutz etc.).

3. Gleichzeitig sollte durch Lobbyarbeit aber kein unzulässiger Einfluß auf die europäischen Organe und Einrichtungen ausgeübt werden.

4. Wenn Lobbygruppen die EU-Politik mitgestalten möchten, muss der Beitrag, den sie den europäischen Organen und Einrichtungen liefern, auch für die Öffentlichkeit transparent sein. Darüber hinaus muss klar sein, wen sie vertreten, welches ihre Aufgaben sind und wie sie finanziert werden.

5. Die europäischen Organe und Einrichtungen haben die Pflicht, herauszufinden, was ›zum allgemeinen Wohl der Gemeinschaften‹ (Artikel 213 EG-Vertrag) gehört und entsprechend zu handeln. Dies räumt ihnen auch das Recht ein, interne Beratungen abzuhalten, ohne dass von außen darauf Einfluß genommen wird.

6. Transparenzmaßnahmen müssen wirksam und angemessen sein. Mögliche Problembereiche: Medien, Wissenschaftler und Interessenvertreter haben Bedenken darüber geäußert, dass bestimmte Lobbypraktiken über eine berechtigte Interessenvertretung hinausgehen könnten. Hier geht es nicht nur um eindeutig rechtswidrige Praktiken (Betrug und Korruption), sondern auch um andere unzulässige Lobbymethoden, die entweder die offene Politik der EU-Organe und -Einrichtungen ausnutzen oder einfach irreführend sind.

In diesem Zusammenhang werden oft folgende Beispiele zitiert:

- Die EU-Organe und -Einrichtungen werden über mögliche wirtschaftliche, soziale oder umweltpolitische Auswirkungen von Legislativvorschlägen falsch informiert.
- Mit modernen Kommunikationstechniken (Internet und E-Mail) ist es einfach, für oder gegen ein bestimmtes Thema ganz massiv Propaganda zu betreiben, ohne daß die EU-Organe und -Einrichtungen herausfinden können, inwiefern es sich um ein tatsächliches Anliegen der Bürger handelt.

- Manchmal wird in Frage gestellt, inwiefern eine Interessenvertretung durch europäische Nichtregierungsorganisationen ihre Berechtigung hat, denn einige dieser Organisationen werden aus EU-Mitteln finanziert und erhalten zudem von ihren Mitgliedern politische und finanzielle Unterstützung.

- Viele Nichtregierungsorganisationen führen in diesem Zusammenhang jedoch an, daß bei der Lobbyarbeit ungleiche Ausgangsbedingungen herrschen, da Unternehmen für diesen Zweck mehr Geld investieren können.

- Ganz allgemein wird kritisiert, dass die Informationen über Lobbyisten, die auf EU-Ebene tätig sind, unzureichend sind, und so u. a. nicht klar ist, über welche finanziellen Mittel sie verfügen.«[230]

Mehr Sanktionen?

Angesichts der Finanz- und Verhandlungsmacht und nicht zuletzt privilegierten Behördenzugänge der Wirtschaftsverbände, Konzernlobbyisten und Anwaltskanzleien fordern kritische Beobachter, Bürgerrechtler und NGOs schon seit längerem eine Offenlegung der für das Lobbying dienenden Finanzquellen. Ohne feste Regeln für das Lobbying, so heißt es, »unterlaufen die Lobbys des großen Geldes die Demokratie«. Im Grünbuch der Kommission werden nun folgende Elemente vorgeschlagen:

»Ein von der Kommission verwaltetes Registrierungssystem auf freiwilliger Basis, das für Lobbyisten Anreize zur Registrierung bietet. Die Lobbyisten könnten beispielsweise jedes Mal informiert werden, wenn eine Konsultation zu ihren Interessenschwerpunkten vorgesehen ist. Ein gemeinsamer Verhaltenskodex für alle Lobbyisten oder zumindest gemeinsame Mindestanforderungen. Der Kodex sollte von den in der Lobbyarbeit tätigen Personen entwickelt werden, wobei nach Möglichkeit bestehende Kodizes konsolidiert oder verbessert werden sollten. Ein Überwachungs- und Sanktionssystem, das bei unrechtmäßiger Registrierung und/oder Verstoß gegen den Verhaltenskodex angewendet wird.«[231]

Ein Grünbuch beschreibt den Istzustand eines Problems. Interessant wird es, wenn das Weißbuch vorgelegt wird, in dem dann die tatsächlichen Problemlösungen bzw. Gesetzesvorschläge festgehalten sind. Darüber wird noch einige Zeit vergehen. Das Netzwerk »Alter-EU« – ein

Zusammenschluss von 140 Gewerkschaften, Bürgerrechtsgruppen, Wissenschaftlern und Initiativen – ist mit den Vorschlägen der Kommission nicht einverstanden. Es fordert vor allem, dass die Interessenverbände ihre Finanzquellen offenlegen müssten und bezeichnet es als unsinnig, dass die professionellen Lobbyisten ihre Verhaltensregeln selbst bestimmen sollen. »Alter-EU« verlangt wirksame Sanktionsmöglichkeiten.

Die in der »European Public Affairs Consultancies' Association« (EPACA), der »Society of European Affairs Professionals« (SEAP) und in anderen Berufsverbänden organisierten professionellen Lobbyisten wiederum verweisen auf ihren eigenen »freiwilligen Codex ethischen Verhaltens« und lehnen gesetzliche Auflagen wie etwa die Offenlegung der Namen ihrer Auftraggeber und ihrer Finanzquellen ab bzw. fordern »faire Voraussetzungen«. Auch verweisen sie auf die unpräzise Definition des Lobbyings im Grünbuch. Es müsse erst einmal geklärt werden, ob ihre Beziehungen zu den Medien, ob die Organisation von Events, Seminaren und andere Interaktionen mit Politikern wirklich als Lobbying verstanden werden müssten oder nicht.[232] Und so weiter und so fort.

Lobbyisten leben davon, Interessen durchzusetzen. Ob sie einflußreich sind, entscheidet sich zumeist in den frühen Entwicklungsstufen eines Gesetzgebungsprozesses – also in den technokratischen Machtapparaten, den Ministerien bzw. Kommissionen. Die Lobbyisten der Public-Affairs-Agenturen, Großunternehmen, Branchenverbände, Anwaltskanzleien und auch zahlreicher NGOs sind als Experten bzw. Organisatoren von spezifischem Fach- und Sachverstand eine feste Größe in Brüssel, in Berlin, in Washington, London und an anderen Regierungssitzen. Das Internet beeinhaltet heutzutage eine längst nicht mehr überschaubare Fülle von Dokumentation zu laufenden Gesetzesvorhaben und den damit verbundenen, zum Teil seitenlangen und quälend juristisch formulierten, Änderungs- und Ergänzungsvorschlägen, ablehnenden Kommentaren und werbenden »Hintergrundberichten«.

Die stetig ins Netz gestellten bzw. publizierten Stellungnahmen und Aktionspläne der EU-Kommission zu Problemen wie »Kodex für gute Verwaltungspraxis«, »Konsultation, die Europäische Kommission und die Zivilgesellschaft«, »Vereinfachung und Verbesserung des Regelungsumfeldes« etc. zeigen, wie sehr die Verwaltung mit sich und ihren Beziehungen zur Außenwelt beschäftigt ist. Auch das Europäische Parlament veröffentlicht entsprechend: »Geschäftsordnung, Annex IX, Bestimmungen zur Durchführung von Artikel 9 Absatz 2 – Interessengruppen beim EP« oder »Beim Europäischen Parlament akkreditierte Interessenvertreter« etc. Allein die Lektüre all dieser Stellungnahmen, Übersichten und Papiere erfordert mehr Zeit, als ein durchschnittlicher Bürger dafür je aufbringen würde. Und genau das, so scheint es, ist von den beteiligten Eliten gewollt. Ein Dschungel mit unzähligen Vorfahrts-, Stop-, Einbahnstraßen- und Sackgassenschildern ist jedenfalls im technokratischen Sinne so korrekt ausgeschildert wie absolut transparent.

Dass in der Gesellschaft unterschiedlich finanzstarke Interessen aufeinander treffen, ist die eine Seite der lobbyistischen Medaille. Dass die Interessen unterschiedlich durchsetzungsfähig sind, die andere. Darüber hinaus werden sich professionelle Lobbyisten immer an die politischen Rahmenbedingungen anpassen, die sie zu einem gegebenen historischen Zeitpunkt in parlamentarisch repräsentativen Demokratien vorfinden. Zur Zeit finden sie – in Brüssel wie auch in Berlin und andernorts – vorparlamentarische, informelle und netzwerkartig strukturierte Kommissionen und Ausschüsse vor, in denen ein stetig wachsender Teil der eigentlichen »Reform-« und vorbereitenden Gesetzgebungsarbeit erfolgt (hierzulande etwa in der Hartz- und Rürup-Kommission). Professionelle Lobbyisten sorgen in der Technodemokratie dafür, die gesellschaftliche Kommunikations- und Steuerungsfähigkeit zu unterminieren.

Bleibt die Frage, ob sich an den konkret getroffenen regierungspolitischen Entscheidungen etwas ändert, wenn etwa bekannt wäre, wieviel Geld die Pharmaverbände oder die Auftraggeber von Public-Affairs-Lobbyisten bei einer neuen Gesundheitsreform oder einer EU-Zuckermarktreform für das Lobbying ausgegeben haben. Oder wenn bekannt wäre, welcher Lobbyist zu welchem Zeitpunkt in einem Ministerium oder in einer Kommission zugegen war. Natürlich kann es nicht schaden, darüber von den Beteiligten informiert zu werden. Das passiert in den USA bereits seit längerem; dort bestehen alle die Regulierungen, die von Bürgerrechtlern, NGOs und kritischen Journalisten in Brüssel und Berlin gerade gefordert werden. Aber sorgen verschärfte Transparenzregeln unter den gegebenen Bedingungen tatsächlich für eine bessere Politik?

Verhaltenskodex gleich demokratisches Wohlverhalten?

Die in den Vereinigten Staaten üblichen Verhaltenskodizes sind von den Berufsverbänden der Lobbyisten in Brüssel und in Berlin bereits kopiert worden. Hierzulande geht die »Degepol«, die »Deutsche Gesellschaft für Politikberatung e.V.« mit entsprechendem Beispiel voran. Der Verhaltenskodex lautet wie folgt:

»Politikberaterinnen und Politikberater haben eine Vermittlungsfunktion zwischen Wirtschaft, Politik und Öffentlichkeit. Dies stellt sie vor die Aufgabe, einerseits die Interessen ihres Auftraggebers zu wahren, andererseits die Wahrung des Gemeinwohls als Zielsetzung von Politikberatung auch bei der Durchsetzung individueller Interessen eines Auftraggebers zu berücksichtigen. Der ständige Wechsel zwischen den Feldern Politik, Wirtschaft und Öffentlichkeit verlangt daher von Politikberaterinnen und Politikberatern eine besondere Sensibilität und Transparenz in der Ausübung ihres Berufs.

Vor diesem Hintergrund haben die in Brüssel ansässige Society of European Affairs Professionals (SEAP), die American Association of Political Consultants (AAPC) und die englische Association of Professional Political Consultants (APPC) bereits Verhaltenskodizes verabschiedet. Im Rahmen des Professionalisierungsprozesses von Politikberatung gibt sich die Deutsche Gesellschaft für Politikberatung e.V. (degepol) einen eigenständigen Verhaltenskodex, um gegenüber der Öffentlichkeit und den Auftraggebern aus Politik, Wirtschaft und Zivilgesellschaft ein klares Zeichen der Transparenz zu setzen. Degepol-Mitglieder sind Berufstätige aus den Bereichen Public Affairs, Politikfeldberatung und Kampagnenberatung.

Politikberatung ist Bestandteil demokratischer Prozesse. In der Ausübung ihres Berufes respektieren und befördern Politikberaterinnen und Politikberater die Grundsätze des internationalen Rechtes und die Vorgaben der nationalen Gesetzgebung, insbesondere die Grundsätze der Freiheit der Meinungsäußerung, des Rechts auf Information, der Unabhängigkeit der Medien und des Schutzes der Persönlichkeitsrechte.

Integrität, die Einhaltung der demokratischen Spielregeln sowie die Achtung der demokratischen Grundordnung bilden die Voraussetzung für den Wettstreit um die besten Ideen und Konzepte. Mit diesem Selbstverständnis stehen die degepol-Mitglieder für die Professionalisierung der Politikberatung. Die Mitglieder der degepol verpflichten sich, folgende Grundsätze bei der Ausübung ihrer beruflichen Tätigkeit einzuhalten:

Wahrhaftigkeit. Verpflichtung zur Wahrhaftigkeit gegenüber Auftraggebern, politischen Institutionen, den Medien und der Öffentlichkeit: degepol-Mitglieder arbeiten ausschließlich mit Informationen, die nach bestem Wissen und Gewissen der Wahrheit entsprechen. Sie achten auf Transparenz und vermeiden Irreführung durch Verwendung falscher Angaben. Bei der Ausübung ihrer beruflichen Tätigkeit geben sie den Namen ihres Auftraggebers bekannt, wenn sie für ihn tätig werden.

Diskretion. Verpflichtung zur Diskretion: Vertrauliche Informationen von aktuellen oder früheren Auftraggebern werden nur mit deren ausdrücklicher Zustimmung weitergegeben. Zudem tragen degepol-Mitglieder dafür Sorge, mögliche berufliche Interessenkonflikte im Sinne der gleichzeitigen Vertretung einander unmittelbar entgegenlaufender Interessen zu vermeiden. Bei möglichen Interessenkonflikten sind die Auftraggeber zu informieren.

Keine finanziellen Anreize. Degepol-Mitglieder üben zur Kommunikation und Realisierung von Interessen keinen unlauteren oder ungesetzlichen Einfluß aus, insbesondere weder durch direkte oder indirekte finanzielle Anreize.

Keine Diskriminierung. Degepol-Mitglieder verpflichten sich, in ihrer beruflichen Tätigkeit keine rassistische, sexistische, religiöse oder anderweitige Diskriminierung zuzulassen oder an ihr teilzunehmen.

Respekt. Degepol-Mitglieder gehen mit Auftraggebern und Kollegen respektvoll um und verpflichten sich, deren berufliche und persönliche Reputation zu achten.

Klare Trennung. Degepol-Mitglieder achten bei der Ausübung ihrer beruflichen Beratungs- und Vertretungstätigkeit auf die strikte Trennung zwischen ihrer beruflichen Tätigkeit einerseits und weiteren politischen Ämtern, Mandaten und Funktionen andererseits.

Keine Berufsschädigung. Jedes degepol-Mitglied vermeidet grundsätzlich Aktivitäten, die der Gemeinschaft der Politikberater, der Politikberatung an sich oder dem öffentlichen Ansehen der degepol schaden könnten.«[233]

Die hier zitierten Selbstverständlichkeiten sind ein Beleg dafür, wie sehr den professionellen Lobbyisten daran gelegen ist, sich zu einem »normalen« Bestandteil vermeintlich demokratischer Prozesse zu machen. Auffällig ist, wie gezielt interpretationsoffen die Formulierungen gewählt sind. Wenn es etwa heißt, man arbeite »ausschließlich mit Informationen, die nach bestem Wissen und Gewissen der Wahrheit entsprechen«, ist damit nichts gesagt. Wahr ist zum Beispiel, daß die Rüstungsausgaben der EU-Mitgliedsländer zurzeit drei Prozent des Bruttoinlandsprodukts ausmachen, die der USA dagegen das Doppelte. Wenn Interessengruppen des militärisch-industriellen Komplexes in Brüssel nun im Hinblick auf die Lissabon-Agenda höhere Rüstungsausgaben fordern – etwa die »New Defence Agenda«, die von den Waffenproduzenten BAE-Systems und Lockheed Martin finanziert wird – so geschieht das so gesehen nach bestem Wissen und Gewissen.

Wahrheit kann auch bedeuten, der Umweltpolitik der EU zu unterstellen, sie gründe sich auf »Schrottwissenschaft« – das behauptet jedenfalls die in Brüssel lobbyierende, für die »freie Marktwirtschaft« werbende Denkfabrik »CNE« (Neues Europa). Wahr sind nicht zuletzt die Aussagen der Lobbyisten von BASF, eine restriktive Registrierung, Bewertung und Zulassung toxischer Chemikalien beeinträchtige die Konkurrenzfähigkeit der in der EU produzierenden Chemiekonzerne und damit das EU-Ziel, bis 2010 zum mächtigsten Wirtschaftsraum der Welt zu werden. Wie hieß es nicht seitens des »Deutschen Industrie- und Handelskammertages«, bei den Auseinandersetzungen um die EU-Chemikalienrichtlinie »REACH« (die die Verwendung von chemischen Stoffen sicherer und umweltgerechter gestalten soll und von Umwelt- wie Industrieverbänden heftig kritisiert wird)? »Wenn die Wettbewerbsfähigkeit der europäischen Unternehmen durch zusätzliches Draufsatteln noch mehr gefährdet wird, drohen massive Firmenverlagerungen ins außereuropäische Ausland.«[234]

Die Professionalisierung der »Politikberatung«, sprich das effektivierte Lobbying, erfolgt sicherlich im Sinne des von den professionellen Lobbyisten so genannten »Wettstreits um die besten Ideen und Konzepte«. Am Sitz der EU-Kommission ohnehin, weil dort die Vertreter der ökonomischen Oligarchie zum Teil auch gewachsene sowie branchentypische nationale bzw. regionale Interessen vertreten, die Forderungen der Bauernverbände aus den 27 unterschiedlich industriell entwickelten Mitgliedsstaaten nicht umstandslos unter einen Hut zu bringen sind und generell die unterschiedlichen sprachlichen und kulturellen Bezugsgrößen erheblich differieren. (EADS und Airbus sind beispielsweise Unternehmen, die sowohl von Kapitalinteressen wie auch von mehreren strategischen Staats- und Regionalinteressen geprägt werden.)

Die für die USA seit langem typische Vielzahl – auch untereinander rivalisierender und wenig hierarchisch strukturierter – Verbände und Interessengruppen wird auch in Brüssel zunehmend Realität, insbesondere im Hinblick auf das Konzern- und Auftragslobbying durch Public Affairs-Unternehmen und Kanzleien. Und das dürfte für die Lobbystrategien gegenüber der EU-Kommission nicht ohne Folgen bleiben. Bei Trainingskursen etablierter Lobbyagenturen zählen zum Beispiel folgende Strategien zum demokratischen Spielregelsatz (wie die Recherchen des »Corporate Europe Observatory« belegen[235]):

Kofi Annan (auch the Trojan horse): die Erarbeitung von Kompromissen, denen sich die Regierung nicht entziehen kann.

Guter Polizist – schlechter Polizist (good-cop, bad-cop): bei dieser Taktik fährt der eine Konzern absprachegemäß eine harte Linie, während ein anderer einen »konstruktiven Kompromißvorschlag« vorlegt.

Zahnarzt (the dentist): alle Einflußnahmen richten sich zuerst gegen die nachteiligsten Formulierungen eines Gesetzes- oder Richtlinienentwurfes, um schließlich dem Entwurf alle Zähne zu ziehen.

Dritte Partei (the third party): die Zusammenarbeit mit NGOs und Gewerkschaften, um einen kapitalfreundlichen Kompromiß zu erreichen.

Esel (the donkey): eine Zuckerbrot-und-Peitsche-Strategie, die auf entscheidungsmächtige Technokraten zielt (und angeblich ohne Bestechung auskommt).

Kampfhubschrauber (the gunship): Diese Taktik dient als letztes Mittel, wenn Politikvorhaben nicht fallengelassen werden. Gemeint sind Drohungen mit Investitionsmittelentzug, Standortverlagerungen und andere Entzugsmaßnahmen mehr.

Intransparenzen

Der Philosoph Jürgen Habermas verweist darauf, dass die in nationalen Grenzen konstituierten Volkswirtschaften früher eine »historische Konstellation« bildeten, »in der der demokratische Prozeß eine mehr oder weniger überzeugende institutionelle Gestalt annehmen konnte«. Diese historische Konstellation jedoch ist nicht länger gegeben: »Unter dem Druck globalisierter Märkte büßen nationale Regierungen immer stärker die Fähigkeit zur politischen Einflußnahme auf den gesamtwirtschaftlichen Kreislauf ein. Inzwischen haben nämlich die internationalen Börsen die ›Bewertung‹ nationaler Wirtschaftspolitiken übernommen. […] Unter Bedingungen eines globalen, zur ›Standortkonkurrenz‹ verschärften Wettbewerbs sehen sich die Unternehmen mehr denn je genötigt, die Arbeitsproduktivität zu steigern, so daß der langfristige technologische Trend zur Freisetzung von Arbeitskräften noch beschleunigt wird. Massenentlassungen unterstreichen das wachsende Drohpotential beweglicher Unternehmen gegenüber einer insgesamt geschwächten Position von ortsgebunden operierenden Gewerkschaften. In dieser Situation, wo der Teufelskreis aus wachsender Arbeitslosigkeit, überbeanspruchten Sicherungssystemen und schrumpfenden Beiträgen die Finanzkraft des Staates erschöpft, sind wachstumsstimulierende Maßnahmen um so nötiger, je weniger sie möglich sind. […]

Zusammenfassend läßt sich feststellen, daß sich die Verdrängung der Politik durch den Markt in einer Hinsicht bestätigt: der Nationalstaat ist in seiner Fähigkeit, Steuerressourcen auszuschöpfen, Wachstum zu stimulieren und damit wesentliche Grundlagen seiner Legitimität zu sichern, geschwächt. Für diese Defizite entstehen auch auf supranationaler Ebene zunächst keine funktionalen Äquivalente. Vielmehr lassen sich die nationalen Regierungen in einen kostensenkenden Deregulierungswettlauf verstricken, der zu obzönen Gewinnspannen und drastischen Einkommensdisparitäten, zu steigender Arbeitslosigkeit und zur sozialen Marginalisierung einer wachsenden Armutsbevölkerung führt. Gleichzeitig läßt die Integrationskraft der bestehenden nationalen Lebensformen, die bisher die staatsbürgerliche Solidarität getragen haben, nach. Das führt auf seiten der Wähler zu Apathie, oder Protest, auf seiten der Politiker zur Abrüstung ihrer Programme.«[236]

Das kapitalistische Weltsystem benötigt konkrete Plattformen, Nationalstaaten, denn einen Weltstaat hat das System bis heute nicht hervorgebracht. In der Welt des frühen 21. Jahrhunderts gibt es mehr als zweihundert Staaten und diverse – unterschiedlich mitregierende – supranationale Bünde und Organisationen wie etwa die Vereinten Nationen, die Europäische Union, die NAFTA, die OECD, den Internationalen Währungsfond (IWF), die Weltbank, die Welthandelsorganisation (WTO), Runde Tische von Unternehmern sowie Tausende international operierende NGOs wie zum Beispiel »Amnesty International«, »Transparency International« oder »Greenpeace«. Hinzu kommen die global agierenden Hedge- und Investmentfonds und die einflußreichen privaten Ratingagenturen, die an keinen Wahlen teilnehmen, aber immer stärker die Lebensbedingungen der Bürgerinnen und Bürger und nicht zuletzt die Rahmenbedingungen für die gewählten Regierungen in den Nationalstaaten diktieren.

Inwieweit tragen diese Instanzen dazu bei, die Überlebens- und gesellschaftlichen Interessen gattungsbewußter Menschen und auch den Schutz von vergesellschafteter Tier- und Umwelt auf globaler, regionaler und lokaler Ebene zu befördern oder auch zu unterlaufen? Inwieweit agieren sie überhaupt mit demokratischer Legitimation bzw. unterliegen sie einer demokratischen Kontrolle? Und muss, angesichts der zunehmend durchgesetzten neoliberalen Marktmodelle und der wachsenden Macht transnationaler Konzerne nicht der »bürgerliche Demokratiebegriff«, wie Urs Mati formuliert, überwunden werden »zugunsten eines Demokratiebegriffs, der die Eigentumsfrage nicht mehr ausklammert«?[237]

In wessen Interesse handelt die von den Regierungen der Euro-Länder völlig unabhängig entscheidende Europäische Zentralbank, deren Geldpolitik von erheblicher Bedeutung für die ihr unterliegenden Gemeinwesen ist? Wer kann auf die mit ihren Handelsverträgen faktisch jede Staatsverfassung außerkraft setzende Welthandelsorganisation, die die Mehrheit der Erdenbürger, die Armen, ausschließt und den Weltfrieden gefährdet, eigentlich Einfluß nehmen?

Wie wollen hierzulande die überwiegend lohn- und gehaltsabhängigen bzw. von sozialstaatlichen Leistungen abhängigen Menschen leben? Als opferbereite, »flexmobile« Einsatztruppe im zeitvertraglich geregelten Auftrag von transnationalen Konzernen (und den von ihnen überwiegend abhängigen mittelständischen Unternehmen), die in Übereinstimmung mit der Technokratie »die gemeinsamen Geschäfte der ganzen Bourgeoisklasse verwalten« (Karl Marx)?

Die der Privatwirtschaft verbundenen Verbände, Beratungsunternehmen, Anwaltskanzleien, Denkfabriken, »In-house-Vertreter« genannten Unternehmenslobbyisten und Medien nutzen jedenfalls sämtliche Teamarbeits- und Gestaltungsmöglichkeiten, um das Regierungshandeln erstens in ihrem jeweils spezifischen einzelkapitalistischen Sinne (was natürlich nicht friktionslos abläuft und Kompromisse erfordert) und zweitens generell auf dem marktfundamentalistischen Kurs zu halten.

In der Tat hat die finanzmarktgetriebene neoliberale Globalisierung in der jüngeren Vergangenheit – trotz der sich durch sie allerorts und global verschärfenden Spaltung zwischen Arm und Reich – für einige, vor allem asiatische Länder, eine nachholende Industrialisierung und damit die Entstehung einer relativ wohlhabenden Mittelschicht ermöglicht. Ganz anders hierzulande. Während die Regierungen von Bund und Ländern offensichtlich die Bereitschaft aufgegeben haben, Wohlfahrt durch die Umverteilung von Ressourcen zu erhalten, und das Wohl und Wehe unseres Gemeinwesens in erheblichem Maße von Entscheidungen demokratisch nicht legitimierter Akteure wie der EU-Kommission abhängt, liefern die sich als Global Player verstehenden großen Finanzmarktdienstleister und Konzerne einen als »Wettbewerb« gepriesenen erbitterten Konkurrenzkampf um die profitträchtigsten Waren-, Dienstleistungs- und Kapitalmärkte. Die ungebrochen steigende Zahl der Banken-, Börsen- und Unternehmensfusionen und -übernahmen sowie die daraus resultierende Beherrschung der Welt- und Regionalmärkte durch wenige »Marktführer«, lässt sich durchaus als ernst gemeinte Mobilmachung gegen Mensch und Natur deuten. Hinzu kommt das offenbare Schwinden der einst zentralen Werte der bürgerlichen Eliten, also die Loyalität gegenüber dem Nationalstaat und seiner sozialen und ökonomischen Errungenschaften. Die Loyalität der Manager gilt heute der Wertsteigerung der von ihnen geführten multinationalen Unternehmen bzw. den kurzfristig verfolgten Geschäftsprozessen. Die Profitrate jedoch ist ohne sozialstaatliche Umverteilungen zweifellos höher als mit ihnen.

Bei unveränderter Wirtschaftsweise und materiellem Wachstum droht laut Dennis Meadows vom Club of Rome bereits in naher Zukunft »ein Zusammenbruch«. Denn, so argumentiert der Zukunftsforscher: »Die Welt kann nicht sechs Milliarden Menschen ernähren, geschweige denn bei westlichem Konsumstandard. Ich erwarte, daß die Nahrungsmittelkrise schon vor 2020 kommt. Dafür sprechen neben dem Bevölkerungs-

wachstum noch weitere Gründe: Es gibt immer weniger landwirtschaft-
lich nutzbare Fläche, die Nahrungsmittelpreise werden steigen, die Ölde-
pression wird Dünger so verteuern, daß Landwirte sie weniger nutzen und
weniger produzieren. Die Probleme sind jedoch nicht unvermeidbar. Es
gibt Wege zu nachhaltigeren Wirtschaftsweisen und Wachstum.«

Dennis Meadows sieht bei dieser Herausforderung alle gesellschaftlichen Akteure in der Pflicht – Regierungen, Unternehmen und Verbraucher: »Alle müssen verstehen, daß wir das Wirtschaftswachstum ohne
materielles Wachstum haben können. Alle müssen einen viel längeren
Zeithorizont haben und Kosten und Nutzen auf zehn, 15 und mehr Jahre
kalkulieren. Sie müssen entscheiden, daß es unakzeptabel ist, wenige
Reiche und viele Arme zu haben – materielles Wachstum verursacht das
aber. Und wir müssen die Natur ehren um ihrer selbst willen und nicht
nur als wirtschaftlichen Wert. Daß alle Gruppen dies entscheiden, ist […]
unrealistisch. Wenn aber nur eine es tut, reicht es nicht.«[238]

Keine Lobby in Sicht

Es gibt gegenwärtig keine Anzeichen dafür, dass die vom professionellen
Lobbying durchwirkten herrschenden Technokratien der führenden Nationalstaaten, der EU wie auch internationaler Organisationen, das privatwirtschaftlich gewinngetriebene materielle Wachstum in absehbarer
Zeit unterbinden werden. Mehr als ein Dekade nach dem Beginn der
internationalen Debatte um eine »nachhaltige Entwicklung« gibt es alar-
mierende Anzeichen dafür, dass der sogenannte Rio-Prozess und mit
ihm das 2005 (ohne die USA) unterzeichnete Kyoto-Protokoll zum Scheitern verurteilt sind.

Inwieweit die sich als materielle Gewinner der vielbeschworenen
internationalen »Arbeitsteilung« verstehende Bevölkerungsmehrheit der
alten Industrieländer bei parlamentarischen Wahlen einen größeren
ökologischen Gegendruck erzeugen kann, bleibt abzuwarten. Unterdes-
sen leiden immer mehr Menschen unter den Folgen des Klimawandels
und knapper werdender öffentlicher Güter wie Trinkwasser, nehmen
Verarmung und soziale Ungleichheit weltweit – wenn überhaupt – lediglich marginal ab. Die Politologin Birgit Mahnkopf verdeutlicht das:

»Wenn wir uns in einem Gedankenexperiment die sechs Milliarden
Erdenbürger als Mitglieder ein und derselben Gesellschaft vorstellten, so

träte zutage, dass wir in einer globalen Klassengesellschaft leben, deren Spaltungen so tief sind, wie nie zuvor in der Menschheitsgeschichte: Ein Tausendstel dieser Weltbevölkerung gehört zu Dollarmillionären; Ende 2003 waren dies etwa 7,7 Millionen. Arm sind hingegen nicht allein jene 1,2 Milliarden Menschen, die weniger als einen US-Dollar pro Tag zur Verfügung haben, sondern insgesamt drei Milliarden Menschen, also annähernd die Hälfte der Menschheit, die mit weniger als zwei US-Dollar am Tag auskommen müssen. Folgt man den Weltbank-Ökonomen Shlomo Yitzhaki und Branko Milanovic, zählten 1993 gerade einmal elf Prozent der Weltbevölkerung zur Klasse der Wohlhabenden; sie brachten es auf ein kaufkraftbereinigtes Jahreseinkommen von mehr als 8000 US-Dollar, was in etwa dem damaligen italienischen Durchschnittseinkommen entspricht. Weitere elf Prozent mit einem Jahreseinkommen zwischen 3800 und 8000 US-Dollar – das entspricht etwa dem damaligen brasilianischen Durchschnittseinkommen – repräsentierten den globalen Mittelstand. Wer so rechnet, muss, die globale Klasse der Armen mit 87 Prozent der Weltbevölkerung veranschlagen; ihr Anteil mag seit 1993, aufgrund der Entwicklung in China und Indien, leicht gesunken sein.«[239]

Kapital und Technologie sind so mobil wie noch nie zuvor und gleichzeitig so frei, ausschließlich nach Renditegesichtspunkten den Gesellschaften Investitionen, Arbeitsplätze und Steuern zukommen zu lassen – oder eben nicht. Märkte haben bekanntlich kein Gewissen und Finanz- und Wirtschaftsunternehmen – nicht zuletzt die shareholder-value-getriebenen transnationalen Konzerne – sind prinzipiell der Gewinnmaximierung verpflichtet. Nicht zu vergessen: Der weltgrößte US-Einzelhandelskonzern Wal-Mart zum Beispiel duldet keine Gewerkschaften in seinen Billigmärkten.

Die in den Diensten der Privatwirtschaft stehenden professionellen Lobbyisten werden zweifellos nicht dafür bezahlt, für die Veränderung der kapitalistischen Produktionsweise einzutreten (was nicht ausschließt, dass es Unternehmenslobbyisten gibt, die das tun möchten). Wie aber steht es um die Lobbyisten der NGOs, der Gewerkschaften sowie die Vertreter der die schwachen gesellschaftlichen Interessen vertretenen Gruppen? Kann das »Lobbying von unten« in den technokratischen Herrschaftsapparaten tendenziell zu einer besseren und gerechteren (Welt-)Politik beitragen?

»Die NGOs werfen zahlreiche Probleme auf«, schreibt Jean Ziegler. »Amnesty International, Terre des Hommes, Greenpeace, Human Rights Watch, Oxfam, Ärzte ohne Grenzen, die Landlosenbewegung, Via Campesina, Action Contre la Faim: Dies alles sind NGOs, die großartige Arbeit leisten. Ihre Aktivistinnen und Aktivisten sind das Salz der Erde. Aber viele andere NGOs sind von zwiespältiger, zweifelhafter Herkunft, und sie verhalten sich manchmal auf eine Art und Weise, die man nur wüst nennen kann. So sind viele von ihnen Ableger der größten transnationalen Gesellschaften, von denen jede eine, zwei, sogar mehrere NGOs finanziert, die von A bis Z ihre Gründung sind. Die Chefs dieser NGOs sind in keiner öffentlichen Versammlung gewählt worden. Ihre Finanzquellen unterliegen dem Geschäftsgeheimnis. Die Überweisungen an sie erfolgen auf dem Umweg über Stiftungen ...«[240]

Wohin es führt, wenn NGOs von der technokratischen Elite – ganz gleich ob von der EU, der Weltbank und anderer supranationaler Organisationen mehr in laufende Projekte einbezogen und auch finanziert werden (die Weltbank unterhält dafür eigens die Abteilung »Civil Society Unit) – zeigen beispielsweise die UN-Klimakonferenzen. Die im »Climate Action Network« (CAN) zusammengeschlossenen rund dreihundert Umweltorganisationen haben im Laufe der zahlreichen Verhandlungsrunden ihre ursprüngliche Forderung nach einer 25 prozentigen CO_2-Reduktion der Industrieländer zugunsten »marktkompatibler« Umwelttechnologien und Effizienzstrategien aufgeweicht. Im Vordergrund der Verhandlungen stehen seit der 3. Klimakonferenz 1997 in Kyoto nun finanzielle und wettbewerbsrechtliche Fragen (Verschmutzungsrechte etc.) Auch intervenieren die personell und finanziell bestens ausgestatteten NGOs der Wirtschaft massiv und lobbyieren etwa für den Bau neuer Atomkraftwerke. Die in den umfangreichen Verhandlungsprotokollen dokumentierten Details und Zwischenverhandlungsstände lassen sich jedenfalls weder der Basis der Umweltschutzgruppen noch einer breiten Öffentlichkeit vermitteln. Darüber hinaus entscheiden nach wie vor die Nationalstaaten und supranationalen Organisationen, welche NGOs überhaupt an welchen Verhandlungstischen teilnehmen dürfen. Formalisierte Mitbestimmungsrechte haben die Vertreter der Umweltschutzgruppen nicht.

Solange die verfestigten Strukturen der technokratischen Elite nicht aufgebrochen werden können, dürfte sich an der informellen und selektiven Konsultationspolitik in den Apparaten nichts ändern – und auch die »Lobbyarbeit von unten« tendenziell auf die konfliktvermeidende und »sachliche« Mitarbeit in den Technostrukturen eingeschworen werden. So werden kooperationswillige Lobbyisten der NGOs von den Eliten gezielt »befördert« – auf Verwaltungsposten in der Weltbank, in EU-Institutionen oder auf gut bezahlte Lobbypositionen in der Wirtschaft. In der Brüsseler Konzernrepräsentanz des bedeutenden Brom-Herstellers Burson-Marsteller beispielsweise wirkt mit David Earnshaw ein Chef, der zuvor Mitarbeiter der NGO Oxfam gewesen war.

Kurz, der Versuch, mittels des Lobbyismus die Gesellschaft verändern zu wollen, wird nicht gelingen. Die Umweltverbände, verdeutlicht der erfahrene Aktivist Thilo Bode, »haben es sich schon zu lange im wärmenden Nest der politischen Systeme und Verhandlungen gemütlich gemacht. Sie müssen wieder raus aus der Kuschelecke und die Gesellschaft und den Mainstream mit unangenehmen Wahrheiten konfrontieren. Tun sie es nicht, werden sie weiter ihren ›angestammten‹ Platz in der politischen Landschaft besetzen; sie werden möglicherweise auch weiterhin Mitglieder gewinnen. Ihre Rolle und Legitimation als treibende Kraft für gesellschaftliche Veränderungen geben sie damit jedoch auf.«[241]

Da den politischen Institutionen offenbar der Wille und zunehmend auch die Macht fehlen, den sich auf Kosten des Gemeinwohls durchsetzenden Partikularinteressen des Kapitals zu wirkmächtig einzuhegen, verzeichnen seit einigen Jahren die globalisierungskritischen Bewegungen – wie etwa »Attac« – einen stärkeren Zulauf. Ihre Kampagnenfähigkeit nimmt zu, wie die Massenkundgebungen und Gegenforen bei den grotesk polizeilich abgeriegelten G 8-Treffen, den Welthandelskonferenzen etc. belegen. Die Teilnehmer an den Weltsozialforen in Porto Alegre (2001) und anderswo kommen aus Volksbewegungen, Gewerkschaften, Kirchen und NGOs. Das Internet trägt entscheidend zur Verständigung dieser Aktivisten aus vielen Kulturen und Ländern bei. Die große Herausforderung besteht darin, die Sozialsysteme nicht nur hierzulande zu erhalten und in den anderen Regionen der Welt auszubauen bzw. einzuführen, sondern auch ökologisch auszurichten. Thilo Bode betont zu Recht: »Eine Gesellschaft, die keine soziale Fairness mehr kennt, wird sich für langfristige Zukunftsthemen wie den Schutz unserer Lebensgrundlagen nicht erwärmen. Auch für die Umweltfrage gilt: Erst kommt das Fressen, dann die (ökologische) Moral.«[242]

Soziale Bewegungen können sich auch ohne professionell lobbyistische Instrumente im politischen Raum Gehör verschaffen. Das sollten auch die Gewerkschaften tun, zumal sie als komplementäre Regelungsinstitutionen vom entgrenzten Kapitalismus nicht mehr benötigt werden. Dafür benötigen sie aber neue Mitglieder – insbesondere aus den neuen Dienstleistungsbranchen und dem Informations- und Kommunikationstechnologiesektor. Neben der Stärkung ihrer organisatorischen Macht sowie den bereits zum Teil beschlossenen Allianzen mit NGOs und sozialen Bewegungen müssen sie vor allem international aktions- und bündnisfähig fähig werden. Bis heute gibt es weder eine europäische Industrie- noch Dienstleistungsgewerkschaft, die gegenüber dem internationalisierten Kapital wenigstens europäische Tarifabkommen durchsetzen könnte.

Jeder sein eigener Lobbyist?

Im entgrenzten Kapitalismus gelten ungeschriebene Spielregeln, kommen – wie auch beim *Monopoly*-Spiel – gesellschaftlich-solidarische, zumal gemeinwohlorientierte Interessen zwar gesprächshalber, aber nicht im eigentlichen Sinne vor. Natürlich müssen im »Kasino-Kapitalismus« der parlamentarischen Technodemokratien auch die zahlreichen arbeitslosen Zuschauer und prekär beschäftigten Servicekräfte insoweit unter- und ausgehalten werden, dass ihnen die Toleranz gegenüber der profitmaximierenden Methoden insbesondere der erfolgreich agierenden und spekulierenden Akteure nicht vergeht. Deshalb können alle Gesellschaftsmitglieder auch nach wie vor Interessengruppen bilden, Gewerkschaften und Parteien angehören oder eine Bürgerinitiative gegen den von einem Spieler gewünschten Kauf etwa des Bahnhofs organisieren.

Dem weitgehend aus der Klassengesellschaft getilgten Klassenbewusstsein, das zumindest als Orientierung fungieren und der karriere- und konsumbezogenen Beeinflussung der technokratischen Eliten entgegenstehen konnte, entspricht die den Parlamenten weitgehend abhanden gekommene Gesetzgebungs- und Kontrollfunktion. Im Hinblick auf den von den Medien zumeist pauschal als mächtig dargestellten Lobbyismus ist nun bezeichnend, welche »Gegentherapien« in Ergänzung zu den

Transparenzregeln empfohlen werden. So schlagen Cerstin Gammelin und Götz Hamann in ihrem Werk *Die Strippenzieher* vor, jeder solle »sein eigener Lobbyist« sein:

»Hierzulande müssen sich die Bürger [...] selbst helfen. Bisher gilt: So aktiv sie auf kommunaler Ebene sein mögen, so sehr sie sich in Selbsthilfegruppen und Vereinen um ihre Belange kümmern und gelegentlich zu einer Pressekonferenz in Berlin einladen – in den entscheidenen Phasen, in denen ein Gesetz Gestalt annimmt, spielen sie auf bundespolitischer Ebene kaum eine Rolle. Allenfalls partiell haben sich in den vergangenen zwanzig Jahren Gegenkräfte herausgebildet und mittlerweile etabliert. Es sind Organisationen wie Greenpeace, die Deutsche Umwelthilfe, der Bund für Umwelt- und Naturschutz Deutschland oder der Naturschutzbund Deutschland, wobei die letzten drei öffentliche Zuwendungen erhalten [...].

Die Lobbyisten der Zivilgesellschaft sind noch zu schwach oder einfach zu unprofessionell, im Stil der Wirtschaft vorbeugend ›schädliche‹ Gesetzesvorhaben zu beeinflussen und zu verhindern. Sie brauchen mehr Geld von denen, die sie vertreten: den Bürgern. Diese werden nur dann ihre Portemonnaies öffnen, wenn bei ihnen ein Bewußtsein dafür entsteht, was mächtige Interessenvertreter bewegen können. Daß jeder auch sein eigener Lobbyist ist. Erst dieser Umstand erklärt das heutige, manchmal übermächtige Gewicht der Wirtschaft in Berlin.«[243]

Jeder ist auch »sein eigener Lobbyist«? – Also sozusagen nebenberuflich oder freiberuflich als professioneller Feierabend- oder 1-Euro-Job-Lobbyist mit Referenten, Ministerialen, EU-Generaldirektoren, Konzernrepräsentanten, Public Affairs- und Verbandslobbyisten im vorparlamentarischen Dauerinformationsaustausch? Kurz, als professioneller Politik-, Strategie- und Kommunikationsberater für kaum noch sachkompetente Berufspolitiker, die sich vor allem um die Vermarktung der eigenen Person und um das Management von Entscheidungsprozessen für Partikularinteressen sorgen müssen? Und das bei so herausfordernden Dauergesetzgebungsthemen wie Gesundheitsreform, Hartz-IV-Reform, Bahnprivatisierung oder REITS (Real Estate Investment Trusts)?

Wunderbar. Dann hängt demnächst in jedem bundesdeutschen Haushalt eine Deutschland- und EU-Karte, auf der die Wahlkreise mit bunten Fähnchen abgesteckt sind, in denen Abgeordnete aus Europa-

Parlament, Bundestag, den Parlamenten der 26 weiteren EU-Mitgliedsländer sowie der Landtage erreichbar sind. Die können dann gezielt angesprochen, mit Spenden für die von ihnen repräsentierten Parteien versehen und mit sachdienlichen Informationen versehen werden, für die sie sicher so empfänglich sind wie für die der Interessenvertreter der ökonomischen Oligarchie. Vor allem werden dann alle Bürgerinnen und Bürger mit denselben Instrumenten wie die professionellen Lobbyisten arbeiten: den politischen Prozess analysieren erstens; Verbündete finden, zweitens; mit diesen über die politischen Bande spielen, drittens; natürliche Rivalitäten ausnutzen, viertens.

Im Übrigen wäre dann die Transparenz im Verhältnis zwischen zivilen Lobbyisten, Parlamentariern, Konzern-, Verbands- und Auftragslobbyisten sowie den Mitarbeitern der Administration nicht mehr regelungsbedürftig, könnten die Unmengen an Daten generierenden Melde- und Offenlegungspflichten eingestampft werden. Auch würden die rein informellen »High-level-meetings« von Ministerialen und Wirtschaftslobbyisten den Ruch geheimniskrämerischer Verhandlungen verlieren. Außerdem wäre es dann herrlich ruhig im Land, denn Lobbyisten sprechen leise und machen ihre Arbeit am liebsten »ohne die Öffentlichkeit« (wie der Konzernlobbyist Wolf-Dieter Zumpfort betont). Nicht zuletzt hätte sich dann das »stets übersehene Pradoxon in der Rechtfertigung unseres repräsentativen Systems« gleichsam erledigt, wie Hans Köchler verdeutlicht:

»Man macht dem Bürger zwar die Kompetenz in konkreten Sachfragen streitig – man behauptet, er könne die einzelnen Fragen aufgrund mangelnder Sachkenntnis und mangelnden Überblicks nicht selbst entscheiden –, man billigt ihm aber sehr wohl die Kompetenz zu, darüber zu entscheiden, wer die befähigten Vertreter sein sollen. Der Bürger kann in den Wahlen jeweils diejenigen bestimmen, die aus seiner Sicht kompetent sind, die Entscheidungen im Sinne des Gemeinwohls zu treffen. Dies bedeutet, daß man dem Bürger zwar auf der materiellen Ebene die Kompetenz abspricht, ihm aber so etwas wie eine ›Kompetenz-Kompetenz‹ auf einer übergeordneten Ebene zubilligt, nämlich die Fähigkeit zu prüfen bzw. zu entscheiden, wer tatsächlich in Sachfragen kompetent ist. In dieser Argumentation offenbart sich ein ganz entscheidendes Problem in der Legitimation des repräsentativen Systems. Mir scheint, daß dieser Selbstwiderspruch in der ideologischen Begründung des repräsentativen Systems geradezu ein Plädoyer für die direkte bzw. die partizipatorische Demokratie darstellt.«[244]

Repräsentative Technodemokratie am Ende?

Die repräsentative Demokratie begünstigte das Entstehen von technodemokratischen Strukturen, die von den Vertretern der intermediären Klasse – zumal den professionellen Lobbyisten – im Sinne der ökonomischen Oligarchie gestaltet, globalisiert und stetig methodisch modernisiert werden. Angesichts der großen ökologischen Herausforderungen, der rasant zunehmenden privaten Gestaltungsmacht (der transnationalen Finanz- und Industriekonzerne) und des auf privaten Wirtschafts- und Regierungsinteressen beruhenden Informationsmonopols verkommt die repräsentative Demokratie zu einem Machterhaltungsinstrument der technokratischen Eliten. Solange die Entscheidungsbefugnisse über die wesentlichen Angelegenheiten des Gemeinwesens in den Händen einer Minderheit liegt, kann jedenfalls von der vielbeschworenen Herrschaft des Volkes keine Rede sein.

Hans Köchler vertritt die Auffassung, »die man auch im Detail belegen könnte, dass, wenn der Bürger als einzelner frei und geheim in Angelegenheiten der Gesamtheit entscheiden kann, das Resultat wesentlich mehr den Anforderungen einer ›Verantwortung für das Gemeinwohl‹ (der Volonté générale) entspricht als wenn man die Entscheidung in die Hände repräsentativer Gremien, d. h. letztlich von Lobbys legt«.[245] Die Einführung einer partizipatorischen oder direkten Demokratie setzt zwingend eine Verfassungsänderung voraus. Ob sie eine Chance erhält, muss, die Zukunft zeigen.

Bleibt die Frage nach dem historischen Subjekt einer den Kapitalismus transformierenden oder über ihn hinausweisenden Veränderung. Die professionellen Lobbyisten sind es nicht.

»Ich verstehe nicht, was sie mit ›Glocke‹ meinen«, sagte Alice.

Goggelmoggel lächelte verächtlich. »Wie solltest du auch – ich muss, es dir doch zuerst sagen. Ich meinte: ›Wenn das kein einmalig schlagender Beweis ist!‹«

»Aber ›Glocke‹ heißt doch gar nicht ›einmalig schlagender Beweis‹«, wandte Alice ein.

»Wenn ich ein Wort gebrauche«, sagte Goggelmoggel in recht hochmütigem Ton, »dann heißt es genau, was ich für richtig halte – nicht mehr und nicht weniger.«

»Es fragt sich nur«, sagte Alice, »ob man Wörter einfach etwas anderes heißen lassen kann.«

»Es fragt sich nur«, sagte Goggelmoggel, »wer der Stärkere ist, weiter nichts.«[246]

Lewis Carroll, Alice im Wunderland

Nachsatz

Plakat von Tomi Ungerer.

Anhang

Anmerkungen

1 Franz Kafka: Das Schloss, in: Franz Kafka: Gesammelte Werke, hrsg. von Max Brod, 3. Bd., Frankfurt/M. 1983, S. 108 f.

2 Vgl. Martin Sebaldt: Organisierter Pluralismus in Deutschland: Kräftefeld, Selbstverständnis und politische Arbeit deutscher Interessengruppen, in: VerbändeReport vom 1. 1. 2003; www.verbaende.com/files/fuer_verbaende/vr

3 Cerstin Gammelin/Götz Hamann: Die Strippenzieher, Berlin 2005, S. 273; Peter Huth/Jan Engelke: Die Selbstbediener, Reinbek 2005, S. 67

4 Frank Hellmann: Der Lobbyist aus London, in: Frankfurter Rundschau, 19. 4. 2006

5 Faust I, in: Goethe Werke, 3. Bd., hrsg. von Friedmar Apel u. a., Darmstadt 1998, S. 70 f.

6 Vgl. Duden. Deutsches Universalwörterbuch, 2. neu bearb. Aufl., Mannheim; Wien; Zürich 1989

7 Brockhaus Enzyklopädie, 21. Aufl., Wiesbaden 2005

8 Thomas Leif/Rudolf Speth (Hrsg.): Die fünfte Gewalt. Lobbyismus in Deutschland, Wiesbaden 2006, S. 351

9 Zit. n. Thomas Leif: ›Getrennt marschieren, vereint schlagen‹ ... Ein Interview mit Wolf-Dieter Zumpfort (TUI), in: Thomas Leif/Rudolf Speth (Hrsg.): Die fünfte Gewalt. Lobbyismus in Deutschland, Wiesbaden 2006, S. 119–131, hier S. 131

10 Elmar Altvater: Das Ende des Kapitalismus wie wir ihn kennen. Eine radikale Kapitalismuskritik, Münster 2006, S. 14 f.

11 Hans Leyendecker: Die Korruptionsfalle. Wie unser Land im Filz versinkt, Reinbek 2003, S. 268 f.

12 So etwa jüngst Jürgen Roth: Der Deutschland-Clan. Das skrupellose Netzwerk aus Politikern, Top-Managern und Justiz, Frankfurt/M. 2006

13 Vgl. Günter Bentele (Hrsg): Öffentliche Kommunikation. Handbuch Kommunikations- und Medienwissenschaft, Wiesbaden 2003

14 Vgl. Mark Pieth/Peter Eigen (Hrsg.): Korruption im internationalen Geschäftsverkehr, Neuwied 1999; hier S. 11 f.

15 www.lobbycontrol.de/blog/download/Christiansen-Schaubuehne kurz.pdf

16 NGOs werden in Deutschland überwiegend als »Nichtregierungsorganisationen« bezeichnet, obwohl sich diese »non-governmental organisations« auf

die ganze Staatsgewalt beziehen, folglich also nichtstaatliche Organisationen sind. Die deutsche Fassung des Artikels 71 der Charta der Vereinten Nationen bezeichnet sie auch so.

17 Vgl. Rudolf Speth: Wege und Entwicklungen der Interessenpolitik, in: Thomas Leif/Rudolf Speth (Hrsg.): Die fünfte Gewalt. Lobbyismus in Deutschland, Wiesbaden 2006, S. 38–52
Martin Sebaldt: Organisierter Pluralismus. Kräftefeld, Selbstverständnis und politische Arbeit deutscher Interessengruppen, Opladen 1997, S. 24

18 www.socioweb.de/lexikon/lex_soz/k_n/lobby.html (betrieben von Sociologicus, Systhema und Rowohlt; Mai 2006)

19 Vgl. UN Global Compact: Towards Responsible Lobbying, New York 2003, S. 18

20 In: Kay Schlozman/John Tierney: Organized Interests and American Democracy, New York 1986, S. 86 (eig. Übers.)

21 Gunnar Bender/Lutz Reulecke: Handbuch des deutschen Lobbyisten. Wie ein modernes und transparentes Politikmanagement funktioniert, 2. Aufl. Frankfurt/M. 2004, S. 11

22 Zit. n.: Tina Hildebrandt/Fritz Vannahme: Lobbyismus, http://politikerkorruption.twoday.net/ topics/Lobbyismus

23 Ebda.

24 Hans Merkle: Lobbying. Ein Praxishandbuch für Unternehmen, Darmstadt 2003, S. 33

25 Manfred Strauch: Stand der Lobby-Diskussion in Europa, in: Manfred Strauch (Hrsg.): Lobbying. Wirtschaft und Politik im Wechselspiel, Frankfurt/M. 1993, S. 111 f.

26 So Bernd Pfaffenbach, der unter Helmut Kohl der zentrale Ansprechpartner für die Wirtschaft war; zit. n.: Tina Hildebrandt/Fritz Vannahme: Lobbyismus, a. a. O.

27 Werner Rügemer: Der Mythos der ökonomischen Effizienz, in: (Hrsg.): Die Berater. Ihr Wirken in Staat und Gesellschaft, Bielefeld 2004, S. 68–108, hier S. 88

28 Thomas Leif: Beraten und Verkauft. McKinsey & Co – der große Bluff der Unternehmensberater, München 2006, S. 240

29 Joachim Wagner: Die fünfte Gewalt, in: Die Zeit, 30. 10. 2003

30 Katja Audenrieth: Unternehmens-Lobbyismus im Spannungsfeld von Gesellschaft und Wirtschaft, in: U+G, H. 1/2000, S. 28–40, hier S. 37 f.

31 Ebda., S. 34

32 Hans Merkle: Lobbying. Das Praxishandbuch für Unternehmen, Darmstadt 2003, S. 25 f.

33 Siehe Karl Marx (Vorwort zur ersten Auflage des ersten Bandes des Kapital), in: Karl Marx: Das Kapital, Bd. 1, MEW Band 23, S. 16

34 Siehe http://infobub.arbeitsagentur.de/berufe; Identifikationsnummer 14963

35 Marco Althaus: Lobbying als Beruf, in: Thomas Leif/Rudolf Speth (Hrsg.): Die fünfte Gewalt, a. a. O., S. 317–332, hier S. 323

36 Gabriele Renz: Der Strippenzieher, in: Frankfurter Rundschau, 19. 5. 2006

37 Zit. n. Corinne Ullrich: Die Lobbyistin, in: Frankfurter Rundschau, 2. 12. 2005

38 Vgl. www.wmp-ag.de

39 Ebda.

40 Thomas Leif: Beraten und Verkauft, a. a. O., S. 280

41 Zit. n. Corinne Ullrich: Die Lobbyistin, in: Frankfurter Rundschau, 2. 12. 2005

42 Cornelia Yzer: Das Selbstverständnis eines Lobbyisten im Wirtschaftsverband, in: Gunnar Bender/Lutz Reulecke: Handbuch des deutschen Lobbyisten, Frankfurt/M. 2004 (2. Aufl.), S. 16 f.

43 Marita Vollborn/Vlad Georgescu: Die Gesundheitsmafia. Wie wir als Patienten betrogen werden, Frankfurt/M. 2005, S. 8

44 Zit. n. ebda., S. 244

45 Markus Jantzer: Pharmabranche und Funktionäre bestimmen die Gesundheitspolitik, in: Thomas Leif/Rudolf Speth (Hrsg.): Die fünfte Gewalt. Lobbyismus in Deutschland, Wiesbaden 2006, S. 236–251, hier: S. 237

46 Marita Vollborn/Vlad Georgescu: Die Gesundheitsmafia, a. a. O., S. 209

47 Cornelia Yzer: Das Selbstverständnis eines Lobbyisten im Wirtschaftsverband, in: Gunnar Bender/Lutz Reulecke: Handbuch des deutschen Lobbyisten, a. a. O., S. 17

48 Günther Merl, Grußwort in: Bankhistorisches Archiv. Zeitschrift zur Banken- und Finanzgeschichte, Beiheft 44: Bankenlobbyismus, Stuttgart 2004, S. 7

49 Zit. n. Gabriele Renz: Der Strippenzieher, Frankfurter Rundschau 19. 5. 2006

50 Reinhold Kopp: Das Selbstverständnis eines Unternehmenslobbyisten, in: Gunnar Bender/Lutz Reulecke: Handbuch des deutschen Lobbyisten, a. a. O., S. 23

51 Ebda., S. 24

52 Ebda., S. 25

53 Olaf Münichsdorfer: EU: Entbürokratisisierung als Entdemokratisierung, in: Blätter für deutsche und internationale Politik, H. 1/2006 S. 16–20, hier: S. 17 f.

54 In: Frankfurter Rundschau, 3. 8. 1998

55 Thilo Bode: Welches Wachstum hat Vorfahrt, in: Blätter für deutsche und internationale Politik, H. 8/2005, S. 939–947, hier S. 947

56 Vgl. http://foodwatch.de/themen_aktivitaeten/verbrauchergesetz

57 Franca Reitzenstein: Eine Dolmetscherin für Europa, in: Weser-Kurier, 23. 8. 2006

58 www.buko.info/buko/positionen2.html (Mai 2006)

59 Hans Leyendecker: Die Korruptionsfalle. Wie unser Land im Filz versinkt, Reinbek 2003, S. 198

60 Vgl. Peter Huth/Jan Engelke: Die Selbstbediener, a. a. O., S. 270 ff.

61 Vgl. Bild-Zeitung vom 19./20. 7. 2006; www.bild.t-online.de/BTO/news/aktuell/2006/06/21/roettgen

62 Vgl. Financial Times Deutschland, 22. 7. 2006

63 Vgl. Kurier am Sonntag, 23. 7. 2006

64 Vgl. Frankfurter Rundschau, 26. 7. 2006

65 Ebda.

66 Zit. n. www.tagesschau.de/aktuell/meldungen/vom 26. 7. 2006

67 BverfGE 40, S. 296

68 Vgl. TI Global Corruption Barometer 2004, www.transparency.org/surveys/barometer

69 Rüdiger Liedtke: Das Energiekartell. Das lukrative Geschäft mit Strom, Gas und Wasser, Frankfurt/M. 2006, S. 159 f.

70 Peer Steinbrück: Kein fetter, aber ein leistungsfähiger Staat, in: Frankfurter Rundschau/Dokumentation, 11. 1. 2006

71 Michael Rogowski: Persönlicher Brief zur politischen Lage an Unternehmenschefs, einsehbar unter: www.pol-ing.de

72 Peter Lösche: Demokratie braucht Lobbying, in: Thomas Leif/Rudolf Speth (Hrsg.): Die fünfte Gewalt, a. a. O., S. 59

73 Katja Audenrieth: Unternehmens-Lobbyismus im Spannungsfeld von Gesellschaft und Wirtschaft, in: U+G, H. 1/2000, S. 28–40, hier S. 31

74 Kurt L. Beck: Stichwort Gemeinwohl, in: Handlexikon zur Politikwissenschaft, Reinbek 1978, S. 119

75 Zit. n. Thomas Leif: ›Getrennt marschieren, vereint schlagen‹. Lobbyismus in Berlin zwischen Mythos und Realität – Ein Interview mit Wolf-Dieter Zumpfort (TUI), in: Thomas Leif/Rudolf Speth (Hrsg.): Die fünfte Gewalt, a. a. O., S. 121 f.; 129

76 Vgl.: Gunnar Folke Schnuppert/Friedhelm Neidhardt (Hrsg.): Gemeinwohl – Auf der Suche nach Substanz, WZB-Jahrbuch 2002, Berlin 2002

77 Friedhelm Hengsbach: Fragwürdige Wertedebatte, in: Frankfurter Rundschau, 29. 4. 2006

78 So die repräsentative Studie der Professoren Elmar Brähler (Leipzig) und Gert Sommer (Marburg) aus dem Jahr 2002; vgl. Frankfurter Rundschau, 9. 12. 2002. Die Allgemeine Erklärung der Menschenrechte ist im Internet abrufbar: www.unhchr.ch

79 Horst Köhler: Die Ordnung der Freiheit, in: Frankfurter Rundschau/Dokumentation, 16. 3. 2005

80 Ebda., Hervorh. v. Verf.

81 Bundesministerium für Gesundheit und Soziale Sicherung (Hg.): 2. Armuts- und Reichtumsbericht der Bundesregierung, Bonn, April 2005; 1. Armuts- und Reichtumsbericht der Bundesregierung, Bonn 1998

82 Vgl. auch die Studie des Deutschen Paritätischen Wohlfahrtsverbandes zur Kinderarmut (2005), www.kinder-armut.de/Hartz-IV.html

83 Vgl. Elisabeth Kolbert: Vor uns die Sintflut. Depeschen von der Klimafront, Berlin 2006

84 Vgl. Tanja Kokoska: Wohlfahrtsliga beklagt soziale Einsparungen, in: Frankfurter Rundschau, 28. 4. 2006

85 Lothar Peter: Wozu noch Gesellschaftskritik?, in: Blätter für deutsche und internationale Politik, H. 5/2006, S. 587–599, hier S. 598

86 Theodor Eschenburg: Das Jahrhundert der Verbände, Berlin 1989, S. 11 f.

87 Hans-Christoph Schröder: Englische Geschichte (2., überarb. Aufl.), München 1997, S. 31

88 Adam Smith: Der Wohlstand der Nationen, hrsg. von Horst Claus Recktenwald (6. Aufl.) München 1993, S. 85

89 Ebda., S. 112
90 Brief vom 1. 11. 1785 an den Duc de La Rochefoucauld, in: E. C. Mossner/I. S. Ross (Hrsg.): Correspondence of Adam Smith, Oxford 1977, S. 286 f.; zit. n. d. Übers. v. Richard Sturm: Effiziente Lobbies – Fluch oder Segen?, in Josef Scheff/Alfred Gutschelhofer: Lobby Management, Wien 1998, S. 40
91 Zit. u. übersetzt nach Robert C. Byrd: Lobbyists, in: United States Senate, 1989, abgedruckt unter www.senate.gov/legislative/common/briefing/Byrd_History_Lobbying.htm
92 Ebda.
93 Zit. n. Maurice Duverger: Das technische Zeitalter, a. a. O., S. 107 f.
94 Vgl. Robert C. Byrd, a. a. O.
95 Zit. u. übersetzt nach Robert C. Byrd, a. a. O.
96 In: Atlantic Monthly, Vol. 10, No. 57, July 1862; übersetzt von Jürgen Dierking
97 Peter Köppl schrieb 1998: »Historisch belegt ist die Namensgebung durch [...] Ulysses Grant. Er nannte 1829 jene Personen in diesem Hotel, die regelmäßig Kontakt zu Politikern aufnahmen, ›Lobbyisten‹.« (In: Scheff/Gutschelhofer a. a. O., S. 8) Dieser um 40 Jahre verfrühte Hinweis, wohl ein Druckfehler, hat noch 2005 Eingang in einschlägige Publikationen gefunden, obwohl Grant erst 1869 inauguriert wurde.
98 Vgl. ausf.: Thomas Lately: Sam Ward. »King of the Lobby«, Boston 1965
99 Zit. u. übersetzt nach Julia Ward, in: www.juliawardhowe.org/genealogy/brosamward.html
100 Vgl. Margaret Susan Thompson: Spider Web. Congress and Lobbying in the Age of Grant, Ithaca (Cornell University Press) 1985
101 Ebda., S. 79 f.
102 Zit. u. übersetzt nach Robert C. Byrd, a. a. O.
103 Vgl. Mark Twain/Charles Dudley Warner: Das vergoldete Zeitalter. Eine Geschichte von heute, Leipzig 1876
104 Zit. u. übersetzt nach: David Graham Phillips: The Treason of the Senate. Edited with an introduction by George E. Mowry and Judson A. Grenier, Chicago 1964, S. 28
105 Zit. u. übersetzt nach Robert C. Byrd, a. a. O.
106 Zit. u. übersetzt nach Robert C. Byrd, a. a. O.
107 Hans-Peter Ullmann: Interessenverbände in Deutschland, Frankfurt/M. 1988, S. 26
108 Hans-Peter Ullmann: Interessenverbände in Deutschland, a. a. O., S. 114
109 Zit. n.: Bismarck Gespräche. Von der Reichsgründung bis zur Entlassung, hrsg. v. Willy Andreas unter Mitwirkung v. K. F. Reinking, Bremen 1965, S. 337–339
110 Hans-Peter Ullmann: Interessenverbände in Deutschland, a. a. O., S. 91 f.
111 Morten Reitmayer: Die politische Einflußnahme der Banken im Kaiserreich, in: Bankhistorisches Archiv, Beiheft 44: Bankenlobbyismus, Stuttgart 2004, S. 23
112 Ebda., S. 29

113 Fritz Fischer: Griff nach der Weltmacht, Königstein/Ts. 1979, 13 f.

114 Ebda., S. 21

115 Hans-Peter Ullmann: Interessenverbände, a. a. O., S. 120

116 In: Dokumente und Materialien zur Geschichte der deutschen Arbeiterbewegung, Bd. IV, 2. Aufl., Berlin 1975, S. 210 f.

117 Erik Reger: Union der festen Hand, Berlin 1946, S. 276 ff.

118 Hans-Peter Ullmann: Interessenverbände, a. a. O., S. 178 f.

119 Zit. n.: Joachim Streisand: Deutsche Geschichte von den Anfängen bis zur Gegenwart, Köln 1978, S. 302 f.

120 Kurt Tucholsky. Gesammelte Werke 1930. Bd. 8, Reinbek 1975, S. 60 f.

121 Vgl. ausf. Michael Schneider: Das Arbeitsbeschaffungsprogramm des ADGB, Bonn 1975

122 Stephanie Merkenich: Grüne Front gegen Weimar. Reichs-Landbund und agrarischer Lobbyismus 1918–1933, Düsseldorf 1998, S. 354

123 Vorwärts, 1. 1. 1933

124 George W.F. Hallgarten: Hitler, Reichswehr und Industrie, Frankfurt am Main 1962, S. 112

125 Zit. n. Reinhard Kühnl: Der deutsche Faschismus in Quellen und Dokumenten, Köln (2. erw. Auflage) 1977, S. 203 f.

126 Ebda., S. 236

127 Hans-Peter Ullmann: Interessenverbände in Deutschland, a. a. O., S. 196 f.

128 Zit. n. Eberhard Czichon: Wer verhalf Hitler zur Macht?, Köln 1976, S. 13 f.

129 Harald Wixforth, in: Bankhistorisches Archiv. Bankenlobbyismus (Beiheft 44), Stuttgart 2004, S. 65

130 Harald Wixforth: Banken und Lobbyismus in der Weimarer Republik und der NS-Diktatur, ebda., S. 38

131 Ebda., S. 41

132 Ebda., S. 47

133 Zit. n. Bernt Engelmann/Günter Wallraff: Ihr da oben, wir da unten, Köln 1973, S. 38

134 Zit. u. übersetzt nach Robert C. Byrd, a. a. O.; vgl. Howard Ball: Hugo L. Black: Cold Steel Warrior, New York 1996

135 Zit. u. übersetzt nach: Robert C. Byrd, a. a. O.; vgl. Dokumente der Select Committees of the House of Representatives der Periode 1910–1968, www.archives.gov/legislative/guide/house

136 U. S. vs. Harriss, 347 U. S. 612 (1953); zit. und übersetzt nach: New York Temporary Commission on Regulation of Lobbying. Opinion No. 21, www.nylobby.state.ny.us/opino/opino21.html

137 Hansgeorg Conert: Vom Handelskapital zur Globalisierung, Münster 1998, S. 283

138 Amtsblatt des Kontrollrates in Deutschland. Ergänzungsblatt 1, Berlin 1946, S. 14

139 Stephan Lindner: Neoliberale Think-Tanks in Deutschland, in: Werner Rügemer (Hrsg): Die Berater. Ihr Wirken in Staat und Gesellschaft, Bielefeld 2004, S. 50

140 Zit. n. Rolf Badstübner/Siegfried Thomas: Restauration und Spaltung. Entstehung und Entwicklung der BRD 1945–1955, Köln1975, S. 86
141 Der Spiegel, H. 50/1998
142 Zit. n. Frank Deppe/Georg Fülberth/Jürgen Harrer (Hrsg.): Geschichte der deutschen Gewerkschaftsbewegung, Köln 1977, S. 291
143 Erik Reger: Zwei Jahre nach Hitler, Hamburg und Stuttgart 1947, S. 34
144 In: Jahrbuch der Sozialdemokratischen Partei Deutschlands, 1947, S. 13 f.
145 In: Europa Archiv, 14. Jg. 1959, Teil II, Folge 5, S. 89
146 Erik Reger: Zwei Jahre nach Hitler, Hamburg und Stuttgart 1947, S. 38 f.
147 Zit. n. Joachim Streisand: Deutsche Geschichte …, a. a. O., S. 417
148 Harm G. Schröter: Von der Teilung zur Wiedervereinigung, in: Michael North (Hrsg.): Deutsche Wirtschaftsgeschichte, München 2000, S. 362
149 Zit. n. Hansgeorg Conert: Vom Handelskapital zur Globalisierung, a. a. O., S. 259
150 Zit. n. Bernt Engelmann: Wie wir wurden, was wir sind, a. a. O., S. 201
151 In: Allgemeine Kölnische Rundschau, 20. 10. 1949
152 Protokoll des Gründungskongresses des DGB vom 12.–14. 10. 1949 in München, Köln 1950, S. 185
153 Ebda., S. 318 f.
154 Friedrich August von Hayek, Interview in: Die Welt, 4. 2. 1983
155 Hansgeorg Conert: Vom Handelskapital …, a. a. O., S. 260 f.
156 In: Die Zeit, 8. 12. 1949
157 Vgl. Günter Gaus: Hermann Josef Abs. Organist an den Registern wirtschaftlicher Macht, in: Günter Gaus: Zur Person. Porträts in Frage und Antwort, 2. Bd., München 1966, S. 38 f.
158 Cerstin Gammelin/Götz Hamann: Die Strippenzieher, a. a. O., S. 245
159 Bonner Bulletin, Nr. 57, 20. 5. 1952, S. 620
160 Die Quelle, H. 8, 1952, S. 394
161 In: Der Arbeitgeber, 15. 7. 1952
162 Wolfgang Koeppen: Die drei Romane (Das Treibhaus), Frankfurt/M. 1996, S. 247 ff.
163 Ludwig Erhard: Wohlstand für alle, (1957) Düsseldorf 1990, S. 248 f.
164 Theodor Eschenburg: Das Jahrhundert der Verbände, Berlin 1989, S. 111 ff.; vgl. auch: Theodor Eschenburg: Herrschaft der Verbände?, Stuttgart 1955
165 Ebda., S. 115 f.
166 Harm G. Schröter: Von der Teilung zur Wiedervereinigung, in: Michael North (Hrsg.): Deutsche Wirtschaftsgeschichte, a. a. O., S. 370
167 Hans-Peter Ullmann: Interessenverbände in Deutschland, a. a. O., S. 265
168 Hansgeorg Conert: Vom Handelskapital …, a. a. O., S. 267 f.
169 ver.di Redaktionskonferenz des Gewerkschaftsrates: Aufbruch in die Zukunft. Gesellschaft und Arbeitswelt für alle Menschen sozial gestalten (Entwurf), 15. 8. 2006, S. 7
170 Christoph Butterwegge: Krise und Zukunft des Sozialstaates (2., durchgesehene Auflage), Wiesbaden 2005, S. 37

171 Vgl. BT-Drucksache 15/5988, pdf
172 Maurice Duverger: Demokratie im technischen Zeitalter, a. a. O., S. 11
173 Ebda., S. 152 f.
174 Ebda., S. 163 f.
175 Ebda., S. 178 f.
176 ver.di Redaktionskonferenz des Gewerkschaftsrates: Aufbruch in die Zukunft. Gesellschaft und Arbeitswelt für alle Menschen sozial gestalten (Entwurf), 15. 8. 2006, S. 45
177 Wolfgang Engler: Die soziale Frage des 21. Jahrhunderts, in: Blätter für deutsche und internationale Politik, H. 11, 2004, S. 1335–1345, hier S. 1336 f.; vgl. ders.: Bürger, ohne Arbeit, Berlin 2005
178 Christoph Butterwegge: Krise und Zukunft des Sozialstaats, Wiesbaden 2005
179 Ebda., S. 72 f.
180 Hermann May: Ungleich ist gut, in: Die Welt, 19. 12. 2002
181 Christiane Grefe/Mathias Greffrath/Harald Schumann: Attac. Was wollen die Globalisierungskritiker, Berlin 2002, S. 29
182 Jörg Huffschmid: Regulierung der Wertpapiermärkte, in: Pierre Bordieu u. a.: Neue Wege der Regulierung, Hamburg 2001, S. 173
183 George Soros: Die Krise des globalen Kapitalismus, Frankfurt/M. 2000, S. 238
184 Rudolf Hickel: Kassensturz. Sieben Gründe für eine andere Wirtschaftspolitik, Reinbek 2006, S. 67
185 So Percy Barnevik im Jahr 1995, als er Präsident der ABB Asea Brown Boveri AG war; zit. n. Jean Ziegler: Die neuen Weltherrscher und ihre globalen Widersacher, München 2003, S. 142
186 Elmar Altvater: Das Ende des Kapitalismus wie wir ihn kennen, (3. Aufl.) Münster 2006, S. 61
187 Jean Ziegler: Die neuen Herrscher der Welt und ihre globalen Widersacher, München 2003, S. 146 f.
188 Siehe www.ert.be
189 Vgl. ausf. Johann-Günther König: Wem nutzt Europa?, Bremen 1994
190 Günter Verheugen: Europa in der Krise, Köln 2005, S. 28 f.
191 Europäischer Rat: Schlußfolgerungen des Vorsitzes vom 23./24. 3. 2003; http://ue.eu.int/ueDocs
192 Rat der Europäischen Union: Bekämpfung der Armut und der sozialen Ausgrenzung, Dok. 14110/00, Brüssel 30. 11. 2000
193 Europäischer Rat: Schlußfolgerungen des Vorsitzes, Barcelona 15./16. 3. 2002; http://ue.eu.int/ueDocs
194 Kommission der Europäischen Gemeinschaften: Stärkung der sozialen Dimension der Lissaboner Strategie, KOM 261, Brüssel 12. 6. 2003
195 Ute Behnig: Hartz IV und Europa, in: Blätter für deutsche und internationale Politik, H. 2, 2003, S. 217–226; hier S. 225
196 Europäische Kommission: Modernisierung des Sozialschutzes für mehr und bessere Arbeitsplätze. Ein umfassender Ansatz, um dazu beizutragen, daß Arbeit sich lohnt, KOM 842, Brüssel 30. 12. 2003

197 Hauke Brunkhorst: EU zwischen Evolution und revolutionärer Umgründung, in: Blätter für deutsche und internationale Politik, H. 2, 2004, S. 211–222, hier S. 222

198 Jürgen Habermas: Das illusionäre ›Nein der Linken‹, in: Nouvel Observateur, 5. 5. 2005

199 Vgl. die Zusammenstellung von Hans Jörg Schrötter: Das neue Europa, Köln/ Berlin/München 2006

200 Einen umfangreichen Führer durch das EU-Regierungsviertel unter besonderer Berücksichtigung der Büros der professionellen Lobbyisten bietet das Corporate Europe Observatory (CEO). Im Internet »begehbar« unter: www.corporateeurope.org

201 Bericht über die Rolle der europäischen Industrieverbände bei der Festlegung der politischen Maßnahmen der Union. Berichterstatter: Hans-Peter Martin, EP A5–0272/2003; RR\503925DE.doc

202 Vgl. etwa: Stephan Leibfried/Paul Pierson: Standort Europa. Europäische Sozialpolitik, Frankfurt/M. 1998

203 Ulrich Beck/Edgar Grande: Europas letzte Chance, in: Blätter für deutsche und internationale Politik, H. 9, 2005, S. 1083–1097, hier S. 1091

204 Vgl. Frankfurter Rundschau, 6. 10. 2006

205 Vgl. Thomas Leif/Rudolf Speth (Hrsg.): Die stille Macht. Lobbyismus in Deutschland, Wiesbaden 2003; dies.: Die fünfte Gewalt. Lobbyismus in Deutschland, Wiesbaden 2006

206 Thomas Leif/Rudolf Spath: Die fünfte Gewalt, a. a. O. S. 15

207 Martin Sebaldt: Organisierter Pluralismus in Deutschland: Kräftefeld, Selbstverständnis und politische Arbeit deutscher Interessengruppen, in: Verbändereport, 1. 1. 2003 (www.verbaende.com)

208 Hans-Jürgen Papier: Eine Mutprobe für die Abgeordneten. Zum Spannungsverhältnis von Lobbyismus und parlamentarischer Demokratie, in: Frankfurter Rundschau (Dokumentation) 27. 2. 2006

209 Ebda.

210 Kurt Lenk: Wie demokratisch ist der Parlamentarismus, Stuttgart 1972, S. 45

211 Vgl. Helmut Schelsky: Der Mensch in der wissenschaftlichen Zivilisation, Köln/Opladen 1961

212 Kurt Lenk: Wie demokratisch ist der Parlamentarismus, a. a. O., S. 82

213 David Riesmann: Die einsame Masse, Hamburg 1958, S. 180

214 Walther Müller-Jentsch: Kapitalismus ohne Gewerkschaften? in: Blätter für deutsche und internationale Politik, H. 10/2006, S. 1234–1243, hier S. 1241

215 Ulrich von Alemann: Vom Korporatismus zum Lobbyismus?, in: Aus Politik und Zeitgeschichte, B 26/27, 2000, www.bpb.de/publikationen/G5AS3B.html; vgl. auch: Ulrich von Alemann/Rolf G. Heinze (Hrsg.): Verbände und Staat. Vom Pluralismus zum Korporatismus, Opladen 1979

216 Herbert Schui: Mythos Eigenverantwortung, in: Blätter für deutsche und internationale Politik, H. 3, 2004, S. 326–331, hier S. 327

217 Maurice Duverger: Demokratie im technischen Zeitalter, a. a. O., S. 204

218 Cerstin Gammelin/Götz Hamann: Die Strippenzieher, a. a. O., S. 274 f.
219 Zit. u. übersetzt nach Robert C. Byrd, a. a. O.
220 Siehe z. B. http://sopr.senate.gov und die Datenbasis der Journalisten: www.americanpressinstitute.org/
221 Vgl. www.publicintegrity.org/lobby/report
222 Vgl. www.americanpressinstitute.org/pages/resources/2005 /04
223 Vgl. Asif Ismail: Drug Lobby Second to None, www.publicintegrity.org/rx/report
224 Martin Thunert: Is that the way we like it? Lobbying in den USA, in: Thomas Leif/Rudolf Speth (Hrsg.): Die stille Macht, a. a. O., S. 320–334, hier S. 330
225 Ebda., S. 332
226 Vgl. Johann-Günther König: Finanzkriminalität, Frankfurt/M. 2003, S. 127 ff.
227 Stephan Richter: Vertrauenskrise in den USA, in: the Globalist, 17. 7. 2002, www.theglobalist.com
228 Zit. n. Ossietzky, H. 10 /2002, S. 327
229 Vorlage der Kommission: Grünbuch Europäische Transparenzinitiative, KOM Brüssel 2006
230 Ebda.
231 Ebda.
232 Vgl. die begleitende Dokumentation von EurActiv, www.euractiv.com/de/ und CEO, www.corporateeurope.org
233 Zit. n. Degepol: Verhaltenskodex, www.degepol.de
234 Zit. n. Weser Kurier, 10. 10. 2006
235 Vgl. CEO: Brussels the EU quarter, Juli 2005, www.corporateeurope.org
236 Jürgen Habermas: Die postnationale Konstellation. Politische Essays, Frankfurt/M. 1998, S. 95 f.
237 Vgl. die historisch ausgreifende Studie von Urs Mati: Demokratie – das uneingelöste Versprechen, Zürich 2006
238 Dennis Meadows: Qualitatives Wachstum fördern, Interview in: Frankfurter Rundschau, 5. 4. 2006
239 Birgit Mahnkopf: Globalisierung, Armut und Gewalt, in: Blätter für deutsche und internationale Politik, H. 7 /2006, S. 817 -827, hier S. 818 f.
240 Jean Ziegler: Die neuen Herrscher der Welt, a. a. O., S. 170
241 Thilo Bode: Die Krise der Umweltbewegung, in: Blätter für deutsche und internationale Politik, H. 11 /2004, S. 1346–1352, hier S. 1352
242 Ebda., S. 1351
243 Cerstin Gammelin/Götz Hamann: Die Strippenzieher, a. a. O., S. 277 f.
244 Hans Köchler: Das Prinzip Demokratie: Realität und Möglichkeit, Vortrag auf dem internationalen Symposion über direkte Demokratie, Bozen 17.–18. Mai 1996
245 Ebda.
246 Lewis Carroll: Alice im Wunderland und Alice hinter den Spiegeln, Frankfurt am Main 1963, S. 198

Ausgewählte Literaturhinweise

Paul Ackermann, Der deutsche Bauernverband im politischen Kräftefeld der Bundesrepublik, Tübingen 1970

Elmar Altvater, Das Ende des Kapitalismus wie wir ihn kennen. Eine radikale Kapitalismuskritik (3. Aufl.) Münster 2006

Hans Herbert von Arnim, Das System. Die Machenschaften der Macht, München 2004

Bankhistorisches Archiv. Zeitschrift zur Banken- und Finanzgeschichte, Beiheft 44, Bankenlobbyismus, Stuttgart 2004

Ulrich Beck, Macht und Gegenmacht im globalen Zeitalter, Frankfurt/M. 2002

Blätter für deutsche und internationale Politik, Bonn/Berlin

Christoph Butterwegge, Krise und Zukunft des Sozialstaates (2. dgs. Aufl.), Wiesbaden 2005

Florian Busch-Janser, Staat und Lobbyismus. Eine Untersuchung der Legitimation und der Instrumente unternehmerischer Einflussnahme, Berlin und München 2004

Robert Castel, Die Stärkung des Sozialen. Leben im neuen Wohlfahrtsstaat, Hamburg 2005

Manuel Castells, Das Informationszeitalter (3 Bde., Teil 1, Der Aufstieg der Netzwerkgesellschaft; Teil 2, Die Macht der Identität; Teil 3, Jahrtausendwende), Opladen 2003

Hansgeorg Conert, Vom Handelskapital zur Globalisierung. Entwicklung und Kritik der kapitalistischen Ökonomie, Münster 1998

Frank Deppe, Georg Fülberth u. a., Nichts bleibt wie es war. Ein Vierteljahrhundert im Überblick 1980 bis 2005, Heilbronn 2005

Maurice Duverger, Demokratie im technischen Zeitalter. Das Janusgesicht des Westens, München 1973

Cerstin Gammelin und Götz Hamann, Die Strippenzieher. Manager, Minister, Medien – wie Deutschland regiert wird, Berlin 2005

Bernd Engelmann, Wie wir wurden, was wir sind. Von der bedingungslosen Kapitulation bis zur unbedingten Wiederbewaffnung, München 1980

Erhard Eppler, Auslaufmodell Staat?, Frankfurt/M. 2005

Theodor Eschenburg, Das Jahrhundert der Verbände. Lust und Leid organisierter Interessen in der deutschen Republik, Berlin 1989

Europa Publications EU Information Series, Lobbying in the European Union (4th edition), London 2005

Fritz Fischer, Griff nach der Weltmacht. Die Kriegszielpolitik des kaiserlichen Deutschland 1914/18, Königstein 1979

Christiane Grefe, Matthias Greffrath, Harald Schumann, Attac. Was wollen die Globalisierungskritiker?, Berlin 2002

Klaus-Dietmar Henke (Hrsg.), Die Dresdner Bank im Dritten Reich (Bd. 1, Die Dresdner Bank in der Wirtschaft des Dritten Reichs von Johannes Bähr; Bd. 2,

Die Dresdner Bank und die deutschen Juden von Dieter Ziegler; Bd. 3, Die Expansion der Dresdner Bank in Europa von Harald Wixforth; Bd. 4, Die Dresdner Bank 1933–1945 von Klaus-Dietmar Henke), München 2006

Rudolf Hickel, Kassensturz. Sieben Gründe für eine andere Wirtschaftspolitik, Reinbek 2006

Eric Hobsbawm, Das imperiale Zeitalter 1875–1914, Frankfurt/M. 2004

Michèle Knodt und Barbara Finke (Hrsg.), Europäische Zivilgesellschaft. Konzepte, Akteure, Strategien, Wiesbaden 2005

Johann-Günther König, Finanzkriminalität, Frankfurt/M. 2003

Ders., Alle Macht den Konzernen, Reinbek 1999

Elisabeth Kolbert, Vor uns die Sintflut. Depeschen von der Klimafront, Berlin 2006

Jochen Langkau, Hans Matthöfer, Michael Schneider (Hrsg.), SPD und Gewerkschaften (2. Bde.) Bonn 1994

Stephan Leibfried und Paul Pierson, Standort Europa. Europäische Sozialpolitik, Frankfurt/M. 1998

Thomas Leif, Beraten und verkauft. McKinsey & Co. – der große Bluff der Unternehmensberater, München 2006

Thomas Leif und Rudolf Speth (Hrsg.), Die fünfte Gewalt. Lobbyismus in Deutschland, Wiesbaden 2006

Thomas Leif und Rudolf Speth (Hrsg.), Die stille Macht. Lobbyismus in Deutschland, Wiesbaden 2003

Kurt Lenk, Wie demokratisch ist der Parlamentarismus? Stuttgart 1972

Rüdiger Liedtke, Das Energie-Kartell. Das lukrative Geschäft mit Strom, Gas und Wasser, Frankfurt/M. 2006

Hans Leyendecker, Die Korruptionsfalle. Wie unser Land im Filz versinkt, Reinbek 2004

Urs Marti, Demokratie – Das uneingelöste Versprechen, Zürich 2006

Stephanie Merkenich, Grüne Front gegen Weimar. Reichs-Landbund und agrarischer Lobbyismus 1918–1933, Düsseldorf 1998

Hans Merkle, Lobbying. Ein Praxishandbuch für Unternehmen, Darmstadt 2003

Albrecht Müller, Machtwahn. Wie eine mittelmäßige Führungselite uns zugrunde richtet, München 2006

Wolf-Dieter Narr und Alexander Schubert, Weltökonomie. Die Misere der Politik, Frankfurt/M. 1994

Ossietzky. Zweiwochenschrift für Politik, Kultur, Wirtschaft, Berlin

Mark Pieth und Peter Eigen (Hrsg.), Korruption im internationalen Geschäftsverkehr, Neuwied 1999

Heribert Prantl, Kein schöner Land. Die Zerstörung der sozialen Gerechtigkeit, München 2005

Elke Reinelt, Die EG-Bankbilanzrichtlinie und der Lobbyismus der Banken, Frankfurt/M. 1998

David Riesmann, Die einsame Masse, Hamburg 1958

Jürgen Roth, Der Deutschland Clan. Das skrupellose Netzwerk aus Politikern, Top-Managern und Justiz, Frankfurt/M. 2006

Werner Rügemer (Hrsg.), Die Berater. Ihr Wirken in Staat und Gesellschaft, Bielefeld 2004

Werner Rügemer, Cross Border Leasing. Ein Lehrstück zur globalen Enteignung der Städte, Münster 2005

Josef Scheff und Alfred Gutschelhofer (Hrsg.), Lobby Management. Chancen und Risiken vernetzter Machtstrukturen im Wirtschaftsgefüge, Wien 1998

Hans Jörg Schrötter, Das neue Europa. Idee – Politik – Zeitgeschichte, (3. Aufl.) Köln 2006

Eberhard Schütt-Wetschky, Interessenverbände und Staat, Darmstadt 1997

George Soros, Die Krise des globalen Kapitalismus. Offene Gesellschaft in Gefahr, Frankfurt/M. 2000

Andrew Sparrow, Obscure Scribblers. A History of Parliamentary Journalism, London 2003

Hans-Peter Ullmann, Interessenverbände in Deutschland, Frankfurt/M. 1988

Marita Vollborn und Vlad Georgescu, Die Gesundheitsmafia. Wie wir als Patienten betrogen werden, Frankfurt/M. 2005

Jürgen Weber, Die Interessengruppen im politischen System der Bundesrepublik Deutschland, München 1981

Max Weber, Wirtschaft und Gesellschaft, Frankfurt/M. 2005

Jean Ziegler, Die neuen Herrscher der Welt und ihre globalen Widersacher, München 2003

Bildnachweis

320